rororo

Albert Camus wurde am 7. November 1913 in ärmlichen Verhältnissen als Sohn einer Spanierin und eines Elsässers in Mondovi, Algerien, geboren. Von 1933 bis 1936 studierte er an der Universität Algier Philosophie. 1934 trat er der Kommunistischen Partei Algeriens bei und gründete im Jahr darauf das «Theater der Arbeit». 1937 brach er mit der KP. 1938 entstand sein erstes Drama «Caligula», das 1945 uraufgeführt wurde. Camus zog 1940 nach Paris. Neben seinen Dramen begründeten der Roman «Der Fremde» und der Essay «Der Mythos des Sisyphos» sein literarisches Ansehen. 1957 erhielt Albert Camus den Nobelpreis für Literatur. Am 4. Januar 1960 starb er bei einem Autounfall.
Das Gesamtwerk von Albert Camus liegt im Rowohlt Verlag vor.

Andreas Fliedner (*1966) studierte Religionswissenschaft, Philosophie und Allgemeine und Vergleichende Literaturwissenschaft an der Freien Universität Berlin. Er übersetzt aus dem Französischen und Englischen. Einen Schwerpunkt seiner Arbeit bilden politische Philosophie und Ideengeschichte, daneben legte er auch literarische Übersetzungen vor.

ALBERT CAMUS

VORTRÄGE UND REDEN

1937–1958

Aus dem Französischen
von Andreas Fliedner

Rowohlt Taschenbuch Verlag

Folgende Texte wurden bereits von Guido G. Meister für den Band *Fragen der Zeit* (Rowohlt Verlag, 1960) ins Deutsche übertragen und für die vorliegende Ausgabe überarbeitet:

Den Geist hochhalten (Défense de l'intelligence), 1945
Der Ungläubige und die Christen (L'incroyant et les chrétiens), 1946 [Teilübersetzung]
Das Brot und die Freiheit (Le pain et la liberté), 1953
Ehrung eines verbannten Journalisten (Hommage à un journaliste exilé), 1955
Aufruf zur Schonung der Zivilbevölkerung in Algerien (Appel pour une trêve civile en Algérie), 1956
Kádár hat seinen Tag der Angst erlebt (Kádár a eu son jour de peur), 1957
Nobelpreis-Rede (Discours de Stockholm), 1957
Der Künstler und seine Zeit (Conférence à l'université d'Uppsala), 1957

Die Originalausgabe erschien 2006 unter dem Titel «Conférences et discours 1936–1958» im Verlag Éditions Gallimard, Paris.

Deutsche Erstausgabe
Veröffentlicht im Rowohlt Taschenbuch Verlag, Hamburg, Juni 2021

Redaktion Kristian Wachinger
Covergestaltung Anzinger und Rasp, München
Coverabbildung MirageC / Getty Images
Satz aus der Adobe Garamond Pro
bei Pinkuin Satz und Datentechnik, Berlin
Druck und Bindung CPI books GmbH, Leck, Germany
ISBN 978-3-499-00170-3

INHALTSVERZEICHNIS

VORWORT

Dieser Band vereint die Texte der vierunddreißig öffentlichen Ansprachen, die Albert Camus gehalten hat und deren letzte seine bisher unveröffentlichte Tischrede beim Diner der Vereinigung L'Algérienne am 13. November 1958 in Paris war. Mit Ausnahme des Vortrags Die einheimische Kultur. Die neue Mittelmeerkultur *aus dem Jahr 1937 fallen alle diese Vorträge und Reden in die Jahre nach dem Zweiten Weltkrieg. Camus war zu diesem Zeitpunkt bereits ein berühmter Romancier, Essayist, Dramatiker und Verfasser von Leitartikeln und wurde sowohl in Frankreich als auch in anderen Ländern immer wieder um Stellungnahmen zu politischen und moralischen Zeitfragen gebeten.*

Allerdings war Camus kein leidenschaftlicher Redner: Er sah in öffentlichen Auftritten die Gefahr, sich zu Themen äußern zu müssen, über die zu sprechen er sich weder für kompetent noch berechtigt hielt. «Ich bin noch nicht im Alter für Vorträge», bemerkte er 1946. Doch trotz dieser Bedenken wurde die öffentliche Stellungnahme, die ihm sowohl die Möglichkeit zur Zeitdiagnose als auch zur kämpferischen Einmischung bot, zu einer der Formen seines Engagements.

Es liegt in der Natur einer solchen Zusammenstellung, dass sich rhetorische Figuren, prägnante Zitate, ja gelegentlich ganze Textpassagen wiederholen. In der Gesamtlektüre entsteht ein eindringliches Bild von Camus' politischen An-

liegen und seiner Methode, sie je unterschiedlichen Zuhörerschaften anschaulich zu machen.

In keinem der vorliegenden Texte verweist Camus auf sein eigenes literarisches Werk oder die von ihm geschaffenen literarischen Figuren: Die Tätigkeit des schöpferischen Schriftstellers scheint mit der des gelegentlichen Vortragsredners kaum etwas gemein zu haben. Dennoch steht die Frage nach dem gesellschaftlichen Engagement des Künstlers im Zentrum dieser öffentlichen Äußerungen, von Die Krise des Menschen *(New York 1946) bis zu den beiden berühmten schwedischen Reden des Jahres 1957, die Camus in Stockholm und Uppsala hielt. Es gibt keinen Bruch, so scheint er uns bedeuten zu wollen, zwischen dem Engagement des Bürgers und dem des Schriftstellers, solange Letzterer sich in seinem Werk so getreu wie möglich an einer menschlichen Wahrheit zu orientieren versucht, die mehr denn je durch Terror, Lüge, bürokratische und ideologische Entmenschlichung und Ungerechtigkeit bedroht ist. «Wo der Eroberer gleichmacht, unterscheidet der Künstler. Der Künstler, der auf der Ebene des Menschen aus Fleisch und Blut und der Leidenschaft lebt und schafft, weiß, dass nichts einfach ist und dass der andere existiert.» Und dieser Mensch aus Fleisch und Blut kann glücklich oder unglücklich sein.*

Camus' Revolte spielt sich im Herzen des Absurden ab, im gleichzeitigen Bewusstsein des gemeinsamen Schicksals und der individuellen Freiheit. Das ist das Fundament dieser Wortmeldungen. In jeder seiner Ansprachen gibt Camus einem Engagement Ausdruck, bei dem es darum geht, jenen ihre Stimme, ihre menschliche Gestalt und ihre Würde wiederzugeben, denen all dies von einem halben Jahrhundert des Lärms und des Zorns genommen wurde, von einer Epoche, in der der Missbrauch der Worte und die Maßlosigkeit der Ideen den Menschen dem Menschen zum Wolf hat werden lassen. Für Camus gilt es, diese höllische Dynamik der Nachkriegszeit zu durchbrechen, «unser Verlangen nach Hass in ein Verlangen nach Gerechtigkeit [zu] verwandeln» und unsere «vergifteten Herzen zu heilen». Über diese Erfahrung einer Generation legt der Schriftsteller hier Rechenschaft ab.

Es gibt eine «Krise des Menschen». Man muss sie in Worte fassen, sie begreifbar machen. Und der Redner widmet sich dieser Aufgabe, indem er die Gründe und die Symptome dieser Krise immer und immer wieder benennt, ohne Scheu vor der Wiederholung. Doch das Wichtigste ist, einen Weg aus der Krise zu finden, mit Hilfe der Hoffnung, die der Mensch aus sich selbst zu schöpfen vermag, jener «Freude am Menschen, ohne die die Welt nie etwas anderes sein wird als eine unermessliche Einsamkeit». Den Künstlern und Schriftstellern kommt dabei eine bescheidene, aber notwendige Rolle zu.

Für Camus ist der Mensch dazu berufen, sich dem Unglück der Welt zu widersetzen, um es zu lindern – jeder Einzelne nach seinem Vermögen. Seine Autorität als Intellektueller und sein persönlicher Lebensweg verleihen seinen Worten besonderes Gewicht in einer Welt, die sich unter dem Einfluss von Totalitarismus und Imperialismus bereits globalisiert hat. Camus' Engagement macht nicht an nationalen Grenzen halt. Seine Hauptsorge und oft auch seine Empörung gilt Europa – so etwa, wenn dieses Europa sich ohne Skrupel mit Franco gemeinmacht. Doch Camus ergreift ebenfalls das Wort, wenn seine Brüder und Schwestern im Osten Europas der Unterdrückung durch einen wahnwitzigen Totalitarismus ausgesetzt sind, der in vollständiger Missachtung der menschlichen Person und der Gerechtigkeit alle Freiheiten zunichtemacht.

Es geht Camus nicht so sehr um die Kultur als vielmehr um die Zivilisation und um das geschwisterliche Gefühl, das die Menschen im Kampf gegen ihr Geschick miteinander verbindet. Hier zeichnen sich die Umrisse einer persönlichen Ethik ab: Die Berufung des Menschen ist ein Prozess des Lernens und der Selbsterziehung, der sich Tag für Tag abspielt und das ganze Leben lang dauert: «Mir sind engagierte Menschen lieber als engagierte Literatur», notierte Camus in sein Tagebuch. «Mut im Leben und Talent im Werk, das ist nicht das Schlechteste.»

DIE EINHEIMISCHE KULTUR. DIE NEUE MITTELMEERKULTUR 1937

Nachdem er im Sommer 1935 der Kommunistischen Partei Algeriens (PCA) beigetreten war, stürzte sich Camus in die Kulturarbeit und gründete das Théâtre du travail (Theater der Arbeit), eine Schauspieltruppe, die er selbst leitete und in der er zugleich als Autor, Dramaturg, Regisseur und Schauspieler tätig war. Gleichzeitig wurde er Generalsekretär der Maison de la culture von Algier, wo er Filmvorführungen, Konzerte und Vorträge organisierte. Bei der Einweihung des Kulturhauses am 8. Februar 1937 hielt Camus, der zu diesem Zeitpunkt dreiundzwanzig Jahre alt war, die folgende Rede. Der Text wurde im April 1937 in der ersten Nummer der Zeitschrift der Maison de la culture, Jeune Méditerranée, *abgedruckt. Im Herbst desselben Jahres trat Camus aus der Kommunistischen Partei aus.*

I

Das Kulturhaus, das sich Ihnen heute vorstellt, will der mediterranen Kultur dienen. Getreu dem allgemeinen Auftrag, den die Häuser dieser Art haben, will es im regionalen Rahmen am Aufbau einer Kultur mitwirken, deren Lebendigkeit und Bedeutung ich Ihnen nicht weiter vor Augen führen muss. Dabei mag es vielleicht erstaunen, dass Intellektuelle der Linken sich in den Dienst einer Kultur stellen, die mit ihrer Sache auf den ersten Blick nichts zu tun hat und sogar gelegentlich – wie im Fall von Maurras – von Parteigängern der Rechten für sich in Anspruch genommen wurde.

Sich einem Mittelmeer-Regionalismus zu verschreiben, könnte in der Tat den Anschein erwecken, man wolle einen leeren und überholten Traditionalismus wiederbeleben oder, noch schlimmer, die Überlegenheit einer Kultur über andere feiern und beispielsweise – in einer Art umgekehrtem Faschismus – die lateinischen gegen die nordischen Völker ausspielen. Hier gibt es ein ewiges Missverständnis. Ziel dieses Vortrags ist der Versuch, es aufzuklären. Der ganze Irrtum liegt darin, dass man die Welt des Mittelmeers mit der lateinischen Welt verwechselt und damit Rom zuschreibt, was in Athen begonnen hat. Dass es nicht um eine Art Nationalismus der Sonnenländer gehen kann, liegt für uns auf der Hand. Wir können uns nicht in den Dienst von Traditionen stellen und unsere lebendige Zukunft an Errungenschaften knüpfen, die längst tot sind. Tradition ist Vergangenheit, welche die Gegenwart verfälscht. Der Mittelmeerraum, der uns umgibt, ist dagegen ein lebendiges Land, voller Spiele und voller Lächeln. Andererseits hat sich der Nationalismus durch seine Taten selbst sein Urteil gesprochen. Nationalismen treten in der Geschichte stets als Symptome der Dekadenz auf. Erst als das mächtige Gebäude des Römischen Reiches in sich zusammenstürzte, erst als seine geistige Einheit auseinanderbrach, aus der so viele unterschiedliche Weltregionen ihren Lebenssinn bezogen, erst in dieser Phase des Niedergangs bildeten sich die Nationalitäten. Seitdem hat das Abendland seine Einheit nicht wiedergefunden. Heute versucht der Internationalismus, ihm seinen wahren Sinn und seine Berufung wiederzugeben. Allerdings ist das zugrunde liegende Prinzip nicht mehr christlich, nicht mehr das päpstliche Rom des Heiligen Römischen Reiches. Heute ist das Prinzip der Mensch. Die Einheit ist keine Einheit des Glaubens mehr, sondern eine Einheit der Hoffnung. Eine Zivilisation kann nur in dem Maße von Dauer sein, wie ihre Einheit und ihre Größe auf einem geistigen Prinzip beruhen, das über allen Nationalitäten steht. Indien, das beinahe so groß wie Europa ist und keine Nationen und keinen Souverän kannte, hat selbst nach zwei Jahrhunderten englischer Herrschaft sein eigenes Antlitz bewahrt.

Darum lehnen wir das Prinzip eines Mittelmeernationalismus von vorneherein ab. Zudem kann von einer Überlegenheit der mediterranen Kultur keine Rede sein. Der Mensch drückt sich in Übereinstimmung mit seinem Land aus. Und im Bereich der Kultur ist es allein diese Übereinstimmung, die Überlegenheit ausmacht. Es gibt keine mehr oder weniger bedeutenden Kulturen. Es gibt nur mehr oder weniger wahrhaftige Kulturen. Das Einzige, was wir wollen, ist, einem Land dabei behilflich zu sein, seine eigene Stimme zu finden. Vor Ort. Nicht mehr und nicht weniger. Die eigentliche Frage lautet: Lässt sich eine neue Mittelmeerkultur verwirklichen?

II

BEFUNDE

Zum einen ist da das Mittelmeer als ein Meerbecken, das ein Dutzend Länder miteinander verbindet. Die Menschen, die sich in den spanischen *Cafés cantantes* die Seele aus dem Leib singen, die durch den Hafen von Genua oder über die Kais von Marseille schweifen, jener weltoffene und starke Menschenschlag, der an unseren Küsten lebt, sie alle entstammen derselben Familie. Wenn man durch Europa gereist ist und wieder nach Italien oder in die Provence kommt, dann trifft man mit einem Seufzer der Erleichterung jene ungezwungenen Menschen wieder, jenes kräftige und farbige Leben, das wir alle kennen. Ich habe mich in Mitteleuropa, zuerst in Österreich und dann in Deutschland, zwei Monate lang gefragt, woher jene merkwürdige Bedrückung kam, die auf meinen Schultern lastete, jene dumpfe Unruhe, die mich erfüllte. Vor kurzem habe ich es begriffen. Die Leute dort waren immer zugeknöpft bis oben hin. Zwanglosigkeit war ihnen fremd. Was Fröhlichkeit ist, wussten sie nicht, jene Fröhlichkeit, die etwas ganz anderes ist als das Gelächter. Geht man von solchen Beobachtungen aus, gewinnt sogar der Begriff Vaterland eine akzeptable Bedeutung. Das Vaterland ist dann nicht mehr jene Abstraktion, in deren Namen sich die Menschen gegenseitig umbringen, sondern ein gewisser Geschmack am Leben, der bestimmten Menschen gemeinsam ist und durch den ich mich einem Genuesen oder einem Mallorquiner näher fühle als jemandem, der in der Normandie oder im Elsass zu Hause ist. Das ist das Mediterrane, dieses Aroma, dieser Duft, den in Worte zu fassen aussichtslos ist: Wir alle spüren ihn mit unserer Haut.

Es gibt noch weitere Befunde, und zwar geschichtliche. Jedes Mal, wenn eine neue Weltanschauung ihren Weg ins Mittelmeerbecken fand, war es stets das Mediterrane, das unversehrt aus dem folgenden Zusammenprall der Ideen hervorging: Stets hat die Landschaft über die Weltanschauung gesiegt. Das Christentum war in seinen Ursprüngen eine zwar erschütternde, aber unzugängliche und vor allen Dingen jüdische Lehre, die keine Zugeständnisse kannte – hart, ausschließlich und bewundernswert. Aus seiner Begegnung mit dem Mittelmeerraum ist eine neue Weltanschauung hervorgegangen: der Katholizismus. Zu dem Bündel Gefühlsimpulse, das am Anfang stand, trat eine philosophische Weltanschauung. Das erhabene Gebäude wurde vollendet und ausgeschmückt – für den Menschen bewohnbar gemacht. Dem Mittelmeer ist es zu verdanken, dass das Christentum sich der Welt zuwenden konnte, um dort jene wundersame Erfolgsgeschichte zu beginnen, die wir kennen.

Später war es dann ein mediterraner Mensch, Franz von Assisi, der aus dem Christentum der Innerlichkeit und der Askese einen Hymnus an die Natur und die unbefangene Freude gemacht hat. Und den einzigen Versuch, das Christentum wieder von der Welt zu trennen, unternahm ein Mann des Nordens: Luther. Der Protestantismus ist genau genommen nichts anderes als ein dem Mittelmeer und seinem zugleich zersetzenden und hebenden Einfluss entrissener Katholizismus.

Schauen wir uns die Sache noch etwas genauer an. Für jemanden, der sowohl in Deutschland als auch in Italien gelebt hat, ist es offensichtlich, dass der Faschismus in beiden Ländern ein ganz unterschiedliches Gesicht hat. In Deutschland spürt man ihn überall, in den Mienen der Menschen, in den Städten auf der Straße. Die Militärstadt Dresden erstickt unter einem unsichtbaren Feind. In Italien spürt man vor allem das Land. Was man in einem Deutschen auf den ersten Blick sieht, ist der

Hitleranhänger, der einen mit «Heil Hitler!» begrüßt. In einem Italiener hingegen ist es der umgängliche und fröhliche Mensch. Auch hier scheint die Weltanschauung hinter das Land zurückzutreten – und es ist eines der Wunder des Mediterranen, dass es Menschen, die menschlich denken, erlaubt, in einem Land mit unmenschlichen Gesetzen frei zu atmen.

III

Diese lebendige Wirklichkeit des Mittelmeerraums ist für uns nichts Neues. Und man könnte meinen, dass diese Kultur das Spiegelbild jener lateinischen Antike ist, welche die Renaissance versucht hat, am Ende des Mittelalters wiederzufinden. Das ist die Latinität, die Maurras und die Seinen für sich beanspruchen wollen. Im Namen dieser lateinischen Ordnung unterzeichneten vierundzwanzig abendländische Intellektuelle in der Äthiopien-Affäre ein Manifest der Schande, mit dem sie die zivilisatorische Leistung Italiens im barbarischen Äthiopien feierten.

Doch nein. Das ist nicht die mediterrane Kultur, auf die sich unser Kulturhaus beruft. Denn es ist nicht die wahre, sondern vielmehr jene abstrakte und konventionelle Mittelmeerkultur, die von Rom und den Römern verkörpert wird. Dieses Volk phantasieloser Nachahmer brachte gerade genug Vorstellungskraft auf, um den künstlerischen Geist und den Sinn für das Leben, die ihm fehlten, durch den Kriegsgeist zu ersetzen. Jene Ordnung, die man uns so sehr rühmt, war eine Ordnung der Gewalt und keine Ordnung des Geistes. Selbst da, wo die Römer kopierten, gerieten ihnen die Kopien farblos. Und dabei war es nicht einmal der wahre Geist Griechenlands, den sie nachahmten, sondern das, was seine Dekadenz und seine Verirrungen hervorgebracht hatten. Nicht das kraftvolle und harte Griechenland der großen Tragiker und Komödiendichter, sondern die Niedlichkeit und Geziertheit der griechischen Spätzeit. Nicht das Leben hat Rom von Griechenland übernommen, sondern die kindische und vernünftelnde Abstraktion. Das Mediterrane ist anderswo. Es ist geradezu die Negation Roms und des römischen Geistes. Weil es lebendig ist, interessiert es sich nicht im Geringsten für die Abstraktion. Und man kann Mussolini gern zugestehen, dass er der würdige Nachfolger Cäsars und der antiken Kaiser ist, denn wie sie opfert er die Wahrheit und die Größe der seelenlosen Gewalt.

Es ist nicht die Freude am Philosophieren und an der Abstraktion, die wir für uns in Anspruch nehmen, sondern es ist das mediterrane Leben: die Promenaden, die Zypressen, die Paprikaschoten, die man an Schnüren zum Trocknen aufhängt – Aischylos und nicht Euripides – der dorische Apoll, nicht die Kopien im Vatikan. Es ist Spanien mit seiner Kraft und seinem Pessimismus, nicht die römische Aufschneiderei; es sind die von der Sonne ausgedörrten Landschaften und nicht die Theaterkulissen, in denen sich ein Diktator an seiner eigenen Stimme berauscht und sich die Massen gefügig macht. Das, was wir wollen, ist nicht die Lüge, die in Äthiopien triumphiert, sondern die Wahrheit, die in Spanien gemordet wird.

IV

Der Mittelmeerraum als Sammelbecken vieler Nationen, von allen erdenklichen Strömungen durchzogen, ist vielleicht die einzige Region, die die großen östlichen Denkrichtungen zusammenführt. Denn er ist nicht klassisch und geordnet, sondern diffus und quirlig, wie seine arabischen Viertel oder die Häfen von Genua und Tunesien. Der Geschmack von Lebensfreude, das Gefühl drückender Langeweile, die menschenleeren Plätze am Mittag in Spanien, die Siesta: Das ist die wahre mediterrane Welt, die dem Orient näher ist als dem lateinischen Abendland. Nordafrika ist eine der wenigen Regionen, wo Orient und Okzident zusammenleben. Und in diesem Schmelztiegel gibt es keinen Unterschied zwischen der Art, wie ein Spanier oder ein Italiener in den Hafenvierteln von Algier lebt, und der Lebensweise der Araber um sie herum. Der Wesenskern des mediterranen Geistes entspringt vielleicht dieser geschichtlich und geographisch einzigartigen Begegnung zwischen Orient und Okzident (zu dieser Frage kann man nur auf Audisio[1] verweisen).

Diese Kultur, diese mediterrane Realität offenbart sich auf ganzer Linie:

Zunächst in der sprachlichen Einheit: Jede romanische Sprache lässt sich leicht erlernen, wenn man bereits eine andere beherrscht; dann in der Einheit des Ursprungs: Ritterorden, religiöse Orden, Feudalherrschaft usw. In all diesen Punkten bietet uns der Mittelmeerraum das Bild einer lebendigen und bunten Zivilisation, einer sinnlichen Zivilisation, welche die Weltanschauungen nach ihrem eigenen Bild umprägt und die Ideen in sich aufnimmt, ohne ihr eigenes Wesen zu verändern.

Aber warum, so wird man vielleicht fragen, sollte man es nicht bei dieser Feststellung bewenden lassen?

V

Deshalb, weil eben dieser Landschaft, die bereits so viele Weltanschauungen verändert hat, die Aufgabe zufällt, auch die heutigen Weltanschauungen zu verändern. Ein mediterran geprägter Kollektivismus wird sich grundlegend vom ursprünglichen russischen Kollektivismus unterscheiden. Das Schicksal des Kollektivismus entscheidet sich nicht in Russland. Es entscheidet sich im Mittelmeerbecken und in Spanien, jetzt, zu dieser Stunde. Gewiss, der Mensch spielt sein Spiel schon lange, aber vielleicht hat es hier und jetzt seinen tragischen Höhepunkt erreicht, und vielleicht halten wir hier und jetzt die meisten Trümpfe in der Hand. Wir sehen uns Realitäten gegenüber, die stärker sind als wir. Unsere Ideen passen sich ihnen an, gleichen sich ihnen an. Das ist der Grund, warum unsere Gegner mit all ihren Einwänden falschliegen. Man hat kein Recht, im Namen der Vergangenheit über das zukünftige Schicksal einer Weltanschauung zu urteilen, über unsere Zukunft zu urteilen, selbst wenn diese Vergangenheit die Vergangenheit Russlands ist.

Hier und jetzt stehen wir vor der Aufgabe, das Mediterrane wieder in sein Recht zu setzen, es denjenigen zu entreißen, die es zu Unrecht mit Beschlag belegen, und es auf jene Formen wirtschaftlicher Organisation vorzubereiten, in denen seine Zukunft liegt.

Das bedeutet, herauszufinden, was daran konkret und

lebendig ist, und es bedeutet, sich bei jeder Gelegenheit für seine Vielfalt einzusetzen. Wir sind umso besser auf diese Aufgabe vorbereitet, als wir in direktem Kontakt mit jenem Orient stehen, von dem wir in dieser Hinsicht so viel lernen können. Wir stehen hier mit der Mittelmeerwelt gegen Rom. Und die entscheidende Rolle, die Städte wie Algier oder Barcelona dabei spielen können, ist, in ihrem bescheidenen Rahmen jenen Aspekt der mediterranen Kultur zu vertreten, der es dem Menschen erlaubt, sich zu entfalten, statt ihn in den Staub zu drücken.

VI

Dem Intellektuellen kommt in unserer Zeit eine schwierige Rolle zu. Es ist nicht an ihm, geschichtliche Veränderungen zu bewirken. Entgegen anderslautenden Meinungen werden zuerst die Revolutionen gemacht, und danach folgen die Ideen. Daher erfordert es heute großen Mut, dem Geist die Treue zu halten. Aber wenigstens ist dieser Mut nicht umsonst. Wenn die Bezeichnung «Intellektueller» heute so viel Verachtung und Missbilligung hervorruft, dann steht dahinter die Vorstellung eines gescheit daherredenden Herrn, der jede Bodenhaftung im Leben verloren hat und dem sein Ego wichtiger ist als der Rest der Welt. Doch für diejenigen, die ihre Verantwortung ernst nehmen, besteht die wesentliche Aufgabe darin, den Geist wieder in sein Recht zu setzen, indem sie den Gegenstand erneuern, den er bearbeitet: Damit der Geist seine ganze und wahre Bedeutung wiedererlangt, muss der Kultur ihr wahres Gesicht von Gesundheit und

Sonnenschein wiedergegeben werden. Und wie ich bereits sagte, der Mut, der dafür nötig ist, ist nicht umsonst. Denn auch wenn es nicht Sache des Geistes ist, geschichtliche Veränderungen zu bewirken, so liegt seine eigentliche Aufgabe doch darin, auf den Menschen einzuwirken, der die Geschichte macht. Zu dieser Aufgabe haben wir etwas beizutragen. Wir möchten die Kultur wieder mit dem Leben verbinden. Das Mittelmeer, das uns mit Lächeln, Sonne und Meer umgibt, lehrt es uns. Xenophon berichtet in seinem *Zug der Zehntausend*, dass die griechischen Soldaten, die nach Asien vorgedrungen waren, auf dem Rückweg in die Heimat, halb verhungert und verdurstet, verzweifelt nach unzähligen Niederlagen und Demütigungen, einen Berggipfel erreichten, von dem aus sie das Meer sehen konnten. Da begannen sie zu tanzen und vergaßen ihre Erschöpfung und ihren Abscheu davor, wie sich ihr Leben abgespielt hatte. Auch wir wollen uns nicht von der Welt zurückziehen. Es gibt nur eine Kultur, und das ist nicht jene, die von Abstraktionen und Schlagworten lebt. Nicht jene, die verdammt. Nicht jene, die das Unrecht und die Toten in Äthiopien rechtfertigt und den Geschmack an der brutalen Eroberung für rechtmäßig erklärt. Solche Unkultur kennen wir nur allzu gut, und wir lehnen sie ab. Was wir wollen, ist die Kultur, die in den Bäumen, in den Hügeln und in den Menschen lebt.

Das ist der Grund, warum heute linke Menschen vor Ihnen stehen, um sich in den Dienst einer Sache zu stellen, die auf den ersten Blick nichts mit ihren politischen Ansichten zu tun hat. Ich hoffe, Sie sind jetzt – wie wir – vom Gegenteil überzeugt. Alles, was lebendig ist, gehört zu uns. Die Politik wird für die Menschen gemacht, nicht die Menschen für die Politik. Für mediterrane Menschen bedarf es einer mediterranen Politik. Wir wollen nicht mit Märchen abgespeist werden. In der Welt der Gewalt und des Todes, in der wir leben, gibt es keinen Platz für die Hoffnung. Aber es gibt möglicherweise Platz für die Zivilisation, jene wahre Zivilisation, die die Wahrheit dem Märchen vorzieht und das Leben dem Traum. Und diese Zivilisation kann mit Hoffnungen nichts anfangen. Der Mensch lebt dort von seinen Wahrheiten.*

Dieser gemeinsamen Anstrengung müssen sich die Menschen des Abendlands anschließen, und im Rahmen des Internationalismus kann das gelingen. Wenn jeder Einzelne dazu bereit ist, in seinem Wirkungskreis, seinem Land, seinem Bereich, einen bescheidenen Beitrag zu leisten, dann ist der Erfolg nicht fern. Was uns angeht, wir kennen unser Ziel, unsere Grenzen und unsere Möglichkeiten. Wir müssen nur die Augen öffnen, um uns unserer Aufgabe bewusst zu werden: zu zeigen, dass eine Kultur, die diesen Namen verdient, im Dienst des Lebens stehen muss und dass der Geist nicht der Feind des Menschen sein kann. Genau wie die Sonne des Mittelmeers für alle Menschen dieselbe ist, muss das Werk des menschlichen Geistes ein gemeinsames Erbe sein und keine Quelle von Krieg und Mord.

Lässt sich eine neue Mittelmeerkultur verwirklichen, die mit unserem gesellschaftlichen Ideal vereinbar ist?

Ja. Aber es liegt an uns und an Ihnen, bei ihrer Verwirklichung mitzuhelfen.

---

* Ich spreche hier von einer neuen Zivilisation und nicht davon, dass die Zivilisation Fortschritte macht. Ich halte es für zu gefährlich, mit jenem tückischen Spielzeug zu hantieren, das sich Fortschritt nennt.

DEN GEIST HOCHHALTEN
1945

Nach vierjähriger Unterbrechung während des Krieges nahm die katholische Wochenzeitung Temps présent *ihr Erscheinen im August 1944 wieder auf. Am 15. März 1945 lud die Zeitung unter der Schirmherrschaft der Vereinigung Amitié française (Französische Freundschaft) die «geistig interessierte Jugend» zu einer Versammlung in der Pariser Mutualité ein. Neben Rednern wie dem Chefredakteur von* Temps présent *Stanislas Fumet, André Mandouze*[2], *Emmanuel Mounier*[3] *und Maurice Schumann*[4] *richtete auch Camus das Wort an die Zuhörer.* Den Geist hochhalten *wurde erstmals Ende 1945 in der ersten Ausgabe der Zeitschrift* Variété *veröffentlicht. 1950 nahm Camus den Text in den Sammelband* Actuelles I *auf, eine Auswahl seiner zeitgeschichtlichen und politischen Essays und Leitartikel, wo er ihn der Rubrik «Pessimismus und Tyrannei» zuordnete.*

Wenn die französische Freundschaft[5], von der hier die Rede ist, sich in gefühlvollen Ergüssen Gleichgesinnter erschöpfte, würde ich nicht viel auf sie geben. Es wäre am bequemsten, aber es wäre vollkommen unnütz. Und ich nehme an, dass die Veranstalter unter diesem Namen etwas anderes anstrebten, eine schwierigere, eine konstruktive Freundschaft. Um uns vor der Versuchung des geringsten Widerstands und der Beschränkung auf gegenseitige Lobhudeleien zu bewahren, möchte ich die zehn Minuten, die mir zur Verfügung stehen, dazu nutzen, die Schwierigkeiten dieses Unternehmens aufzuzeigen. Zu diesem Zweck könnte ich kein besseres Thema wählen als das, was jederzeit der Widersacher der Freundschaft ist, nämlich Lüge und Hass.

Wir werden in der Tat nichts für die französische Freundschaft vollbringen, wenn wir uns nicht von Lüge und Hass freimachen. Denn leider sind wir in gewissem Sinn noch darin verhaftet. Allzu lange schon gehen wir durch ihre Schule. Und vielleicht bedeuten die zurückbleibenden schändlichen Male selbst in den Herzen der Menschen, die den Hitlerismus mit aller Kraft bekämpft haben, gerade dessen letzten und dauerhaftesten Sieg. Wie denn auch nicht? Seit Jahren ist diese Welt einer Flut von Hass ausgeliefert, wie es ihresgleichen nie gegeben hat. Vier Jahre lang haben wir im eigenen Land die bewusste Einübung dieses Hasses erlebt. Menschen wie Sie und ich, die morgens in der Métro Kindern über den Kopf streichelten, verwandelten sich abends in gewissenhafte Folterknechte. Sie wurden zu Beamten von Hass und Tortur. Vier Jahre lang haben diese Beamten ihren Verwaltungsapparat in Gang gehalten: Die Kinder ganzer Dörfer wurden zu Waisen, man schoss Menschen ins Gesicht, um sie unkenntlich zu machen, man trampelte die Leichen von Kindern mit dem Absatz in zu kleine Särge, man folterte den Bruder im Beisein der Schwester, man züchtete Feiglinge, man brach die stolzesten Seelen. Es scheint, dass diese Geschichten im Ausland keinen Glauben finden. Aber vier Jahre lang mussten sie wohl oder übel in unserem Fleisch und in unserer Herzensangst Glauben finden. Vier Jahre lang erhielt jeder Franzose jeden Morgen seine Ration Hass und seine Ohrfeige. Und zwar wenn er die Zeitung aufschlug. Unmöglich konnte das alles spurlos an uns vorübergehen.

Davon ist uns der Hass geblieben. Davon ist uns jenes Aufbrausen geblieben, das kürzlich in Dijon einen Vierzehnjährigen dazu trieb, sich auf einen gelynchten Kollaborateur zu stürzen, um ihm das Gesicht zu zerfetzen. Davon ist uns die blinde Wut geblieben, die uns in der Erinnerung an bestimmte Szenen und Gesichter die Seele versengt. Die Antwort auf den Hass der Henker war der Hass der Opfer. Und als die Henker abzogen, blieben die Franzosen mit einem ungesättigten Rest Hass zurück. Noch stehen sie sich grollend gegenüber.

Nun, dies alles müssen wir zuerst einmal überwinden. Es gilt, die vergifteten Herzen zu heilen. Und morgen werden wir den schwersten Sieg, den wir über den Feind zu erringen haben, in uns selbst erkämpfen müssen, dank jener höherstrebenden Anstrengung, die unser Verlangen nach Hass in Verlangen nach Gerechtigkeit verwandeln wird. Dem Hass nicht nachgeben, der Gewalttätigkeit kein Jota zugestehen, nicht zulassen, dass unsere Leidenschaften blind werden – das ist es, was wir künftig für die Freundschaft und gegen den Hitlerismus tun können. Noch heute lassen einzelne Zeitungen sich zu Maßlosigkeit und Schmähungen hinreißen. Aber damit gehorcht man wiederum dem Gesetz des Feindes. Wir müssen vielmehr bestrebt sein, die Kritik nie in Beleidigung ausarten zu lassen, wir müssen als möglich annehmen, dass unsere Gegner recht haben oder zumindest, dass auch ihre schlechten Gründe uneigennützig sein können. Und schließlich müssen wir unser politisches Denken erneuern.

Was bedeutet das, genau besehen? Es bedeutet, dass wir den Geist bewahren müssen. Denn ich bin überzeugt, dass darin der Kern des Problems liegt. Als die Nazis eben an die Macht gekommen waren, vermittelte Göring eine treffende Vorstellung von ihrer Philosophie, indem er erklärte: «Wenn ich das Wort Kultur höre, ziehe ich meinen Revolver.» Und diese Philosophie griff weit über Deutschland hinaus. Zur gleichen Zeit wurden allenthalben im zivilisierten Europa die Ausschweifungen des Geistes und die Makel der Intellektuellen gebrandmarkt. Aus einer merkwürdigen Reaktion heraus beteiligten sich nicht zuletzt die Intellektuellen selbst an diesem Prozess. Überall triumphierten die Philosophien des Instinkts im Verein mit jener üblen Romantik, die das Fühlen über das Verstehen stellt, als wäre das eine ohne das andere möglich. Seither ist der Geist unablässig angeklagt worden. Es kam der Krieg, dann die Niederlage. Vichy hat uns eingetrichtert, der Hauptschuldige sei der Geist. Die Bauern hatten zu viel Proust gelesen. Und es ist sattsam bekannt, dass *Paris-Soir*[6], Fernandel und Vereinsbankette als Zeichen von Geist galten. Die Mittelmäßigkeit der Eliten, an der Frankreich krankte, hatte ihren Ursprung anscheinend in der Literatur.

Noch immer wird der Geist schlecht behandelt. Das ist nur der Beweis dafür, dass der Feind noch nicht besiegt ist. Schon wenn man sich um unvoreingenommenes Verstehen bemüht oder bloß das Wort Sachlichkeit in den Mund nimmt, wird einem Spitzfindigkeit angekreidet und Überheblichkeit unterstellt. Nein und nochmals nein! Gerade das muss anders werden. Wohl kenne ich wie jedermann die Ausschweifungen des Geistes, wohl weiß ich wie jedermann, dass der Intellektuelle ein gefährliches, leicht zu Verrat neigendes Tier ist. Aber der Geist, um den es sich dabei handelt, ist nicht der richtige. Der Geist, den wir meinen, stützt sich auf den Mut, der Geist, den wir meinen, hat vier Jahre lang den nötigen Preis gezahlt, um das Recht auf Achtung zu erwerben. Wenn dieser Geist erlischt, bricht die Nacht der Diktatur an. Deshalb müssen wir ihn in allen seinen Pflichten und in allen seinen Rechten hochhalten. Nur dann wird die französische Freundschaft einen Sinn haben. Denn die Freundschaft ist die Kunst der freien Menschen. Und es gibt keine Freiheit ohne Einsicht und gegenseitiges Verständnis.

Zum Schluss will ich mich an euch Studenten richten. Ich gehöre nicht zu den Leuten, die euch Tugend predigen. Zu viele Franzosen verwechseln sie mit Blutleere. Wenn ich im Geringsten das Recht dazu besäße, würde ich euch vielmehr Leidenschaftlichkeit predigen. Aber ich wünschte, die französische geistige Elite von morgen werde wenigstens in einem oder zwei Punkten entschlossen sein, niemals klein beizugeben. Ich wünschte, sie werde nie klein beigeben, wenn man ihr einreden will, der Geist sei immer überflüssig, wenn man ihr beweisen will, es sei gestattet, zu lügen, um leichter ans Ziel zu gelangen. Ich wünschte, sie werde weder der Verschlagenheit noch der Gewalt noch der Charakterlosigkeit je gehorchen. Dann wird vielleicht eine französische Freundschaft möglich sein, die sich nicht in eitlem Geschwätz erschöpft. Dann wird vielleicht in einer freien und wahrheitshungrigen Nation der Mensch wieder anfangen, die Freude am Menschen zu empfinden, ohne die die Welt nie etwas anderes sein wird als eine unermessliche Einsamkeit.

EINIGE WORTE AN DAS RUMÄNISCHE RADIOPUBLIKUM 1945

Als Camus die folgenden Worte an die rumänischen Radiohörer richtete, machte ihr Land gerade eine schwere politische Krise durch. Die Regierung der nationalen Einheit, die im August 1944 nach der Niederlage der deutschen und rumänischen Truppen gegen die Rote Armee eingesetzt worden war, trat im Oktober 1945 unter kommunistischem Druck zurück und wurde durch eine prosowjetische Regierung unter Führung von Petru Groza abgelöst. Nach den Wahlen von 1946 und der Abdankung von König Michael I. im Jahre 1947 wurde Rumänien eine «Volksdemokratie» unter sowjetischem Einfluss. Wann und in welchem Rahmen Camus' Ansprache gesendet wurde, ist nicht bekannt. Möglicherweise hatten Pierre Kauffmann und Serge Karski, die sich als Rumänienkorrespondenten der Tageszeitung Combat *– deren Chefredakteur Camus zu diesem Zeitpunkt noch war – ablösten, die entsprechenden Kontakte zum rumänischen Radio hergestellt.*

Der Franzose, der heute zu Ihnen spricht, richtet mit keinem anderen Recht das Wort an Sie als dem, vier Jahre lang Bürger eines Landes gewesen zu sein, das ebenso geknechtet und erniedrigt wurde wie Rumänien. Daher ist das, was ich Ihnen heute übermitteln will, weder eine offizielle Verlautbarung noch ein persönliches Bekenntnis, wie es sich bedeutendere Zeitgenossen erlauben könnten. Aber vielleicht kann ich zu Ihnen als einer jener Millionen namenlosen Menschen sprechen, die während der Jahre der Unterdrückung das französische Volk ausmachten.

Wie jeder in meinem Land kenne ich die Bande, die traditionell zwischen Rumänien und Frankreich bestehen. Doch diese Bande, die in den Verlautbarungen der Staatskanzleien oder in akademischen Reden beschworen werden, kamen mir stets ziemlich abstrakt vor. Wenn ich nur über sie sprechen dürfte, hätte ich Ihnen nichts zu sagen. Doch seit vier Jahren gibt es eine Gemeinschaft der Europäer, in der das französische und das rumänische Volk Bande einer anderen Art geknüpft haben: eine Gemeinschaft des Leids. Und darüber kann ich sprechen.

Ich halte nichts von rhetorischen Vorsichtsmaßnahmen. Und deshalb sage ich, was ich denke, nämlich dass Rumänien und Frankreich gleichzeitig in die Schmach geraten sind und sich gleichzeitig aus der Schmach erhoben haben. Darin sind wir einander ähnlich, darin besteht unser gemeinsames Schicksal. Und das ist es, was uns dabei helfen sollte, uns besser zu verstehen. Denn wenn nicht die Schmach und die gemeinsame Auflehnung die Völker einander näherbringen, dann vermag es auch sonst nichts auf dieser Welt, und sie sind zu ewiger Einsamkeit verdammt.

Kaum der Nacht der Unterdrückung entronnen, hat Europa keine andere Wahl, als sich auf seine Verbundenheit zu besinnen. Wir wissen inzwischen, dass alles, was die Freiheit der Rumänen bedroht, auch die Freiheit der Franzosen bedroht und umgekehrt: Jeder Schlag, der einen Franzosen trifft, trifft zugleich die freien Menschen

Rumäniens. Wir wissen, dass wir uns entweder gemeinsam retten werden, zusammen mit allen anderen Völkern Europas, oder dass wir gemeinsam zugrunde gehen. Und das ist gut so. Was uns in den Tagen, als der Geist frei und glücklich war, nicht gelungen ist, wird uns vielleicht nach all diesen Jahren gelingen, in denen der Geist beleidigt und zur Verzweiflung getrieben wurde.

Ich weiß, dass einige unter Ihnen beunruhigt auf Frankreich schauen und sich an seine frühere Größe erinnern. Ich weiß, dass Sie sich fragen: «Was tut Frankreich? Was hat es vor?» Ich kann Ihnen diese Frage nicht beantworten. Wenn sie an ihr Land denken, dann empfinden die Franzosen meines Alters eine Angst, die sie niemandem begreiflich machen können. Aber ich kann Ihnen zumindest sagen, worüber wir uns gewiss sind. Wir wissen, dass der Wiederaufbau Frankreichs – und der Wiederaufbau Europas mit ihm – nicht von heute auf morgen vonstattengehen wird. Wir wissen, dass man in der Politik Größe schneller verliert als gewinnt. Doch wir wissen auch, dass es Größe gibt, die überdauert, auch wenn sie mühevoll zu erlangen ist.

Nach solcher Größe streben wir, weil sie nicht auf Hass oder Unterdrückung gegründet ist. Ihre Namen sind Gerechtigkeit und Freiheit. Wir, die wir die Ungerechtigkeit so sehr verabscheut haben, wir, in denen so viele Jahre lang die Hoffnung auf Freiheit gebrannt hat, wir wollen kein Land mehr, in dem Ungerechtigkeit herrscht, und wir wollen nicht mehr in einem unterdrückten Land leben. Es scheint mir, meine rumänischen Freunde, dass Sie und ganz Europa diese Größe ohne Furcht mit uns teilen können.

DIE KRISE DES MENSCHEN
1946

Im Frühjahr 1946 wurde Albert Camus von der Abteilung für kulturelle Beziehungen des französischen Außenministeriums eingeladen, eine Reihe von Vorträgen in den USA zu halten. Während der Überfahrt verfasste er Die Krise des Menschen. *Camus hielt den Vortrag erstmals am 28. März 1946 bei einer Veranstaltung in der Columbia University, bei der auch Vercors*[7] *und Thimerais*[8] *sprachen. Während seines Aufenthalts in den Vereinigten Staaten trug er den Text noch mehrfach in einer leicht erweiterten Version vor, deren Typoskript im Nachlass von Dorothy Norman*[9] *(Beinecke Library, Yale University) entdeckt wurde. Diese Fassung liegt der folgenden deutschen Übersetzung zugrunde. Dorothy Norman veröffentlichte* Die Krise des Menschen *Ende 1946 in der von ihr herausgegebenen Zeitschrift* Twice a Year *in einer englischen Übersetzung von Lionel Abel.*

Meine sehr verehrten Damen und Herren,

als man mir vorschlug, in den Vereinigten Staaten von Amerika Vorträge zu halten, kamen mir sogleich Bedenken, und ich zögerte. Ich bin noch nicht im Alter für Vorträge und fühle mich wohler beim Nachdenken, als wenn ich gezwungen bin, apodiktische Aussagen zu treffen. Denn ich wähne mich nicht im Besitz dessen, was man gemeinhin die Wahrheit nennt. Nachdem ich meine Bedenken vorgebracht hatte, antwortete man mir überaus freundlich, es gehe nicht darum, ob ich eine persönliche Meinung hätte. Wichtig sei, dass ich in der Lage wäre, meinen Zuhörern jene wenigen grundlegenden Informationen über Frankreich zu vermitteln, anhand derer sie sich ihrerseits eine Meinung bilden könnten. Also schlug man mir vor, meine Zuhörer über die aktuelle Lage des französischen Theaters, der französischen Literatur und sogar der Philosophie zu unterrichten. Ich antwortete, es wäre vielleicht ebenso interessant, über die außerordentlichen Leistungen der französischen Eisenbahner zu sprechen oder über die Bedingungen, unter denen die Bergleute in Nordfrankreich arbeiten. Daraufhin machte man mich zutreffend darauf aufmerksam, dass man stets bei seinem Leisten bleiben solle und Spezialfragen am besten von Fachleuten behandelt würden. Da ich mich schon seit längerem für Fragen der Literatur interessiere, während ich, was das Stellen von Weichen betraf, keinerlei Kenntnisse vorweisen könne, liege es nahe, dass man mich über Literatur sprechen lassen wolle statt über die Eisenbahn.

Jetzt hatte ich endlich begriffen. Es ging, kurz gesagt, darum, über etwas zu sprechen, worin ich mich auskannte, und auf diese Weise eine Vorstellung von Frankreich zu vermitteln. Und genau darum habe ich mich entschlossen, weder über die Literatur noch über das Theater zu sprechen. Denn in der Literatur, im Theater, in der Philosophie, in der geistigen Suche und den Anstrengungen eines ganzen Volkes spiegelt sich nichts anderes wider als eine grundlegende Ungewissheit, ein Kampf um das Leben und um den Menschen: Und das ist bei uns die alles entscheidende Frage des Augenblicks. Die Franzosen spüren, dass der Mensch unaufhörlich bedroht ist, und sie spüren zudem, dass sie nicht weiterleben können, wenn eine bestimmte Idee vom Menschen nicht aus der Krise gerettet wird, welche die Welt erschüttert. Daher, aus Treue zu meinem Land, habe ich mich entschieden, über die Krise des Menschen zu sprechen. Und da es darum ging, über etwas zu sprechen, womit ich mich auskenne, habe ich es für das Beste gehalten, so präzise wie möglich das geistige Erleben der Menschen meiner Generation nachzuzeichnen. Denn sie haben diese weltumspannende Krise in ihrem ganzen Ausmaß erlebt, und ihre Erfahrungen können sowohl das absurde Geschick der Franzosen als auch einen Aspekt ihres heutigen Weltempfindens ein wenig erhellen.

Lassen Sie mich zunächst den Standort dieser Generation bestimmen. Die Menschen meines Alters in Frankreich und Europa wurden kurz vor oder während des Ersten Weltkriegs geboren, haben als Jugendliche die Weltwirtschaftskrise erlebt und waren bei Hitlers Machtergreifung zwanzig Jahre alt. Um ihren Bildungsweg zu vervollständigen, folgten der Spanische Bürgerkrieg, das Münchner Abkommen, der Krieg von 1939, die Niederlage und vier Jahre Besatzung und Untergrundkampf. Man kann also davon ausgehen, dass es sich bei ihnen um das handelt, was man eine interessante Generation nennt. Und daher wird es für Sie, meine Damen und Herren, vermutlich informativer sein, wenn ich weniger in meinem eigenen Namen spreche als vielmehr im Namen einer gewissen Anzahl von Franzosen, die heute dreißig Jahre alt sind und die ihre Geistes- und Herzensbildung während jener schrecklichen Jahre erworben haben, in denen sie sich, gemeinsam mit ihrem Land, von der Schmach genährt und ihre Lebenskraft aus der Auflehnung bezogen haben.

Ja, es handelt sich um eine interessante Generation, vor allem, weil sie, angesichts der absurden Welt, in die sie hineingeboren wurde, an nichts glaubte und in einem Zustand der Auflehnung lebte. Die Literatur ihrer Zeit lehnte sich auf gegen die Klarheit, das Erzählen, ja den Satz als solchen. Die Malerei lehnte sich auf gegen das Sujet, die Realität und die schlichte Harmonie. Die Musik verweigerte sich der Melodie. Was die Philosophie anging, so lehrte sie, dass es keine Wahrheit gäbe, sondern nur Phänomene: dass es zwar einen Mister Smith, einen Monsieur Durand und einen Herrn Vogel geben könne, dass diese drei Einzelphänomene jedoch nichts miteinander gemeinsam hätten. Die moralische Haltung dieser Generation war noch entschiedener: Der Nationalismus erschien ihr überholt, die Religion eine Ausflucht. Fünfundzwanzig Jahre internationaler Politik hatten sie gelehrt, an jeder reinen Lehre zu zweifeln, und sie zu der Überzeugung gebracht, dass niemand unrecht hatte, da jeder recht haben konnte. Was die überlieferte Moral unserer Gesellschaft anging, so erschien sie uns als das, was sie stets gewesen war, nämlich eine ungeheure Heuchelei.

Wir verneinten also alles. Natürlich war das nichts Neues. Andere Generationen, andere Länder haben in anderen geschichtlichen Epochen dieselbe Erfahrung gemacht. Neu war jedoch, dass ebendiese Menschen, denen alle Werte fremd waren, eine persönliche Haltung angesichts von Mord und Terror finden mussten. In dieser Situation drängte sich ihnen der Gedanke auf, dass es möglicherweise eine Krise des Menschen gab, denn sie sahen sich gezwungen, im schmerzhaftesten aller Widersprüche zu leben. Sie sind wahrhaftig in den Krieg gegangen, wie man das Tor zur Hölle durchschreitet, wenn es zutrifft, dass die Hölle die Selbstverleugnung ist. Sie hatten weder Geschmack am Krieg noch an der Gewalt, doch sie mussten den Krieg akzeptieren und selbst Gewalt anwenden. Das Einzige, was sie hassten, war der Hass. Und doch mussten sie die schwierige Kunst des Hassens erlernen. In offenkundigem Widerspruch zu sich selbst, ohne auf irgendwelche überlieferten Werte zurückgreifen zu können, mussten sie das quälendste Problem lösen, das sich den Menschen je gestellt hat. Wir haben also auf der einen Seite eine ganz eigentümliche Generation, wie ich sie gerade beschrieben habe, und auf der anderen Seite eine die ganze Welt und das gesamte menschliche Bewusstsein umfassende Krise, die ich nun so klar wie möglich charakterisieren will.

Worin also besteht diese Krise? Statt sie im Allgemeinen zu charakterisieren, möchte ich sie zunächst durch vier kurze Geschichten veranschaulichen, die aus einer Zeit stammen, die die Welt bereits zu vergessen beginnt, die uns jedoch noch immer ein Pfahl im Fleisch ist.

1) In einem von der Gestapo genutzten Gebäude einer europäischen Hauptstadt sitzen nach einer Verhörnacht zwei Beschuldigte noch blutend und gefesselt da, während die Concierge anfängt, sorgfältig Ordnung zu machen – in aller Seelenruhe, da sie zuvor wohl gut gefrühstückt hat. Als ihr einer der beiden Gefolterten Vorhaltungen macht, antwortet sie empört mit einem Satz, der übersetzt etwa lauten würde: «Ich stecke meine Nase nie in die Angelegenheiten meiner Mieter.»

2) In Lyon wird einer meiner Kameraden aus seiner Zelle geholt und zum dritten Mal zum Verhör gebracht. Da man ihm bei einem vorherigen Verhör die Ohren in Fetzen geschlagen hat, trägt er einen Verband um den Kopf. Der deutsche Offizier, der ihn abführt, war schon bei den ersten Verhörsitzungen dabei, und doch erkundigt er sich mit einem Anflug von Anteilnahme und Fürsorge: «Und, wie geht es unseren Ohren heute?»

3) In Griechenland will ein deutscher Offizier nach einer Partisanenaktion drei Brüder erschießen lassen, die er als Geiseln genommen hat. Die alte Mutter wirft sich ihm zu Füßen, und er willigt ein, einen der Brüder zu verschonen, jedoch nur unter der Bedingung, dass sie selbst ihn auswählt. Weil sie sich nicht entscheiden kann, stellt man alle drei an die Wand. Da wählt sie den Ältesten, weil er eine Familie zu ernähren hat, aber im selben Atemzug verurteilt sie damit die beiden anderen zum Tode – so wie es der deutsche Offizier wollte.

4) Eine Gruppe von Frauen, unter denen sich eine unserer Kameradinnen befand, wird aus der Deportation über die Schweiz nach Frankreich zurückgebracht. Kaum auf Schweizer Territorium angelangt, treffen sie auf eine zivile Beerdigung. Und dieser Anblick allein reicht aus, um sie in hysterisches Gelächter verfallen zu lassen: «So also behandelt man hier die Toten» ist ihr einziger Kommentar.

Ich habe diese Geschichten nicht ausgewählt, um Sie zu schockieren. Ich weiß, man muss auf die Empfindsamkeit der Leute Rücksicht nehmen, und meistens verschließen sie lieber die Augen und wollen ihre Ruhe haben. Ich habe diese Geschichten ausgewählt, weil ich so auf die Frage, ob es eine Krise des Menschen gibt, mit mehr als einem schlichten «Ja» antworten kann. Sie ermöglichen mir, dieselbe Antwort zu geben wie all die Menschen, von denen ich berichtet habe: Ja, es gibt eine Krise des Menschen, weil in unserer Welt der Tod oder die Folterung eines menschlichen Wesens mit Gleichgültigkeit oder freundlichem Interesse oder wie eine Versuchsanordnung oder einfach passiv betrachtet werden können. Ja, es gibt eine Krise des Menschen, weil der Tötung eines menschlichen Wesens mit anderen Empfindungen zugesehen werden kann als mit dem Entsetzen und der Empörung, die sie eigentlich hervorrufen müsste. Weil menschliches Leid hingenommen wird wie eine unangenehme Notwendigkeit, nicht anders als die Lebensmittelkarten oder die Tatsache, dass man für ein paar Gramm Butter anstehen muss.

Und man macht es sich in dieser Hinsicht zu einfach, wenn man allein Hitler die Schuld gibt und sagt, mit seinem Tod sei das Gift unschädlich gemacht worden. Denn wir wissen nur zu gut, dass das Gift noch da ist und dass jeder von uns es in seinem Herzen trägt. Wir spüren es in der Art, wie die Nationen, die Parteien und die einzelnen Menschen einander immer noch mit einem Rest von Zorn ansehen. Ich war immer der Auffassung, dass zu einer Nation ihre Verräter ebenso gehören wie ihre Helden. Doch auch eine Zivilisation, und insbesondere die weiße Zivilisation, ist für ihre Verirrungen ebenso verantwortlich wie für ihre Großtaten. Aus diesem Blickwinkel sind wir alle verantwortlich für den Hitlerismus, und wir sind verpflichtet, die allgemeineren Ursachen zu ergründen, die dieses entsetzliche Übel möglich gemacht haben, das das Antlitz Europas entstellt hat.

Versuchen wir daher, mit Hilfe der vier Geschichten,

die ich Ihnen erzählt habe, die eindeutigsten Symptome der Krise zu benennen. Das sind zunächst:

1) Die Eskalation des Schreckens, die durch eine Pervertierung der Werte hervorgerufen wird: wenn ein Mensch oder eine geschichtliche Kraft nicht mehr unter dem Gesichtspunkt seiner oder ihrer Würde beurteilt wird, sondern unter dem Gesichtspunkt seines oder ihres Erfolgs. Die ganze Krise der Moderne zeigt sich darin, dass kein abendländischer Mensch sich seiner unmittelbaren Zukunft sicher ist und alle mit der mehr oder weniger konkreten Angst leben, auf die eine oder andere Art von der Geschichte zermalmt zu werden. Wenn man möchte, dass dieser Elende, dieser moderne Hiob nicht an seinen Geschwüren zugrunde geht, während er in der Asche sitzt, muss man ihm zunächst diese Last aus Furcht und Angst von den Schultern nehmen, damit er die geistige Freiheit wiederfindet, ohne die er keines der Probleme lösen kann, die sich dem modernen Bewusstsein stellen.

2) Die Krise des Menschen beruht zudem auf der Unmöglichkeit, den anderen zu überzeugen. Die Menschen leben und können nur mit dem Gedanken leben, dass sie etwas gemeinsam haben, worin sie sich stets wiederfinden können. Wenn man sich auf menschliche Weise an einen Menschen wendet, dann wird er menschlich reagieren, das setzt man immer voraus. Nun haben wir jedoch festgestellt, dass es Menschen gibt, die man nicht überzeugen kann. Für den Insassen eines Konzentrationslagers gab es keine Hoffnung, die SS-Leute, die ihn prügelten, davon zu überzeugen, dass sie es unterlassen sollten. Die griechische Mutter, von der ich berichtet habe, konnte den deutschen Offizier nicht davon über-

zeugen, dass es gegen den menschlichen Anstand verstieß, sie in jene Zwangslage zu bringen, wie er es tat. Der Grund ist, dass die SS-Männer oder der deutsche Offizier nicht mehr als Menschen vor ihrem Gegenüber standen, sondern als Vertreter eines Instinkts, der auf die Stufe einer Idee oder einer Theorie gehoben worden war. Eine Leidenschaft, selbst eine mörderische Leidenschaft, wäre dem vorzuziehen gewesen. Denn die Leidenschaft verraucht irgendwann, und eine andere Leidenschaft, ein anderer Schrei des Fleisches oder des Herzens kann sie beschwichtigen. Doch ein Mensch, der fähig ist, sich teilnahmsvoll nach jenen Ohren zu erkundigen, die er zuvor in Fetzen geschlagen hat, ein solcher Mensch wird nicht von seinen Leidenschaften getrieben. Er ist ein Mathematiker, den nichts und niemand aufhalten oder umstimmen kann.

3) Ein weiterer Aspekt der Krise des Menschen besteht darin, dass man den natürlichen Gegenstand durch die Drucksache ersetzt, mit anderen Worten im Aufstieg der Bürokratie. Der heutige Mensch baut zwischen sich und der Natur eine immer abstraktere und kompliziertere Maschinerie auf, die ihn in die Einsamkeit zurückwirft. Wenn es kein Brot mehr gibt, dann tauchen die Bezugsscheine auf. Die Franzosen haben nur Anrecht auf 1200 Kalorien pro Tag, aber sie benötigen dafür mindestens sechs unterschiedliche Papiere und hundert Stempel auf diesen Papieren. Und so ist es überall auf der Welt, wo die Bürokratie sich unaufhaltsam vermehrt. Um von Frankreich nach Amerika zu kommen, habe ich in beiden Ländern eine Menge Papier verbraucht. So viel Papier, dass ich ohne weiteres diesen Vortrag in ausreichend vielen Exemplaren darauf hätte drucken lassen können, um sie

hier zu verteilen, ohne mich persönlich herbemühen zu müssen. Mit Hilfe von Papieren, Büros und Beamten erschafft man eine Welt, aus der die menschliche Wärme schwindet, in der kein Mensch mehr mit dem anderen in Berührung kommt, außer durch das Labyrinth dessen, was man die Formalitäten nennt. Der deutsche Offizier, der sich teilnahmsvoll nach den verletzten Ohren meines Kameraden erkundigte, fand nichts dabei, weil es zu seiner Arbeit als Beamter gehört hatte, sie in Fetzen zu schlagen, und das konnte nichts Schlechtes gewesen sein. Kurz gesagt, man stirbt, man liebt und man tötet nur noch stellvertretend. Das, so vermute ich zumindest, nennt man wohl eine gute Organisation.

4) Die Krise des Menschen besteht nicht zuletzt darin, dass man an die Stelle des wirklichen Menschen den politischen Menschen setzt. Es gibt keinen Raum mehr für individuelle Leidenschaften, sondern nur noch für kollektive Leidenschaften, mit anderen Worten: abstrakte Leidenschaften. Wir alle sind Teil der Politik, ob wir wollen oder nicht. Was zählt, ist nicht mehr, das Leid einer Mutter zu respektieren oder zu lindern, was zählt, ist, einer Weltanschauung zum Sieg zu verhelfen. Und der menschliche Schmerz sorgt nicht mehr für Empörung, er ist nur noch eine Zahl in einer Addition, deren entsetzliche Summe sich noch nicht ziehen lässt.

5) Es liegt auf der Hand, dass man all diese Symptome in einem einzigen zusammenfassen kann, dem, was sich zugleich als der Kult der Zweckmäßigkeit und der Abstraktion bezeichnen lässt. Hier liegt der Grund, warum der europäische Mensch heute nichts als die Einsamkeit und das Schweigen kennt. Deshalb, weil er sich nicht mit den anderen Menschen zusammenfinden kann, in Wer-

ten, die er mit ihnen teilt. Und da er nicht mehr unter dem Schutz eines Respekts vor dem Menschen steht, der auf menschlichen Werten beruht, hat er von nun an nur noch die Wahl, entweder Opfer oder Henker zu sein.

II

Das ist es, was die Menschen meiner Generation begriffen haben, und das ist die Krise, mit der sie konfrontiert waren und immer noch sind. Und wir mussten diese Krise bewältigen, mit den Werten, über die wir verfügten, das heißt mit nichts als dem Bewusstsein der Absurdität, in der wir lebten. So mussten wir uns dem Krieg und dem Terror stellen, ohne Trost und ohne Gewissheit. Wir wussten nur, dass wir den Ungeheuern, die überall in Europa ihr Haupt erhoben, nicht weichen durften. Doch wir vermochten nicht, diese Pflicht, in der wir standen, zu begründen. Mehr noch, die klarsichtigsten unter uns begriffen, dass es in ihrem Denken bisher kein Prinzip gab, das ihnen eine Grundlage dafür geboten hätte, sich dem Terror entgegenzustellen und dem Mord abzuschwören.

Denn wenn man tatsächlich an nichts glaubt, wenn nichts einen Sinn hat und wir keinen Wert bejahen können, dann ist alles erlaubt, und nichts hat eine Bedeutung. Dann gibt es weder Gut noch Böse, und Hitler hatte weder recht noch unrecht. Dann macht es keinen Unterschied, ob man Millionen Unschuldige in die Öfen der Krematorien schickt oder sich der Pflege von Leprakranken widmet. Man kann mit der einen Hand Ohren in Fetzen schlagen, während man sie mit der anderen verarztet. Man kann inmitten von Gefolterten die Hausarbeit erledigen. Und es spielt keine Rolle, ob man die Toten ehrt oder wie Abfall behandelt. All das kommt aufs Gleiche heraus. Und da wir dachten, nichts habe einen Sinn, drängte sich der Schluss auf, dass derjenige recht hat, der sich durchsetzt. Und tatsächlich werden Ihnen selbst heute noch eine Menge intelligenter und skeptischer Leute versichern, wenn Hitler diesen Krieg gewonnen hätte, dann hätte die Geschichte ihn gefeiert und wäre vor dem abscheulichen Piedestal auf die Knie gefallen, auf dem er sich hätte huldigen lassen. Und zweifellos hätte die Geschichte – zumindest das, was man sich heute unter der Geschichte vorstellt – Hitler angebetet und Terror und Mord gerechtfertigt, so wie wir es alle tun, wenn wir bereit sind, zu denken, dass nichts einen Sinn hat.

Gewiss, einige von uns haben gemeint, sie könnten, in Ermangelung jedes höheren Wertes, darauf vertrauen, dass wenigstens die Geschichte einen Sinn hat. Zumindest haben sie oft so gehandelt, als ob sie darauf vertrauten. Sie sagten, dass dieser Krieg notwendig sei, weil er die Epoche der Nationalstaaten beenden und das Zeitalter der Imperien einläuten würde, auf das – sei es auf gewaltsamem oder auf friedlichem Wege – die Weltgesellschaft und das Paradies auf Erden folgen würden.

Aber damit kamen sie zum selben Ergebnis wie wir, nämlich dass nichts einen Sinn hat. Denn wenn die Geschichte einen Sinn hat, dann hat sie entweder als Ganze einen Sinn oder gar keinen. Diese Leute dachten und handelten so, als ob die Geschichte einer übergeordneten Dialektik gehorche und wir uns alle gemeinsam auf ein endgültiges Ziel zubewegen. Sie dachten und handelten nach dem verabscheuenswürdigen Prinzip Hegels: «Der Mensch ist für die Geschichte gemacht und nicht die Geschichte für den Menschen.» Tatsächlich gehorcht der gesamte politische und moralische Realismus, der heute die Geschicke der Welt lenkt, oft ohne es zu wissen, einer Geschichtsphilosophie nach deutscher Art, der zufolge sich die gesamte Menschheit entlang von der Vernunft vorgezeichneten Wegen auf einen Endzustand der Welt zubewegt. Man hat an die Stelle des Nihilismus den absoluten Rationalismus gesetzt, und das Ergebnis ist dasselbe. Denn wenn es zutrifft, dass die Geschichte einer übergeordneten und schicksalhaften Logik gehorcht, wenn es – ebenjener deutschen Philosophie zufolge – zutrifft, dass auf einen herrschaftslosen Zustand zwangsläufig die Feudalordnung folgt und auf die Nationen die Imperien, um schließlich in die Weltgesellschaft zu münden, dann ist alles gut, was diesem zwangsläufigen Verlauf dient, und die Ergebnisse der Geschichte sind unhintergehbare Wahrheiten. Und da diese Ergebnisse nur durch die üblichen Mittel, also Kriege, Intrigen und individuellen und kollektiven Mord, herbeigeführt werden können, werden alle Handlungen nicht danach gerechtfertigt, ob sie gut oder schlecht, sondern danach, ob sie zweckmäßig sind.

Und daher waren die Menschen meiner Generation in der heutigen Welt seit Jahren der zweifachen Versuchung ausgesetzt, entweder zu meinen, dass nichts wahr ist, oder zu meinen, dass die einzige Wahrheit darin liegt, sich dem schicksalhaften Verlauf der Geschichte zu fügen. Viele sind der einen oder der anderen Versuchung erlegen. Und so blieb die Welt dem Willen zur Macht ausgeliefert, und das heißt schlussendlich: der Herrschaft des Schreckens. Denn wenn nichts richtig oder falsch ist, wenn nichts gut oder schlecht ist und wenn der einzige Maßstab der Erfolg ist, dann geht es letztlich nur darum, wer der Erfolgreichste ist, mit anderen Worten: der Stärkste. Die Welt teilt sich nicht mehr in Gerechte und Ungerechte auf, sondern in Herren und Sklaven. Wer sich den anderen untertan macht, hat recht. Die Concierge hat recht gegenüber den Gefolterten. Der deutsche Offizier, der foltert, und derjenige, der Geiseln erschießt, die SS-Leute, die zu Totengräbern werden – sie stehen in dieser neuen Welt für die Vernunft. Schauen Sie sich um und fragen Sie sich, ob es nicht heute noch genauso ist. Wir sind in den Fängen der Gewalt, und wir ersticken darin. Ob auf der Ebene der Nationen oder im Weltmaßstab: Misstrauen, Verbitterung, Gier und Machtstreben sind dabei, eine düstere und verzweifelte Welt hervorzubringen, wo jeder gezwungen ist, in der Gegenwart zu leben, während allein schon das Wort «Zukunft» für ihn alle Ängste verkörpert. Abstrakten Mächten ausgeliefert, ausgezehrt und abgestumpft durch ein sich immer mehr beschleunigendes Leben, ist er abgeschnitten von den natürlichen Wahrheiten, dem klugen Müßiggang und dem schlichten Glück. Vielleicht ist für Sie, die Sie im noch glücklichen Amerika leben, das, was ich Ihnen geschildert habe, nicht oder nur verschwommen erkennbar? Aber die Menschen, von denen ich Ihnen berichte, sehen es seit Jahren, spüren das Übel in ihrem Fleisch, lesen es in den Gesichtern derjenigen, die sie lieben – und aus der Tiefe ihres kranken Herzens erhebt sich mit einem Mal ein entsetzliches Aufbegehren, das schließlich alles mit sich fortreißt. Zu viele ungeheuerliche Bilder quälen sie noch, als dass sie sich vorstellen könnten, es wäre leicht, doch sie haben das Grauen dieser Jahre zu tief empfunden, um seine Fortsetzung hinzunehmen. Und hier beginnt für sie die eigentliche Aufgabe.

III

Wenn es zutrifft, dass die Charakteristika dieser Krise der Wille zur Macht, die Herrschaft des Schreckens, die Ersetzung des wirklichen Menschen durch den politischen und geschichtlichen Menschen, die Herrschaft der Abstraktionen und der Zwangsläufigkeit und die Einsamkeit ohne Zukunft sind, und wenn wir diese Krise lösen wollen, dann muss eine Veränderung bei diesen Charakteristika ansetzen. Das war die ungeheure Aufgabe, vor der unsere Generation stand, mit allem, was sie verneinte. Aus ebendieser Verneinung musste sie die Kraft zum Kämpfen beziehen. Es war vollkommen zwecklos, uns zu sagen: Ihr müsst an Gott oder an Plato oder an Marx glauben, denn gerade diese Art von Glauben hatten wir verloren. Die einzige Frage war, ob wir uns mit dieser Welt abfinden würden, in der man nur noch die Wahl hatte, Opfer oder Henker zu sein. Und natürlich wollten wir weder das eine noch das andere sein, denn im Grunde unseres Herzens wussten wir, dass diese Unterscheidung trügerisch ist und es letztlich nur Opfer gibt und Mörder und Ermordete am Ende in derselben Niederlage vereint sein würden. Es ging, kurz gesagt, nicht mehr darum, ob wir uns mit diesem Zustand der Welt abfinden wollten oder nicht, sondern darum, herauszufinden, mit welcher Begründung wir uns ihm widersetzen konnten.

So kam es, dass wir unsere Gründe in unserer Auflehnung selbst suchten, die uns ohne erkennbare Gründe dazu gebracht hatte, uns für den Kampf gegen das Böse zu entscheiden. Und so begriffen wir, dass wir uns nicht nur um unserer selbst willen aufgelehnt hatten, sondern um einer Sache willen, die allen Menschen gemeinsam war.

Wie war das möglich?

Was bedeutete unsere Auflehnung in dieser Welt ohne Werte, in dieser Wüste des Herzens, in der wir leben? Sie machte uns zu Menschen, die *Nein* sagten. Doch zugleich waren wir Menschen, die *Ja* sagten. Wir sagten *Nein* zu dieser Welt, zu ihrer grundlegenden Absurdität, zu den Abstraktionen, die uns bedrohten, zu der Zivilisation des Todes, in der wir unseren Platz einnehmen sollten. Indem wir *Nein* sagten, stellten wir fest, dass die Zustände lange genug gedauert hatten, dass es eine Grenze gab, die man nicht überschreiten durfte. Doch damit sagten wir zugleich *Ja* zu allem, was *diesseits* jener Grenze lag, wir stellten fest, dass es etwas in uns gab, das sich gegen die Schande auflehnte und das man nicht länger niederhalten konnte. Und natürlich war das ein Widerspruch, der uns nachdenklich machen musste. Wir dachten, dass diese Welt ohne echte Werte lebte und kämpfte. Und dennoch kämpften wir gegen Deutschland. Die Franzosen der Résistance, die ich kannte und die in den Zügen, in denen sie ihre Flugblätter transportierten, Montaigne lasen, bewiesen, dass man – zumindest bei uns – die Skeptiker schätzen und zugleich einen Begriff von Ehre haben konnte. Und allein dadurch, dass wir lebten, hofften und kämpften, sagten wir alle zu etwas *Ja*.

Aber hatte dieses Etwas einen allgemeinen Wert? War es mehr als die Meinung eines Individuums? Konnte man eine Richtschnur für sein Handeln daraus ableiten? Die Antwort ist sehr einfach. In ihrer Auflehnung waren die Menschen, von denen ich spreche, bereit zu sterben. Und mit ihrem Tod bewiesen sie, dass sie sich für eine Tugend opferten, die ihre individuelle Existenz überstieg, die über ihr persönliches Schicksal hinausging. Das, was unsere Revoltierenden gegen ein feindseliges Geschick verteidigten, war ein Wert, der allen Menschen gemeinsam ist. Angesichts von Menschen, die vor den Augen ihrer Concierge gefoltert wurden, angesichts von Ohren, die mit Hingabe in Fetzen geschlagen wurden, angesichts von Müttern, die sich gezwungen sahen, ihre Kinder zum Tode zu verurteilen, angesichts der Gerechten, die wie Tiere verscharrt wurden, kamen unsere Revoltierenden zu der Überzeugung, dass durch all dies etwas in ihnen verneint wurde, das nicht ihnen allein gehörte, sondern ein gemeinsames Gut war, in dem sich eine bereits vorhandene Verbundenheit zwischen den Menschen ausdrückte.

Ja, das war die große Lehre jener schrecklichen Jahre: Wenn in Prag ein Student misshandelt wurde, dann spürte ein Arbeiter in den Pariser Vorstädten die Schläge, und wenn irgendwo an den Ufern eines Flusses in Mitteleuropa Blut vergossen wurde, dann brachte das einen texanischen Bauern dazu, das seine auf dem Boden der Ardennen zu vergießen, die er zum ersten Mal erblickte. Und auch das war absurd und verrückt und beinahe unvorstellbar. Doch zugleich ließ uns diese Absurdität begreifen, dass wir Teil einer kollektiven Tragödie waren, in der es um eine gemeinsame Würde ging, eine Gemeinschaft der Menschen, die verteidigt und bewahrt werden musste. Von da an wussten wir, was wir zu tun hatten, und lernten, wie der Mensch inmitten einer vollständigen moralischen Wüste Werte wiedererlangen kann, die hinreichend sind, um sein Handeln an ihnen auszurichten. Denn wenn diese Verständigung der Menschen untereinander, in der sie gegenseitig ihre Würde anerkannten, die Wahrheit war, dann war es ebendiese Verständigung, der wir dienen mussten.

Und damit diese Verständigung weiterging, mussten die Menschen frei sein, denn zwischen einem Herren und einem Sklaven gibt es keine Gemeinsamkeit, und mit einem Unterworfenen gibt es kein Gespräch und keine Verständigung. Ja, Knechtschaft ist Schweigen, und zwar das schrecklichste von allen.

Und damit diese Verständigung weiterging, mussten wir darauf hinwirken, dass die Ungerechtigkeit verschwindet, weil es keine Verbindung zwischen dem Unterdrückten und dem Ausbeuter gibt. Auch der Neid gehört zum Reich des Schweigens.

Und damit diese Verständigung weiterging, mussten wir die Lüge und die Gewalt ächten, denn der Mensch, der lügt, verschließt sich seinen Mitmenschen, und derjenige, der foltert und unterjocht, bringt sie endgültig zum Schweigen. So sind wir, ausgehend von der Verneinung und allein getrieben von unserer Auflehnung, zu einer Moral der Freiheit und der Wahrhaftigkeit gelangt. Ja, es war diese Art von Verständigung, die wir der Welt des Mordens entgegenzusetzen hatten. Das wussten wir von nun an. Und es ist diese Art von Verständigung, auf der wir heute beharren müssen, um nicht zu Mördern zu werden. Und wir wissen jetzt, dass sie der Grund ist, warum wir gegen die Ungerechtigkeit, gegen die Knechtschaft und den Terror kämpfen müssen, denn diese drei

Übel sind es, die zwischen den Menschen Schweigen herrschen lassen, Grenzen zwischen ihnen aufrichten, ihnen den Blick aufeinander verstellen und sie daran hindern, zu dem einzigen Wert zu finden, der sie vor dieser trostlosen Welt retten kann: die geduldige Brüderlichkeit der Menschen im Kampf gegen ihr Geschick. Jetzt endlich, am Ende dieser langen Nacht, wissen wir, was wir angesichts der von ihrer Krise zerrissenen Welt tun müssen.

Was müssen wir tun? Wir müssen:

1) die Dinge beim Namen nennen und uns darüber klar sein, dass wir jedes Mal Millionen Menschen töten, wenn wir einwilligen, gewisse Gedanken zu denken. Man denkt nicht schlecht, weil man ein Mörder ist. Man ist ein Mörder, weil man das Schlechte denkt. So kann man zum Mörder werden, ohne jemals sichtbar jemanden getötet zu haben. Und so sind wir alle mehr oder weniger Mörder. Daher ist das Erste, was wir zu tun haben, schlicht und einfach, theoretisch und praktisch, jeder Form von realistischem und fatalistischem Denken eine Absage zu erteilen.

2) Unsere zweite Aufgabe ist es, der Welt jene Herrschaft des Schreckens von den Schultern zu nehmen, unter der sie steht und die sie daran hindert, gut zu denken. Und da ich gehört habe, dass die Vereinten Nationen hier in dieser Stadt gerade eine wichtige Sitzung abhalten,[10] könnten wir ihnen vorschlagen, dass das erste von dieser erdumspannenden Organisation verfasste Dokument feierlich die weltweite Abschaffung der Todesstrafe nach den Nürnberger Prozessen erklären sollte.

3) Unsere dritte Aufgabe ist es, die Politik wann immer möglich wieder auf ihren wahren Platz zu verweisen, der

ein untergeordneter ist. Es geht nämlich nicht darum, dieser Welt ein politisches oder moralisches Evangelium oder einen politischen oder moralischen Katechismus zu geben. Das große Unglück unserer Zeit ist ja, dass die Politik behauptet, sie könne uns gleichzeitig einen Katechismus, eine vollständige Philosophie und manchmal sogar eine Kunst des Liebens bieten. Die Aufgabe der Politik besteht aber darin, das Haus in Ordnung zu halten, und nicht, unsere inneren Probleme zu lösen. Ich für meinen Teil weiß nicht, ob ein Absolutes existiert. Aber ich weiß, dass das Absolute nicht politisch ist. Es ist nicht Sache aller. Es ist Sache eines jeden Einzelnen. Und alle sollten ihre Beziehungen untereinander so einrichten, dass jeder Einzelne den inneren Freiraum hat, für sich selbst über das Absolute nachzudenken. Mag sein, dass unser Leben auch den anderen gehört und es richtig ist, es wenn nötig hinzugeben. Aber unser Tod gehört nur uns. Das ist meine Definition von Freiheit.

4) Unsere vierte Aufgabe ist, ausgehend von der Verneinung, nach solchen positiven Werten zu suchen oder sie selbst zu schaffen, die es uns gestatten, ein negatives Denken mit den Möglichkeiten positiven Handelns zu versöhnen. Das ist eine Aufgabe für die Philosophen, die ich hier nur umrissen habe.

5) Unsere fünfte Aufgabe ist, uns klarzumachen, dass ein solches Unternehmen darauf hinausläuft, einen Universalismus zu schaffen, in dem sich alle Menschen guten Willens wiederfinden können. Um der Einsamkeit zu entgehen, müssen wir miteinander reden, aber wir müssen unter allen Umständen offen reden, dürfen niemals lügen und müssen stets die ganze Wahrheit aussprechen, die wir kennen. Man kann die Wahrheit jedoch nur in

einer Welt aussprechen, in der sie klar definiert und auf Werte gegründet ist, die allen Menschen gemeinsam sind. Es ist nicht an Herrn Hitler, darüber zu bestimmen, was wahr ist und was nicht. Weder heute noch morgen hat irgendein Mensch auf der Welt das Recht, darüber zu entscheiden, ob seine Wahrheit gut genug ist, um sie auch für andere verbindlich zu machen. Nur das gemeinsame Gewissen der Menschen kann diesen Anspruch erheben. Und unsere Aufgabe ist es, die Werte wiederzufinden, von denen dieses gemeinsame Gewissen lebt. Die Freiheit, die wir uns erobern müssen, ist schlussendlich das Recht, nicht zu lügen. Nur unter dieser Voraussetzung wird es uns gelingen, herauszufinden, wofür wir leben und wofür wir sterben.

Hier also stehen wir. Und ja, vielleicht habe ich zu weit ausgeholt, um zu diesem Punkt zu gelangen. Aber letztendlich ist die Geschichte der Menschen die Geschichte ihrer Irrtümer und nicht ihrer Wahrheit. Möglicherweise ist die Wahrheit wie das Glück: Sie ist ganz einfach und hat keine Geschichte.

Heißt das nun, dass für uns alle Probleme gelöst sind? Nein, ganz bestimmt nicht. Die Welt ist weder besser noch vernünftiger geworden. Wir haben die Absurdität immer noch nicht hinter uns gelassen. Aber wir haben zumindest einen Grund, uns zu bemühen, unser Benehmen zu ändern, und dieser Grund hat uns bisher gefehlt. Die Welt wäre ein ständiger Grund zu verzweifeln, wenn es den Menschen nicht gäbe. Aber es gibt den Menschen und seine Leidenschaften, seine Träume und seine Gemeinschaft. In Europa gibt es einige Menschen wie mich, die auf diese Weise eine pessimistische Sicht der Welt mit einer zutiefst optimistischen Sicht des Menschen verbinden. Wir behaupten nicht, dass wir der Geschichte entkommen können, denn wir leben in der Geschichte.

Wir behaupten nur, dass wir in der Geschichte kämpfen, um jenen Teil des Menschen vor der Geschichte zu schützen, der ihr nicht gehört. Wir wollen nur zu einer Zivilisation zurückfinden, in der der Mensch, ohne sich von der Geschichte abzuwenden, ihr nicht länger unterworfen ist, in der der Dienst, den jeder Mensch allen Menschen schuldet, im Gleichgewicht steht mit dem Nachdenken, der Muße und jenem bisschen Glück, das jeder sich selbst schuldig ist.

Ich glaube, ich kann behaupten, dass wir uns immer weigern werden, das Ereignis, die Tatsachen, den Reichtum, die Macht, den Gang der Geschichte und den Lauf der Welt zu vergöttern. Wir wollen das menschliche Dasein so sehen, wie es ist. Und wir wissen, wie es ist. Es ist jener entsetzliche Zustand, in dem Ströme von Blut und Jahrhunderte der Geschichte nötig sind, damit am Ende eine unmerkliche Veränderung im Geschick der Menschen steht. So ist das Gesetz. Jahrelang sind im Frankreich des 18. Jahrhunderts die Köpfe nur so gerollt, und die Französische Revolution hat in allen Herzen das Feuer der Begeisterung und des Schreckens entfacht. Und was letztlich am Anfang des darauf folgenden Jahrhunderts dabei herausgekommen ist, war die Ablösung der absoluten durch die konstitutionelle Monarchie. Wir Franzosen des 20. Jahrhunderts kennen diese schreckliche Gesetzmäßigkeit nur zu gut. Es hat den Krieg gegeben, die Besatzung, die Massaker, unzählige Gefängnismauern, ein von Schmerz zerrissenes Europa, und das alles, damit ein paar von uns am Ende zu zwei oder drei Nuancen des Denkens gelangt sind, die ihnen dabei helfen, weniger zu verzweifeln. Optimismus wäre angesichts dessen eine Schande. Wir wissen, dass diejenigen, die heute tot sind, die Besten von uns waren, weil sie sich selbst dazu erklärt haben. Und wir, die wir überlebt haben, müssen uns vorwerfen, dass wir nur deshalb noch am Leben sind, weil wir weniger getan haben als andere.

Das ist der Grund, weshalb wir weiter in einem Widerspruch leben. Der einzige Unterschied besteht darin, dass diese Generation den Widerspruch heute mit einer ungeheuren Hoffnung verbinden kann, die sie in den Menschen setzt. Da ich Sie über einen Aspekt der geistigen Lage in Frankreich informieren wollte, wird es ausreichen, wenn Sie Folgendes in Erinnerung behalten: Heute gibt es in Frankreich und Europa eine Generation, die, alles in allem, denjenigen, der seine Hoffnung in das menschliche Dasein setzt, für einen Narren hält, denjenigen, der an den Ereignissen verzweifelt, jedoch für einen Feigling. Sie lehnt die Absolutheitsansprüche und die Herrschaft der politischen Philosophien ab, doch sie will sich zum Menschen aus Fleisch und Blut und seinem Streben nach Freiheit bekennen. Sie glaubt nicht, dass es möglich ist, das Glück und die Befriedigung aller Bedürfnisse zu verwirklichen, aber sie hält es für möglich, das Leid der Menschen zu verringern. Weil die Welt ihrem Wesen nach unglücklich ist, so meint diese Generation, müssen wir etwas für das Glück tun; weil sie ungerecht ist, müssen wir auf Gerechtigkeit hinarbeiten, und weil sie absurd ist, müssen wir schließlich all diese Gründe für sie finden.

Was aber bedeutet das am Ende? Es bedeutet, dass man in seinem Denken und in seinem Handeln bescheiden sein, seinen Platz einnehmen und seine Arbeit gut machen sollte. Es bedeutet, dass wir alle jenseits von Parteien und Regierungen Gemeinschaften des Nachdenkens bilden sollten, die über die Nationengrenzen hinweg ein Gespräch eröffnen und durch ihr Leben und ihre Worte darauf hinwirken, dass diese Welt aufhört, eine Welt der Polizisten, der Soldaten und des Geldes zu sein, und stattdessen zu einer Welt der Männer und Frauen, der fruchtbaren Arbeit und der besonnenen Muße wird.

Darauf, so denke ich, sollten wir unsere Anstrengungen und unser Nachdenken richten, und dafür sollten wir uns, wenn nötig, mit unserem Leben einsetzen. Der Niedergang der griechischen Welt begann mit der Ermordung des Sokrates. Und man hat in den vergangenen Jahren in Europa zahlreiche Sokratesse umgebracht. Das ist ein Hinweis. Ein Hinweis darauf, dass einzig und allein der sokratische Geist der Langmut gegenüber den anderen und der Strenge gegenüber sich selbst den Zivilisationen des Mordes gefährlich werden kann. Ein Hinweis darauf, dass nur dieser Geist die Welt erneuern kann. Solange er auf Macht und Herrschaft gerichtet ist, wird jeder andere Versuch, so bewundernswert er auch sein mag, den Menschen nur noch schlimmer verstümmeln. Das jedenfalls ist die bescheidene Revolution, die wir Franzosen und Europäer in diesem Moment durchleben.

SCHLUSS

Vielleicht sind Sie erstaunt, dass ein französischer Schriftsteller, der in offizieller Mission nach Amerika gekommen ist, es nicht für nötig erachtet, Ihnen ein idyllisches Bild seines Landes zu malen, und bisher keinerlei Versuch in Richtung dessen unternommen hat, was man landläufig Propaganda nennt. Doch wenn Sie über die Frage nachdenken, die ich aufgeworfen habe, wird es Ihnen vielleicht einleuchten. Die Propaganda hat vermutlich den Zweck, bei den Leuten Gefühle zu erzeugen, die sie zuvor nicht hatten. Die Franzosen, die dieselben Erfahrungen gemacht haben wie ich, erwarten jedoch in Wahrheit weder, dass man sie bemitleidet, noch, dass man sie auf Befehl liebt. Die einzige Frage, die sie sich als Nation stellen, hat nichts mit der Meinung zu tun, welche die Welt über sie hat. Für uns ging es fünf Jahre lang darum, ob es gelingen würde, unsere Ehre zu retten, mit anderen Worten, ob wir uns das Recht bewahren konnten, nach dem Krieg wieder das Wort zu ergreifen. Und es ging nicht darum, ob uns jemand anderes dieses Recht zugestand. Es ging allein darum, ob wir es uns selbst zugestehen würden. Das war nicht einfach, aber wenn wir uns jenes Recht letztlich selbst zugestanden haben, dann deshalb, weil wir, und nur wir allein, das wahre Ausmaß unserer Opfer kennen.

Doch dieses Recht bedeutet für uns nicht das Recht, andere zu belehren. Es ist lediglich das Recht, nicht zu dem erniedrigenden Schweigen jener verurteilt zu sein, die geschlagen und besiegt wurden, weil sie den Menschen zu lange verachtet haben. Im Übrigen, so glauben Sie mir bitte, kennen wir unseren Platz. Vielleicht besteht ja tatsächlich die Möglichkeit, dass ein Teil der Geschichte der nächsten fünfzig Jahre von anderen Nationen als der französischen gemacht wird. Ich kann das nicht beurteilen. Aber was ich weiß, ist, dass diese Nation, die vor fünfundzwanzig Jahren 1620000 Menschen verlor und die gerade mehrere hunderttausend Freiwillige verloren hat, begreifen muss, dass sie selbst oder andere möglicherweise ihre Kräfte missbraucht haben. Das ist eine Tatsache. Und die Meinung der Welt, ihre Hochachtung oder ihre Geringschätzung, kann an dieser Tatsache nichts ändern. Deshalb kommt es mir lächerlich vor, die Weltöffentlichkeit zu umwerben oder umstimmen zu wollen. Doch es scheint mir nicht lächerlich, gegenüber dieser Weltöffentlichkeit hervorzuheben, in welchem Maße die Krise, in der sich die Welt befindet, ihren Grund in ebenjenen Auseinandersetzungen um Vorherrschaft und Macht hat.

Um die Debatten dieses Abends zusammenzufassen und zum ersten Mal für mich selbst zu sprechen, möchte ich nur Folgendes sagen: Jedes Mal, wenn man Frankreich oder jedes beliebige andere Land oder jede beliebige Frage unter dem Gesichtspunkt der Macht beurteilt, leistet man damit ein wenig mehr einer Vorstellung vom Menschen Vorschub, die auf seine Verstümmelung hinausläuft; jedes Mal verstärkt man den Durst nach Herrschaft und ergreift in letzter Konsequenz Partei für den Mord. Nichts ist folgenlos, weder in der wirklichen Welt noch in der Welt der Ideen. Und derjenige, der sagt oder schreibt, der Zweck heilige die Mittel, und derjenige, der sagt oder schreibt, Gewalt sei der Maßstab der Größe, der ist im vollen Sinne verantwortlich für jene Anhäufung von Verbrechen, die das Gesicht des heutigen Europa entstellt.

Damit ist, so denke ich, der Sinn dessen, was ich mich verpflichtet glaubte, Ihnen darlegen zu müssen, klar und deutlich umrissen. Und es war, so nehme ich an, tatsächlich meine Pflicht, der Stimme und dem Schicksal unserer europäischen Kameraden treu zu bleiben, damit Sie nicht in Versuchung geraten, vorschnell ein Urteil über sie zu fällen. Denn diese Kameraden verurteilen niemanden außer die Mörder. Und sie betrachten alle Nationen mit der Hoffnung und der Zuversicht, dort jene menschliche Wahrheit zu finden, die jede von ihnen in sich trägt.

Was insbesondere die amerikanische Jugend betrifft, die mir heute Abend zuhört, so kann ich ihr versichern, dass die Männer und Frauen, von denen ich berichtet habe, den größten Respekt vor ihrer Menschlichkeit haben und vor jenem Sinn für die Freiheit und für das Glück, der aus den Gesichtern der großen Amerikaner spricht. Ja, sie erwarten von dieser Jugend, was sie von allen Menschen guten Willens erwarten: einen aufrichtigen Beitrag zu jenem Geist des Dialogs, den sie in die Welt bringen wollen. Unsere Kämpfe, unsere Hoffnungen und unsere Forderungen kommen Ihnen, aus der Ferne betrachtet, vielleicht konfus oder sinnlos vor. Und es trifft zu, dass diese Männer und Frauen auf dem Weg der Weisheit und der Wahrheit – wenn es denn einen solchen Weg gibt – nicht die geradeste und einfachste Route gewählt haben. Das lag jedoch daran, dass die Welt und die Geschichte ihnen nichts Gerades und Einfaches zu bieten hatten. Das Geheimnis, das sie in ihrem Dasein nicht vorgefunden haben, versuchen sie, mit eigenen Händen zu schmieden. Und vielleicht werden sie dabei scheitern. Aber wenn sie scheitern, so bin ich gewiss, wird diese Welt mit ihnen scheitern. In diesem Europa, das noch vergiftet ist von der Gewalt und vom stummen Hass, in dieser von Schrecken zerrissenen Welt, versuchen sie, das vom Menschen zu bewahren, was er noch sein kann. Und das ist ihr einziges Bestreben. Dass dieser letzte Versuch in Frankreich noch Fuß fassen konnte, ist unser einziger Trost. Und wenn es mir gelungen ist, Ihnen eine auch nur ungefähre Vorstellung von der Leidenschaft für die Gerechtigkeit zu vermitteln, die in allen Franzosen brennt, dann würde mich das ganz einfach stolz machen.

SIND WIR PESSIMISTEN?
1946

Einen Monat nachdem er an der Columbia University über die Krise des Menschen *gesprochen hatte, beendete Camus am 1. Mai 1946 seine Vortragsreise durch die USA mit einer Rede am New Yorker Brooklyn College. Sie lässt sich als Ergänzung zur* Krise des Menschen *begreifen, in der das zentrale Thema dieses Vortrags noch einmal aufgegriffen wird. Der Text von* Sind wir Pessimisten? *wurde erstmals im Juli 1946 auf Englisch in der amerikanischen Zeitschrift* Vogue *unter dem Titel* The Crisis of Man. Inertia is the strongest temptation (Die Krise des Menschen. Die größte Versuchung ist die Gleichgültigkeit) *veröffentlicht. Dieser Textfassung sind hier zwei Absätze angefügt, die aus dem im Nachlass des Autors aufgefundenen Typoskript stammen. Nach seiner Rückkehr aus den Vereinigten Staaten veröffentlichte Camus den Text nochmals in gestraffter Form in der dritten Ausgabe der Zeitschrift* Franchise *(November/Dezember 1946) unter dem Titel* Nous autres meurtiers (Wir Mörder).

Wenn ein Europäer erfolgreich dem Gedanken Ausdruck verliehen hat, dass das Leben tragisch ist, dann meint er, den höchsten Gipfel des Geistes erklommen zu haben. Das ist natürlich dumm. Andererseits habe ich jedoch den Eindruck, dass ein Amerikaner sich auf dem Gipfel der Vernunft wähnt, wenn er sich erfolgreich eingeredet hat, das Leben sei eine gute Sache und es gebe keinen Schmerz. Auch das ist natürlich ein großer Irrtum. Ich stelle also fest, dass Amerika und Europa angesichts einer gemeinsamen Krankheit unter gegensätzlichen Symptomen leiden. Es scheint mir genauso unvernünftig, zu behaupten, man dürfe kein Pessimist sein, wie zu behaupten, man dürfe kein Optimist sein. Die alten Griechen wussten, dass das Leben eine Nacht- und eine Sonnenseite hat, und sie wussten, dass der Mensch seinen Blick zugleich auf das Licht und auf den Schatten richten muss, um seinem Menschsein treu zu bleiben. Und eine Zivilisation muss sich immer an der Art und Weise messen lassen, wie sie diesen Widerspruch in einer höheren Synthese auflöst. Was auch immer man in Europa und in Amerika denken mag, wir bewegen uns alle auf diese Synthese zu, und jeder von uns hat etwas zur Lösung dieser Aufgabe beizutragen. Wenn einer von uns scheitert, dann gehen auch die anderen unter, und von neuem treten Schlamm und Blut an die Stelle von Sonne und Nacht. Und möglicherweise gibt es in diesem großen Abenteuer des abendländischen Geistes vieles, worauf wir keinen Einfluss haben. Doch worauf wir Einfluss haben, das ist die Möglichkeit, auszusprechen, was wir für wahr halten, dazu zu stehen und es niemals zu verraten.

Und die Wahrheit ist, dass die Welt der Gegenwart weder eine Welt des Glücks noch des Unglücks ist. Sie ist ein Kampfplatz zwischen dem Verlangen nach Glück, das jeder Mensch im Herzen trägt, und einer geschichtlichen Zwangsläufigkeit, mit der die Krise des Menschen ihren Höhepunkt erreicht hat. Wir müssen uns daher einerseits eine richtige Vorstellung davon machen, worin diese Krise besteht, und andererseits ein präzises Gespür für das Glück entwickeln, nach dem zu streben jeder Mensch das Recht hat. Wir müssen also versuchen klarzusehen.

Die Krise des Menschen besteht wenigstens zur Hälfte aus der Gleichgültigkeit und der Erschöpfung der Individuen angesichts der starren Grundsätze und der Untaten, mit denen man nicht müde wird, die Welt zu überfluten. Denn die Versuchung der Gleichgültigkeit ist die stärkste Versuchung des Menschen. Und weil die Welt nicht mehr von den Schreien der Opfer widerhallt, liegt für viele der Gedanke nahe, dass sie sich noch für ein paar Generationen weiterdrehen wird. Und weil es einfacher ist, seine tägliche Arbeit zu machen und friedlich darauf zu warten, dass eines Tages der Tod kommt, glauben die Leute, sie hätten genug für das Wohl des Menschen getan, wenn sie niemanden eigenhändig umbringen und sich Mühe geben, so wenig zu lügen wie möglich. Aber in Wahrheit kann kein Mensch in Frieden sterben, wenn er nicht wenigstens einmal sein Leben und das der anderen in Frage gestellt hat und wenn er nicht das Nötige getan hat, damit das menschliche Dasein in seiner Gesamtheit so weit wie möglich dem Frieden näher gebracht wird.

Die Leute, die keine Lust haben, allzu lange über das menschliche Elend nachzudenken, ziehen es daher vor, auf eine sehr allgemeine Weise darüber zu reden. So wollten manche von mir wissen, ob ich mir wirklich sicher bin, dass es eine Krise des Menschen gibt, und ob es eine solche Krise nicht zu allen Zeiten geben würde. All das ist zugleich wahr und falsch. Und wenn es wahr ist, dann ist es auf jeden Fall nicht die Sorte Wahrheit, mit der man den Insassen eines Konzentrationslagers kommen kann. Und ich kann mir nicht vorstellen, dass sich die Gefolterten, während man mit ihnen zugange war, seelenruhig mit dem Gedanken getröstet haben, es sei schließlich immer so gewesen. Ja, ich glaube wohl, dass es für sie eine Krise des Menschen gab. Und für alle Menschen meiner Generation hat diese Krise nicht aufgehört. Denen, die mir diese Frage stellen, habe ich stets geantwortet, dass ich nicht allwissend bin und die Welt nicht mit einer allgemeinen Theorie erklären kann. Aber ich weiß zumindest, dass wir uns seit langem nicht wohl in unserer Haut fühlen, dass wir uns unserer Zukunft nicht sicher sind und dass das kein normaler Zustand für vorgeblich zivilisierte Menschen ist. An diesem Punkt stoßen wir auf das, was wir zu Recht oder zu Unrecht die Krise des Menschen nennen. Und ich habe an anderer Stelle bereits gesagt, was ich jetzt wiederhole – da man sich manchmal wiederholen muss –, dass der Schrecken das untrügliche Anzeichen der Krise ist. Und der Schrecken ist da, weil die Leute glauben, dass nichts einen Sinn hat oder – was auf dasselbe hinausläuft – dass nur das, was sich geschichtlich durchsetzt, einen Sinn hat, weil die menschlichen Werte durch die Werte der Verachtung und der Zweckdienlichkeit ersetzt wurden, der Wille zur Freiheit durch den Willen zur Herrschaft. Recht hat man nicht mehr deshalb, weil man die Gerechtigkeit auf seiner Seite hat, sondern man hat recht, weil man sich durchsetzt. Und je mehr man sich durchsetzt, desto mehr hat man recht. Letztendlich ist das die Rechtfertigung des Mords. Und deshalb haben die Menschen recht, sich zu fürchten, denn in einer solchen Welt hängt ihr Leben immer nur vom Zufall oder einem unberechenbaren Wohlwollen ab. Und deshalb haben die Menschen recht, sich zu schämen, denn alle, die in einer solchen Welt leben, ohne sie mit all ihren Kräften abzulehnen – das heißt also fast alle –, sind auf ihre Art genauso Mörder wie die anderen. Auch das ist die Wahrheit.

Aber es ist ebenso wahr, dass wir über eine andere Kraft verfügen, nämlich den menschlichen Willen, wenn er nach Glück und Gerechtigkeit strebt. Auch in diesem Punkt reicht es aus, erst einmal zu wissen, was wir wollen. Und was wir jetzt gerade wollen, ist, niemals mehr der Gewalt recht geben zu müssen und uns niemals mehr der Macht der Waffen oder des Geldes zu beugen. Ich bin mir sehr wohl bewusst, dass Bekundungen dieser Art die Realisten zum Lachen bringen. Weil die Realisten wissen, dass es sich um eine Aufgabe handelt, die kein Ende hat, und sie deshalb keine guten Gründe sehen, damit weiterzumachen. Sie möchten sich nur Aufgaben widmen, die Erfolg versprechen. Und daher unternehmen sie nichts, was wahrhaft wichtig oder wahrhaft menschlich ist, daher erklären sie sich, ob sie wollen oder nicht, mit der Welt des Mords einverstanden, daher begreifen sie nicht, dass, selbst wenn diese Aufgabe kein Ende hat, wir auf der Welt sind, um mit ihr weiterzumachen. Ich vertraue der Vernunft nicht genug, um an den absoluten Fortschritt oder an irgendeine Geschichtsphilosophie zu glauben. Aber ich glaube zumindest, dass die Menschen sich im Laufe der Zeit ihres Geschicks immer deutlicher bewusst geworden sind. Unsere Lage ist immer noch dieselbe, aber wir kennen sie besser. Daher wissen wir, dass wir in einem Widerspruch leben, uns jedoch nicht damit abfinden dürfen und das Notwendige tun müssen, um den Widerspruch zu verringern. Unsere Aufgabe als Menschen ist es somit, auf irgendeine Art und Weise die unendliche Angst der freien Seelen zu lindern. Wir müssen versöhnen, was gespalten ist, in einer so offenkundig ungerechten Welt die Gerechtigkeit wieder denkbar machen, dem Wort Glück wieder eine Bedeutung verleihen, für die Völker, die vom Unglück des Jahrhunderts vergiftet sind. Das ist natürlich eine übermenschliche Aufgabe. Aber übermenschlich nennt man Aufgaben, deren Erfüllung lange Zeit in Anspruch nimmt. So gesehen ist alles übermenschlich, was es ausmacht, ein Mensch zu sein.

Ist das Pessimismus? Nein. Es ist der Versuch, klarzusehen, um vorab genau zu bestimmen, was man will und was nicht. Wenn man krank ist, muss man zunächst wissen, an welcher Krankheit man leidet, dann erst sucht man nach den Heilmitteln und wendet sie an. Wir leiden an der Abstraktion und am Schrecken, und das sollten wir wissen, um dann entschlossen zu entscheiden, was wir tun müssen. Wir jungen Franzosen, wir nennen im Gegenteil jene Pessimisten, die behaupten, dass alles in Ordnung sei und sich die Welt nicht geändert hat. Denn von solchen Leuten haben wir nichts zu erwarten. Sie sind vielmehr dafür verantwortlich, dass alles weiter seinen Gang geht, aber inmitten von Kerkern und Ketten. Und weil sich unter uns genügend klarsichtige Menschen befinden, sind unter uns zugleich genügend Menschen, die entschlossen sind – und entschlossener, als man es sich in Amerika vorstellt –, alles zu tun, was in ihrer Macht steht, um sich selbst und die Welt von ihrer jetzigen Krankheit zu heilen.

Man stellt mir hier häufig die Frage, was von der heutigen europäischen Jugend zu halten ist. Ich kann dazu nichts sagen, da ich es nicht gewohnt bin, allgemeine Urteile abzugeben. Doch was die jungen Leute betrifft, die ich persönlich kenne, so weiß ich, dass sie ohne Illusionen leben und ihre Entschlossenheit und ihr Mut dadurch nur gestärkt wurden. Und wenn man mir entgegenhält, es sei nicht gut, wenn eine Jugend ohne Illusionen lebt, dann erwidere ich, dass es nicht darum geht, was wünschenswert ist und was nicht. Es geht darum, zu wissen, was ist. Und Tatsache ist, dass diese Jugend gezwungen war, ohne Illusionen zu leben, im engsten Kontakt mit den unmittelbaren Realitäten der Existenz, und dass sie dennoch nicht untergegangen ist. Denn sie vermag noch immer für sich jene Fragen zu formulieren, die sich der Welt stellen, und sie hat sich den Willen bewahrt, diese Fragen zu lösen. Damit beweist sie, dass Tatkraft und Scharfblick kein Widerspruch sind und dass sich Leidenschaft mit stillem Mut verbinden kann. Das ist es, was sich heute in den Herzen einiger Europäer abspielt und was für die Zukunft unserer Zivilisation ebenso entscheidend ist – nicht mehr und nicht weniger – wie jede wissenschaftliche Entdeckung oder die sinnreiche Einführung des Vetorechts. Es lässt sich in den Worten eines unserer großen Revolutionäre, Saint-Just, zusammenfassen, der sagte: «Daher denke ich, dass wir uns empören müssen. Das bedeutet nicht, dass wir den gesunden Menschenverstand oder die Klugheit aufgeben.»

Wir wissen, welche Art von Zivilisation wir wollen, und wir kennen das Grauen jener Zivilisation, die wir nicht wollen. Aber was können wir erwarten? Wir können erwarten, dass die Welt noch eine Zeitlang in den Händen jener bleiben wird, denen es an Vorstellungskraft fehlt; in den Händen jener, die bewahren wollen, was nicht mehr zu bewahren ist; jener, die zerstören wollen, was niemals zerstört werden kann. In den Händen jener, die lügen, und jener, die andere zur Lüge zwingen, in den Händen der Funktionäre und Polizisten. Und wenn es so weitergeht, dann werden eines Tages diejenigen, die töten und denen das Töten leichtfällt, alles hinweggefegt haben. Das ist logisch. Aber genauso logisch ist, dass wir all das, was es wert ist, vom Menschen verteidigt zu werden, weiter verteidigen werden, gegen die Angriffe der Verblendeten und der Gierigen. Wir machen damit weiter, weil wir uns darüber einig sind, dass man sich nicht durchsetzen muss, um standzuhalten, und weil wir wissen, dass es allein der Starrsinn gewisser Menschen war, der am Ende die Welt verändert hat. Die ersten Christen nannten die große Bewegung, von der sie getragen wurden, «die Torheit des Kreuzes».

Was wir heute brauchen, ist eine Torheit des Menschen. Eine große Torheit, die gründlich und weit vorausdenkt und die auf die ungeheure Hoffnung gebaut ist, die stille Entschlossenheit, die in der Vergangenheit die europäischen Geister getragen hat und die sie auch weiterhin tragen wird, in einer Welt, der sie ohne Illusionen die Stirn geboten haben. Vor diesem Hintergrund ist es vielleicht einfacher, die Frage zu beantworten, ob wir Pessimisten sind.[11]

BEITRÄGE ZU EINER DISKUSSIONSRUNDE DER *CIVILISATION* 1946

Die 1946 von dem Vordenker des Industriedesigns Jacques Viénot gegründete Vereinigung Civilisation entwickelte sich zum Anziehungspunkt für Persönlichkeiten wie Jacques Heurgon, Camus' ehemaligen Dozenten an der Universität Algier, oder Roger Caillois, der gemeinsam mit Camus dem Comité de lecture, dem Lektüreausschuss des Verlags Gallimard, angehörte. Am 22. Oktober lud Civilisation Camus, Georges Friedmann, Maurice de Gandillac, Pierre de Lanux, Maurice Merleau-Ponty[12] *und Jean Wahl zu einer Diskussion über* Das Schicksal des Individuums in der heutigen Welt *ein, das Thema der dritten Ausgabe ihrer Zeitschrift* Chemins du monde, *in der später ein stenographiertes Protokoll der Gesprächsrunde veröffentlicht wurde. Camus' Diskussionsbeiträge sind im Folgenden vollständig wiedergegeben, die Beiträge der übrigen Teilnehmer werden in eckigen Klammern zusammengefasst.*

[Ausgehend von einem technokratischen Weltverständnis, so argumentiert Maurice de Gandillac, betrachtete die Ideologie der Nazis Individuen als «einzelne schöpferische Kräfte», die in einer «Gemeinschaft gegenseitiger Verdrängung» leben, in der ein «Individualismus der Führer» herrscht. Welche Rolle spielt der Individualismus hingegen in der amerikanischen Gesellschaft? Kann es ein freies Individuum geben, und welchen

Platz nimmt es in der liberalen kapitalistischen Gesellschaftsordnung und andererseits in der kommunistischen Welt ein? Handelt es sich bei der kommunistischen Ordnung um eine «Übergangsphase», an deren Ende eine «echte Befreiung des Menschen» steht? Jean Wahl wiederum lehnt es ab, den Nationalsozialismus als eine Form des Individualismus zu interpretieren, während Georges Friedmann in der «technischen Zivilisation» einen «gemeinsamen Nenner» Nordamerikas, der Sowjetunion und Deutschlands zu erkennen meint: Die Gesellschaften dieser Länder würden nach einem «neuen» städtischen Muster funktionieren, das sich vom «natürlichen» ländlichen Muster grundlegend unterscheide. Durch den Einsatz von Maschinen, der nicht nur auf die genannten Länder beschränkt ist, sei das Leben «von immer mehr Technik dominiert und immer weniger vom Menschen». Die Wirkung der Technik auf das Individuum, so Georges Friedmann, «ist eine psychische Wirkung, die uns verändert»: sie führt zu gesellschaftlicher Entfremdung. Bei den amerikanischen Soldaten beobachtet Georges Friedmann eine «intime Vertrautheit mit der Technik», die jedoch mit dem «Fehlen einer Reihe von Empfindungen einhergeht, die bei uns allgemein verbreitet sind». Obwohl er der Ansicht ist, dass «ein sozialistischer Staat wesentlich bessere Voraussetzungen mitbringt als ein kapitalistischer, um einen Großteil dieser Probleme zu lösen», gesteht Friedmann zu, dass die wachsende Rolle des Staates in den modernen Demokratien seit dem 19. Jahrhundert die Freiheit des Individuums zunehmend gefährdet. Allerdings kann es heute nicht darum gehen, der Vergangenheit nachzutrauern, es gilt vielmehr auszuloten, «wie man in den sich gegenwärtig herausbildenden Gesellschaften die Entfaltung des Individuums fördern kann». Pierre de Lanux stellt das Klischee von der standardisierten amerikanischen Gesellschaft in Frage. Er konstatiert, im Gefolge der Wirtschaftskrise von 1929, eine «Rückkehr zu individuellen Werten» und damit eine Renaissance Jefferson'scher Gedanken. «Das Problem», so de Lanux, «ist nicht die Eroberung der Freiheit, sondern der Gebrauch der Freiheit …»

Auf die Frage «Was kann und was sollte gerettet werden?» antwortet Camus:]

Ich bin ein wenig in Verlegenheit, denn ich glaube, dass wir viel mehr über Nuancen sprechen müssten, anstatt kategorische Feststellungen zu treffen, wozu man aber gezwungen ist, wenn man spricht. Fünf Jahre lang haben Millionen Menschen für Nuancen gekämpft, so merkwürdig das klingen mag. Wenn wir nach dem Individuum fragen – und dabei voraussetzen, dass wir wissen, was das ist –, dann müssen wir kategorisch fragen: «Was ist das Schicksal des Individuums?» Wir wissen alle, und haben alle dunkel gespürt, dass man es töten wird.

Wenn diesem Individuum der Tod droht, wenn wir das im Gefühl haben, müssen wir uns als Erstes folgende Frage stellen: Meinen wir, dass das Individuum etwas ist, das gerettet werden sollte? Oder wollen wir das nicht?

Möglicherweise erscheint manchem Betrachter jenes Bündel von Werten, das wir Individuum nennen, als etwas Überholtes, als etwas, dessen Rettung zwecklos ist. In diesem Fall können wir nur noch auf das Ende der Geschichte warten.

Wenn wir es retten wollen, dann stellen sich zwei Fragen. Erstens: Woher kommt die Schwäche, die das heutige Individuum dazu treibt, eines schönen Tages zum Opfer zu werden? Und zweitens: Welche äußeren Umstände – geschichtlicher oder ideologischer Natur – bedrohen das Individuum und lassen es früher oder später zum Opfer werden?

Was die erste Frage betrifft, so könnte man vielleicht Folgendes sagen, was in Richtung von Friedmanns Ausführungen geht: Der anarchische Individualismus ist überholt, die Geschichte hat ihn überholt. Aber wir tragen ein anarchisches Individuum in uns und müssen im Hinblick auf dieses ungute Individuum mit uns ins Reine kommen. Ich für mein Teil glaube, dass das anarchische Individuum in gewisser Weise die Einsamkeit des Menschen voraussetzt, und ich bin zutiefst davon überzeugt, dass der Mensch nicht allein ist. Wir haben in den letzten Jahren erlebt, dass, wenn jemand in Prag einen Offizier geohrfeigt hat, früher oder später ein Arbeiter in Belleville umgebracht wurde.

Auch den liberalen Individualismus, von dem die Rede war, tragen wir in uns. Auch er scheint mir zum Untergang verurteilt, und in dieser Hinsicht bin ich derselben Meinung wie Friedmann. Marx' Analyse des falschen Bewusstseins ist immer noch gültig.

Zum zweiten Punkt: Was bedroht das Individuum von außen? Auch hier sollten wir keine konkrete Psychologie, sondern konkrete Soziologie treiben. Was löst dieses Gefühl von Angst in uns aus? In erster Linie unbestreitbar Schweigen. In diesen letzten Jahren haben wir gelernt: Wir können nur in einer Welt leben, in der wir damit rechnen können, dass ein Mensch sich menschlich verhält, wenn wir ihm mit menschlichen Argumenten begegnen. Allerdings haben wir erfahren müssen, dass es Typen von Menschen gibt, die für menschliche Argumente taub sind. Kein Insasse eines Konzentrationslagers wäre auf die Idee gekommen, die SS-Männer, die ihn misshandelten, mit Argumenten davon abzubringen. An diesem Punkt befinden wir uns in der Welt des Schweigens, das heißt: der Gewalt.

Beim zweiten Punkt stimme ich mit Friedmann auf einer anderen Ebene überein: hinsichtlich der Abstraktion. Auf der technischen Ebene werden die menschliche Gegenwart, der zwischenmenschliche Kontakt tatsächlich mehr und mehr durch maschinelle Vermittlung ersetzt. Dies gilt ebenfalls auf der Ebene der Gesellschaft, wo es ein internationales Phänomen gibt, das sich Bürokratie nennt. Es führt dazu, dass man niemals einen Menschen als Gegenüber hat, sobald man irgendwie mit dem Staat zu tun bekommt.

Ein dritter Charakterzug der heutigen Zeit besteht darin, dass an die Stelle des wirklichen Menschen, des alltäglichen Menschen, des konkreten Menschen unaufhaltsam der geschichtliche Mensch tritt. Wir werden immer mehr politisiert. Sie können es überall lesen, und Sie können sich selbst fragen: Sie spüren, dass der Einfluss der Politik auf Ihre Reaktionen und auf Ihre Art, die Welt zu betrachten, immer größer wird.

Der vierte Charakterzug, den man ausmachen könnte, ist der Wille zur Macht. Und zusammengenommen bedeuten diese Charakterzüge die Herrschaft des Schreckens. Mir scheint unbestreitbar, dass wir in einer Welt des Schreckens leben und dass wir den Schrecken mehr oder weniger unklar oder mehr oder weniger deutlich spüren. Woran macht sich der Schrecken fest? Ich glaube, man kann, ohne allzu philosophisch zu werden, sagen: In dem Maße, in dem ein Mensch an einen unvermeidlichen Fortschritt glaubt, in dem Maße, in dem er an eine unvermeidliche geschichtliche Logik glaubt – beispielsweise daran, dass auf einen ursprünglichen herrschaftslosen Zustand zwangsläufig die Feudalgesellschaft folgt, dass aus dieser Feudalgesellschaft die Nationalstaaten hervorgehen müssen, gefolgt vom Internationalismus oder, wenn Sie wollen, von der Gemeinschaft der Nationen und schließlich der klassenlosen Gesellschaft, und dieser Mensch sich dabei auf eine absolute Vernunft beruft, in dem Maße stellt man diese geschichtlichen Werte, die es zu erreichen gilt, über die Werte, die wir aufgrund unserer Erziehung oder unserer Vorurteile für gültig halten.

Wenn wir uns also auf eine absolute Vernunft oder auf die Idee des Fortschritts – was auch immer wir darunter verstehen – berufen, dann erkennen wir damit das Prinzip an, dass der Zweck die Mittel heiligt: Wenn alles unvermeidlich auf jene klassenlose Gesellschaft hinausläuft, dann brauchen wir bei der Wahl der Mittel nicht zimperlich zu sein. Wir mögen es zwar bedauern, dass die Lüge, die Gewalt und das Töten von Menschen üblich geworden sind, wir dürfen uns dem jedoch nicht verweigern, wenn das Ziel unvermeidlich ist und dem wünschenswerten Verlauf der Geschichte entspricht.

Wenn wir meinen, dass das Individuum einerseits selbst mit Fehlern behaftet ist, sich aber andererseits den beschriebenen Zwangsphänomenen gegenübersieht, dann müssen wir versuchen, uns so entschieden wie möglich diesem Schicksal entgegenzustellen. Doch wir leben in einem Widerspruch, denn wenn wir den durchschnittlichen Europäer nehmen oder selbst den durchschnittlichen Intellektuellen: Was hat er für Prinzipien, die er diesen Prinzipien entgegensetzen kann, wenn er nicht an sie glaubt?

Von einem christlichen Standpunkt aus wird man mir

wohl darin zustimmen, dass achtzig Prozent der Europäer außerhalb der Gnade leben und unter den restlichen zwanzig die Zahl der wahrhaften Christen recht begrenzt ist.

Es kann also nicht darum gehen, jenen Werten, die heute die Welt in ihrem Würgegriff haben, religiöse oder traditionelle Werte entgegenzusetzen. Wir haben keinen einzigen begründeten Wert, den wir diesen Werten entgegensetzen können, und wenn wir keinen einzigen Wert haben, dann befinden wir uns – und damit spreche ich bloß eine Tatsache aus – in einem Zustand des Nihilismus. Und die Aufgabe, die sich uns heute noch genauso stellt wie während des Krieges, ist, herauszufinden, wie die ungeheure Zahl der europäischen Menschen sich den Zwangssystemen, denen man sie unterwerfen will, entgegenstellen könnte, ohne selbst über klar bestimmte Werte zu verfügen.

Die Menschen, die während des Krieges an gar nichts glaubten, hatten Hitler nichts entgegenzusetzen, da auf dieser Ebene der absolute Nihilismus denselben Effekt hat wie der absolute Rationalismus. Wir müssen feststellen, dass wir in einem Widerspruch leben, und wir müssen uns vor Augen führen, dass es diesen Widerspruch zu überwinden gilt. Meiner Auffassung nach liegt genau darin die geschichtliche Aufgabe, die sich uns stellt. Um jenen Widerspruch zu überwinden, müssen wir auf eine gewisse Art und Weise denken, mit den Händen oder mit dem Kopf. In einem Klima der Angst ist es unmöglich, nachzudenken, wiederaufzubauen und zwischen widersprüchlichen Aspekten zu vermitteln.

Wenn das Individuum sich retten will, dann muss es sich zunächst gegen die Angst wappnen und die Abschaffung der Todesstrafe verlangen, was auf der juristischen Ebene die Spannungen vielleicht mildern könnte. Wenn das gelingt, dann glaube ich, dass wir es schaffen werden, und ich glaube, dass dies das Einzige ist, was heute das Individuum retten kann.

Leute, die sich nicht im Besitz der absoluten Wahrheit wähnen, möchten niemanden umbringen, und sie verlangen, dass man sie nicht umbringt. Sie wollen sich auf die Suche nach der Wahrheit machen, und dazu müssen eine Reihe von geschichtlichen Bedingungen erfüllt sein, die ihnen diese Suche ermöglichen. Ich nenne sie die Bedingungen eines bescheidenen Denkens. Wir können diese Bedingungen benennen, und wir können daran arbeiten, sie zu verwirklichen. Ich vermute, dass die Erfolgsaussicht einer solchen Arbeit bei etwa eins zu tausend liegt. Das ist kein Grund, sie nicht in Angriff zu nehmen. Allerdings müsste diese Arbeit sich in ihren Grundsätzen, wenn man so will, auf die kleine Lageanalyse stützen, die ich mir erlaubt habe, Ihnen zu skizzieren: Da die heutige Politik in all ihren Formen auf dem Willen zur Macht und auf dem Realismus beruht und damit auf falschen Prinzipien, müssen wir sie vollständig ablehnen und allen Regierungen, welcher Art auch immer, das Vertrauen entziehen.

Wenn wir auf dieser Ebene noch weiter gehen wollen, müssen wir uns klarmachen, dass es notwendig ist, die Dinge klar auszusprechen, und, um nur ein Beispiel zu nennen, so glaube ich wie Sokrates, dass man nicht deshalb schlecht denkt, weil man ein Verbrecher ist, sondern dass man ein Verbrecher ist, weil man das Schlechte denkt. Und wenn man, in Bezug auf die Frage, die hier zur Diskussion steht, die Welt nach falschen Prinzipien lenkt, dann führt das mit mathematischer Sicherheit zum Verbrechen und zum Mord. All jene, die solche Prinzipien direkt oder indirekt billigen, müssen sich als Mörder betrachten und sich eingestehen, dass sie bislang auf mittelbare und manchmal auch unmittelbare Weise Mörder waren.

Das heißt, wenn wir die Gesellschaft, die nach diesen Prinzipien regiert wird und auf diesen Prinzipien beruht, so wie sie ist, ablehnen, dann müssen wir innerhalb der Gesellschaft einen neuen Gesellschaftsvertrag zwischen den Individuen schließen. Und angesichts der Tatsache, dass diese Frage nicht auf nationaler Ebene gestellt werden kann und all diese Aufgaben internationale Aufgaben sind, erscheint es mir das Beste, diese Art von Gesellschaft international zu verwirklichen, mit Individuen, die vor allem anderen mit ihrer Person dafür einstehen. Was ich dem liberalen Individualismus vorwerfe, ist, dass er nur die Vorteile der Freiheit für sich beansprucht. Diese Leute müssten also mit ihrer Person dafür einstehen, indem sie zum Beispiel die Ehren und alles das, was die Gesellschaft ihnen zu bieten hat, ablehnen, indem sie sich einschränken, indem sie sich mit einem bestimmten finanziellen Niveau zufriedengeben, indem sie sich weigern, über ein bestimmtes Niveau hinaus Geld zu besitzen, und den Rest für Dinge zur Verfügung stellen, die noch zu bestimmen wären. Sie müssen persönlich dafür einstehen, erst dann gibt es Wahrhaftigkeit; und sie müssen sich im Predigen üben. Und wir haben noch die Zeitungen, das gesprochene Wort, eine gewisse Zahl von Handlungsmöglichkeiten außer dem Mord. Das ist ein provisorisches und bescheidenes Element, das wir aber unbedingt nutzen sollten, um zu retten, was vom

Individuum vielleicht noch zu retten ist. Das ist natürlich nur ein Rahmen, in dem ich ein paar Denkanstöße geben will.

Das Schicksal des Individuums liegt in dieser Entscheidung, die wir treffen, in der geschichtlichen Analyse, die wir unternehmen müssen, und auf der anderen Seite in Entscheidungen. Das heißt, es reicht nicht, mit dem Kopf zu nicken und sich danach wieder seiner Zeitung zuzuwenden und nicht mit den Mördern zu sympathisieren, die Europa heute an verschiedenen Orten mit Blut tränken: Man muss Position beziehen. Und wenn man diese Entscheidung trifft, in diesem Moment, wenn es gelingt, jenen Werten der Macht andere, beispielhafte Werte gegenüberzustellen, dann besteht eine Chance von eins zu tausend, dass das Individuum seinen Platz in einer Welt behaupten kann, die droht, ihm diesen Platz ein für alle Mal wegzunehmen. Ohne die Unterschiede verwischen zu wollen: Am Ende der Antike, als es in jeder Hinsicht schlecht stand, gab es eine Bewegung dieser Art, und diese Bewegung nannte sich die Gemeinschaft der Stoiker – auch sie international, in dem Maße, wie man es damals sein konnte –, und sie hat den Boden für eine zivilisatorische Wende bereitet, und die neue Zivilisation war das Christentum.

Wir stehen an einem Wendepunkt: entweder der Tod oder eine neue Zivilisation; es ist die Aufgabe unserer Generation, also der Menschen, die heute leben, den Boden für sie zu bereiten. Unsere Generation wird unvermeidlich geopfert werden. Es geht darum, ob ihr Opfer vergeblich oder fruchtbar sein wird, und die Entscheidung liegt in unserer Hand.

[Maurice Merleau-Ponty wirft die Frage auf, ob Camus – an dessen Vorschlägen er ihre Bescheidenheit schätzt – tatsächlich eine Lösung anzubieten hat, wenn er für eine apolitische Haltung argumentiert, oder nicht vielmehr in jenen Individualismus zurückfällt, den er überwinden will. Indem wir uns auf uns selbst zurückziehen, so Merleau-Ponty, hindern wir die Regierung nicht daran, die befürchteten «Verheerungen» anzurichten. Auch die Stoiker mussten zunächst Christen werden, um eine neue Zivilisation zu schaffen, und gaben mit diesem äußeren Engagement ihr «Streben nach innerer Reinheit» auf. Wenn man nicht versucht, eine Form staatlicher Organisation zu finden, dann verfällt man in eine «reine Moral».

Camus erwidert:]

Das trifft in gewissem Sinne zu. Aber natürlich habe ich über diesen Einwand nachgedacht und bin dabei zu folgenden Überlegungen gekommen:

Wollen wir das Individuum retten oder nicht? Wenn man das will, dann heißt das meiner Ansicht nach, dass man sich dem Mord verweigert. Aber heute finde ich mich in einem Dilemma wieder und sehe mich gezwungen, zwischen zwei Gedanken zu wählen, die beide an ihrem Ausgangspunkt gleichermaßen edel, am Ziel jedoch gleichermaßen zu etwas Abscheulichem geworden sind. Die marxistische Analyse des falschen Bewusstseins lässt sich auch auf die marxistische Ideologie anwenden, insofern es sich um eine Ideologie handelt.

An unserem Ausgangspunkt verfügen wir nicht über die notwendige Entscheidungsgrundlage, um eine Wahl zu treffen, doch wir besitzen sie, wenn wir am Ziel ankommen. Und die Gefahr, dass diese weltweit unternommenen Anstrengungen nicht zum erhofften Ergebnis führen, scheint mir geringer als eine Bedrohung, die wir vor Augen haben und die in einer rechten oder linken Real- und Machtpolitik besteht, die auf den Mord hinausläuft. Es gibt etwas, das all den Menschen, die sechs Jahre lang in jener Hölle gelebt haben, in der wir gelebt haben, körperlich unmöglich geworden ist, und das ist der Gedanke, dass man den Mord akzeptieren könnte.

Es ist durchaus möglich, dass der Lösungsweg, den ich vorschlage, abgewandelt werden muss. Am Anfang ist das weniger wahrscheinlich. In jedem Fall glaube ich, dass er dem Menschen weniger Schaden zufügt als die Alternative.

Ich werde jetzt auf den Einwand antworten, dass es sich um eine reine Moral handelt. Sie halten mir entgegen, dass die Stoiker eine Kirche geschaffen hätten. Genau so verstehe ich es. Ich behaupte nicht, dass wir zurückgezogen in unseren Landhäusern leben und die antiken Autoren studieren sollten. Ich behaupte, dass wir weiter am Leben und an der Politik teilnehmen sollten, dass wir überall Zeugnis ablegen sollten, dass dieses Zeugnis jedoch nicht nur unseres, sondern das von vielen sein sollte. Ich habe nicht umsonst den Begriff «Predigen» verwendet.

[Maurice de Gandillac wirft die Frage auf, ob die Idee des Fortschritts und die Überzeugung, im Besitz einer Wahrheit zu sein, zwangsläufig zum Mord führen müssen. Die Gewalt drücke immer auch eine Unsicherheit aus, «eine Angst vor der nicht vollständig bestimmten Freiheit». Ungewissheit kann ebenso wie Gewissheit zum Protest führen.

Camus antwortet:]

Ich denke Folgendes (und in dieser Hinsicht bin ich kein Marxist): Ich glaube, wenn es ein Absolutes gibt, dann ist es die Angelegenheit jedes Einzelnen und nicht die Angelegenheit aller. Für ein Vorgehen, wie ich es nur sehr grob skizziert habe, müsste man also eine gewisse Zahl von Menschen um Werte versammeln, die ich vorläufig oder einstweilig nennen möchte, Werte, die hinreichen würden, eine Welt zu definieren, in der sie frei atmen können. Ich glaube zum Beispiel, dass ein gewisser Sinn für Gerechtigkeit – und damit meine ich nicht die von der Justiz durchgesetzte Gerechtigkeit – oder eine gewisse Freiheit unverzichtbare Werte sind, damit wir einerseits miteinander zusammenleben können und uns andererseits jener Suche, jener Versöhnung widmen können, die mir eine der Aufgaben unserer Zeit zu sein scheint …

Wenn wir für besagtes Vorgehen absolute Werte benötigen, dann wird es nie zustande kommen, in Anbetracht der Tatsache, dass diese Welt vom Nihilismus befallen ist. Wir müssen also die Frage anders stellen: nicht so, wie Sie es getan haben, sondern indem wir sie umdrehen: Unsere einzige Möglichkeit ist, ausreichend Kraft, Entschlossenheit und Klarsicht aufzubringen, um eine gewisse Zahl von Menschen um vorläufige Forderungen zu scharen. Es geht heute darum, eine Kontinuität und eine Zukunft zu ermöglichen, und ich möchte noch einmal auf die von mir gern bemühte Gemeinschaft der Stoiker zurückkommen, jene menschliche Haltung, die im Inneren der Welt eine gewisse Ordnung aufrechterhält. Zu einer Zeit, als ich mich mit Journalismus beschäftigte, habe ich einmal gesagt: «Die Wahrheit ist eine Ware» – das heißt, sie lässt sich verkaufen. Wenn wir nun einer gewissen Anzahl von Menschen sagen: Es geht nicht darum, euch irgendetwas anzubieten, was wie eine absolute Wahrheit aussieht, sondern wir wollen euch ein Ziel anbieten, damit ihr es eurerseits verfolgen könnt – vielleicht werden diese Leute dann die notwendige Kraft dazu finden. Wenn wir dafür etwas nähmen, was beispielsweise eine fünfundsiebzigprozentige Erfolgsaussicht verspricht, dann wäre das kein großes Verdienst. Wenn unsere Zeit eine gewisse Tragik hat, dann deshalb, weil es keine großen Erfolgsaussichten gibt.

[In einem langen Diskussionsbeitrag setzt sich Georges Friedmann kritisch mit Camus' skeptischer Haltung gegenüber der Politik auseinander. Braucht die Menschheit nach dem gerade überstandenen Krieg nicht «eine vernünftige Organisation ihrer Produktions- und Distributionsmittel [...], ein gesellschaftliches Handeln?» Koestlers Buch *Der Yogi und der Kommissar,* so Friedmann, arbeite den Gegensatz zwischen ausschließlichem Glauben an die innere Erneuerung und dem ausschließlichen Vertrauen auf Institutionen gut heraus. Es handle sich dabei jedoch um einen «Scheingegensatz». Das wahre Problem sei «das Zusammenspiel der unvermeidlichen revolutionären Erneuerung der Institutionen und der Arbeit des Menschen an sich selbst». Ebenso gilt es für Friedmann, eine mechanistische Lesart von Marx zu vermeiden. Die Hegel'sche Dialektik des «Wechselspiels zwischen Ursache und Wirkung» ist zentral für die Lösung dieses Problems und ermöglicht eine Beantwortung der Frage, «wie das Zusammenspiel zwischen politischer und moralischer Arbeit konkret aussehen kann». Aufgrund seiner Position zwischen den beiden großen politischen Blöcken ist Frankreich prädestiniert dafür, die «dauerhaften menschlichen Werte» in die politische Arbeit zu integrieren. Die Lösung dieses Problems wird entscheidend für das Schicksal des modernen Individuums sein.

Camus erwidert:]

Man würde eine schlechte Vorstellung von meiner Position bekommen, wenn man nur den Yogi-Aspekt herausgreift. Koestler selbst sagt etwas später, dass für die Zukunft eine Verbindung zwischen Yogi und Kommissar in ein und denselben Menschen nötig sei … Es gibt eine Gemeinschaft, über die man sich in den Zeitungen oft lustig gemacht hat, wie ich finde, zu Unrecht. Ich meine die Barbu-Gemeinschaft.[13] Dort haben Sie das Beispiel von einhundertfünfzig Individuen, die es müde sind, in vierter Generation auf den Triumph der Geschichte zu warten, und die sich zusammengetan haben, um in einem Kreis von hundertfünfzig Menschen einen Zustand herzustellen, in dem sie ein Leben in Würde führen, ein Leben, das sie selbst als würdevoll begreifen. Die Satzung der Barbu-Gemeinschaft legt fest, dass die Gemeinschaft unter den einstweiligen Rahmenbedingungen nur solche Gesetze anerkennt, die mit den Prinzipien übereinstimmen, auf die sie sich mit ihren Regeln verpflichtet hat. Das ist ein verblüffender Ausdruck eines individuellen Willens, sich von dem loszusagen, was es in der Gesellschaft an Schlechtem gibt, und das weiterzuführen, was es in ihr an Gutem gibt. Das ist eine Haltung, die versucht, das zu bewahren, was es an Erhaltenswertem gibt …

Ich bin nicht allzu pessimistisch. Es wäre notwendig, auf fast alle Beispiele, die mein Freund Friedmann angeführt hat, genauer einzugehen … Genauso wichtig wäre es, sich die Vorstellung von Freiheit genauer anzusehen, die man ständig im Munde führt. Man müsste wissen, was das ist: die Freiheit. Die Gedankenfreiheit, die wird man uns niemals nehmen können; also muss es die Freiheit des Wortes sein. Man müsste es sich genauer ansehen … Sie haben davon gesprochen, dass das Individuum in Bedrängnis ist und dass infolgedessen die Freiheit in Bedrängnis ist. Vielleicht ist das gar nicht so schlecht. Nicht deshalb, weil das Individuum in Bedrängnis ist! Aber wahre Freiheit gibt es nur, wenn es eine Art von Bedrängnis gibt: Es gibt Freiheit, Befreiung und Kampf. Das heißt es, Mensch zu sein: keine vorgefertigte Freiheit zu besitzen.

GRUSSWORT ZUM JAHRESTAG DER THRONBESTEIGUNG DES SULTANS VON MAROKKO 1946

Am 18. November 1946 feierte die Pariser Gesandtschaft der marokkanischen Istiqlal-Partei (Partei der Unabhängigkeit) in der Maison de la chimie den 19. Jahrestag der Thronbesteigung Sultans Sid Mohamed Ben Youssef. Bei der Zusammenkunft, die «im Zeichen der Freundschaft und der geistigen Wahlverwandtschaften zwischen dem morgenländischen Denken und dem abendländischen Geist» stehen sollte, kamen arabische und französische Intellektuelle zu Wort. Da Camus nicht persönlich anwesend sein konnte, bat er den kabylischen Christen Jean Amrouche[14]*, den er über seinen algerischen Verlag Éditions Charlot*[15] *und die Zeitschrift* L'Arche *kennengelernt hatte, den folgenden Text zu verlesen. Camus' Grußwort wurde ebenso wie die anderen Wortbeiträge später vom Dokumentations- und Informationsbüro der Istiqlal-Partei veröffentlicht.*

«Jahrelang haben wir Seite an Seite gelebt, in einer kahlen Wüste, unter einem gleichgültigen Himmel …»[16] So beginnt das große Buch eines Mannes, der das Leben und die Kämpfe der Araber auf vielfältige Weise geteilt hat und sich nie von der Enttäuschung erholte, die ihm sein eigenes Land bereitete, als es jenes Volk, in dem er stets nur Kampfesbrüder gefunden hatte, in einem unwürdigen Tauschhandel verriet.

Wenn ich an meine arabischen Freunde denke, empfinde ich, in meinem bescheideneren Rahmen, dasselbe Gefühl der Gemeinschaft und der Einsamkeit. Und da ich oft an ihrem Schmerz Anteil genommen habe, möchte ich gern an ihrem Glück und ihrem Stolz Anteil nehmen können. Doch die Gelegenheiten dazu sind selten.

Daher ergreife ich mit Freuden den Anlass, der sich heute bietet, um dieser Verbundenheit Ausdruck zu verleihen. Da Sie alle hier versammelt sind, um Ihren Herrscher zu feiern, wie es ihm gebührt, wird es mir nicht schwerfallen, im Namen einiger französischer Schriftsteller, Seiner Majestät Sidi Mohamed Ben Youssef, dem Sultan von Marokko, Glückwünsche und Gratulationen auszusprechen, die nichts Offizielles haben und nichts weiter sind als der freie Ausdruck respektvoller Freundschaft, die freie Menschen dem Mann entgegenbringen, der heute die Hoffnung und damit die Würde von Millionen Marokkanern verkörpert.

Aber vielleicht gibt es noch einen besonderen Grund für die Aufmerksamkeit und die Sympathie, die freiheitlich gesinnte Schriftsteller Ihrem Herrscher heute entgegenbringen. Es ist uns nicht entgangen, dass sein wichtigstes Bestreben ist, in seinem Volk die Bildung nach Kräften zu fördern. Und das aus guten Gründen. Denn Wissen ist stets universell und verbindet die Menschen miteinander, während die Unwissenheit sie voneinander trennt. Mord, Hass und Gewalt entspringen nicht einem bösen Herzen, sondern einer unwissenden Seele. Der Wissende hingegen wird sich der Unterdrückung und der Gewalt immer verweigern. Er wird der Macht immer das Beispiel vorziehen.

Darum arbeitet Ihr Herrscher, der weitsichtig genug

ist, um der Bildung trotz zahlreicher Hindernisse so viel Platz einzuräumen, nicht nur für sein Volk, sondern für den ganzen Menschen.

Ich werde vermutlich niemals Moslem werden, und ich bezweifle, dass irgendjemand von Ihnen, die hier anwesend sind, jemals zu jenem seltsamen, wankelmütigen und maßlosen Tier werden wird, das man Europäer nennt und das so begierig danach ist, alles zu kennen und von allem zu kosten; jenem Tier, das von seinen Widersprüchen lebt und besessen vom Streben nach einer unmöglichen Weisheit ist. Aber mit genügend Wissen erscheinen einem diese Widersprüche notwendig und sogar fruchtbar, solange sie mit gegenseitigem Respekt einhergehen. Von dem Tag an, an dem die Europäer aufhören werden, die Araber als ein farbenfrohes und rätselhaftes Volk zu betrachten, und von dem Tag an, an dem die Araber aufhören, die Europäer mit jenen Polizisten gleichzusetzen, in deren Gestalt sie ihnen manchmal gegenübertreten, von diesem Tag an wird die Welt ein besserer Ort zum Leben sein.

Vielleicht ist dieser Tag noch fern. Heute verausgaben die Nationen des Abendlands sich in Machtkämpfen, die wir so lange nicht werden beilegen können, wie der Wille zur Macht nicht überwunden ist. Doch immer öfter erheben sich Menschen, die das begriffen haben. Es sind Marokkaner oder Franzosen oder Bürger irgendeines anderen Landes. Fest steht, dass sie nicht allein sind und dass sie gemeinsam ein und denselben Kampf führen. Ihre Aufgabe ist es, für die Erkenntnis zu arbeiten und auf diesem Weg universelle Werte zu schaffen, die es uns ermöglichen, friedvollen Herzens in einer friedlichen Welt zu leben. Daher mischt sich der Respekt, den wir

Ihrem Herrscher zollen, mit Dankbarkeit, weil er dies verstanden hat.

Marokkanische Freunde, die einzige Sprache, die diesem Jubiläum angemessen ist, ist die Sprache der Wahrheit. Sprechen wir daher die Wahrheit aus, dass in unseren Herzen kein Frieden herrscht und wir uns nach einer Verständigung sehnen, die uns endlich zu jenen gleichen Brüdern macht, die wir sind. Sprechen wir auch aus, dass wir uns alle der Hindernisse bewusst sind, die uns Egoismus und Eigennutz noch immer in den Weg legen. Aber sprechen wir auch aus, dass wir fortfahren werden, zu tun, was nötig ist, damit die Schranken schließlich fallen – jeder auf seiner Seite und niemals im Geiste des Hasses. Bis dahin werden wir, unter dem gleichgültigen Himmel der Macht und in jener kahlen Wüste Afrikas, in der auch ich gelebt habe und die meine Seele der Ihren ein wenig ähnlich gemacht hat, weiterhin Seite an Seite für eine größere und bessere Vorstellung vom Menschen kämpfen.

DER UNGLÄUBIGE UND DIE CHRISTEN 1946

Auf Einladung von Pater Jean Maydieu, den er während der Besatzungszeit kennengelernt hatte, hielt Camus am 1. Dezember 1946 im Dominikanerkloster am Boulevard Latour-Maubourg im VII. Pariser Arrondissement einen Vortrag, den er unter dem Titel L'incroyant et les chrétiens (Der Ungläubige und die Christen) *in seine Textsammlung* Actuelles *aufnahm. Ein Bericht über die Veranstaltung, der im April 1949 in der katholischen Zeitschrift* La Vie intellectuelle *erschien, enthält jedoch Äußerungen von Camus, die nicht in der in* Actuelles *veröffentlichten Fassung zu finden sind. Da es keinerlei Hinweise darauf gibt, wo diese Passagen im ursprünglichen Vortragstext ihren Platz hatten, werden sie hier im Anschluss an die in* Actuelles *veröffentlichte Version abgedruckt.*

Da Sie mich, der ich Ihre Überzeugungen nicht teile, so freundlich aufgefordert haben, auf die ganz allgemein gehaltene Frage zu antworten, die Sie im Verlauf dieser Gespräche zu stellen pflegen, möchte ich zuerst – bevor ich Ihnen sage, was die Ungläubigen meiner Ansicht nach von den Christen erwarten – meinen Dank für Ihre großzügige Gesinnung dadurch ausdrücken, dass ich mich zu ein paar Grundsätzen bekenne.

Es gibt ein gewisses areligiöses Pharisäertum, und ich

will nach Kräften versuchen, ihm nicht zu erliegen. Als areligiösen Pharisäer bezeichne ich jemanden, der vorgibt, er halte es für ganz leicht, Christ zu sein, und im Namen eines nur von außen gesehenen Christentums einem Christen mehr abverlangt als sich selbst. Ich bin in der Tat überzeugt, dass der Christ zu vielen Dingen verpflichtet ist, dass es aber einem Menschen, der selber diese Verpflichtungen ablehnt, nicht zusteht, sie einem anderen, der sie bereits anerkannt hat, in Erinnerung zu rufen. Wenn jemand einem Christen irgendetwas abverlangen darf, dann nur der Christ selber. Sollte ich mir am Ende meiner Darlegungen erlauben, von Ihnen die Erfüllung gewisser Pflichten zu fordern, so könnte es sich demzufolge nur um Pflichten handeln, deren Erfüllung heute von jedem Menschen gefordert werden muss, sei er nun Christ oder nicht.

Zum Zweiten möchte ich noch erklären, dass ich mich nicht im Besitz irgendeiner absoluten Wahrheit oder einer Botschaft fühle und deshalb nie davon ausgehen werde, die christliche Wahrheit sei eine Illusion, sondern nur von der Tatsache, dass ich ihrer nicht teilhaftig zu werden vermochte. Um diese Haltung zu verdeutlichen, will ich gerne etwas eingestehen: Vor drei Jahren befand ich mich in einem Meinungsstreit mit einem der Ihren, und keinem Unbedeutenden.[17] Meine Anmaßung erklärte sich aus dem Fieber jener Jahre und der schmerzlichen Erinnerung an zwei oder drei ermordete Freunde. Ich kann indessen bezeugen, dass ich trotz einiger Ausfälligkeiten in François Mauriacs Ausdrucksweise nie aufgehört habe, über seine Worte nachzudenken. Als Ergebnis dieses Nachdenkens – das Ihnen zugleich meine Ansicht über den Dialog zwischen Gläubigen und Ungläubigen verrät – gelangte ich zuerst still für mich und heute in aller Öffentlichkeit zu der Einsicht, dass François Mauriac grundsätzlich und in Bezug auf den genauen Gegenstand unseres Streits recht hatte.

Nach diesem Bekenntnis fällt es mir leichter, meinen dritten und letzten Grundsatz auszusprechen. Er ist einfach und eindeutig. Ich werde nicht versuchen, irgendetwas an meinen oder Ihren Gedanken (so weit ich sie beurteilen kann) zu ändern, um eine uns allen wohlgefällige Versöhnung der Standpunkte herbeizuführen. Vielmehr möchte ich Ihnen heute sagen, dass die Welt einen echten Dialog nötig hat, dass das Gegenteil eines Dialogs ebenso gut Lüge heißt wie Schweigen und dass ein Dialog deshalb nur zwischen Menschen möglich ist, die das bleiben, was sie sind, und die wahr sprechen. Mit anderen Worten: Die heutige Welt verlangt von den Christen, dass sie Christen bleiben. Kürzlich hörte ich in der Sorbonne, wie ein katholischer Priester sich an einen marxistischen Redner wandte und öffentlich versicherte, auch er sei antiklerikal. Nun, ich mag keine Priester, die antiklerikal sind, wie ich auch keine Philosophien mag, die sich ihrer selbst schämen. Ich werde also nicht versuchen, mich vor Ihnen als Christ zu gebärden. Ich teile mit Ihnen das Grauen vor dem Bösen. Aber Ihre Hoffnung teile ich nicht und werde nie aufhören, gegen diese Welt zu kämpfen, in der Kinder leiden und sterben.

Warum soll ich hier nicht sagen, was ich an anderer Stelle geschrieben habe? Während jener Jahre des Schreckens habe ich lange Zeit darauf gewartet, dass sich in Rom eine laute Stimme erhöbe. Ich, der Ungläubige? Eben deshalb. Denn ich wusste, dass der Geist verloren gehen musste, wenn er angesichts der Gewalt nicht den Schrei der Verdammung ausstieß. Anscheinend hat sich diese Stimme erhoben. Aber ich schwöre Ihnen, dass Millionen Menschen wie ich selbst sie nicht gehört haben und dass deshalb alle Herzen, ob gläubig oder ungläubig, vereinsamten, und zwar immer mehr, je mehr Zeit verstrich und je zahlreicher die Henker wurden.

Seither wurde mir erklärt, die Verdammung sei wirklich und wahrhaftig erfolgt, aber in der Sprache der Enzykliken, und diese Sprache ist nicht klar. Die Verdammung war ausgesprochen worden, und sie wurde nicht verstanden! Wer spürte hier nicht, wo die wirkliche Verdammung liegt, wer sähe nicht, dass dieses Beispiel einen Teil der Antwort, vielleicht die ganze Antwort, die Sie von mir erwarten, bereits in sich birgt? Die Welt erwartet von den Christen, dass sie den Mund auftun, laut und deutlich, und ihre Verdammung ganz unmissverständlich aussprechen, damit nie auch nur der geringste Zweifel im Herzen des einfachsten Mannes zu keimen vermag; dass sie sich aus der Abstraktion befreien und dem blutüberströmten Gesicht gegenübertreten, das die Geschichte in unseren Tagen angenommen hat. Die Vereinigung, die uns nottut, ist eine Vereinigung von Menschen, die gewillt sind, eine klare Sprache zu sprechen und sich mit ihrer Person einzusetzen. Wenn ein spanischer Bischof politische Hinrichtungen segnet, ist er kein Bischof mehr und kein Christ, ja nicht einmal ein Mensch; dann ist er ein Hund, genauso gut wie jener, der von der hohen Warte einer Ideologie aus die Hinrichtung befiehlt, ohne die Arbeit selbst zu verrichten. Wir warten, und ich warte darauf, dass sich die Menschen vereinigen, die keine Hunde sein wollen und die entschlossen sind, den Preis zu zahlen, den es kostet, damit der Mensch mehr ist als der Hund.

Und was können nun die Christen für uns tun?

Vor allem das nichtige Gezänk einstellen, wobei in erster Linie der Streit um den Pessimismus zu nennen wäre. Ich halte zum Beispiel dafür, dass Gabriel Marcel wohl daran täte, Gedankengänge in Frieden zu lassen, die ihn leidenschaftlich interessieren und zugleich in die Irre führen. Gabriel Marcel kann sich nicht als Demokrat bezeichnen und gleichzeitig das Verbot von Sartres Stück fordern.[18] Eine solche Einstellung ist für alle Beteiligten ermüdend. Gabriel Marcel will nämlich absolute Werte verteidigen, wie etwa das Schamgefühl und die göttliche Wahrheit des Menschen, während es darum geht, die paar vorläufigen Werte zu bewahren, die ihm gestatten werden, eines Tages und völlig unbehelligt für diese absoluten Werte weiterzukämpfen.

Mit welchem Recht wollte übrigens ein Christ oder ein Marxist mich des Pessimismus bezichtigen? Nicht ich habe das Elend der Kreatur oder die entsetzlichen Formulierungen des göttlichen Fluchs erfunden. Nicht ich habe dieses *Nemo bonus* gerufen oder die Verdammung der ungetauften Kinder ausgesprochen. Nicht ich habe behauptet, der Mensch sei zur Selbsterlösung unfähig und besitze im Abgrund seiner Erniedrigung einzig die Hoffnung auf die Gnade Gottes. Was andererseits den berühmten marxistischen Optimismus angeht, so hat niemand das Misstrauen gegenüber dem Menschen weiter getrieben als seine Anhänger, und letzten Endes wirken die schicksalhaften ökonomischen Gesetze dieser Welt fürchterlicher als die göttlichen Launen.

Die Christen und die Kommunisten werden mir entgegenhalten, dass ihr Optimismus auf weitere Sicht angelegt ist, dass es nichts Höheres gibt als ihn und dass Gott oder die Geschichte, je nachdem, den befriedigenden Endpunkt ihrer Dialektik bildet. Ich kann mich derselben Überlegung bedienen. Das Christentum ist in Bezug auf den Menschen pessimistisch, aber in Bezug auf das Los der Menschheit optimistisch. Nun gut! Ich sage, dass ich in Bezug auf das Los der Menschheit pessimistisch bin, aber optimistisch in Bezug auf den Menschen. Und zwar nicht unter Berufung auf eine Humanität, die mir immer recht beschränkt vorgekommen ist, sondern im Namen einer Unwissenheit, die bestrebt ist, nichts zu verneinen.

Daraus folgt, dass die Ausdrücke Pessimismus und Optimismus genauer definiert werden müssen und dass wir uns inzwischen auf das besinnen sollten, was uns verbindet, anstatt das zu suchen, was uns trennt.

Das ist, glaube ich, alles, was ich zu sagen hatte. Wir befinden uns dem Bösen gegenüber. Was mich selbst angeht, so fühle ich mich allerdings ein wenig wie Augustin vor seiner Bekehrung, als er sagte: «Ich forschte nach dem Ursprung des Bösen und blieb darin befangen.» Aber ich weiß auch, und ein paar andere Menschen wissen es mit mir, was getan werden muss, um das Böse wenn nicht zu verringern, so doch wenigstens nicht zu vermehren. Wir können es vielleicht nicht verhindern, dass diese Schöpfung eine Welt ist, in der Kinder gefoltert werden. Aber wir können die Zahl der gefolterten Kinder verringern. Und wenn Sie uns dabei nicht helfen, wer soll uns dann helfen?

Zwischen den Mächten des Schreckens und denen des Dialogs ist ein gewaltiger, ungleicher Kampf entbrannt. Ich hege nur sehr mäßige Illusionen in Bezug auf den Ausgang dieses Kampfes. Aber ich glaube, dass er durchgefochten werden muss, und ich weiß, dass es zumindest Menschen gibt, die dazu entschlossen sind. Nur fürchte ich, dass sie sich zuweilen ziemlich einsam fühlen, ja es tatsächlich sind, und dass wir Gefahr laufen, mit zweitausend Jahren Abstand der vervielfachten Hinopferung des Sokrates beizuwohnen. Die morgige Tagesordnung bringt uns entweder eine gesellschaftliche Kultur des Gesprächs, oder sie besiegelt das Ende des Dialogs, indem sie die Protagonisten feierlich und bedeutungsschwer mundtot macht. Nachdem ich meine Antwort abgegeben habe, richte ich nun meinerseits folgende Frage an die Christen: «Wird Sokrates wiederum allein stehen, und gibt es nichts in seiner und in eurer Lehre, das euch dazu bewegen könnte, zu uns zu stoßen?»

Ich weiß, es kann wohl sein, dass das Christentum nein sagt. Oh, nicht aus Ihrem Munde, das will ich gerne glauben. Aber es kann auch sein und ist sogar wahrscheinlich, dass es beharrlich weiter Kompromisse schließt oder seine Verurteilungen in das dunkle Gewand der Enzyklika kleidet. Es kann sein, dass es sich darauf versteift, sich endgültig die Tugend der Auflehnung und der Empörung entreißen zu lassen, die ihm vor langer Zeit eigen war. Dann werden die Christen weiterleben, und das Christentum wird sterben. Dann werden es wirklich die anderen sein, die für das Opfer bezahlen. Auf jeden Fall ist dies eine Zukunft, über die zu entscheiden mir nicht zusteht, auch wenn sie so manche Hoffnung und Angst in mir weckt. Ich kann nur von dem sprechen, was ich weiß. Ich weiß jedoch, und weiß es manchmal mit wehem Herzen, dass die Christen sich nur dazu entschließen müssten, damit Millionen von Stimmen, Millionen, hören Sie, auf der ganzen Welt in den Schrei einer Handvoll Einzelgänger einstimmen, die heute ohne Glauben und ohne Gesetz allenthalben und unermüdlich für die Kinder und für die Menschen eintreten.

[Die folgenden Passagen aus Camus' Vortrag erschienen im April 1949 in *La Vie intellectuelle*]

Sie waren so freundlich, mich, der ich Ihre Überzeugungen nicht teile, aufzufordern, auf die Frage zu antworten. Ich teile Ihre Hoffnung nicht, wenn ich diese Welt sehe, in der Kinder leiden und sterben.

Trotzdem, wie soll ich auf Ihre Frage antworten: Was erwarten wir von den französischen Katholiken? Ich würde die Frage erweitern zu: Was erwartet die Welt von den Christen?

Man müsste sich vielleicht sogar fragen: Was erwartet die Welt? Indem wir uns fragen, was die Welt erwartet, könnten wir vielleicht über die Frage nachdenken, was diese Welt von heute ist.

Heute, und darin werden Sie mir zweifellos zustimmen, lebt die Welt außerhalb der Gnade, und achtzig Prozent der heutigen Europäer leben und sterben ohne Werte, die es ihnen ermöglichen würden, ihr Handeln zu begründen oder in Frieden zu sterben. Ich habe immer zu diesen achtzig Prozent gehört und gehöre immer noch zu ihnen, und die Menschen meiner Generation, sofern sie ein klares Bewusstsein haben, sind ein gutes Beispiel dafür, worunter diese Welt leidet und was sie erwartet. Und wenn ich von ihnen spreche, dann werde ich dabei so gewissenhaft wie möglich sein, da ich sie kenne und damit die größte Chance habe, auf Ihre Frage zu antworten.

Ich will nicht drum herumreden, das große Problem, das der Welt von heute keine Ruhe lässt, ist das Problem des Bösen, und damit habe ich auch bereits das Interesse benannt, welches das Christentum daran haben kann. Vermutlich wird es für uns alle erhellender sein, wenn ich diesem Problem seinen geschichtlichen Charakter belasse, indem ich versuche, die Erfahrungen der Menschen meiner Generation zusammenzufassen, und die Frage aufwerfe, was das Christentum für diese Menschen tun kann, genau an dem Punkt, an dem sie heute stehen.

Die Franzosen meiner Generation sind kurz vor dem Ersten Weltkrieg geboren. Sie wurden volljährig zur Zeit der Wirtschaftskrise und waren bei Hitlers Machtergreifung zwanzig Jahre alt. Sie haben den Spanischen Bürgerkrieg erlebt, dann den Krieg von 1939, dann die Niederlage und vier Jahre Besatzung und Untergrundkampf. Das ist wahrhaftig eine interessante Generation, die in Auflehnung gegen eine absurde Welt gelebt hat, die ihre Eltern ihr hinterlassen haben.

Wenn Sie sich die Mühe machen, darüber nachzudenken, dann werden Sie erkennen, dass diese Generation in jeder Hinsicht im Zeichen der Auflehnung stand. Die Literatur lehnte sich auf gegen den Satz, die Bedeutung, ja gegen die Klarheit selbst; die Malerei gegen die Form, den Gegenstand, die Realität; die Musik gegen die Melodie. Die Philosophie hat uns gelehrt, dass es keine Wahrheit gibt, sondern nur Phänomene, dass es zwar einen Mister Smith, einen Monsieur Durand und einen Herrn Vogel geben könne, jedoch nichts Gemeinsames zwischen diesen drei einzelnen Entitäten.

Die moralische Haltung dieser Generation war noch extremer: Der Nationalismus schien überholt, die Religion eine Ausflucht. Fünfundzwanzig Jahre internationale Politik hatten uns den Zweifel an jeder Wahrheit gelehrt und dass jeder recht haben könne, da niemand unrecht habe. Die überlieferte Moral unserer Gesellschaft hatte niemals aufgehört, eine ungeheure Heuchelei zu sein.

Wir verneinten also alles. Und genau genommen war das, was für diese Generation zutraf, nichts Neues. Im Laufe der Geschichte haben sich viele Generationen ebenfalls in der Rolle der Neinsager befunden. Neu war jedoch, dass diese Generation sich gezwungen sah, ohne Werte, die ihr dabei behilflich sein konnten, eine Haltung gegenüber Mord und Terror zu finden. Anders gesagt, diese Generation fand sich mit leeren Händen in eine Krise des Menschen gestürzt, die wir kurz versuchen müssen zu beschreiben, damit wir uns über die Aufgabe, die sich stellt, Rechenschaft ablegen können.

Wie können wir diese Krise beschreiben? Ich habe die schnellste und anschaulichste Form ausgewählt: Mir schien es am zweckmäßigsten, wenn ich Ihnen zwei kurze Geschichten erzähle.

Einer meiner Kameraden war von der Gestapo verhaftet worden. Eines Morgens fand er sich in der Rue de la Pompe in einem Zimmer mit zwei weiteren Kameraden, die man ebenfalls gefoltert hatte. Die Concierge war hereingekommen, um Ordnung zu machen, und als die drei ihr Vorwürfe machten, weil sie in einer solchen Situation die Hausarbeit erledige, erwiderte sie: «Ich stecke meine Nase nie in die Angelegenheiten meiner Mieter!»

Eine andere Geschichte dieser Art hat einer meiner Kameraden erlebt. Man hatte ihn aus seiner Zelle geholt, um ihn zu verhören – wobei es ein bisschen brutal zuging –, und er trug einen Verband über den Ohren. Als einer der deutschen Offiziere kam, um ihn ein weiteres Mal abzuholen – es war derselbe, der ihn auch zuvor verhört hatte –, fragte er meinen Kameraden mit einem Anflug von Anteilnahme, ja von Fürsorge: «Wie geht es unseren Ohren denn heute?»

Wenn ich Ihnen diese Geschichten erzähle, dann nicht, um Sie zu schockieren, sondern weil sie mir gut jenen Geisteszustand zu charakterisieren scheinen, dem wir uns gegenübersahen. Sie charakterisieren hervorragend, was ich die Krise des Menschen nenne, da sie uns ermöglichen, die Frage, ob es eine Krise des Menschen gibt, konkret und nicht abstrakt zu beantworten. Sie haben uns die Antwort ermöglicht, dass es offenkundig eine Krise des Menschen gibt, wenn man auf den Schmerz oder die Folterung eines Menschen mit diesen lauen Gefühlen reagieren kann, mit diesen zugleich alltäglichen und mittelmäßigen Reaktionen, die dazu führten, dass jener Schmerz Teil des Alltags wurde, als eine etwas unangenehme Notwendigkeit betrachtet wurde, wie die, für seine Lebensmittelkarten anstehen zu müssen.

Wir konnten vielleicht dem anderen die Schuld geben, ich will sagen, wir konnten vielleicht behaupten, dass Hitler an all dem schuld war und dass mit seinem Tod das Gift unschädlich gemacht war. Doch wir wissen nur zu gut, dass das Gift noch da ist, dass jeder von uns es in seinem Herzen trägt und man es immer noch in den

Blicken spürt, mit denen die Menschen, die Parteien und die Nationen sich mehr oder weniger zornig ansehen. Ich war immer der Auffassung, dass zu einer Nation ihre Verräter ebenso gehören wie ihre Helden. Dasselbe gilt auch für eine Zivilisation. Und die weiße abendländische Zivilisation scheint mir für ihre Verirrungen ebenso verantwortlich zu sein wie für ihre Großtaten. Mir scheint, dass auch der Hitlerismus zu uns allen gehört, immer noch, und etwas anderes ebenfalls, was anfängt, sich überall auf der Welt und in mehreren Nationen abzuspielen.

Nun gut, um was handelte es sich bei dieser Ideologie, dieser Krise, die ich versucht habe, mit Hilfe meiner beiden Geschichten greifbar zu machen?

Die Leute meines Alters waren ziemlich aus der Fassung gebracht und hatten Angst. Dann haben einige vermutlich angefangen nachzudenken. Es war leicht zu sehen, dass für sie diese Krise in einer Eskalation des Schreckens bestand – ich muss das nicht lange ausführen – und dass für diese Eskalation des Schreckens eine Reihe von Werturteilen, oder vielleicht besser Nichtwerturteilen, verantwortlich war, die darauf hinausliefen, einen Menschen nicht mehr unter dem Aspekt seiner Würde zu betrachten oder im Hinblick darauf, was sein individuelles Leben wert ist, sondern unter anderen Aspekten wie denen des Erfolgs oder der Zweckmäßigkeit. Unsere Concierge war zweifellos ein ganz gewöhnlicher Mensch, aber es gab einen besonderen Umstand, und das war die deutsche Besatzung. Diese deutsche Besatzung bedeutete den Sieg einer gewissen Art von Ordnung, und da diese Ordnung siegreich war, konnte sie sich zwangsläufig – das war unangenehm, aber man konnte nichts dagegen tun – die eine oder andere Freiheit herausnehmen, darunter die Freiheit, zu foltern: Das Einfachste war also, weiter seine Hausarbeit zu machen und abzuwarten, bis sich die Zeiten wieder änderten.

Wenn ich Wert auf die Feststellung lege, dass die Eskalation des Schreckens ihre Ursache in ebendieser Abwesenheit von Werten hatte, dann deshalb, weil wir versuchen müssen, zunächst eine Diagnose zu stellen, um dann über die Heilmittel nachzudenken.

Wir haben versucht, noch andere Ursachen zu finden. Mir scheint, dass jener Schrecken, dieser Zustand der Angst auf die Unmöglichkeit zurückzuführen ist, den anderen zu überzeugen. Der Gedanke, dass ein Mensch, wenn man auf menschliche Weise mit ihm spricht, auch menschlich reagieren wird, ist für den Menschen lebensnotwendig. Nun gibt es jedoch Menschen, die man nicht überzeugen kann. Ich kann mir vorstellen, dass sogar der SS-Mann, der im Konzentrationslager folterte, davon überzeugt war, dass er das Richtige tat und man genau so und nicht anders handeln müsse. Hätte man andererseits meinen Kameraden davon überzeugen können, dass der deutsche Offizier im Recht war, als er ihm die Ohren zerfetzte? Hier zeigt sich das Fehlen gemeinsamer Werte. Und auf diesen Punkt werde ich in dieser kurzen Skizze immer wieder zurückkommen.

Ein Fehlen gemeinsamer Werte insofern, dass Sie oder ich, egal wer, im Namen einer gewissen Anzahl von Werten gesprochen hätten, unklaren Werten vielleicht, aber Werten, auf die wir uns hätten einigen können, während es für den deutschen Offizier keinen gemeinsamen Wert gab: In seinem Büro fühlte er sich als Beamter und Vertreter einer Ideologie und sah es als seine Pflicht an, die Werte zu verteidigen, die das Fundament seines Staates bildeten. Nach Feierabend hingegen fand er es ganz selbstverständlich, menschlich zu sein. Aus dem gleichen Grund kam Himmler jeden Abend durch die Hintertür nach Hause, um seinen Lieblings-Kanarienvogel nicht zu wecken.

Ein weiterer Aspekt jenes Schreckens ist meiner Auffassung nach, dass man den natürlichen Gegenstand durch die Abstraktion und die Bürokratie ersetzt. Ich will gar nicht von den Lebensmittelkarten reden: Sie verstehen mich auch so.

Mit Hilfe von Papieren, Büros und Beamten, indem man zwischen die Menschen Hierarchien und Formulare setzt, indem man jede menschliche Kommunikation verbietet, schafft man eine abstrakte Welt, in der die Menschen nicht mehr danach beurteilt werden, was sie sind, sondern danach, was sie aus der Perspektive der jeweiligen Weltanschauung sind, gemäß deren Lehren die Bürokratie organisiert ist. So glaube ich beispielsweise, dass man heute nur noch stellvertretend stirbt, liebt und tötet. Und das nennt man dann eine gute Organisation. Das Problem der Todesstrafe würde sich auf eine ganz andere Weise lösen, wenn die Leute, die das Todesurteil fällen, auch das übernehmen müssten, was ich die eigentliche Arbeit nennen würde.

Das alles läuft darauf hinaus, dass wir in einer Welt lebten und immer noch leben, in der der wirkliche Mensch durch den politischen Menschen ersetzt worden ist. Es gibt keine individuelle Leidenschaft mehr, sondern kollektive – das heißt abstrakte – Leidenschaften. Wenn wir alle, ob wir wollen oder nicht, in die Politik hineingezogen werden, dann kommt es für uns nicht mehr darauf an, ob wir das Leid eines Mannes oder einer Frau respektieren, sondern allein darauf, was einer bestimmten Weltanschauung zum Sieg verhilft.

All diese Symptome lassen sich zusammenfassen im Kult der Zweckmäßigkeit, der seinerseits auf dem Verschwinden gemeinsamer und überlieferter Werte beruht, ebenso wie im Kult der Abstraktion und der Ideologie. Das ist der Grund, warum die Menschen Europas nur noch die Einsamkeit kennen und sich nicht mit allen anderen Menschen in gemeinsamen Werten zusammenfinden können. Und weil wir – Sie und ich – nicht mehr unter dem Schutz eines Respekts vor dem Menschen stehen, der auf diesen Werten beruht, ist die einzige Alternative, die sich uns bietet – wie ich an anderer Stelle bereits ausgeführt habe[19] –, entweder Opfer oder Henker zu sein.

Das ist es, was die Menschen meiner Generation begriffen haben. Sie haben es auf eine weniger klare und weniger unbeteiligte Art begriffen, als ich es Ihnen vermitteln kann. Sie haben es auf eine dunkle Art begriffen, manchmal mehr mit ihrer Haut als mit ihrem Geist. Aber sie sind zu dem Schluss gekommen, dass sie mit diesem Zustand zurechtkommen mussten. Und da fängt das Problem an. Wir mussten dafür auf die Werte zurückgreifen, über die wir verfügten, das heißt, wir hatten nichts in der Hand. So mussten wir uns in diesen Krieg und in diesen Schrecken begeben ohne Trost und ohne Gewissheit und uns wie die Blinden vorantasten. Wir spürten undeutlich, durch eine Art körperlichen Reflex, dass wir uns mit einer bestimmten Ordnung der Dinge nicht abfinden konnten, doch wir konnten dieses Gefühl nicht begründen. Die Scharfsichtigsten von uns begriffen, dass sie in sich selbst kein Prinzip vorfanden, um sich dem Schrecken entgegenzustellen, und als sie es taten, taten sie es einfach so, ohne Grund.

Denn wenn man an nichts glaubt, wenn nichts einen Sinn hat, wenn man Werte weder bejahen noch verneinen kann, dann ist alles erlaubt und nichts bedeutet irgendetwas. Ob man die Hausarbeit erledigt oder Männer und Frauen foltert, macht keinen allzu großen Unterschied. Niemand hat recht oder unrecht. Man kann Millionen Unschuldige in die Öfen der Krematorien schicken, oder man kann sich der Pflege von Leprakranken widmen. All das ist absolut gleichwertig. Und da wir überzeugt waren, nichts habe einen Sinn, kamen wir zwangsläufig zu dem Schluss, dass derjenige recht hat, der sich durchsetzt, um in diesem Universum, in dem es keine Rechtfertigung für nichts gab, nicht der Betrogene zu sein. Wenn Hitler den Krieg gewonnen hätte, so meinen eine Menge intelligenter und skeptischer Leute, dann hätte die Geschichte seine Herrschaft gefeiert und ihn zu einem großen Staatsmann erklärt. Und zweifellos hätten auch viele seiner Gegner am Ende um der geschichtlichen Logik willen geschrieben oder gesagt, dass man die von Hitler gewählten Mittel in gewisser Weise rechtfertigen könne, da er sein Ziel erreicht habe.

Einige von uns, die vor solchen extremen Konsequenzen zurückschreckten, meinten, angesichts des Fehlens aller übergeordneten Werte könne man zumindest darauf vertrauen, dass die Geschichte einen Sinn habe. Zumindest haben sie so gehandelt, als ob sie es dächten. Sie sagten, dieser Krieg sei notwendig, weil er die Epoche der Nationalismen beende und die Epoche der Imperien einläute, auf die das irdische Paradies folgen werde.

Sie kamen auf diese Weise zum selben Ergebnis, als

wenn sie davon ausgegangen wären, dass nichts einen Sinn hat, denn die Geschichte hat entweder als Ganze einen Sinn, oder sie hat gar keinen. Sie haben gehandelt, als ob wir uns alle gemeinsam auf ein festgelegtes Ziel zubewegen. Sie dachten und handelten nach einem Prinzip Hegels, das ich, mit Verlaub, verabscheuenswürdig finde: «Der Mensch ist für die Geschichte gemacht und nicht die Geschichte für den Menschen.» Tatsächlich scheint mir der gesamte Realismus, der heute die Geschicke der Welt lenkt, aus einer politischen Philosophie nach deutscher Art hervorgegangen zu sein, der zufolge sich alles auf von der Vernunft vorgezeichneten Wegen auf einen Endzustand der Welt zubewegt. Wenn es zutrifft, dass die Geschichte einer schicksalhaften Logik folgt, wenn es zutrifft, dass auf den herrschaftslosen Zustand zwangsläufig die Feudalordnung folgt und auf die Nationen die Imperien und auf die Imperien die Weltgesellschaft, dann ist alles, was diesem Verlauf der Geschichte dient, gut, und die Ergebnisse der Geschichte sind unhintergehbare Wahrheiten: Wir müssen nur darauf warten, dass sie eintreffen.

Weil sie aber nicht eintreffen, wenn nicht mit den üblichen Mitteln nachgeholfen wird – nämlich Kriegen, Lügen, Intrigen und individuellem und kollektivem Mord –, beurteilt man jegliches Handeln nicht danach, ob es gut oder schlecht ist, sondern ob es zweckmäßig ist oder nicht.

Und daher waren die Menschen meiner Generation in der Welt von heute zehn Jahre lang der zweifachen Versuchung ausgesetzt, entweder zu meinen, nichts habe einen Sinn, oder das Einzige, was einen Sinn habe, sei, sich dem schicksalhaften Verlauf der Geschichte zu überantworten. Viele sind so der einen oder der anderen dieser beiden Versuchungen erlegen, und die Welt blieb dem Willen zur Macht ausgeliefert, das heißt: der Herrschaft des Schreckens.

Schauen Sie sich um und sagen sie mir, ob ich übertreibe. Wir befinden uns buchstäblich im Würgegriff der Gewalt und der Macht, und wir ersticken darin. Ob innerhalb der Nationen oder über ihre Grenzen hinweg: Gier, Verbitterung, Intrige, Misstrauen, Lüge und Hintergedanken sind dabei, um uns her eine einigermaßen trostlose Welt zu errichten, in der dem Menschen jener Teil seiner selbst abgesprochen wird, der nicht zur Geschichte gehört: das Nachdenken, die Muße, ein bisschen Zukunft. Ich verlange in dieser Hinsicht nicht viel, nur etwas Ehrfurcht vor dem schlichten Glück und der schlichten Muße.

Dass es uns nicht gelungen ist, dieses Problem zu lösen, muss ich Ihnen nicht sagen. Probleme dieser Art, die historische Dimensionen haben, werden wohl nicht von einigen wenigen gelöst und auch nicht von einer Generation. Dazu braucht es Zeit, und es gehört vielleicht zur Logik der Geschichte, dass viele Opfer dazu nötig sind und manchmal Opfer, die man bringt, ohne zu wissen, warum.

Indessen glaube ich sagen zu können, dass es uns, die wir überzeugt waren, nichts oder nur wenig habe einen Sinn, gerechtfertigt erschien, gegen diese Ordnung und diese Welt zu kämpfen. Wenn ich an dieser Stelle nicht noch einmal den – moralischen und nicht philosophischen – Gedankengang nachvollziehe, der uns zu diesem Schluss gebracht hat, dann deshalb, weil uns das zu weit führen würde.

Aber ich werde ihn zusammenfassen. Angesichts der

Tatsache, dass wir uns dieser Welt gegenübersahen und etwas tun mussten, um unserer Ablehnung Ausdruck zu verleihen, wir aber andererseits nichts in der Hand hatten, womit wir uns dieser Welt entgegenstellen konnten, blieb uns nur übrig, in unserer eigenen Auflehnung die Mittel und Gründe zu finden, um uns dieser Welt zu widersetzen.

Ich weiß nicht, ob das eine Spitzfindigkeit oder eine Wahrheit im Sinne des Evangeliums ist, aber ich möchte betonen, dass es uns gelungen ist. Wenn wir eine bestimmte Ordnung der Dinge, eine gewisse Ordnung der Werte ablehnten, dann lag in dieser Ablehnung vielleicht ein Nein, es lag jedoch auch vielleicht ein Ja darin. Damit möchte ich Folgendes sagen: Wir stellten in gewisser Weise fest, dass es eine bestimmte Art von Ordnung gab, die wir ablehnten. Zugleich stellten wir jedoch fest, dass es etwas in uns gab, das besser war als diese Ordnung. Und wir konnten sagen, dass die Menschen, die auf dieser Ebene und in dieser Richtung kämpften, in dem Maße, in dem sie bereit waren, für diese Wahrheit, die sie nur undeutlich erahnten, zu sterben, damit bewiesen, dass es sich um eine Wahrheit handelte, die größer war als sie. Konkret, sie nahmen diesen Kampf nicht auf, weil sie selbst unterdrückt wurden, sondern weil sie bereit waren, für die Vielen zu sterben, die unterdrückt wurden.

Man könnte darin leicht die Grundlagen einer Theorie der Kommunikation zwischen den Menschen entdecken, aus der wir die zwei oder drei provisorischen Werte entnehmen könnten, die wir brauchen.

Wir können nicht hinnehmen, dass die Menschen durch Terror, Mangel oder Bürokratie voneinander getrennt werden. Diese fundamentale Spaltung zwischen Menschen, die um bestimmter Werte willen eine Gemeinschaft bilden, können wir nicht akzeptieren.

Der Gedanke lag für uns nahe, und heute bin ich mehr denn je davon überzeugt, dass es diese Kommunikation ist, die wir verteidigen müssen. Es ist nicht schwer, Werte wie Ehrlichkeit, Gerechtigkeit und Freiheit abzuleiten, die einem vorläufigen Handeln als Richtschnur dienen könnten. Wenn wir diese Kommunikation, dieses Gespräch untereinander aufrechterhalten wollen, dann müssen wir Gerechtigkeit zwischen den Menschen fordern. Zwischen Unterdrückten und Unterdrückern herrscht nur Schweigen, ebenso wie zwischen Herren und Sklaven. Und zugleich müssen wir Ehrlichkeit fordern, denn die Lüge treibt noch viel mehr einen Keil zwischen die Menschen als der Geiz.

Das ist der Punkt, an dem ich persönlich in dieser Hinsicht stehe und vielleicht viele andere Menschen mit mir. Und an diesem Punkt können wir uns vielleicht der Frage zuwenden, was das Christentum für uns tun kann.

Wenn wir so denken, und ich denke so, was sollen wir tun? Ich werde zunächst fragen, was muss ich tun? Und das umfasst gleichzeitig die Frage: Was müssen die Christen tun?

Meine Antwort ist: Wir müssen die Dinge beim Namen nennen und uns klarmachen, dass wir jedes Mal, wenn wir uns bereit finden, gewisse Gedanken zu denken, Millionen Menschen töten oder der Ermordung von Millionen Menschen zustimmen. Man denkt nicht schlecht, weil man ein Mörder ist. Man ist ein Mörder, weil man das Schlechte denkt. Man kann ein Mörder sein, ohne sichtbar getötet zu haben. Und auf diese Weise sind wir alle hier mehr oder weniger Mörder. Das Erste, was wir zu tun haben, ist schlicht und einfach, theoretisch und praktisch jeder Form von realistischem und fatalistischem Denken eine Absage zu erteilen.

Unsere zweite Aufgabe ist, der Welt jene Herrschaft des Schreckens von den Schultern zu nehmen, unter der sie steht. Wenn das Übel, das heute in der Welt herrscht, nicht zuletzt mit der Abwesenheit von Werten zusammenhängt, dann müssen wir vielleicht über diese Werte nachdenken und unser Nachdenken bis zu dem Punkt vorantreiben, an dem wir etwas finden, das uns eint. Doch wir finden es nicht im Schrecken. Und aus rein realistischen Gründen denke ich, dass die Abschaffung der Todesstrafe dazu beitragen würde, uns seine Herrschaft von den Schultern zu nehmen.

Unsere dritte Aufgabe ist es, die Politik wieder auf ihren eigentlichen Platz zu verweisen. Sie ist eine veraltete Sprache. Es geht nicht darum, dieser Welt ein politisches oder moralisches Evangelium oder einen politischen oder moralischen Katechismus zu geben. Das große Unglück unserer Zeit ist, dass die Politik behauptet, uns einen Katechismus, eine vollständige Philosophie und sogar eine Kunst des Liebens bieten zu können. Die Aufgabe der Politik besteht darin, das Haus in Ordnung zu halten. Ich weiß nicht, ob ein Absolutes existiert. Aber ich weiß, dass das Absolute nicht politisch ist. Es ist nicht Sache aller, sondern Sache eines jeden Einzelnen. Und alle sollten ihre Beziehungen untereinander so einrichten, dass jeder sich mit dem Absoluten beschäftigen kann, wann er will. Ich glaube, dass unser Leben den anderen gehört, aber ich glaube auch, dass unser Tod ausschließlich uns gehört. Das ist meine Definition von Freiheit.

Unsere vierte Aufgabe scheint mir zu sein – ausgehend von der Verneinung, wenn wir keine Christen sind, und ausgehend von der Gewissheit, wenn wir Christen sind –, jene provisorischen und vorläufigen Werte zu suchen oder sie selbst zu schaffen, die es den Menschen guten Willens – welchem Glauben auch immer sie anhängen – ermöglichen, auf dieser vorläufigen, dieser gemeinsamen Ebene zusammenzufinden. Das ist eine Aufgabe für die Philosophen, und ich werde hier nicht weiter auf sie eingehen.

Das Fünfte scheint mir zu sein, zu begreifen, dass eine solche Haltung darauf hinausläuft, einen durchschnittlichen Universalismus zu schaffen, das heißt einen Universalismus auf menschlichem Durchschnittsniveau. Um der Einsamkeit zu entkommen, müssen wir miteinander reden und offen reden und niemals lügen und die ganze Wahrheit aussprechen, die wir kennen. Und insbesondere denke ich, dass es unmöglich ist, diesen Universalismus zu verwirklichen, ohne der Rolle der Persönlichkeit Rechnung zu tragen. Das läuft darauf hinaus, dass kein einzelner Mensch für irgendein Volk das letzte Wort haben darf, die letztgültige Erklärung und die Weltanschauung, die für alle gültig ist. Das erscheint mir vollkommen unmöglich, wenn es sich nicht auf eine gemeinsame Moral stützt.

Das alles läuft darauf hinaus, dass wir Gemeinschaften bilden müssen, Sie als Christen, wir als, sagen wir, Einzelkämpfer und andere Menschen, die Parteien angehören und daher keine Einzelkämpfer sind. Aufgabe dieser Gemeinschaften sollte es sein, die theoretische Arbeit zu unternehmen, die ich skizziert habe, und immer wenn nötig die Werte, auf die wir angewiesen sind, im täglichen Leben zu verteidigen, im politischen Alltag. Und hier kommt die Rolle der Christen ins Spiel.

Was können die Christen für uns tun? Das bedeutet, dass die Worte «Pessimismus» und «Optimismus», wie viele andere Worte auch, präzisiert und neu überdacht werden müssen und dass sie Anlass für Streitigkeiten bieten, die wir versuchen müssen, vorerst zurückzustellen, um die wichtigsten und dringlichsten Probleme zu lösen.

Das Zweite, was ich vor einem christlichen Publikum sagen möchte, ist, dass die heutige Situation keinen Kompromiss zulässt und dass die Christen den Kompromiss verachten. Damit spricht sich aus meiner Sicht der MRP[20] selbst sein Urteil. Der Christ muss schreien. Sein Lächeln brauchen wir nicht: Um Saint-Sulpice herum wird genug gelächelt![21] Wir brauchen seinen Schrei. Ich kann das nicht genug betonen.

Zum Dritten muss der Christ seinen Teil dazu beitragen, jene provisorischen Werte zu bestimmen, die wir brauchen. Und ich glaube schlicht, dass wir uns fragen müssen – und dass der Christ es gleichzeitig für sich selbst bestimmen muss –, was für eine Art von Beitrag man heute von ihm verlangen kann. Dabei besteht für das Christentum die Aufgabe darin, es selbst zu bleiben, das heißt, ohne Wenn und Aber allen modernen Ideologien eine konsequente Absage zu erteilen. Es gibt ein Bemühen um Anpassung, dem das Christentum oft seinen Reichtum und seine Strahlkraft verdankt hat, das ihm jedoch zum Verhängnis werden kann, wenn es ihm nicht gelingt, auf seinen eigenen moralischen Grundlagen und seiner Tradition zu beharren. Das Christentum muss meiner Auffassung nach klar begreifen, dass die heutige

Welt keine Moral der Helden und der Heiligen braucht. Das, was ihm am meisten geschadet hat, war zweifellos der Heroismus. Das Erste, was zu tun wäre, ist also eine förmliche Kritik des Heroismus. Ich bin nicht unbedingt der Meinung, dass Monsieur Duhamel[22] diese Aufgabe übernehmen muss, aber es sollte jemand sein, der bereits unter Beweis gestellt hat, dass er in der Lage ist, solche Fragen auf einigermaßen gleichbleibendem Niveau zu behandeln, wenn ich mich so ausdrücken darf.

Für den Christen geht es am Ende darum – und damit will ich schließen – klar und deutlich seine eigene Sprache zu sprechen. Es gibt in der christlichen Metaphysik und in der christlichen Haltung im Allgemeinen etwas, das ihre Stärke ausmacht und das unbedingt erhaltenswert ist: Meiner Kenntnis nach ist das Christentum eine der wenigen Philosophien, die kohärent und dabei in der Lage sind, sich sowohl auf geschichtlicher wie auf überzeitlicher Ebene zu bewegen. Leider hat das auch zu einigen Übertreibungen geführt. Aus dem Sinn für die Geschichte ist Realismus geworden und aus dem Sinn für das Überzeitliche eine Art von Gleichgültigkeit gegenüber gesellschaftlichen und unmittelbaren Problemen. Ich glaube jedoch, dass die Christen in ihrem Denken und Handeln versuchen sollten, sich ihres Sinns für die Geschichte zu bedienen, um sowohl die Dringlichkeit der Aufgabe zu begreifen, vor der wir stehen, als auch die Dringlichkeit jener überzeitlichen Aufgabe, um ihre Bedeutung bis zum Letzten zu verteidigen. Und dazu ist eine klare Sprache nötig.

Und ich sehe keinen Grund, warum ich das hier nicht sagen sollte – so wie ich es schon an anderer Stelle geschrieben habe –, in der Hoffnung, Sie damit nicht allzu sehr zu schockieren: Während jener entsetzlichen Kriegsjahre habe ich lange Zeit darauf gewartet, dass sich in Rom eine weithin vernehmbare Stimme erhebt. Wenn ein spanischer Bischof politische Hinrichtungen segnet – ich entschuldige mich im Voraus dafür, was ich jetzt sagen werde –, dann ist er kein Bischof mehr und kein Christ, ja nicht einmal ein Mensch: Er ist ein Mörder. Und ich glaube, dass es Christenpflicht ist – und Gott weiß, einige haben diese Pflicht auf sich genommen –, auszusprechen, dass dieser Bischof nichts weiter als ein Mörder ist. Und die einzige Aufgabe der Menschen besteht darin, alles Nötige zu tun, damit möglichst wenige von ihnen zu Mördern werden und der Mensch eine bessere Berufung findet als den Beruf des Mörders.

Das ist alles, was ich zu sagen hatte. Ich weiß jedoch, und manchmal sehne ich mich danach, dass die Christen sich nur dazu entschließen müssten, damit auf der ganzen Welt Millionen Stimmen sich mit einer Handvoll Einzelner vereinen würden, die heute allerorts und unermüdlich für die Kinder und die Menschen eintreten.

SPANIEN? DAZU HABE ICH NICHTS MEHR ZU SAGEN …

Für Camus, dessen Großeltern mütterlicherseits von der Insel Menorca stammten, nahm Spanien in seinem Leben, seinem Werk und seinem politischen Engagement einen besonderen Platz ein. Von den Aufständen der Minenarbeiter 1934, die er in seinem Theaterstück Révolte dans les Asturies *(1936*, dt. Aufstand in Asturien*) thematisierte, über das Los der spanischen Exilanten bis zu seinem Protest gegen die Aufnahme Franco-Spaniens in die UNESCO ergriff Camus in zahlreichen Aufrufen, Artikeln und Stellungnahmen für das republikanische Spanien Partei. Der folgende Text wurde wahrscheinlich Ende 1946 oder Anfang 1947 verfasst, es gibt allerdings keinen Hinweis darauf, dass er jemals öffentlich vorgetragen wurde. Da er jedoch offenkundig für diesen Zweck bestimmt war, wurde er in den vorliegenden Band aufgenommen.*

Spanien? Ich fürchte, dazu habe ich nichts mehr zu sagen. 1938 haben die Menschen meines Schlages und meines Alters die Auflehnung und die Verzweiflung des republikanischen Spaniens geteilt. 1944 haben wir seine ungeheure Hoffnung geteilt, und ich habe für dieses Spanien die Stimme erhoben, so gut ich konnte. Da wir dieselbe Niederlage erlitten hatten, stellte ich mir vor, dass wir einen gemeinsamen Sieg feiern könnten.

Doch offenkundig entsprach meine Vorstellung nicht der Realität. Unsere Worte blieben vergeblich, und heute gibt es keinen Sieg, für niemanden, weil es keine Gerechtigkeit für Spanien gibt. Die Gerechtigkeit ist wie die Demokratie: Es gibt sie nur ganz oder gar nicht. Wie kann man behaupten, dass ich ein freier Mann bin, wenn die hochherzigsten meiner Freunde noch in spanischen Gefängnissen eingesperrt sind? Nein, uns bleibt nur, zu schweigen und treu zu sein.

Spanische Genossen, wir wissen heute, dass die Welt feige ist. Ihr habt geglaubt, ein Vorbild zu sein, doch ihr wart nur Spielfiguren. Das ist eine alte Geschichte und ein Hohn, den wir gemeinsam ertragen müssen. Das Blut, der Kampf, das Exil, die Wut, im Moment ist all das umsonst. Wenn man nur die Gerechtigkeit, die Ehre und das Recht auf seiner Seite hat, dann heißt das in den Augen der Realisten, dass man mit leeren Händen dasteht. Und heute regieren die Realisten die Welt und zerfleischen sich gegenseitig. Ihr habt gedacht, euer Land sei das Land von Cervantes und Calderón, von Goya und Machado. Man führt euch jeden Tag vor Augen, dass es für die Realisten nur das Land des Quecksilbers und einiger strategisch interessanter Häfen ist.

Aber vielleicht wird einmal der Tag kommen, an dem man Größe nicht mehr an der Zahl der Kanonen und am Ausmaß der Zerstörungen misst, an dem die Zivilisation, die schon im Sterben liegt, zu den Quellen des Geistes zurückkehrt und zurück zu einer Kunst des Lebens findet. Jener Tag, jene Stunde der Wahrheit wird vor allem anderen die Stunde Spaniens sein, der letzten Heimat der wahren Zivilisation. Ja, es ist diese Stunde, auf die ich inmitten von euch allen warte, mit derselben unbesiegbaren und blinden Hoffnung, demselben hartnäckigen Lebenswillen, der am Ende den Sieg erzwingt, den Schmerz aufwiegt und die Gerechtigkeit wiederherstellt. Zum ersten Mal seit acht Jahren wird an jenem Tag eine ungeheure Last der Schmach und der Bitterkeit von uns genommen werden, und ich werde endlich wieder frei atmen können. An jenem Tag wird eure Freiheit die unsere sein. So wie heute euer hartes Schweigen das unsere ist.

MEINE ANTWORTEN
1948

Am 25. Mai 1948 gab der ehemalige Schauspieler und Bomberpilot Garry Davis seinen Verzicht auf die amerikanische Staatsbürgerschaft bekannt und erklärte sich zum Weltbürger. Im September bat er bei den Vereinten Nationen, deren Vollversammlung in Paris tagte, um Asyl und rief zur Schaffung einer Weltregierung auf. Rasch bildete sich ein Solidaritätskomitee für Davis, dem auch Camus beitrat. Nach einem ersten Davis gewidmeten Artikel in der Tageszeitung Franc-Tireur *vom 20. November nahm Camus am 3. Dezember an einer Veranstaltung in der Salle Pleyel in Paris teil und hielt dort eine Rede, die in Form eines fiktiven Interviews zunächst in der ersten Ausgabe der vom Solidaritätskomitee herausgegebenen kurzlebigen Zeitschrift* Patrie mondiale *und am 9. Dezember 1948 in* Combat *erschien.*

FRAGE: Was tun Sie da?

ANTWORT: Wir tun, was wir können.

F: Wozu soll das gut sein?

A: Wozu ist die UNO gut?

F: Warum spricht Garry Davis nicht in Sowjetrussland?

A: Weil man ihn dort nicht reinlässt. In der Zwischenzeit sagt er das, was er zu sagen hat, den sowjetischen Delegierten und allen anderen.

F: Warum spricht Davis nicht in den USA?

A: Gehen wir die Sache logisch an. Behaupten Sie nicht jeden Tag, dass die UNO eine amerikanische Kolonie ist?

F: Warum geben Sie nicht die französische Staatsbürgerschaft auf?

A: Ein guter Einwand. Ein bisschen hinterhältig, aber da er von unseren Freunden kommt, war das zu erwarten. Hier meine Antwort: Davis hat auf zahlreiche Privilegien verzichtet, als er die amerikanische Staatsbürgerschaft aufgab. Franzose zu sein bringt heutzutage jedoch mehr Bürden als Privilegien mit sich. Wenn man gewisse Maßstäbe hat, dann ist es ziemlich schwer, sich im Unglück von seinem Land loszusagen.

F: Kommt Ihnen Davis' Geste nicht wie ein Heischen nach Aufmerksamkeit vor, und ist Ihnen das nicht suspekt?

A: Es ist nicht Davis' Schuld, wenn heute schlichte Selbstverständlichkeiten Aufmerksamkeit erregen. Auf seine Art hat auch Sokrates auf dem Marktplatz ständig nach Aufmerksamkeit gesucht. Und man konnte ihm nur beweisen, dass er unrecht hatte, indem man ihn zum Tode verurteilte. Das ist genau die Art, jemanden zu widerlegen, die in der Politik heute am gängigsten ist. Es ist aber auch die geläufigste Art, auf die diese Gesellschaft Zeugnis von ihrem Niedergang und ihrer Ohnmacht ablegt.

F: Begreifen Sie nicht, dass Davis im Dienst des amerikanischen Imperialismus steht?

A: Indem er auf die amerikanische Staatsbürgerschaft verzichtet, sagt sich Davis von dieser Form des Imperialismus los, genau wie von allen anderen. Das gibt ihm das Recht, den Imperialismus zu verurteilen.

Hingegen fällt es mir schwer, dieses Recht jenen zuzugestehen, die die Souveränität aller Völker und Nationen beschränken wollen, außer der sowjetischen.

F: Begreifen Sie nicht, dass Davis dem sowjetischen Imperialismus dient?

A: Die Antwort darauf ist dieselbe wie die vorige, nur mit umgekehrtem Vorzeichen, wobei ich Folgendes ergänzen möchte: Die Imperialismen sind wie Zwillinge, sie werden gemeinsam groß und können nicht ohne einander leben.

F: Die Nationalstaaten sind eine Realität. Meinen Sie nicht, dass man den Realitäten Rechnung tragen muss?

A: Auch Krebs ist eine Realität. Trotzdem versucht man, ein Heilmittel dagegen zu finden, und niemand ist bisher auf die Idee gekommen, einen Krebs, der von einem krankhaft sanguinischen Temperament herrührt, durch den vermehrten Verzehr von Beefsteaks heilen zu wollen. Allerdings haben sich die Mediziner nie für die Oberhäupter einer Kirche gehalten, die sich im Besitz der ganzen Wahrheit befindet. Das haben sie unseren Politikern voraus.

F: Ist es unter den gegebenen geschichtlichen Umständen nicht dennoch utopisch, die Macht der Nationalstaaten beschränken zu wollen? (Dieser Einwand wurde in einem anonymen Artikel in *Le Rassemblement*[23] erhoben.)

A: Général de Gaulle hat diese Frage bereits beantwortet. Im Hinblick auf das Ruhrgebiet hat er einmal gesagt, dass man keine gute Lösung parat haben muss, um eine Lösung als schlecht zu erkennen und zu verwerfen. Im Übrigen schlägt Davis eine Lösung vor, und Sie sind derjenige, der behauptet, diese Lösung sei utopisch. Sie erinnern mich an jene Familienväter, die ihre Sprösslinge im Namen der Realität davor warnen, allzu abenteuerlustig zu sein. Am Ende stellt sich heraus, dass das Kind der Familie deshalb Ehre macht, weil es seinem Vater ungehorsam war und den elterlichen Krämerladen verlassen hat. Die Geschichte ist insofern nie etwas anderes als eine Gestalt gewordene Utopie.

F: Begreifen Sie nicht, dass die USA das einzige Hindernis bei der Errichtung des weltweiten Sozialismus sind? (Diese Frage wird gelegentlich auch anders formuliert: Begreifen Sie nicht, dass die UdSSR das einzige Hindernis für eine freie Welt ist?)

A: Wenn es jenen Krieg, den Sie mit einer Hartnäckigkeit beschwören, die eine bessere Verwendung verdient hätte, tatsächlich geben wird, dann wird es angesichts des Ausmaßes der Zerstörung und des Leids, die über die Welt hereinbrechen werden und auf die der Zweite Weltkrieg nur ein schwacher Vorgeschmack war, fraglich sein, ob es überhaupt noch so etwas wie Geschichte geben wird. In einem von Ruinen übersäten Europa, in dem die Menschen nicht einmal mehr die Kraft haben, ihren Schmerz herauszuschreien, hätte ich weder für die Freiheit noch für den Sozialismus große Hoffnungen.

F: Wollen Sie damit sagen, dass Sie die Kapitulation dem Krieg vorziehen würden?

A: Ich weiß, dass man in Ihren Kreisen die Leute gern vor die Wahl zwischen Erhängen und Erschießen stellt. Das ist die Vorstellung, die man sich dort von menschlicher Freiheit macht. Wir für unseren Teil, wir tun, was wir können, damit es noch andere Möglichkeiten gibt. Sie hingegen tun alles, damit es bei dieser Alternative bleibt.

F: Aber wenn sie unvermeidlich ist, wie entscheiden Sie sich dann?

A: Wenn es Ihnen gelingt – was ich nicht glaube –, diese Entscheidung unvermeidlich zu machen, dann haben wir keine andere Wahl, als zu akzeptieren, dass die Welt im Sterben liegt. Alles Übrige ist Journalismus von der schlimmsten Sorte.

Ich bin fertig, und nun bin ich an der Reihe, unseren Kritikern meinerseits eine Frage zu stellen: Sind sie im tiefsten Herzen gewiss, dass ihre politische Überzeugung oder ihre Weltanschauung unfehlbar genug ist, um, ohne darüber nachzudenken, die Ratschläge derjenigen zurückzuweisen, die sie an das Unglück von Millionen Geschöpfen erinnern wollen, an den Aufschrei der Unschuld und an das allereinfachste Glück und die von ihnen verlangen, diese schlichten Wahrheiten gegen ihre noch so berechtigten Hoffnungen abzuwägen? Sind unsere Kritiker gewiss, so sehr im Recht zu sein, dass sie es vertreten können, die Gefahr eines Atomkriegs auch nur um ein Tausendstel zu erhöhen? Ja, sind sie sich ihrer selbst so gewiss und halten sie sich für so außerordentlich unfehlbar, dass sie über alles hinweggehen dürfen: Das ist die Frage, die wir ihnen stellen, die ihnen bereits gestellt worden ist und auf deren Beantwortung wir immer noch warten.

DER ZEUGE DER FREIHEIT
1948

Ende 1947 gründeten David Rousset, Jean-Paul Sartre, Georges Altman und andere den Rassemblement démocratique révolutionnaire (RDR), eine politische Bewegung, die jenseits der Spaltung der Linken in einen atlantisch orientierten und einen prosowjetischen Block einen dritten Weg eröffnen wollte. Obwohl er kein offizielles Mitglied der Organisation war, sympathisierte Camus mit dem RDR und veröffentlichte in dessen Zeitschrift La Gauche *im Verlauf des Jahres 1948 zwei Beiträge. Am 13. Dezember sprach Camus bei einer Versammlung des RDR, an der auch André Breton, Jean-Paul Sartre, Richard Wright und Carlo Levi teilnahmen, in der Salle Pleyel vor über 4000 Menschen. Der Text von Camus' Ansprache erschien am 20. Dezember 1948 in der zehnten Ausgabe von* La Gauche *und ein zweites Mal im April 1949 in der ersten Ausgabe der Zeitschrift* Empedocle[24] *unter dem Titel* Der Künstler ist Zeuge der Freiheit.

Wir leben in einer Zeit, in der es, unter dem Druck mittelmäßiger und blutrünstiger Ideologien, den Menschen zur Gewohnheit wird, sich für alles Erdenkliche zu schämen. Sie schämen sich für sich selbst, sie schämen sich, glücklich zu sein, zu lieben oder schöpferisch tätig zu sein. Eine Zeit, in der Racine wegen seiner *Bérénice* errötet wäre und Rembrandt, um Abbitte dafür zu leisten, dass er die *Nachtwache* gemalt hat, sich auf dem nächsten Polizeirevier als Freiwilliger melden würde. Die Schriftsteller und Künstler von heute haben mithin ein angekränkeltes Gewissen, und es ist Mode unter uns, sich für seinen Beruf zu entschuldigen. Allerdings bestärkt man uns auch ziemlich eifrig darin. Aus allen politischen Lagern erhebt sich ein lauter Ruf, der uns nachdrücklich auffordert, uns zu rechtfertigen. Wir müssen uns dafür rechtfertigen, dass wir nutzlos sind, und zugleich dafür, dass wir selbst noch in unserer Nutzlosigkeit der falschen Sache dienen. Und wenn wir erwidern, dass es ziemlich schwierig ist, sich gegen so widersprüchliche Vorwürfe zu verteidigen, dann sagt man uns, es sei unmöglich, sich vor allen zu rechtfertigen, aber einige seien bereit, uns großmütig zu verzeihen, wenn wir uns nur ihrer Partei anschließen, die im Übrigen als einzige im Besitz der Wahrheit ist, wenn man ihnen glaubt. Sollte diese Art von Argument nicht verfangen, dann hält man dem Künstler vor: «Schauen Sie sich das Elend der Welt an. Was tun Sie dagegen?» Auf diesen zynischen Erpressungsversuch könnte der Künstler antworten: «Das Elend der Welt? Ich mache es nicht größer. Wer von euch könnte dasselbe von sich sagen?» Aber es bleibt dadurch nicht weniger wahr, dass keiner von uns, wenn er gewisse Ansprüche an sich selbst hat, gegenüber dem Ruf einer verzweifelten Menschheit gleichgültig bleiben kann. Man muss sich daher mit aller Gewalt schuldig fühlen. So werden wir in den weltlichen Beichtstuhl gezerrt, den schlimmsten von allen.

Aber so einfach ist es nicht. Die Entscheidung, die man von uns verlangt, kommt nicht aus dem Nichts – sie ist die Folge anderer Entscheidungen, die zuvor gefallen sind. Und die erste Entscheidung, die ein Künstler trifft, ist eben die, Künstler zu sein. Und wenn er sich entschieden hat, Künstler zu sein, dann hat er diese Entscheidung in Anbetracht dessen getroffen, was er selbst ist, und aufgrund einer bestimmten Vorstellung, die er von der Kunst hat. Und wenn diese Gründe ihm gut genug erschienen sind, um seine Entscheidung zu rechtfertigen, dann sind sie möglicherweise auch gut genug, um ihm dabei zu helfen, seine Position gegenüber der Geschichte zu bestimmen. Das ist zumindest meine Auffassung, und da wir hier frei und als Einzelpersonen sprechen, möchte ich heute Abend ein wenig aus der Reihe tanzen, indem ich den Akzent nicht auf das schlechte Gewissen lege, das ich nicht habe, sondern auf die beiden Empfindungen, die ich, angesichts und aufgrund des Elends der Welt, gegenüber unserem Beruf hege, nämlich Dankbarkeit und Stolz. Da man von uns eine Rechtfertigung verlangt, möchte ich begründen, warum es gerechtfertigt ist, im Rahmen unserer Kräfte und unserer Talente einen Beruf auszuüben, der es jedem Einzelnen von uns ermöglicht, inmitten einer vom Hass abgestumpften Welt ruhig zu sagen, dass er niemandes Todfeind ist. Aber das verlangt nach einer Erklärung, die ich nur geben kann, indem ich ein wenig über die Welt spreche, in der wir leben, und darüber, was in ihr unsere Bestimmung als Künstler und Schriftsteller ist.

Die Welt, die uns umgibt, ist eine Welt des Unglücks, und man fordert von uns, wir sollten etwas tun, um sie zu verändern. Aber was ist das für ein Unglück? Auf den ersten Blick scheint diese Frage einfach zu beantworten: In den letzten Jahren wurde auf dieser Welt viel gemordet, und manche befürchten, dass weiter gemordet werden wird. Eine so große Zahl von Toten sorgt am Ende für gedrückte Stimmung. Natürlich ist das nichts Neues. Die offizielle Geschichte war immer die Geschichte der großen Mörder. Kain hat Abel nicht erst heute erschlagen. Aber heute erschlägt er ihn im Namen der Logik und fordert anschließend für sich einen Orden der Ehrenlegion. Um mich besser verständlich zu machen, nehme ich ein Beispiel.

Während der großen Streikwelle im November 1947 meldeten die Zeitungen, dass auch der Henker von Paris die Arbeit niedergelegt habe. Meiner Ansicht nach hat man diesem Entschluss unseres Landsmanns zu wenig Aufmerksamkeit geschenkt. Seine Forderungen waren unmissverständlich. Er verlangte natürlich eine Prämie für jede Hinrichtung, wie es in der Geschäftswelt Brauch ist. Vor allem aber forderte er mit Nachdruck den Rang eines Bürovorstehers für sich. Denn er wollte vom Staat – im Bewusstsein, ihm treu zu dienen – die einzige handfeste Ehrung und Auszeichnung, die eine moderne Nation ihren treuen Dienern zu bieten hat, nämlich den Beamtenstatus. Und so verschwand, unter dem Druck der Geschichte, einer unserer letzten freien Berufe. Ja, man kann hier tatsächlich vom Druck der Geschichte sprechen. In den Zeiten der Barbarei war der Henker von einer Aura des Schreckens umgeben, die ihn von der Welt absonderte. Von Berufs wegen oblag es ihm, das Geheimnis des Lebens und des Fleisches anzutasten. Man betrachtete ihn mit Entsetzen, und er wusste darum. Und dieses Entsetzen bestätigte zugleich den Wert des menschlichen Lebens. Heute schämt man sich seiner bloß noch. Und ich finde, unter diesen Umständen ist es verständlich, wenn er nicht länger der arme Verwandte sein will, der in der Küche essen muss, weil er keine sauberen Fingernägel hat. In einer Zivilisation, in der Mord und Gewalt den Charakter politischer Weltanschauungen angenommen haben und auf dem besten Wege sind, zu Institutionen zu werden, haben die Henker einen durchaus begründeten Anspruch auf den Beamtenstatus. Ehrlich gesagt hinken wir Franzosen sogar ein bisschen hinterher. So ziemlich überall auf der Welt sitzen die Henker schon in den Ministersesseln. Sie haben nur das Fallbeil gegen das Stempelkissen eingetauscht.

Wenn der Tod zu einer Frage von Statistik und Verwaltung wird, dann ist es um die Welt tatsächlich schlecht bestellt. Wenn der Tod abstrakt wird, dann wird auch das Leben abstrakt. Und das Leben eines jeden Einzelnen kann von dem Moment an nur noch abstrakt sein, wo man darauf verfällt, es einer Ideologie zu unterwerfen. Zu unserem Unglück leben wir in einem Zeitalter der Ideologien, und zwar der totalitären Ideologien, also solcher, die sich ihrer selbst, ihrer schwachbrüstigen Vernunft oder ihrer kurzatmigen Wahrheit so sicher sind, dass sie das Heil der Welt ausschließlich in ihrer eigenen Herrschaft sehen. Und jemanden oder etwas beherrschen zu wollen bedeutet, dass man ihn oder es unfruchtbar machen, zum Verstummen bringen oder töten will. Um das festzustellen, müssen wir uns nur umsehen.

Es gibt kein Leben ohne Dialog. Und fast überall auf der Welt ist heute an die Stelle des Dialogs die Polemik getreten. Das 20. Jahrhundert ist das Jahrhundert der Polemik und der Beschimpfung. Sie haben zwischen den Nationen und den Individuen und selbst auf Gebieten, die einst als Domänen der Objektivität galten, jene Funktion übernommen, die früher das besonnene Gespräch hatte. Tag und Nacht halten Tausende von Stimmen, jede von ihrem Standpunkt aus, einen lärmenden Monolog und lassen über die Völker eine Flut irreführender Phrasen, Attacken, Gegenattacken und Übertreibungen niedergehen. Aber nach welchen Gesetzen funktioniert diese Polemik? Ihr Kennzeichen ist, den Gegner als Feind zu betrachten, ihn damit auf einen einfachen Begriff zu bringen und sich zu weigern, ihn zu sehen. Wenn ich jemanden beschimpfe, dann achte ich nicht mehr auf seine Augenfarbe, nicht darauf, ob er lächelt und auf welche Weise. Von der Polemik zu drei Vierteln blind gemacht, leben wir nicht mehr unter Menschen, sondern in einer Welt der Schatten.

Es gibt kein Leben ohne die Möglichkeit, den anderen zu überzeugen. Doch die Geschichte kennt heute nur die Einschüchterung. Die Menschen leben und können nur leben, indem sie davon ausgehen, dass sie etwas gemeinsam haben, worin sie sich stets wiederfinden können. Aber wir mussten Folgendes begreifen: Es gibt Menschen, die man nicht überzeugen kann. Dem Häftling in einem Konzentrationslager war und ist es unmöglich, seinen Peinigern zu erklären, dass das, was sie tun, falsch ist. Und zwar deshalb, weil seine Peiniger ihm nicht mehr als Menschen gegenüberstehen, sondern als Vertreter einer zur höchsten Unnachgiebigkeit gesteigerten Idee. Derjenige, der herrschen will, ist taub. Er lässt uns nur die Wahl zwischen Kampf und Tod. Darum leben die Menschen von heute in Angst. Im *Totenbuch* lesen wir, dass der rechtschaffene Ägypter, um Gnade zu finden, von sich sagen können musste: «Ich habe niemanden in Angst versetzt.» Unter dieser Voraussetzung wird man die Großen unserer Zeit am Tag des Jüngsten Gerichts vergeblich in der Reihe der Seligen suchen.

Es erstaunt wenig, dass man diese taub und blind gemachten Schatten, die man terrorisiert und mit Bezugsscheinen abspeist und deren ganzes Leben zwischen die Deckel einer Polizeiakte passt, am Ende wie gesichtslose Abstraktionen behandeln kann. Interessanterweise betreiben die Regime, die aus diesen Ideologien hervorgegangen sind, gern eine systematische Entwurzelung der Bevölkerung und lassen die Menschen über die Landkarte Europas wandern wie blutlose Zeichen, die nur als Zahlen in den Statistiken ein erbärmliches Leben annehmen. Seit diese großartigen Philosophien in der Geschichte Gestalt angenommen haben, sind unübersehbare Menschenmassen, von denen doch jeder Einzelne früher eine ganz eigene Art hatte, einem die Hand zu drücken, unwiderruflich hinter jenen beiden Initialen der *Displaced Persons* verschwunden, mit denen eine überaus logisch denkende Welt sie versehen hat.

Ja, all das ist logisch. Wenn man die ganze Welt im Namen einer Theorie vereinheitlichen will, dann gelingt das nur, wenn man diese Welt so fleischlos, blind und taub macht wie die Theorie selbst. Man muss die Wurzeln kappen, die den Menschen mit dem Leben und der Natur verbinden. Es ist kein Zufall, wenn man seit Dostojewski in den großen Werken der europäischen Literatur keine Landschaftsbeschreibungen mehr findet. Es ist kein Zufall, wenn die bedeutenden Bücher von heute sich nicht für die Zwischentöne des Herzens und die Wahrheiten der Liebe interessieren, sondern nur für die Richter, die Prozesse und die Mechanik der Anklagen und wenn man, statt die Fenster für die Schönheit der

Welt zu öffnen, sie sorgsam vor ihr verschließt, um den Blick auf die Angst der Einsamen zu richten. Es ist kein Zufall, dass der Philosoph, unter dessen Einfluss heute die gesamte europäische Philosophie steht, geschrieben hat, der Geist könne nur in der modernen Stadt zum Bewusstsein seiner selbst kommen, und dass dieser Philosoph sich zu der Behauptung verstiegen hat, die Natur sei abstrakt und nur die Vernunft sei konkret. Das ist tatsächlich Hegels Auffassung und zugleich der Ausgangspunkt eines ungeheuren Abenteuers des Geistes, eines Abenteuers, das am Ende nichts mehr am Leben gelassen hat. Im großen Schauspiel der Natur sehen diese trunkenen Geister nur noch sich selbst. Das ist der Gipfel der Verblendung.

Warum noch mehr sagen? Wer die zerstörten Städte Europas gesehen hat, weiß, wovon ich spreche. Sie sind das Sinnbild dieser zum Skelett gewordenen, vom Hochmut ausgezehrten Welt, in der Gespenster durch eine apokalyptische Einöde irren, auf der Suche nach einer verlorenen Freundschaft mit der Natur und den Geschöpfen. Das große Drama des abendländischen Menschen ist, dass zwischen ihm und seinem geschichtlichen Werden weder die Kräfte der Natur noch die der Freundschaft mehr vermitteln. Mit seinen gekappten Wurzeln und seinen verdorrten Armen sieht er dem Galgen, der auf ihn wartet, schon zum Verwechseln ähnlich. Aber zumindest kann uns, nachdem wir diesen Gipfel der Unvernunft erreicht haben, nichts mehr davon abhalten, den Schwindel dieses Jahrhunderts aufzudecken, das vorgibt, auf das Reich der Vernunft zuzusteuern, während es doch nur nach den Gründen zu lieben sucht, die ihm abhandengekommen sind. Und unsere Schriftsteller, die sich am Ende alle auf jenes triste und fleischlose Surrogat der Liebe berufen, das sich Moral nennt, wissen das nur allzu gut. Die Menschen von heute sind vielleicht Meister der Selbstbeherrschung, und darin liegt ihre Größe. Aber es gibt zumindest eine Sache, die die meisten von ihnen für immer verloren haben, und das ist die Kraft der Liebe, die ihnen geraubt worden ist. Das nämlich ist der Grund, warum sie sich schämen. Und es ist nur gerecht, dass die Künstler diese Scham teilen, denn sie haben ihren Teil zu ihr beigetragen. Doch sie sollten zumindest zugeben, dass sie sich ihrer selbst schämen und nicht ihres Berufs.

Denn alles, was die Würde der Kunst ausmacht, steht im Gegensatz zu einer solchen Welt und verweigert sich ihr. Durch die bloße Tatsache seiner Existenz verneint das Kunstwerk die Ansprüche der Ideologie. In der Geschichte steht uns ein Kampf zwischen Eroberern und Künstlern bevor, und dieser Kampf hat bereits begonnen. Dabei verfolgen beide dasselbe Ziel. Das politische und das schöpferische Handeln sind zwei Seiten ein und derselben Auflehnung gegen die Unordnung der Welt. Beide wollen der Welt ihre Einheit wiedergeben. Und lange Zeit gab es keine scharf gezogene Grenze zwischen der Sache des Künstlers und der des politischen Erneuerers. Napoleon hatte denselben Ehrgeiz wie Goethe. Aber Napoleon hat uns den Trommler in den Gymnasien hinterlassen und Goethe die *Römischen Elegien.* Doch seit die Ideologien der Zweckmäßigkeit aufgekommen sind, die sich auf die Technik stützen, seit durch eine unmerkliche Verschiebung der Revolutionär zum Eroberer geworden ist, haben sich beide Strömungen des Denkens getrennt. Denn das, was der Eroberer – gleichgültig, ob er politisch rechts oder links steht – anstrebt, ist nicht die Einheit, die vor allem die Harmonie der Gegensätze bedeutet, sondern die Totalität, die auf die Auslöschung aller Unterschiede hinausläuft. Wo der Eroberer gleichmacht, unterscheidet der Künstler. Der Künstler, der auf der Ebene des Menschen aus Fleisch und Blut und der Leidenschaft lebt und schafft, weiß, dass nichts einfach ist und dass der andere existiert. Der Eroberer will, dass der andere zu existieren aufhört, seine Welt ist eine Welt der Herren und der Sklaven: die Welt, in der wir leben. Die Welt des Künstlers ist die des lebendigen Streits und des Verstehens. Ich kenne kein einziges großes Kunstwerk, dass sich allein dem Hass verdankt, während wir die Imperien des Hasses nur zu gut kennen. In einer Zeit, in welcher der Eroberer durch die innere Logik seiner Haltung zum Scharfrichter und Polizisten wird, ist der Künstler gezwungen, widerständig zu sein. Wenn er sich nicht von der Kunst lossagen will, ist die einzige konsequente Haltung, die der Künstler gegenüber der zeitgenössischen Politik einnehmen kann, die unbedingte Ablehnung. Selbst wenn er wollte, kann er unmöglich Komplize derjenigen sein, welche sich die Sprache oder die Mittel der zeitgenössischen Ideologien zu eigen machen.

Aus diesem Grund ist es müßig und lächerlich, von uns zu verlangen, dass wir uns rechtfertigen oder engagieren. Engagiert sind wir, wenn auch unfreiwillig. Und am Ende ist es nicht der Kampf, der uns zu Künstlern macht, sondern die Kunst, die uns zwingt, zu kämpfen. Allein durch sein bloßes Tun legt der Künstler Zeugnis für die Freiheit ab, und das ist eine Art, sich zu rechtfertigen, die einen hohen Preis hat. Allein durch sein Tun steht er mitten in der Geschichte, dort wo die Luft am schwersten atembar ist und selbst das Fleisch des Menschen erstickt. Da die Welt so ist, wie sie ist, sind wir in ihr engagiert, ob wir es wollen oder nicht. Und wir sind von Natur aus Feinde der abstrakten Götzen, die heute in dieser Welt triumphieren, ob es sich bei ihnen um Nationen oder Parteien handelt. Nicht im Namen der Moral oder der Tugend, wie man uns durch einen zusätzlichen Schwindel glauben machen will. Wir sind nicht tugendhaft. Und solange unsere Reformer in der Tugend eine Frage der Vermessung des Menschen sehen, gibt es daran nichts zu bedauern. Im Namen der menschlichen Leidenschaft für das, was es an Einzigartigem im Menschen gibt, werden wir uns stets allen Unternehmungen entgegenstellen, die sich hinter dem verstecken, was an der Vernunft am dürftigsten ist.

Aber hierin liegt zugleich unsere Verbundenheit mit allen anderen. Weil wir das Recht jedes Einzelnen auf Einsamkeit verteidigen müssen, werden wir niemals allein sein. Die Zeit drängt, wir können nicht als Einzelne ans Werk gehen. Tolstoi konnte über einen Krieg, an dem er nicht teilgenommen hat, den größten Roman aller Zeiten schreiben. Unsere eigenen Kriege lassen uns keine Zeit, um über etwas anderes als sie zu schreiben, und zugleich töten sie Péguy[25] und Tausende junger Dichter. Deshalb bin ich überzeugt, dass – unbeschadet unserer Meinungsverschiedenheiten, die manchmal groß sind – die Zusammenkunft der Menschen, die sich heute Abend hier versammelt haben, einen Sinn hat. Über alle Grenzen hinweg arbeiten sie gemeinsam, manchmal ohne es zu wissen, an den tausend Gesichtern ein und desselben Werkes, das sich als Gegenentwurf zu den Schöpfungen des Totalitarismus erheben wird. Alle gemeinsam, ja, und mit ihnen gemeinsam jene Tausende von Menschen, die das Wagnis auf sich nehmen, die schweigsamen Gestalten ihrer künstlerischen Schöpfungen im Tumult der Städte aufzurichten. Und mit ihnen gemeinsam jene, die heute Abend nicht hier sind, die jedoch von den Umständen eines Tages dazu gebracht werden, sich uns anzuschließen. Und auch jene anderen, die glauben, mit den Mitteln ihrer Kunst für die totalitäre Ideologie arbeiten zu können, während im Inneren ihres Werks die Kraft der Kunst die Ketten der Propaganda sprengt und von jener Einheit Zeugnis ablegt, der sie in Wahrheit dienen, und die sie zu Mitgliedern unserer unfreiwilligen Gemeinschaft bestimmt, während sie zugleich das Misstrauen derjenigen auf sich ziehen, in deren Lohn sie jetzt noch stehen.

Echte Künstler sind keine guten politischen Sieger, denn sie sind nicht dafür gemacht – und das weiß ich nur zu gut –, leichthin den Tod des Gegners in Kauf zu nehmen. Sie stehen auf der Seite des Lebens, nicht des Todes. Sie sind die Zeugen des Fleisches, nicht des Gesetzes. Durch ihre Berufung sind sie verdammt, noch ihren Feind zu verstehen. Das bedeutet andererseits jedoch nicht, dass sie unfähig wären, zwischen Gut und Böse zu unterscheiden. Aber ihre Fähigkeit, das Leben eines anderen zu leben, macht es ihnen möglich, selbst beim schlimmsten Verbrecher jene immerwährende Rechtfertigung des Menschen zu erkennen: den Schmerz. Das ist es, was uns immer daran hindern wird, ein unwiderrufliches Urteil zu fällen und folglich auch die unwiderrufliche Strafe zu verhängen. In unserer Welt der

Todesurteile legen die Künstler für das im Menschen Zeugnis ab, was sich weigert zu sterben. Niemandem Feind, außer den Henkern! Und das ist es, was sie als ewige Girondisten stets zur Zielscheibe der Drohungen und Attacken unserer Schreibtischjakobiner machen wird. Letztlich ist es jedoch diese unvorteilhafte Position, die gerade durch ihre Unbequemlichkeit die Größe des Künstlers ausmacht. Der Tag wird kommen, an dem wir alle dies erkennen werden und – ohne unsere Meinungsverschiedenheiten zu übergehen – die Besten unter uns aufhören werden, übereinander herzufallen, wie sie es jetzt tun. Sie werden erkennen, dass ihre innerste Berufung ist, bis zum Letzten das Recht ihrer Widersacher zu verteidigen, nicht ihrer Meinung zu sein. Wie es ihrem Stand gebührt, werden sie erklären, dass es besser ist, sich zu täuschen, ohne jemanden umzubringen und mundtot zu machen, als inmitten des Schweigens und der Massengräber recht zu behalten. Sie werden versuchen zu zeigen, dass Revolutionen zwar durch Gewalt erfolgreich sein können, jedoch nur durch Dialog Bestand haben. Und sie werden erkennen, dass diese eigenartige Berufung die tiefste aller Gemeinschaften zwischen ihnen stiftet, die Gemeinschaft der zweifelhaften Kämpfe und der bedrohten Größe, die in allen Zeitaltern des Geistes nie aufgehört hat, das gegen die geschichtlichen Abstraktionen zu verteidigen, was jede Geschichte übersteigt, nämlich den Menschen aus Fleisch und Blut, gleichgültig, ob er leidet oder glücklich ist. Das ganze heutige Europa ruft ihnen in seinem Hochmut entgegen, dass dieses Unterfangen lächerlich und vergeblich ist. Aber wir alle sind auf der Welt, um das Gegenteil zu beweisen.

DIE ZEIT DER MÖRDER
1949

Auf Einladung der Abteilung für kulturelle Beziehungen des französischen Außenministeriums hielt Camus im Lauf des Sommers 1949 eine Reihe von Vorträgen in Südamerika. Er sprach vor allem in Brasilien, aber auch in Chile. Zudem legte er einen kurzen Aufenthalt in Argentinien ein und durchquerte auf der Durchreise Uruguay, ohne in diesen beiden Ländern jedoch öffentlich aufzutreten. Während seiner Reise hielt er mehrfach den folgenden Vortrag, dessen Typoskript im Nachlass den Titel Die Zeit der Mörder *trägt. Die Fragen, die Camus darin aufwirft, knüpfen einerseits an diejenigen seiner nordamerikanischen Vortragsreise von 1946 an, weisen jedoch zugleich auf seinen 1951 veröffentlichten Essay* L'Homme révolté (Der Mensch in der Revolte) *voraus, zu dem* Die Zeit der Mörder *als Vorarbeit betrachtet werden kann.*

Meine Damen und Herren,

einige von Ihnen haben die Großzügigkeit, sich für Europa zu interessieren, und ich rechne Ihnen das hoch an. Unser alter Kontinent trägt viele Narben, die ihn nicht gerade vertrauenerweckend aussehen lassen. Er hat oft schlechte Laune und bildet sich einigermaßen grundlos ein, dass die Welt an seinen Grenzen endet, obwohl diese Grenzen gerade einmal ein Gebiet von der Größe Brasiliens umfassen. Aber zumindest hat er eine jahrhundertealte glorreiche Vergangenheit, und das ist nicht nichts, und eine ebenso alte Kultur, was noch besser ist. Und in der großen Wüste einer Welt, die der Geist der Macht in eine Ödnis verwandelt hat, in einer Zeit, in der sich die Menschen, getrieben von mittelmäßigen und blutrünstigen Ideologien, daran gewöhnen, sich für alles, sogar für das Glück zu schämen, richten hier und da über die Kontinente verstreute Menschen ihren Blick auf das unglückliche Europa und fragen nach seiner Zukunft. Denn sie wissen, wenn Europa versklavt und verzweifelt ist, dann werden jene zwei oder drei Werte in der Dunkelheit versinken, auf die kein Bürger irgendeines Landes je verzichten kann, ohne damit seiner Menschlichkeit zu entsagen.

Ich teile diese Besorgnis, und ich möchte versuchen, ihr etwas entgegenzusetzen. Ich habe weder die Gabe der Prophetie, noch bin ich qualifiziert zu entscheiden, ob Europa noch eine Zukunft hat. Es ist durchaus möglich, dass Europa zunächst im Kontakt mit den freien Völkern neue Kraft schöpfen muss. Ich kann jedoch zumindest Folgendes sagen: Um der Welt noch von Nutzen zu sein, muss Europa von einer Reihe von Krankheiten genesen. Unter diesen Leiden gibt es einige, die außerhalb meiner Kompetenz liegen. Andere Menschen versuchen sich derzeit daran, sie zu benennen und zu kurieren. Es gibt jedoch zumindest eine europäische Krankheit, unter der ich gemeinsam mit den Menschen meiner Generation gelitten und über die ich ein wenig nachgedacht habe. Da ich hierhergekommen bin, um auf unsere gemeinsame Besorgnis Antwort zu geben, scheint es mir das Beste zu sein, Ihnen in so einfachen Worten wie möglich zu berichten, was ich über diese Krankheit weiß, und damit zu der Diagnose beizutragen, die stets einer möglichen Heilung vorausgehen muss.

Gleichzeitig kann ich damit vielleicht dazu beitragen, das Bild zu vervollständigen, das man sich hier von Europa macht. Denn Europa gilt als die Heimat des Humanismus, und das ist in einem gewissen Sinne richtig. Aber seit einigen Jahren ist es noch etwas anderes: die Heimat der Konzentrationslager und der kaltblütigen und systematischen Vernichtung. Wie die Heimat des Humanismus die Konzentrationslager hervorgebracht hat und wie sich die Humanisten dann mit den Konzentrationslagern arrangiert haben, das sind Fragen, zu denen die Menschen meiner Generation etwas zu sagen haben und die ich hier zur Sprache bringen will. Die Aufgabe, Ihnen etwas vom Europa der Brüderlichkeit zu berichten, will ich anderen überlassen, die dafür qualifizierter sind als ich.

Das gegenwärtige Europa ist unglücklich. Worin besteht sein Unglück? Auf den ersten Blick scheint das einfach zu beantworten: In den letzten Jahren wurde dort viel gemordet, und manche befürchten sogar, dass man weiter morden wird. Eine so große Zahl von Toten sorgt am Ende für gedrückte Stimmung. Natürlich ist das nichts Neues. Die offizielle Geschichte war immer die Geschichte der großen Mörder. Kain hat Abel nicht erst heute erschlagen. Aber heute erschlägt er ihn im Namen der Logik und fordert anschließend für sich einen Orden der Ehrenlegion. Um mich besser verständlich zu machen, nehme ich ein Beispiel.

Während der großen Streikwelle vom November 1947 meldeten die Zeitungen, dass auch der Henker von Paris die Arbeit niedergelegt habe. Meiner Ansicht nach hat man diesem Entschluss unseres Landsmanns zu wenig Aufmerksamkeit geschenkt. Seine Forderungen waren unmissverständlich. Er verlangte natürlich eine Prämie für jede Hinrichtung, wie es in der Geschäftswelt Brauch ist. Vor allem aber forderte er mit Nachdruck den Rang eines Bürovorstehers für sich. Denn er wollte vom Staat – im Bewusstsein, ihm treu zu dienen – die einzige handfeste Ehrung und Auszeichnung, die eine moderne Nation ihren treuen Dienern zu bieten hat, nämlich den Beamtenstatus. Und so verschwand, unter dem Druck der Geschichte, einer unserer letzten freien Berufe. Ja, man kann hier tatsächlich vom Druck der Geschichte sprechen. In den Zeiten der Barbarei war der Henker von einer Aura des Schreckens umgeben, die ihn von der Welt absonderte. Von Berufs wegen oblag es ihm, das Geheimnis des Lebens und des Fleisches anzutasten. Man betrachtete ihn mit Entsetzen, und er wusste darum. Und dieses Entsetzen bestätigte zugleich den Wert des menschlichen Lebens. Heute schämt man sich seiner bloß noch. Und ich finde, unter diesen Umständen ist es verständlich, wenn er nicht länger der arme Verwandte sein will, der in der Küche essen muss, weil er keine sauberen Fingernägel hat. In einer Zivilisation, in der Mord und Gewalt den Charakter politischer Weltanschauungen angenommen haben und auf dem besten Wege sind, zu Institutionen zu werden, haben die Henker einen durchaus begründeten Anspruch auf den Beamtenstatus. Ehrlich gesagt hinken wir Franzosen sogar ein bisschen hinterher. So ziemlich überall auf der Welt sitzen die Henker schon auf den Ministersesseln. Sie haben nur das Fallbeil gegen das Stempelkissen eingetauscht.

Wenn der Tod zu einer Frage von Statistik und Verwaltung wird, dann stimmt etwas nicht. Eisenbahn-Anekdote.[26] Europa ist krank, weil der Tötung eines menschlichen Wesens dort mit anderen Empfindungen zugesehen werden kann als mit dem Entsetzen und der Empörung, die sie eigentlich hervorrufen müsste, weil die Folterung von Menschen dort hingenommen wird wie eine etwas unangenehme Notwendigkeit, nicht anders als Lebensmittelkarten oder die Tatsache, dass man für ein paar Gramm Butter anstehen muss.

Europa leidet also an zwei Dingen, am Mord und an der Abstraktion. Meiner Ansicht nach handelt es sich um ein und dieselbe Krankheit. Ich möchte Ihnen einfach vorschlagen, und das werden die beiden Teile meines Vortrags sein, zu untersuchen, wie wir uns diese Krankheit zugezogen haben und wie wir sie überwinden können.

I

Die Antwort auf die erste Frage ist einfach. Wir haben sie uns durch das Denken zugezogen. Und es ist eine Krankheit, die wir in gewisser Weise gewollt haben.

Wohl niemand von uns hat je das Handwerk des Scharfrichters ausgeübt. Aber wir haben uns historischen Unternehmungen gegenübergesehen, bei denen es um die Vernichtung von Menschen im großen Maßstab ging, und wir sehen uns ihnen immer noch gegenüber. Vielleicht haben wir sogar mutig und hartnäckig gegen diese Unternehmungen gekämpft. Aber mit welchen Argumenten konnten wir sie verurteilen? Haben wir nicht ebenfalls Gedanken gedacht oder Weltanschauungen angehangen, die auf eine Rechtfertigung der Schädelstätten hinausliefen? Was die Menschen meiner Generation angeht, so lautet die Antwort auf diese Frage unglücklicherweise Ja. Man denkt nicht schlecht, weil man ein Mörder ist, sondern man ist ein Mörder, weil man das Schlechte denkt. Das ist der erste Gedanke, den ich Ihnen nahelegen möchte.

Viele von uns waren geprägt vom Nihilismus der Zwischenkriegszeit. Und was diese Menschen betrifft, so ist die Frage nicht, ob sie ihr Leben in der Verneinung rechtfertigen konnten. Das konnten sie. Wichtig ist, ob es tatsächlich ihre Haltung war. So wurden die Menschen in Frankreich und Europa, die in meinem Alter sind, beispielsweise kurz vor oder während des Ersten Weltkriegs geboren, haben als Jugendliche die Weltwirtschaftskrise erlebt und waren im Jahr der Machtergreifung Hitlers zwanzig Jahre alt. Um ihren Bildungsweg zu vervollständigen, folgten der Spanische Bürgerkrieg, das Münchner Abkommen, der Krieg von 1939, die Niederlage Frankreichs und vier Jahre der Besatzung und des Untergrundkampfes. Und nun verspricht man ihnen zum Abschluss ein Feuerwerk mit Atombomben. Man kann also davon ausgehen, dass es sich um das handelt, was man eine interessante Generation nennt. Umso interessanter, als sie sich nur mit der Kraft der Auflehnung in dieses nicht enden wollende Geschehen begeben hat, da sie an nichts glaubte. Die Literatur ihrer Zeit lehnte sich auf gegen die Klarheit, das Erzählen, ja den Satz. Die Malerei lehnte sich auf gegen das Sujet, die Realität und die schlichte Harmonie. Die Musik verweigerte sich der Melodie. Was die Philosophie anging, so lehrte sie, dass es keine Wahrheit gäbe, sondern nur Phänomene, dass es zwar einen Mister Smith, einen Monsieur Durand und einen Herrn Vogel geben könne, dass diese drei Einzelphänomene jedoch nichts miteinander gemeinsam hätten. Die moralische Haltung dieser Generation war noch entschiedener: Der Nationalismus erschien ihr überholt, die Religion eine Ausflucht. Zwanzig Jahre internationaler Politik hatten sie gelehrt, an jeder reinen Lehre zu zweifeln, und sie zu der Überzeugung gebracht, dass niemand unrecht hatte, da jeder recht haben konnte. Was die überlieferte gesellschaftliche Moral anging, so erschien sie ihr als das, was sie stets gewesen war, nämlich eine Kapitulation oder eine ungeheure Heuchelei.

Die Lebenseinstellung jener Generation war also der Nihilismus. Natürlich war das nichts Neues. Andere Generationen, andere Länder haben in anderen geschichtlichen Epochen dieselbe Erfahrung durchlebt. Neu war jedoch, dass ebendiese Menschen, denen alle Werte fremd waren, eine persönliche Haltung angesichts von Mord und Terror finden mussten. Sie sind wahrhaftig in den Krieg gegangen, wie man das Tor zur Hölle durchschreitet, wenn es zutrifft, dass die Hölle die Selbstverleugnung ist. Sie hatten weder Geschmack am Krieg noch an der Gewalt, doch sie mussten den Krieg akzeptieren und selbst Gewalt anwenden. Das Einzige, was sie hassten, war der Hass. Und doch mussten sie die schwierige Kunst des Hassens erlernen. Um zu kämpfen, muss man an etwas glauben. Offenbar glaubten diese Leute an nichts. Sie konnten also nicht kämpfen. Doch wenn man nicht kämpft, dann übernimmt man die Werte des Feindes, selbst wenn es verabscheuenswürdige Werte sind, da man ihren Sieg zulässt.

Wir wussten instinktiv, dass wir den Ungeheuern, die

überall in Europa aus ihren Löchern krochen, nicht weichen durften. Doch wir vermochten nicht, diese Pflicht, in der wir standen, zu begründen. Das war die Krankheit, an der Europa litt, und man könnte sie letztlich so zusammenfassen: Vor noch nicht allzu langer Zeit waren es die bösen Taten, für die man sich rechtfertigen musste, heute sind es die guten. Und sie waren nicht leicht zu rechtfertigen, denn die Scharfsichtigsten unter uns begriffen, dass es in ihrem Denken bisher kein Prinzip gab, das ihnen eine Grundlage dafür bieten konnte, sich dem Terror entgegenzustellen und dem Mord abzuschwören.

Denn wenn man tatsächlich an nichts glaubt, wenn nichts einen Sinn hat und wir keinen Wert bejahen können, dann ist alles erlaubt und nichts hat eine Bedeutung. Dann gibt es weder Gut noch Böse, und jemand wie Hitler hatte weder unrecht noch recht. Bosheit und Tugend sind Zufall oder Laune. Es macht keinen Unterschied, ob man Millionen Unschuldige in die Öfen der Krematorien schickt oder sich der Pflege von Leprakranken widmet. Man kann die Toten ehren, und man kann sie genauso gut wie Abfall behandeln. All das kommt aufs Gleiche heraus. *[Vier unleserliche Wörter.]* «Ein Paar Stiefel», schrieb der Nihilist Plissarew, «ist nützlicher als der ganze Shakespeare.»

Und wenn wir denken, nichts habe einen Sinn, dann drängt sich der Schluss auf, dass derjenige recht hat, der sich durchsetzt. Das einzige Gesetz ist, erfolgreicher als andere zu sein, mit anderen Worten: der Stärkste zu sein. Die Welt teilt sich nicht mehr in Gerechte und Ungerechte auf, sondern in Herren und Sklaven. Und wahrhaftig werden Ihnen selbst heute noch eine Menge intelligenter und skeptischer Leute versichern, wenn Hitler diesen Krieg gewonnen hätte, dann hätte die Geschichte ihn gefeiert und wäre vor dem abscheulichen Piedestal auf die Knie gefallen, auf dem er sich hätte huldigen lassen. Das ist kaum verwunderlich! «Die offizielle Geschichte besteht darin, den Mördern aufs Wort zu glauben», hat Simone Weil gesagt.[27] Und zweifellos hätte die Geschichte – zumindest das, was wir uns heute unter Geschichte vorstellen – Hitler angebetet und Terror und Mord gerechtfertigt, so wie wir es alle tun, wenn wir bereit sind zu denken, dass nichts einen Sinn hat.

Wohin man also auch schaut, im Herzen der Verneinung und des Nihilismus haben der Mord und der systematisch geplante Mord einen bevorzugten Platz. Am Ende dieser Argumentation stehen wie von selbst die Konzentrationslager. Wenn wir es also für legitim halten, uns in der totalen Verneinung einzurichten, müssen wir bereit sein, zu töten und auf systematische Weise zu töten. Natürlich muss man dafür gewisse Vorkehrungen treffen. Insgesamt sind das jedoch weniger, als man denkt, wenn man nach der Erfahrung geht. Und abgesehen davon, ist es immer noch möglich, jemand anderen das Töten übernehmen zu lassen, wie man es üblicherweise macht. Nichts von dem, was wir dachten, versetzte uns jedenfalls in die Lage, dem, was wir vor uns hatten, zu widersprechen, selbst wenn wir Dachau vor uns hatten. Und darum sahen sich so viele Menschen meiner Generation unvermittelt in jenes armselige Abenteuer geworfen, ohne dass es etwas in ihrem Denken gab, das den Mord hätte verhindern oder rechtfertigen können, mitgerissen von einer Zeit im Fieber des Nihilismus, zugleich jedoch einsam, die Waffe in der Hand und mit zusammengeschnürtem Herzen.

Weil sie ein ausgeprägtes Bewusstsein für dieses Manko hatten, haben andere den Nihilismus dem Anschein nach verworfen und sich – wobei sie immer noch alle Prinzipien einer übergeordneten Erklärung zurückwiesen – für die Werte der Geschichte entschieden. Insbesondere gab es den historischen Materialismus, der ihnen Zuflucht zu bieten schien, in dem sie meinten, eine Richtschnur für ihr Handeln finden zu können, ohne auch nur im Geringsten ihrer Revolte abschwören zu müssen. Diese Leute sagten zum Beispiel, dass der Krieg – und vieles andere – notwendig war, weil er die Epoche der Nationalstaaten beendete und die Zeit der Imperien einläutete, auf die, sei es auf gewaltsame oder friedliche Weise, die Weltgesellschaft folgen werde.

Aber dieser Gedanke führte sie zum selben Ergebnis wie der Gedanke, dass nichts einen Sinn hatte. Denn wenn die Geschichte einen Sinn hat, dann hat sie entweder als Ganze einen Sinn, oder sie hat gar keinen. Diese Leute dachten und handelten so, als ob die Geschichte einer übergeordneten Dialektik gehorche und wir uns alle gemeinsam auf ein endgültiges Ziel zubewegen. Sie dachten und handelten nach dem Prinzip Hegels: «Der Mensch ist für die Geschichte gemacht und nicht die Geschichte für den Menschen.» Tatsächlich gehorcht der gesamte politische und moralische Realismus, der die Geschicke der Welt lenkte und lenkt, oft ohne es zu wissen und mit einhundertjähriger Verspätung, einer in Deutschland entstandenen Geschichtsphilosophie, der zufolge sich die gesamte Menschheit entlang von der Vernunft vorgezeichneten Wegen auf einen Endzustand der Welt zubegt. Man hat an die Stelle des Nihilismus einen undifferenzierten Rationalismus gesetzt, und das Ergebnis ist dasselbe. Denn wenn es zutrifft, dass die Geschichte einer übergeordneten Logik folgt, wenn es – ebenjener Philosophie zufolge – zutrifft, dass auf einen herrschaftslosen Zustand unvermeidlich die Feudalordnung folgt und auf die Nationen die Imperien, um schließlich in die Weltgesellschaft zu münden, dann ist alles gut, was diesem unvermeidlichen Verlauf dient, und die Ergebnisse der Geschichte sind unhintergehbare Wahrheiten.

Und da diese Ergebnisse nur durch die üblichen Mittel, also Kriege, Intrigen und individuellen und kollektiven Mord, herbeigeführt werden können, werden alle Handlungen nicht danach gerechtfertigt, ob sie gut oder schlecht sind, sondern danach, ob sie zweckmäßig sind.

Auch am Ende dieser Argumentation stehen wiederum wie von selbst die Konzentrationslager und der systematisch geplante Mord. Was ihre Folgen betrifft, gibt es keinen Unterschied zwischen den beiden Haltungen, die ich geschildert habe. Beide stehen am äußersten Ende jenes langen Abenteuers des abendländischen Geistes, das seit jenem Punkt, den Nietzsche den Tod Gottes genannt hat, die Geschichte der Tragödie des europäischen Hochmuts in Blut geschrieben hat. Jede falsche Idee endet im Blut, und darin besteht die Gerechtigkeit dieser Welt. Doch es handelt sich immer um das Blut der anderen, und darin besteht die Ungerechtigkeit unseres Daseins.

II

Es sind also diese falschen Ideen, die Europa krank gemacht haben. Sie haben es mit dem Virus der Zweckmäßigkeit infiziert und den Mord zu einer Notwendigkeit erhoben. Zweckmäßig zu sein, das ist die Parole des Tages, und in dem Maße, in dem wir uns aus Verzweiflung oder aus Gründen der Logik der Zweckmäßigkeit ergeben haben, in eben dem Maße sind wir alle verantwortlich für die Ermordeten der Geschichte. Denn der Wille zur Zweckmäßigkeit ist der Wille zur Herrschaft. Jemanden oder etwas beherrschen zu wollen bedeutet, dass man ihn oder es unfruchtbar machen, zum Verstummen bringen oder töten will. Das ist der Grund, warum wir fast wie Gespenster in einer abstrakt gewordenen Welt leben, mit Gebrüll zum Schweigen gebracht und von der Vernichtung bedroht. Denn die Philosophien, welche die Zweckmäßigkeit zum höchsten Wert erklären, sind Philosophien des Todes. Unter ihrem Einfluss haben die Kräfte des Lebens Europa den Rücken gekehrt, und unter ihrem Einfluss zeigt die Zivilisation dieses Kontinents heute Symptome des Verfalls. Auch Zivilisationen können an Skorbut erkranken, der in diesem Fall das Übel der Abstraktion ist.

[Unleserliche Wörter.] Ich nehme nur einige Beispiele. Zunächst die Polemik. Es gibt kein Leben ohne Dialog. Und fast überall auf der Welt ist heute an die Stelle des Dialogs die Polemik getreten, die Sprache der Zweckmäßigkeit. Das 20. Jahrhundert ist bei uns das Jahrhundert der Polemik und der Beschimpfung. Sie haben zwischen den Nationen und den Individuen und selbst auf Gebieten, die einst als Domänen der Objektivität

galten, jene Funktion übernommen, die früher das besonnene Gespräch hatte. Tag und Nacht halten Tausende von Stimmen, jede von ihrem Standpunkt aus, einen lärmenden Monolog und lassen über die Völker eine Flut irreführender Phrasen niedergehen. Aber nach welchen Gesetzen funktioniert diese Polemik? Ihr Kennzeichen ist, den Gegner als Feind zu betrachten, ihn damit auf einen einfachen Begriff zu bringen und sich zu weigern, ihn zu sehen. Wenn ich jemanden beschimpfe, dann achte ich nicht mehr auf seine Augenfarbe. Dank der Polemik leben wir nicht mehr unter Menschen, sondern in einer Welt der Schatten.

Zudem gibt es kein Leben ohne die Möglichkeit, den anderen zu überzeugen. Doch die Geschichte kennt heute nur die Einschüchterung, die Politik der Zweckmäßigkeit. Die Menschen leben und können nur leben, indem sie davon ausgehen, dass sie etwas gemeinsam haben, worin sie sich stets wiederfinden können.

Aber wir mussten Folgendes begreifen: Es gibt Menschen, die man nicht überzeugen kann. Dem Häftling in einem Konzentrationslager war und ist es unmöglich, seinen Peinigern zu erklären, dass das, was sie tun, falsch ist. Und zwar deshalb, weil seine Peiniger ihm nicht mehr als Menschen gegenüberstehen, sondern als Vertreter einer zur höchsten Unnachgiebigkeit gesteigerten Idee. Derjenige, der herrschen will, ist taub. Er lässt uns nur die Wahl zwischen Kampf und Tod. Darum leben die Menschen von heute in Angst. Im *Totenbuch* lesen wir, dass der rechtschaffene Ägypter, um Gnade zu finden, von sich sagen können musste: «Ich habe niemanden in Angst versetzt.» Unter dieser Voraussetzung wird man die Großen unserer Zeit am Tag des Jüngsten Gerichts vergeblich in der Reihe der Seligen suchen.

Es erstaunt wenig, dass man diese taub und blind gemachten Schatten, die man terrorisiert und mit Bezugsscheinen abspeist und deren ganzes Leben zwischen die Deckel einer Polizeiakte passt, am Ende wie gesichtslose Abstraktionen behandeln kann. Interessanterweise betreiben die Regime, die aus den Ideologien, von denen ich spreche, hervorgegangen sind, gern eine systematische Entwurzelung der Bevölkerung und lassen die Menschen über die Landkarte Europas wandern wie blutlose Zeichen, die nur als Zahlen in den Statistiken ein erbärmliches Leben annehmen. Seit diese großartigen Philosophien in der Geschichte Gestalt angenommen haben, sind unübersehbare Menschenmassen, von denen doch jeder Einzelne früher eine ganz eigene Art hatte, einem die Hand zu drücken, unwiderruflich hinter jenen beiden Initialen der *Displaced Persons* verschwunden, mit denen eine überaus logisch denkende Welt sie versehen hat.

All das ist logisch. Wenn man die ganze Welt im Namen einer Theorie mit den Mitteln der Zweckmäßigkeit vereinheitlichen will, dann gelingt das nur, wenn man diese Welt so fleischlos, blind und taub macht wie die Theorie selbst, so kalt wie die Vernunft, so grausam wie *[unleserliches Wort]*. Man muss die Wurzeln kappen, die den Menschen mit dem Leben und der Natur verbinden. Die Natur ist das, was sich der Geschichte und der Vernunft entzieht. Sie also muss man *[unleserliches Wort]*. Und es ist kein Zufall, dass man in den großen Werken der europäischen Literatur seit Dostojewski keine Landschaftsbeschreibungen findet. Es ist kein Zufall, wenn die bedeutenden Bücher von heute sich nicht für die

Zwischentöne des Herzens und die Wahrheiten der Liebe interessieren, sondern nur für die Richter, die Prozesse und die Mechanik der Anklagen und wenn man, statt die Fenster für die Schönheit der Welt zu öffnen, sie sorgsam vor ihr verschließt, um den Blick auf die Angst der Einsamen zu richten. *[Sieben unleserliche Wörter.]* Die Figuren sind eine Literatur der Landschaften. Es ist kein Zufall, dass der Philosoph, unter dessen Einfluss heute ein Großteil der europäischen Philosophie steht, geschrieben hat, der Geist könne nur in der modernen Stadt zum Bewusstsein seiner selbst kommen, und dass dieser Philosoph sich zu der Behauptung verstiegen hat, die Natur sei abstrakt und nur die Vernunft sei konkret. Das ist tatsächlich Hegels Auffassung und zugleich der Ausgangspunkt eines ungeheuren Abenteuers des Geistes, eines Abenteuers, das am Ende nichts mehr am Leben gelassen hat. Im großen Schauspiel der Natur sehen diese trunkenen Geister nur noch sich selbst. Das ist der Gipfel der Verblendung.

Warum noch mehr sagen? Wer die zerstörten Städte Europas gesehen hat, weiß, wovon ich spreche. Sie sind das Sinnbild dieser zum Skelett gewordenen, vom Hochmut ausgezehrten Welt, in der Gespenster durch eine apokalyptische Einöde irren, auf der Suche nach einer verlorenen Freundschaft mit der Natur und den Geschöpfen. Das große Drama des abendländischen Menschen ist, dass zwischen ihm und seinem geschichtlichen Werden weder die Kräfte der Natur noch die der Freundschaft mehr vermitteln. Mit seinen gekappten Wurzeln und seinen verdorrten Armen sieht er den Galgen, die seine Mörder und seine Ideologien für ihn errichtet haben, schon zum Verwechseln ähnlich.

III

Ich breche diese Schilderung hier ab, auch wenn sie noch unvollständig ist. Zu viele menschliche Wesen im heutigen Europa können mit ihrem Elend bezeugen, dass sie der Wirklichkeit entspricht, als dass ich sie noch weiter ausschmücken müsste. Was mich interessiert, ist, wie wir aus diesem Zustand herauskommen und ob wir in der Lage sind, ihn hinter uns zu lassen. Es gab einmal eine Zeit, wo die göttlichen Gebote jedem vorschrieben, was er zu tun hatte, und mir ist durchaus klar, dass das eine Lösung war. Aber diese Zeiten sind vorbei, und heute leben achtzig Prozent aller Europäer außerhalb der Gnade.

Die einzige praktische Schlussfolgerung ist, dass Europa die Kraft zu einer Wiedergeburt nur aus dem ziehen kann, was es hat, das heißt aus seiner Verweigerung und seiner Revolte. Aber es waren doch diese Philosophien der Revolte, werden Sie jetzt einwenden, die es in den Zustand gebracht haben, in dem es sich jetzt befindet. Zunächst hat es sich gegen eine Welt aufgelehnt, die sinnlos war, und es ist dabei auf den Gedanken verfallen, dass man diese Welt mit den Mitteln der Macht beherrschen muss. Es hat sich für die Zweckmäßigkeit entschieden, und es hat bekommen, was es wollte. Und es ist wahr, dass die meisten Europäer sich – ohne es zu wissen – dafür entschieden haben, so zu leben, wie sie leben. In diesem Fall bliebe ihnen nur noch das Kloster oder die Wüste. Dann könnte man die Zukunft der Welt jenen kindlichen Völkern überlassen, die lachend auf ihren Maschinen thronen.

Meine Antwort, die natürlich nur meine persönliche Antwort ist, ist indessen eine andere. Die Revolte führt nicht zur Herrschaft, und nur aus fehlgeleitetem intellektuellem Hochmut hat man aus ihr so entsetzliche Folgerungen abgeleitet. Nichts rechtfertigt jene Zerstörungswut außer vielleicht eine blinde Empörung, die ihre eigenen Ursachen nicht mehr wahrnimmt. Indem er jede übergeordnete Rechtfertigung beseitigt, leugnet der Nihilismus jede Grenze und kommt am Ende zu dem Schluss, dass es keinen Unterschied macht, das zu töten, was bereits dem Tod geweiht ist.

Doch das ist Wahnsinn. Und die Revolte kann uns immer noch, auf ihrer eigenen Ebene, eine Richtschnur des Handelns geben, die das Leiden der Menschen verringert, statt es zu vergrößern. Was bedeutete unsere Auflehnung in dieser Welt ohne Werte, in dieser Wüste des Herzens, in der wir lebten? Sie machte aus uns Menschen, die *Nein* sagten. Doch waren wir zugleich Menschen, die *Ja* sagten. Wir sagten *Nein* zu dieser Welt, zu ihrer grundlegenden Absurdität, zu den Abstraktionen, die uns bedrohten, zu der Zivilisation des Todes, in der wir unseren Platz einnehmen sollten. Indem wir *Nein* sagten, stellten wir fest, dass die Zustände lange genug gedauert hatten, dass es eine Grenze gab, die man nicht überschreiten durfte. Doch damit sagten wir zugleich *Ja* zu allem, was diesseits jener Grenze lag, wir stellten fest, dass es etwas in uns gab, das sich gegen die Schande auflehnte und das man nicht länger niederhalten konnte. Und natürlich war das ein Widerspruch, der uns nachdenklich machen musste. Wir dachten, dass diese Welt ohne echte Werte lebte und kämpfte. Und dennoch kämpften wir, gegen Deutschland zum Beispiel. Und allein dadurch, dass wir uns auflehnten und kämpften, sagten wir alle zu etwas *Ja*.

Aber hatte dieses Etwas einen allgemeinen Wert? War es mehr als die Meinung eines Individuums? Konnte man eine Richtschnur für sein Handeln daraus ableiten? Die Antwort ist bereits gegeben. In ihrer Auflehnung waren die Menschen, von denen ich spreche, bereit zu sterben. Und mit ihrem Tod bewiesen sie, dass sie sich für eine Wahrheit opferten, die ihre individuelle Existenz überstieg, die über ihr persönliches Schicksal hinausging. Das, was unsere Revoltierenden gegen ein feindseliges Geschick verteidigten, war ein Wert, der allen Menschen gemeinsam ist. Angesichts von Menschen, die mit Hingabe gefoltert wurden, angesichts von Müttern, die sich gezwungen sahen, ihre Kinder zum Tode zu verurteilen, angesichts der Gerechten, die wie Tiere verscharrt wurden, kamen unsere Revoltierenden zu der Überzeugung, dass durch all diese Dinge etwas in ihnen verneint wurde, das nicht ihnen allein gehörte, sondern etwas Gemeinsames war, in dem sich eine bereits vorhandene Verbundenheit zwischen den Menschen ausdrückte. Doch zugleich ließ uns diese Absurdität begreifen, dass wir Teil einer kollektiven Tragödie waren, in der es um eine gemeinsame Würde ging, eine Gemeinschaft der Menschen, die verteidigt und bewahrt werden musste, bevor man genauer wusste, was es mit ihr auf sich hatte.

Ja, das war die große Lehre jener schrecklichen Jahre: Wenn in Prag ein Student misshandelt wurde, dann spürte ein Arbeiter in den Pariser Vorstädten die Schläge, und wenn irgendwo an den Ufern eines Flusses in Mitteleuropa Blut vergossen wurde, dann brachte das einen schottischen Bauern dazu, das seine auf dem Boden der

Ardennen zu vergießen, die er zum ersten Mal erblickte. Und auch das war absurd und verrückt und beinahe unvorstellbar.

Von da an wussten wir, was wir zu tun hatten, und lernten, wie der Mensch inmitten einer vollständigen moralischen Wüste Werte wiedererlangen kann, die hinreichend sind, um ihm eine Richtschnur für sein Handeln zu liefern. Denn wenn diese Gemeinschaft der Menschen untereinander, in der sie gegenseitig ihren Leib und ihre Würde anerkannten, die Wahrheit war, dann waren es ebendiese Verständigung und dieser Dialog, denen wir dienen mussten.

Und damit diese Verständigung weiter ging, mussten die Menschen frei sein, denn zwischen einem Herrn und einem Sklaven gibt es keine Gemeinsamkeit, und mit einem Unterworfenen gibt es kein Gespräch und keine Verständigung. Ja, Knechtschaft ist Schweigen und das schrecklichste von allen.

Und damit diese Verständigung weiter ging, mussten wir darauf hinwirken, dass die Ungerechtigkeit verschwindet, weil es keinen Dialog zwischen dem Unterdrückten und dem Ausbeuter gibt. Auch der Neid gehört zum Reich des Schweigens.

Und damit diese Verständigung weiter ging, mussten wir schließlich die Lüge und die Gewalt ächten, denn der Mensch, der lügt, verschließt sich seinen Mitmenschen, und derjenige, der foltert und unterjocht, bringt sie endgültig zum Schweigen.

So ist es uns gelungen, ausgehend von der Verneinung und allein getrieben von unserer Auflehnung, wieder zu einer Moral der Freiheit und der Wahrhaftigkeit, einer Moral des Dialogs zu finden.

Um Europa gesunden zu lassen, um der Zukunft der Welt zu dienen, müssen wir diese Moral des Dialogs vorläufig der Moral des Mords entgegenstellen. Wir müssen gegen die Ungerechtigkeit, gegen die Knechtschaft und den Terror kämpfen. Denn es sind diese drei Übel, die zwischen den Menschen Schweigen herrschen lassen, Grenzen zwischen ihnen aufrichten, ihnen den Blick aufeinander verstellen und sie daran hindern, sich in dem einzigen Wert wiederzufinden, der sie vor dieser trostlosen Welt retten kann: der geduldigen Brüderlichkeit der Menschen im Kampf gegen ihr Geschick. Jetzt endlich, am Ende dieser langen Nacht, wissen wir, was wir zu tun haben.

Was bedeutet das praktisch? Das bedeutet, dass Europa nicht genesen wird, wenn wir die Dinge nicht beim Namen nennen, wenn wir uns nicht darüber klarwerden, dass wir jedes Mal, wenn wir uns in gewissen Gedanken gefallen, Menschen töten. Das Erste, was wir zu tun haben, ist daher schlicht und einfach, durch unser Denken und Handeln jeder Form von philosophischem Zynismus eine Absage zu erteilen. Wir sagen damit nicht, dass wir jede Gewalt ablehnen, denn das wäre utopisch. Aber wir lehnen die bequeme Gewalt ab, mit anderen Worten, jene Gewalt, die von der Staatsräson oder einer Philosophie legitimiert ist. Gewalt darf niemals stellvertretend ausgeübt und niemals allgemein gerechtfertigt werden. Jeder Akt der Gewaltanwendung muss für denjenigen, der ihn begeht, alles in Frage stellen. Die Abschaffung der Todesstrafe und die Verurteilung ausnahmslos aller Systeme der Konzentrationslager müssen die ersten Artikel jener internationalen Verfassung sein, auf die wir alle warten. Die Todesstrafe ist nur denkbar, wenn sich der

Mensch im Besitz der absoluten Wahrheit wähnt. Für uns trifft das nicht zu. Und damit kommen wir zwangsläufig zu dem Schluss, dass wir von niemandem sagen können, er sei absolut schuldig. Es ist daher unmöglich, die absolute Strafe zu verhängen.

Europa wird nicht genesen, wenn wir den politischen Philosophien nicht das Recht verweigern, sich zur Richtschnur für alles zu machen. Denn es geht nicht darum, dieser Welt einen politischen oder moralischen Katechismus zu geben. Das große Unglück unserer Zeit ist vielmehr, dass die Politik behauptet, uns gleichzeitig einen Katechismus, eine vollständige Philosophie und manchmal sogar eine Kunst des Liebens bieten zu können. Doch die Aufgabe der Politik besteht darin, das Haus in Ordnung zu halten, und nicht, unsere inneren Probleme zu lösen. Ich für meinen Teil weiß nicht, ob ein Absolutes existiert. Aber ich weiß, dass das Absolute nicht politisch ist. Es ist nicht Sache aller. Es ist Sache eines jeden Einzelnen. Und alle sollten ihre Beziehungen untereinander so einrichten, dass jeder Einzelne den inneren Freiraum hat, für sich selbst über das Absolute nachzudenken. Unser Leben gehört wohl auch den anderen, und es ist richtig, es wenn nötig hinzugeben. Aber unser Tod gehört nur uns. Das ist meine Definition von Freiheit.

Europa wird nicht gesunden, wenn es nicht versucht, ausgehend von der Verneinung, solche positiven Werte zu schaffen, die es uns erlauben, ein negatives Denken mit den Möglichkeiten positiven Handelns zu versöhnen. Das ist eine Aufgabe für die Philosophen, die ich hier nur umrissen habe. Sie wird es uns aber zumindest ermöglichen, eine gewisse Anzahl verfälschter Werte in

Frage zu stellen, nach denen unsere Zeitgenossen leben und von denen der erste der Heroismus ist. Man muss es in aller Besonnenheit sagen, dem Heroismus muss der Prozess gemacht werden, und die Anklage lautet auf Amtsanmaßung. Denn dieser Wert ist insofern verfälscht, als unsere schwärmerischen Philosophien ihm allzu oft einen Rang einräumen, der ihm nicht zukommt, nämlich den höchsten. Schopenhauer hielt den Mut für «eine bloße Unteroffizierstugend».[29] So weit wollen wir nicht gehen. Aber sprechen wir es zumindest aus, dass wir keine Helden wollen, gleich welcher Art. Viele von uns können bezeugen, dass die deutschen SS-Männer mutig waren. Das beweist jedoch nicht, dass sie im Recht waren, als sie die Konzentrationslager errichteten. Heldentum ist mithin eine Sekundärtugend, die auf andere Tugenden angewiesen ist, um ihren Sinn zu behalten. Wer für die ungerechte Sache stirbt, ist durch seinen Tod noch nicht gerechtfertigt. Es gehört ebenfalls Mut dazu, aber ein andere Sorte Mut, zu erkennen, dass die höchste Tugend nicht das Heldentum, sondern die Ehre ist, ohne die der Mut seinen Sinn und das Heldentum seine Würde verliert.

Schließlich wird Europa nicht gesunden, wenn es ihm nicht gelingt, wieder einen Universalismus zu schaffen, in dem sich alle Menschen guten Willens wiederfinden können. Um der Einsamkeit und der Abstraktion zu entgehen, müssen wir miteinander reden, aber wir müssen offen reden und, unter allen Umständen, niemals lügen und stets die ganze Wahrheit aussprechen, die wir kennen. Man kann die Wahrheit jedoch nur in einer Welt aussprechen, in der sie klar definiert und auf Werte gegründet ist, die allen Menschen gemeinsam sind. Weder heute noch morgen hat irgendein Mensch auf der Welt das Recht, darüber zu entscheiden, ob seine Wahrheit gut genug ist, um sie auch für andere verbindlich zu machen. Nur das gemeinsame Gewissen der Menschen kann diesen Anspruch erheben. Und unsere Aufgabe ist es, die Werte wiederzufinden, von denen dieses gemeinsame Gewissen lebt. Das bedeutet, wir alle sollten, jenseits aller Parteien, Gemeinschaften des Nachdenkens bilden, die über die Grenzen hinweg einen Dialog eröffnen und durch ihr Leben und ihre Worte darauf hinwirken, dass diese Welt aufhört, eine Welt der Polizisten, der Soldaten und des Geldes zu sein, um eine Welt der Männer und Frauen, der fruchtbaren Arbeit und der besonnenen Muße zu werden. Die Freiheit, die wir uns erobern müssen, ist schlussendlich das Recht, nicht zu lügen. Nur unter dieser Voraussetzung wird es uns gelingen, herauszufinden, wofür wir leben und wofür wir sterben. Nur unter dieser Voraussetzung können wir versuchen, in der allumfassenden Verstrickung, in der wir leben, zumindest unschuldige Mörder zu sein.

SCHLUSS

Ich bin am Ende der Überlegungen angelangt, die ich Ihnen darlegen wollte. Man könnte auf den Gedanken kommen, dass die einigermaßen bescheidene Haltung, die ich skizziert habe, nur geringe Chancen gegen die Kräfte des Mords hat. Aber – und damit möchte ich zum Schluss kommen – ich bin anderer Auffassung. Denn es handelt sich um eine Vorsicht, die wohlüberlegt und im Übrigen vorläufig ist, eine Vorsicht, die Kraft und

Hartnäckigkeit verlangt. Einfacher ausgedrückt, sie verlangt, dass man das Leben mehr liebt als die Idee. Und das macht sie so schwierig in einem Europa, das verlernt hat, das Leben zu lieben, und stattdessen vorgibt, mehr als alles andere die Zukunft zu lieben, der es alles opfern will. Doch wenn Europa seinen Geschmack am Leben wiederfinden soll, muss es die Werte der Zweckmäßigkeit gegen die Werte der Beispielhaftigkeit eintauschen.

Wenn Europa sich allerdings weigert, dann wird niemand auf der Welt ihm diese Aufgabe abnehmen. Es war in dieselben mörderischen Unternehmungen verstrickt wie jene Mächte, die heute vorgeben, die Welt zu lenken. Doch diese Mächte haben nichts anderes getan, als von Europa zu lernen. Und Europa *[zwei unleserliche Wörter]* kann eine Lösung entwickeln und die Gedanken entwickeln, von denen in Zukunft unser gemeinsames Heil abhängt.

Jemand in der antiken Welt hat uns genau das Beispiel und den Weg zu diesem Heil hinterlassen. Er wusste, dass das Leben zu einem Teil aus Licht und zu einem Teil aus Schatten besteht, dass der Mensch nicht vorgeben kann, alles zu bestimmen, und dass man ihm seine Eitelkeit vor Augen führen muss. Er wusste, dass es Dinge gibt, die man nicht weiß, und dass, wenn man vorgibt, alles zu wissen, man am Ende nichts mehr am Leben lässt. Er nahm vorweg, was Montaigne später so ausdrücken sollte: «Man misst seinen Mutmaßungen sehr viel Bedeutung bei, wenn man um ihretwillen einen Menschen bei lebendigem Leibe kocht»[30], er predigte in den Straßen Athens den Wert der Unwissenheit *[unleserliche Wörter]*, damit der Mensch dem Menschen erträglich werde. Am Ende hat man ihn natürlich hingerichtet. Und nach dem

Tod des Sokrates begann der Niedergang der griechischen Welt. Und man hat in den letzten Jahren in Europa viele Sokratesse umgebracht. Das ist ein Hinweis. Ein Hinweis darauf, dass einzig und allein der sokratische Geist der Langmut gegenüber den anderen und der Strenge gegenüber sich selbst heute unseren Zivilisationen des Mordes gefährlich werden kann. Nietzsche wusste das nur allzu gut und erkannte in Sokrates den gefährlichsten Feind des Willens zur Macht. Das aber zeigt, dass nur dieser Geist in der Welt Gutes bewirken kann. Jeder andere Versuch, so bewundernswert er auch sein mag, wird, solange er auf Macht und Herrschaft gerichtet ist, den Menschen nur noch schlimmer verstümmeln. Sokrates hatte recht: Es gibt keinen Menschen ohne Dialog. Und mir scheint, dass für Europa und die Welt der Moment gekommen ist, die Kräfte des Dialogs gegen die Ideologien der Macht zu sammeln.

Und an dieser Stelle sollte ich mich darauf besinnen, dass ich Schriftsteller bin. Denn ein Aspekt der historischen Entwicklung, der in Zukunft noch stärker hervortreten wird, ist der Kampf zwischen Künstlern und Eroberern und, so lächerlich das klingen mag, zwischen Worten und Kugeln. Die Eroberer und die Künstler wollen dasselbe und zehren von derselben Revolte. Aber die modernen Eroberer wollen die Einheit der Welt und können sie nur mit Hilfe von Krieg und Gewalt erreichen. Sie haben nur einen Rivalen und bald auch nur noch einen Feind, und das ist die Kunst. Denn auch die Künstler streben nach dieser Einheit, doch sie suchen und finden sie manchmal in der Schönheit, am Ende einer langen inneren Askese. «Die Dichter», sagt Shelley, «sind die heimlichen Gesetzgeber der Welt».[31] Doch damit benennt er zugleich die große Verantwortung der zeitgenössischen Künstler, die erkennen müssen, was sie sind, so beispielsweise, dass sie auf der Seite des Lebens und nicht des Todes stehen. Sie sind die Zeugen des Fleisches, nicht des Gesetzes. Durch ihre Berufung sind sie dazu verdammt, selbst noch ihren Feind zu verstehen. Das bedeutet nicht, dass sie unfähig wären, zwischen Gut und Böse zu unterscheiden, ganz im Gegenteil. Aber ihre Fähigkeit, das Leben eines anderen zu leben, macht es ihnen möglich, selbst beim schlimmsten Verbrecher jene immerwährende Rechtfertigung des Menschen zu erkennen: den Schmerz. Es ist dieses Mitleid im vollen Sinne des Wortes, das aus ihnen schon früher in der Geschichte *[unleserliche Wörter]*. Die Künstler dürfen sich diesem Risiko und dieser Verantwortung nicht entziehen, sie müssen sie vielmehr annehmen *[unleserliche Wörter]*. Und auf ihre Weise kämpfen, die nur *[unleserliches Wort]* sein kann.

Europa wird nicht genesen, wenn es nicht davon ablässt, das Ereignis, die Tatsachen, den Reichtum, die Macht, den Gang der Geschichte und den Lauf der Welt anzubeten, wenn es nicht bereit ist, das menschliche Dasein so zu sehen, wie es ist. Und wir wissen, wie es ist. Es ist jener entsetzliche Zustand, in dem Ströme von Blut und Jahrhunderte der Geschichte nötig sind, damit am Ende eine unmerkliche Veränderung im Geschick der Menschen steht. So ist das Gesetz. Jahrelang sind in Frankreich im 18. Jahrhundert die Köpfe nur so gerollt, und die Französische Revolution hat in allen Herzen das Feuer der Begeisterung und des Schreckens entfacht. Und was letztlich am Anfang des darauf folgenden Jahrhunderts dabei herausgekommen ist, war die Ablösung der absoluten durch die konstitutionelle Monarchie. Wir Franzosen des 20. Jahrhunderts kennen dieses schreckliche Gesetz nur zu gut. Es hat den Krieg gegeben, die Besatzung, die Massaker, unzählige Gefängnismauern, ein von Schmerz zerrissenes Europa, und das alles, damit in dieser verwüsteten Welt die zwei oder drei Nuancen des Denkens wahrnehmbar werden, die uns dabei helfen, weniger zu verzweifeln. Ein satter Optimismus wäre angesichts dessen ein Skandal. Europa muss wieder lernen, bescheiden zu sein. Denn vielleicht ist man ein Narr, wenn man seine Hoffnungen in das menschliche Dasein setzt, wenn man aber an den Ereignissen verzweifelt, ist man ein Feigling.

Durch ihr Werk und ihr Beispiel gilt es für sie von nun an, unter Beweis zu stellen, dass auch das Mitleid eine Kraft ist; dass es besser ist, sich zu täuschen, ohne jemanden umzubringen und mundtot zu machen, als inmitten des Schweigens und der Massengräber recht zu behalten. Es gilt zu verkünden, dass Revolutionen zwar durch Gewalt erfolgreich sein können, jedoch nur durch Dialog Bestand haben. Die Zukunft Europas liegt nicht zuletzt in den Händen unserer Denker und unserer Künstler, und das bedeutet für sie zugleich Elend und Größe. Doch so war es schon immer, und selbst das ist ein erhebender Gedanke. Heute lässt die Geschichte die ewige Berufung des Geistes hervortreten, die in Jahrhunderten der zweifelhaften Kämpfe und der bedrohten Größe niemals müde geworden ist, das gegen die geschichtlichen Abstraktionen zu verteidigen, was jede Geschichte übersteigt, nämlich den Menschen aus Fleisch und Blut, gleichgültig, ob er leidet oder glücklich ist. Das ganze heutige Europa ruft ihnen in seinem

Hochmut entgegen, dass dieses Unterfangen lächerlich und vergeblich ist. Aber wir alle sind auf der Welt, um das Gegenteil zu beweisen.

DAS EUROPA DER TREUE
1951

Am 12. April 1951 organisierte die Association des amis de la République espagnole (Vereinigung der Freunde der spanischen Republik), zu der Persönlichkeiten wie Édouard Herriot, René Cassin und auch Pierre Mendès France zählten, eine Versammlung in der Pariser Salle Saulnier. Obwohl die USA, Großbritannien und Frankreich zu diesem Zeitpunkt bereits wieder diplomatische Beziehungen zu Spanien unter Franco aufnahmen, unterstrich Camus in seiner Rede, dass der Wiederaufbau Europas nur mit einem vom Franquismus befreiten Spanien erfolgreich sein könne. Der Text von Camus' Ansprache wurde im Mai 1951 in der fünfzigsten Ausgabe der von Pierre Monatte herausgegebenen gewerkschaftlich-revolutionären Zeitschrift La Révolution prolétarienne *veröffentlicht.*

Unter den westlichen Demokratien ist es offenbar zu einer Tradition geworden, seine Freunde zu verraten. Die Regime des Ostens fühlen sich hingegen bemüßigt, sie mit Haut und Haaren zu verschlingen. Zwischen diesen beiden Alternativen müssen wir ein Europa schaffen, das weder eines der Lügner noch eines der Sklaven ist. Denn wir haben zweifellos die Aufgabe, ein Europa zu schaffen, und der amerikanische Senat hat recht, wenn er uns daran erinnert. Aber wir wollen nicht einfach irgendein Europa. Wenn wir uns darauf einlassen, ein Europa mit den verbrecherischen Generalen Deutschlands und dem Putschisten Franco aufzubauen, dann lassen wir uns auf ein Europa der Abtrünnigen ein. Und wenn die westlichen Demokratien tatsächlich ein solches Europa wollen, dann hätten sie es leicht haben können. Hitler hat versucht, es zu errichten, und er hätte es beinahe geschafft. Es hätte gereicht, in die Knie zu gehen, und das ideale Europa wäre auf den Knochen und der Asche der freien Menschen erbaut worden, die man ermordet hat. Die Menschen des Abendlandes haben sich anders entschieden. Von 1936 bis 1945 haben sie gekämpft, und Millionen von ihnen sind gestorben oder in Gefängnissen dahingedämmert, damit Europa und seine Kultur Anlass zur Hoffnung bleiben und einen Sinn behalten. Auch wenn gewisse Leute das inzwischen vergessen haben, wir haben es nicht vergessen. Europa, das ist zunächst die Treue zu einer Sache. Deshalb sind wir hier heute Abend versammelt.

Wenn man den franquistischen Zeitungen glaubt, dann nannte Pétain[32] Franco die glänzendste Klinge Europas. Das sind harmlose Freundlichkeiten unter Militärs. Aber wir wollen gerade kein Europa, das mit dieser Art von Klinge verteidigt wird. Serrano Súñer[33], der Diener der Nazi-Größen, hat kürzlich einen Artikel verfasst, in dem er ein aristokratisches Europa forderte. Ich habe nichts gegen die Aristokratie. Ich glaube im Gegenteil, Aufgabe der europäischen Zivilisation wird es sein, neue Eliten hervorzubringen, nachdem die bisherigen ihre Ehre verloren haben. Aber Súñers Aristokratie ähnelt zu sehr den Vasallen Hitlers. Es ist die Aristokratie einer Bande, ein Königtum des Verbrechens, der grausame Adel der Mittelmäßigkeit. Ich für meinen Teil kenne nur zwei Arten von Aristokratie: die des Geistes und die der Arbeit. In der Welt von heute werden sie von einer Sippschaft von Domestiken und Beamten im Dienst der Macht unterdrückt, beleidigt oder zynisch benutzt. Befreit und versöhnt, vor allem versöhnt, werden diese Aristokratien das einzige Europa erbauen, das Bestand haben kann: weder ein Europa der Zwangsarbeit und des von der Ideologie versklavten Geistes noch jenes Europa, in dem wir leben, jenes Europa der Scheinheiligkeit und der Krämermoral, sondern ein lebendiges Europa der Genossenschaften und Gewerkschaften, das uns die Wiedergeburt bringen wird, die wir ersehnen. Ohne Spanien, davon bin ich überzeugt, kann diese ungeheure Anstrengung nicht gelingen.

Europa ist nur deshalb jener unmenschliche Kontinent geworden, auf dem jeder von Menschlichkeit spricht, jenes Sklavenlager und jene Welt der Schatten und der Ruinen, weil es sich ohne Scham den maßlosesten Ideologien hingegeben hat, weil es davon geträumt hat, ein Kontinent der Götter zu sein, und weil es willens war, um den Menschen zum Gott zu machen, alle Menschen den Zwecken der Macht zu unterwerfen. Die Philosophien des Nordens waren seine Helfer und Ratgeber bei diesem großartigen Unternehmen. Und heute, im Europa von Nietzsche und Hegel und Marx, ernten wir die Früchte dieses Wahns. Wenn der Mensch Gott geworden ist, so muss man leider sagen, dann ist er eine ziemliche Enttäuschung: Dieser Gott hat das Gesicht eines Leibeigenen oder eines Staatsanwalts. Noch nie haben so kleinkarierte Götter die Welt regiert. Wenn man sie auf den Titelseiten der Zeitungen oder den Leinwänden unserer Kinos sieht, dann wundert es einen nicht, dass ihre Tempel vor allem die Polizeireviere sind.

Europas Größe lag immer in der Spannung zwischen seinen Völkern, seinen Werten und seinen Weltanschauungen. Es ist dieses Gleichgewicht und diese Spannung, oder es ist nichts. Seit Europa dieser Spannung abgeschworen und sich entschlossen hat, mit Gewalt die abstrakte Einheit einer Weltanschauung durchzusetzen, ist es verkümmert, ist es zu einer Mutter geworden, die in ihrer Erschöpfung nur noch geizige und hasserfüllte Geschöpfe zur Welt bringt. Und vielleicht ist es nur gerecht, dass diese Geschöpfe schließlich aufeinander losgehen, um in einem verzweifelten Tod endlich ihren unmöglichen Frieden zu finden. Aber unsere Aufgabe und unsere gemeinsame Rolle besteht nicht darin, dieser schrecklichen Gerechtigkeit zu dienen. Sie besteht darin, in einem wiederauferstehenden Europa zu einer bescheideneren Gerechtigkeit zurückzufinden, und das bedeutet, jenen Weltanschauungen abzuschwören, die sich anmaßen, alles der Geschichte, der Vernunft und der Macht zu opfern. Und aus diesem Grund müssen wir in die Welt zurückfinden, müssen dem Menschen als Gegengewicht die Natur gegenüberstellen, dem Bösen die Schönheit und der Gerechtigkeit das Mitgefühl. Und schließlich müssen wir in uns jene strenge und achtsame Spannung wiederfinden, die eine Gesellschaft erst fruchtbar macht. Und dabei sind wir auf die Hilfe Spaniens angewiesen.

Wie könnte ein solches Unternehmen gelingen ohne jene spanische Kultur, in der niemals, nicht ein einziges Mal in ihrer jahrhundertelangen Geschichte, der Schrei des Menschen aus Fleisch und Blut der reinen Idee geopfert wurde? Ohne jene Kultur, die der Welt gleichzeitig Don Juan und Don Quijote gegeben hat, die vollkommensten Bilder der Sinnlichkeit und des Mystizismus? Ohne jene Kultur, die sich noch in ihren aberwitzigsten Schöpfungen nie vom alltäglichen Realismus entfernt, ohne jene allumfassende Kultur, die mit ihrer Schaffenskraft das gesamte Universum umspannt, von der Sonne bis zur Nacht? Es ist diese Kultur, die uns dabei helfen kann, ein Europa wiederaufzubauen, das keinen Aspekt der Welt und des Menschen ausschließt. Auch heute noch trägt sie ihren Teil dazu bei, unsere Hoffnung zu nähren. Und selbst in den Jahren, in denen diese Kultur in Spanien selbst geknebelt war, gab sie ihr Blut – das beste – für dieses Europa und für diese Hoffnung hin. Die spanischen Toten der deutschen Lager, von Glières[34], der Division Leclerc und jene fünfundzwanzigtausend, die in der Libyschen Wüste starben, verkörperten diese Kultur und dieses Europa. Ihnen sind wir treu. Und wenn ihr Geist heute irgendwo in ihrer Heimat weiterlebt, dann unter jenen Studenten und Arbeitern Barcelonas, die erst vor kurzem einer erstaunten Welt gezeigt haben, dass das wahre Spanien nicht tot ist und erneut seinen angestammten Platz für sich beansprucht.

Doch sosehr das Europa von morgen nicht ohne Spanien denkbar ist, so wenig kann es, aus denselben Gründen, mit dem Spanien Francos erbaut werden. Europa lebt von seinen gegensätzlichen Stimmen, und es kann sich nicht mit Weltanschauungen arrangieren, die so töricht und grausam sind, dass sie keine anderen Stimmen neben sich dulden. Als ein spanischer Minister vor einigen Monaten die immer engere Verflechtung der Eliten Frankreichs und Spaniens beschwor, verbot seine Zensur gerade Anouilh und Marcel Aymé. Da diese Schriftsteller nie als unerbittliche Revolutionäre galten, kann man sich ausmalen, was von Sartre, von Malraux oder von Gide nach Spanien gelangen kann. Was uns betrifft, so sind wir gern bereit, Herrn Benavente zu lesen.[35] Leider sind die Bücher von Herrn Benavente unlesbar, das ist alles. Aus jüngeren franquistischen Zeitungsartikeln ließ sich entnehmen, dass die Zensur angeblich gelockert wurde. Nach genauerer Lektüre der einschlägigen Texte kann man beruhigt sein. Die Lockerung beschränkt sich darauf, dass alles erlaubt ist, was nicht verboten ist. Franco, der sich gern von einem unserer großen Schriftsteller inspirieren lässt – sein Name ist Joseph Prudhomme[36] –, hat verkündet, dass «das Spanien des Acázar von Toledo fest mit dem Heiligen Stuhl verbunden war». Doch wenn der Papst sich für die Pressefreiheit ausspricht, dann zensiert Franco sogar den Papst. In unserem Europa hat der Papst das Recht der freien Rede, ebenso wie jene, die meinen, dass der Papst von diesem Recht einen schlechten Gebrauch macht.

Das Europa, das wir wollen, ist nicht zuletzt ein Europa der Ordnung. Denn wenn jeder jeden verhaften kann, wenn das Denunziantentum gefördert wird, wenn man schwangere Frauen im Gefängnis großzügig von der Arbeit freistellt, aber erst im neunten Monat, dann herrscht Unordnung, und Franco beweist der ganzen Welt, dass er ein weit gefährlicherer Anarchist ist als unsere Freunde von der CNT[37], die für eine Ordnung sind. Und zumindest aus meiner Sicht erreicht die Unordnung ihren Höhepunkt in der abscheulichen Vermischung von Religion und Todesstrafe, wenn sich hinter dem Henker die Gestalt des Priesters abzeichnet. Die Hinrichtungsbefehle enden im franquistischen Spanien mit folgendem frommen Wunsch für den Gefängnisdirektor: «Möge Gott Ihnen ein langes Leben schenken.» Zusätzlich lässt man den Gefangenen ein Abonnement der Wochenzeitung *Redención* zukommen.[38] Dieses Europa, in dem Gott den Gefängnisdirektoren zur privaten Verwendung vorbehalten ist, ist das die Zivilisation, für die wir kämpfen und sterben wollen? Nein! Glücklicherweise gibt es eine Erlösung, die nicht im Abonnement erhältlich ist und die im Urteil freier Menschen liegt. Wenn es einen Christus in Spanien gibt, dann findet man ihn in den Gefängnissen, auf den Pritschen der Zellen und unter den Katholiken, die die Kommunion verweigern, weil der Priester-Henker sie in manchen Gefängnissen zur Pflicht gemacht hat. Sie und nur sie sind unsere Brüder und die Söhne des freien Europa.

Unser Europa ist zudem das der wahren Kultur. Im Spanien Francos – ich bedaure, das sagen zu müssen – sehe ich hingegen keinerlei Zeichen von Kultur. Ich habe mich letzthin mit der persönlichen Geschichtsphilosophie des Caudillo beschäftigt. Sie beschränkt sich darauf, dass – ich zitiere – «die Bourbonen, verborgen im Trojanischen Pferd der *Enzyklopädie*, die Freimaurerei nach Spanien gebracht haben». Zugleich habe ich gelesen, dass Franco auf einen katholischen Pilger aus Amerika einen «außerordentlich intelligenten» Eindruck gemacht habe. Ein Pilger ist immer leicht zu begeistern. Er möchte seine mühevolle Pilgerfahrt nicht umsonst auf sich genommen haben. Aber ehrlich gesagt passen die Aussage Francos und die des Pilgers für mich nicht ganz zusammen. Und meine Überzeugung, dass zwischen der Kultur und dem offiziellen Spanien von heute nur eine sehr oberflächliche

Beziehung besteht, bestätigt sich, wenn ich lese, dass «Franco mit seiner Klinge die gordischen Knoten weltlicher Probleme zerschneiden muss, deren Lösung seinem Genie vorbehalten blieb», oder dass «es den Anschein hat, als habe Gott Franco zu einer jener schicksalhaft hervorleuchtenden Erscheinungen gemacht, indem er seinen Kopf sich hell vor dem Horizont unseres Jahrhunderts abzeichnen ließ». Nein, Götzendienst ist nicht dasselbe wie Kultur. Zumindest für die Kultur gilt, dass Lächerlichkeit tötet. Wenn schließlich Franco seinerseits einen Platz in der Gemeinschaft der Nationen fordert und für Spanien das Recht geltend macht, die Regierung zu haben, die ihm gefällt – eine Forderung, der wir uns natürlich anschließen –, fasst er seine Weltanschauung in einer Formel zusammen, über die ich, wie Sie begreifen werden, nicht aufhören kann nachzudenken: «Es stimmt nicht, dass wir uns in eine andere Richtung bewegen … In Wahrheit bewegen wir uns schneller als die anderen und sind bereits auf dem Rückweg, während die anderen noch unterwegs zum Ziel sind.» Diese kühne Metapher erklärt tatsächlich alles und reicht als Begründung, warum wir, was unsere Vorstellung von Kultur betrifft, das Europa Unamunos[39] dem von Herr Rocamora[40] vorziehen.

Schließlich, und damit lässt sich alles Gesagte zusammenfassen, ist für unser Europa der Frieden unerlässlich. Francos Spanien lebt und überlebt allein deshalb, weil der Krieg uns bedroht, während die spanische Republik immer dann stärker wird, wenn die Chancen für den Frieden steigen. Wenn Europa den Krieg braucht, um zu existieren, dann wird es ein Europa der Polizei und der Ruinen sein. Und man begreift, warum Franco als unentbehrlich gilt, jetzt wo Hitler und Mussolini bedauerlicherweise nicht mehr da sind. So denken jene, deren Vorstellung von Europa uns Entsetzen einjagt. Man hat Franco so lange sehr kritisch betrachtet, bis man feststellte, dass er über dreißig Divisionen verfügt. In diesem Moment wechselte er auf die Seite der Wahrheit. Man hat sich den Ausspruch Pascals ein wenig zurechtgebogen: «Irrtum diesseits, Wahrheit jenseits der dreißigsten Division.»[41] Warum sollte man unter diesen Umständen einen Krieg gegen Russland anfangen? Russland ist wahrer als die Wahrheit, weil es hundertfünfundsechzig Divisionen hat. Aber Russland ist der Feind, und alles, was gegen Russland kämpfen kann, ist gut. Wenn man siegen will, muss man zuerst die Wahrheit verraten. Der Moment ist gekommen, zu bekennen, dass in dem Europa, das wir wollen, die Anzahl der Kanonen, die eine Sache auf ihrer Seite hat, niemals darüber entscheiden wird, ob sie eine gerechte Sache ist. Es ist schon dumm genug, die Stärke einer Armee an der Zahl ihrer Offiziere zu messen. Nach diesem Maßstab ist die spanische Armee die stärkste der Welt.

Doch zugleich ist sie die schwächste. Man muss schon ein Denker aus dem Außenministerium der Vereinigten Staaten sein, um sich einzubilden, dass das spanische Volk im Namen einer Freiheit, die es selbst nicht hat, in den Krieg ziehen würde. Aber diese Dummheit ist nicht das Schlimmste. Was schlimmer ist, ist der Verrat an einer heiligen Sache, der Sache des einzigen Europa, das wir wollen. Als sie ihre Unterschriften unter die Wiederaufnahme der Beziehungen mit Franco setzten, haben das offizielle Amerika und seine Verbündeten mit einem bestimmten Europa gebrochen, unserem Europa, das wir auch weiterhin gemeinsam verteidigen und dem wir gemeinsam dienen werden. Und wir dienen ihm nur dann gut, wenn wir uns deutlich von all denen abgrenzen, die keinerlei moralisches Recht mehr haben, ihm zu dienen; von all denen, die im Schutz einer verdeckten Polizeiaktion zugelassen haben, dass Mitglieder der CNT wie José Peirats[42], die sich nichts zuschulden hatten kommen lassen, bei uns gefoltert werden; von denen, die die Wahlen in Algerien fälschen, aber auch von denen, die angesichts der Erschossenen von Prag ihre Hände in Unschuld waschen und die Gefangenen in den russischen Konzentrationslagern beleidigen. Sie alle haben das Recht verwirkt, von Europa zu sprechen und Franco anzuklagen. Wer aber wird das Wort ergreifen? Wer wird ihn anklagen? Spanische Freunde, die Antwort ist einfach: die feste Stimme der Treue. Aber steht die Treue nicht allein? Nein, wir sind Millionen, überall auf der Welt, die die Treue halten und den Tag des Wiedersehens vorbereiten. Dreihunderttausend Bürger Barcelonas haben es Ihnen gerade zugerufen.[43] Es liegt an uns, uns zusammenzuschließen und alles zu unterlassen, was uns trennen könnte. Ja, schließen wir uns zusammen, schließen Sie sich zusammen, ich bitte Sie darum. Hier, in diesem endlich verwirklichten Zusammenschluss, in diesem geduldigen und unnachgiebigen Kampf findet das Spanien des Exils seine Rechtfertigung. Der Tag wird kommen, an dem Europa über sein Elend und seine Verbrechen triumphieren wird, an dem es endlich wieder zu neuem Leben erwacht.

Aber dieser Tag – und das wollte ich Ihnen sagen – wird eben der Tag sein, an dem das Spanien der Treue von überall her auf der Welt zusammenströmen und sich auf den Gipfeln der Pyrenäen versammeln wird, um vor sich ausgebreitet das alte gesegnete Land zu sehen, nach dem so viele von Ihnen sich vergeblich gesehnt haben und das Sie schon so lange schweigend erwartet. An diesem Tag werden wir Europäer, gemeinsam mit Ihnen, ein Vaterland mehr haben.

KALENDER DER FREIHEIT: 19. JULI 1936 1951

Am 19. Juli 1951 feierte die katalanische Exilorganisation Casal de Catalunya in den Räumen der Ligue de l'enseignment in der Pariser Rue Récamier den fünfzehnten Jahrestag der freiheitlichen Erhebung vom 19. Juli 1936 in Barcelona. Neben Octavio Paz, Jean-Paul Sartre und Jean Cassou war auch Camus als Redner eingeladen. Der Text seiner Ansprache erschien am 4. August 1951 in Solidaridad Obrera, *der Wochenzeitung der spanischen CNT im Exil. Drei Jahre später wurde er nochmals in der dritten Lieferung der Zeitschrift* Témoins *(Frühjahr 1954) abgedruckt, zusammen mit der Ansprache, die Camus am 30. Juni 1953 im Gefolge des Ostberliner Arbeiteraufstands in der Pariser Mutualité hielt. Beide Texte erschienen dort unter der gemeinsamen Überschrift* Kalender der Freiheit.

Der 19. Juli 1936 war in Spanien der Beginn des Zweiten Weltkriegs. Heute gedenken wir dieses Ereignisses. Inzwischen ist dieser Krieg überall beendet, außer in Spanien. Als Vorwand, ihn nicht zu beenden, muss die Notwendigkeit herhalten, sich auf den dritten Weltkrieg vorzubereiten. Das ist, in kurzen Worten, die Tragödie des republikanischen Spaniens, dem aufständische Militärführer einen Bürgerkrieg von innen und einen Krieg von außen aufgezwungen haben und dem heute im Namen einer äußeren Kriegsgefahr ebendiese Führer aufgezwungen werden. Fünfzehn Jahre lang wurde eine der gerechtesten Sachen, der ein Mensch in seinem Leben begegnen kann, ohne Unterlass verfälscht und, bei der erstbesten Gelegenheit, für die strategischen Interessen einer in ihre Machtkämpfe verstrickten Welt verraten. Die Sache der Republik war und ist immer noch eins mit der Sache des Friedens, und das macht sie zweifellos zu einer gerechten Sache.

Unglücklicherweise befindet sich die Welt seit dem 19. Juli 1936 in einem ununterbrochenen Krieg, und infolgedessen ist die spanische Republik unaufhörlich verraten oder zynisch missbraucht worden. Vermutlich ist es daher vergeblich, an den Gerechtigkeits- und Freiheitssinn und an das Gewissen der Regierungen zu appellieren, wie wir es so oft getan haben. Eine Regierung hat *per definitionem* kein Gewissen. Sie hat – manchmal – eine politische Strategie, und das ist alles. Vielleicht ist es daher nicht mehr die wirksamste Art und Weise, sich für die spanische Republik einzusetzen, wenn man daran erinnert, dass es einer Demokratie unwürdig ist, jene, die für unsere gemeinsame Freiheit gekämpft haben und gestorben sind, ein zweites Mal umzubringen. Das ist die Sprache der Wahrheit, sie erklingt daher in der Wüste. Klüger wäre vielleicht zu sagen: Wenn man Franco im Amt hält und dies damit rechtfertigt, dass es notwendig für die Verteidigung der westlichen Welt sei, dann ist sein Verbleib im Amt durch nichts gerechtfertigt. Denn, so muss man wissen, die Verteidigung der westlichen Welt verliert ihre Rechtfertigung und ihre besten Streiter, wenn sie als Begründung dienen muss, ein unrechtmäßiges und tyrannisches Regime am Leben zu erhalten. Da die westlichen Regierungen beschlossen haben, sich nur an den Realitäten zu orientieren, ist es umso wichtiger, sie daran zu erinnern, dass die Überzeugungen eines nicht unbeträchtlichen Teils der Menschen Europas ebenfalls Teil der Realität sind und man sie nicht ganz und gar ignorieren kann. Die Regierungen des 20. Jahrhunderts neigen bedauerlicherweise zu der Auffassung, dass man mit der Meinung und dem Gewissen der Menschen genauso umgehen kann wie mit den Kräften der physischen Welt. Und tatsächlich ist es ihnen mit Hilfe der Techniken der Propaganda und des Terrors gelungen, den Meinungen und den Gewissen eine bestürzende Biegsamkeit zu verleihen. Aber jedes Ding hat seine Grenze, und das gilt insbesondere für die Anpassungsfähigkeit der Meinungen. Man hat es geschafft, das revolutionäre Bewusstsein so lange zu verwirren, bis es die elenden Errungenschaften der Tyrannei bejubelt hat. Doch die Maßlosigkeit dieser Tyrannei hat den Betrug offenbar werden lassen, und wir waren Zeugen, wie um die Mitte unseres Jahrhunderts das revolutionäre Bewusstsein neu erwacht ist und sich erneut seinen Ursprüngen zugewandt hat. Andererseits hat man jedoch das Ideal der Freiheit unkenntlich gemacht, für das ganze Völker und einzelne Menschen noch gekämpft haben, als ihre Regierungen schon kapitulierten. Man hat diese Völker vertröstet und sie dazu gebracht, immer größere Kompromisse einzugehen. Aber, und das gilt es klar auszusprechen, mittlerweile ist eine Grenze erreicht, jenseits derer man sich die unabhängigen Geister nicht mehr dienstbar machen kann: Dann wird man sie bekämpfen müssen. Für uns Europäer, die wir uns am 19. Juli 1936 unseres Schicksals und unserer Wahrheiten bewusst geworden sind, markieren Spanien und seine Freiheit diese Grenze.

Der schlimmste Fehler, den die westlichen Regierungen begehen könnten, wäre, das Bestehen dieser Grenze zu missachten. Und wir wären die schlimmsten Feiglinge, wenn wir das zuließen. In einer äußerst merkwürdigen Artikelserie, die eine Zeitung, von der wir größere Neutralität gewohnt sind, dem gewidmet hat, was sie als das «spanische Problem» bezeichnet, war zu lesen, dass die führenden Köpfe des republikanischen Spaniens nicht mehr an die Republik glauben.[44] Würde das zutreffen, dann wäre diese Republik zum Abschuss freigegeben. Doch der Verfasser jener Artikel, Monsieur Créach, fügt in Bezug auf diese Führer hinzu: «diejenigen zumindest, die in Spanien leben.» Pech für Monsieur Créach, aber ein Glück für die Freiheit Europas: Die republikanischen Führer leben nicht in Spanien. Und sofern sie dort leben, wird Monsieur Créach ihnen nicht in den Ministerien und Salons von Madrid begegnen. Diejenigen, die er kennt und von denen er behauptet, dass sie Republikaner seien, haben in der Tat aufgehört, an die Republik zu glauben. Sie haben in dem Moment aufgehört, an die Republik zu glauben, als sie sich bereitfanden, sie ein zweites Mal ihren Mördern auszuliefern. Die echten und einzigen republikanischen Führer, die in Spanien leben, haben einen so entschiedenen Standpunkt, dass er, wie ich fürchte, weder Monsieur Créach gefallen wird noch denen, die, um Franco gefällig zu sein, unaufhörlich auf die Gefahr eines Krieges und die Notwendigkeiten der Verteidigung des Westens hinweisen. Und den Standpunkt dieser Untergrundkämpfer gilt es bekanntzumachen, denn nur ihr Standpunkt vermag jene Grenze aufzuzeigen, die für uns alle verbindlich ist und von der wir nicht zulassen werden, dass sie überschritten wird. Aus diesem Grund wünschte ich, dass meine Stimme lauter wäre, als sie ist, und unmittelbar zu jenen durchdringen würde, deren Aufgabe es ist, die westliche Politik an der Realität auszurichten, um ihnen die unmissverständlichen Worte des Sprechers der mächtigsten Untergrundbewegung Spaniens zu Gehör zu bringen. Diese Worte, für deren Herkunft und Echtheit ich mich verbürge, sind kurz. Sie lauten: «Durch unsere Sitten, unsere Kultur und unsere Zivilisation gehören wir zum Abendland und stehen gegen den Orient. Doch solange Franco an der Macht bleibt, werden wir alles Nötige tun, um zu verhindern, dass auch nur ein einziger Mann bei uns für das Abendland zu den Waffen greift. Dafür stehen wir bereit.»

Das ist eine Realität, über die nachzudenken ich den Realisten der westlichen Welt empfehlen würde. Und nicht nur, was Spanien betrifft. Denn der Kämpfer, der hier spricht und dessen Leben heute in ständiger Gefahr schwebt, ist der Waffenbruder von Hunderttausenden Europäern, die gleich ihm entschlossen sind, für ihre Freiheit und bestimmte abendländische Werte zu kämpfen, und die gleichfalls wissen, dass jeder Kampf ein Mindestmaß an Realismus voraussetzt. Niemals jedoch werden sie Realismus mit Zynismus verwechseln, und keinesfalls werden sie zu den Waffen greifen, um das Abendland gemeinsam mit Francos Mauren und die Freiheit gemeinsam mit Hitlers Bewunderern zu verteidigen. Hier gibt es tatsächlich eine Grenze, die sie nicht überschreiten können. Fast zehn Jahre lang haben wir das Brot der Schmach und der Niederlage gegessen. Am Tag der Befreiung, auf dem Höhepunkt der Hoffnung, mussten wir jedoch zugleich erfahren, dass auch dieser Sieg verraten worden war und wir einige unserer Illusionen würden aufgeben müssen. Einige Illusionen? Keine Frage! Schließlich sind wir keine Kinder mehr. Aber nicht alle und gewiss nicht unsere Treue zu dem, was am Wesentlichsten ist. Spanien, das uns einmal mehr dabei hilft, klarzusehen, markiert diese deutlich gezogene Grenze. Kein Kampf kann gerecht sein, wenn er sich in Wahrheit gegen das spanische Volk richtet. Und wenn er sich gegen dieses Volk richtet, findet er ohne uns statt. Es kann kein freies Europa und keine freie Kultur geben, wenn sie auf die Knechtschaft des spanischen Volkes gegründet sind. Und wenn sie sich auf diese Knechtschaft gründen, dann nur gegen unseren Widerstand. Der kluge Realismus der westlichen Politiker wird schließlich darauf hinauslaufen, fünf Luftwaffenstützpunkte und dreitausend spanische Offiziere für ihre Sache zu gewinnen und sich Hunderttausende Europäer endgültig zu Gegnern zu machen. Wozu sich diese politischen Genies dann zwischen den Ruinen gratulieren können. Es sei denn, die Realisten verstehen endlich wirklich die Sprache des Realismus und begreifen, dass die besten Verbündeten des Kreml heute nicht die spanischen Kommunisten sind, sondern General Franco und seine Unterstützer in der westlichen Welt.

Womöglich werden diese Warnungen nutzlos bleiben. Aber für den Augenblick und trotz allem bleibt ein wenig Platz für die Hoffnung. Dass diese Warnungen ausgesprochen wurden, dass ein spanischer Kämpfer die Worte formulieren konnte, die ich wiedergegeben habe, beweist zumindest, dass keine Niederlage endgültig ist, solange das spanische Volk sich die Kraft zu kämpfen bewahrt – wie es gerade wieder unter Beweis gestellt hat.[45] Paradoxerweise ist es ebendieses ausgehungerte, unterjochte, aus der Gemeinschaft der Nationen ausgeschlossene Volk, das heute Hüter und Zeuge unserer Hoffnung ist. Dieses Volk ist lebendig – ganz im Gegensatz zu den Führern, von denen Monsieur Créach schreibt –, es leidet und kämpft. Es ist in einem Maße lebendig, dass seine Lebendigkeit die Theoretiker des Realismus in Verlegenheit bringt, die uns versichern, dieses Volk wolle vor allem seine Ruhe. Es will sie so wenig, dass diese Theoretiker einlenken mussten. Die Zeitungen, in denen jene, die heutzutage vorgeben, die Elite Europas zu sein, umständlich ihre Standpunkte vertreten, haben keine geistige Verrenkung gescheut, um das Phänomen der spanischen Streikbewegung zu erklären, ohne dabei die eigentlichen Kräfte des Franco-Regimes anzutasten. Ihr jüngster Geistesblitz ist, dass die Streiks vom Bürgertum und der Armee unterstützt werden. Doch diese Streiks wurden von jenen organisiert, die arbeiten und leiden, das ist die Wahrheit. Und wenn, was sich nicht ausschließen lässt, die spanischen Unternehmer und Bischöfe darin eine Gelegenheit sahen, ihre Unzufriedenheit kundzutun, ohne selbst dafür einstehen zu müssen, dann haben sie unsere Verachtung umso mehr verdient, als sie auf das Leid und das Blut des spanischen Volkes gezählt haben, um auszudrücken, was sie selbst nicht laut vorzubringen wagten. Diese Streikbewegungen waren spontan, und ihre Kraft bezeugt, dass die Sätze unseres Genossen der Wirklichkeit entsprechen. Und zugleich liegt in dieser Kraft die einzige Hoffnung, die wir hegen können. Hüten wir uns zu glauben, dass die republikanische Sache wankt! Hüten wir uns zu glauben, dass Europa im Sterben liegt! Was im Osten wie im Westen im Sterben liegt, sind seine Ideologien. Und das Europa, zu dem Spanien gehört, ist vielleicht nur deshalb in einer so elenden Verfassung, weil es sich vollständig und bis in sein revolutionäres Denken hinein von einer reichfließenden Quelle des Lebens abgewandt hat, von einem Denken, in dem sich Gerechtigkeit und Freiheit in einer Einheit aus Fleisch und Blut begegnen, die gleich weit entfernt ist von den bürgerlichen Philosophien wie von einem diktatorischen Sozialismus. Die Völker Spaniens, Italiens und Frankreichs hüten das Geheimnis dieses Denkens, und sie werden es weiter hüten, damit wir im Moment der europäischen Wiedergeburt darauf zurückgreifen können. Dann wird der 19. Juli 1936 unter die Daten jener zweiten Revolution dieses Jahrhunderts gezählt werden, die ihren Ursprung in der Pariser Kommune hat und die, obwohl sie eine scheinbare Niederlage an die andere reiht, noch nicht aufgehört hat, die Welt zu erschüttern. Diese Revolution wird den Menschen am Ende weiter bringen, als es der Revolution von 1917 gelungen ist. Getragen von der Kraft Spaniens und vom freiheitlichen Geist überall, wird sie uns eines Tages *ein* Spanien und *ein* Europa wiedergeben und damit neue Aufgaben und Kämpfe, die endlich im Offenen stattfinden werden. Das zumindest ist unsere Hoffnung und gibt uns Grund zu kämpfen.

Spanische Genossen, seien Sie versichert, auch wenn fünfzehn Jahre nach dem Maßstab der Geschichte keine lange Zeit sind, so vergesse ich bei diesen Worten nicht, dass die fünfzehn Jahre, die wir hinter uns haben, mit einem schrecklichen Gewicht auf vielen von Ihnen gelastet haben, im Schweigen des Exils. Es gibt etwas, worüber ich nicht mehr sprechen kann, da ich es schon zu oft gesagt habe, und das ist mein leidenschaftlicher Wunsch, zu erleben, wie Sie in das einzige Land zurückkehren, das Ihrer Größe gemäß ist. Auch heute Abend spüre ich wieder jene Bitterkeit, die darin liegt, zu Ihnen nur von immer neuen Kämpfen und Schlachten sprechen zu können statt von dem Glück, auf das Sie ein Recht haben. Doch um so viel Leid und so viele Tote zu rechtfertigen, können wir nichts weiter tun, als deren Hoffnungen in uns weiterzutragen und dafür zu sorgen, dass ihre Leiden nicht vergeblich und ihre Tode nicht einsam waren. Jene fünfzehn unerbittlichen Jahre, die so viele Menschen aufgerieben haben, haben andere hervorgebracht, deren Bestimmung es ist, dafür zu sorgen, dass das Opfer ihrer Vorgänger nicht umsonst war. Wie schwer er auch sein mag, das ist der Weg, auf dem Völker und Zivilisationen ihre Größe gewinnen. Und nicht zuletzt haben Sie und hat Spanien einigen von uns beigebracht, aufrecht zu gehen und ohne Zögern die harte Pflicht der Freiheit auf uns zu nehmen. Für Europa, und für uns, waren und sind Sie – oft ohne es zu wissen – die Lehrer der Freiheit. Diese harte Pflicht, die nie vollbracht ist – jetzt ist es an uns, sie mit Ihnen zu teilen, ohne Zögern und ohne Zugeständnisse. Darin liegt Ihre Rechtfertigung. Seit ich erwachsen bin, habe ich in der Geschichte mit vielen Siegern Bekanntschaft gemacht, deren Gesichter mir hässlich schienen. Weil ich darin Hass und Einsamkeit las. Weil sie nichts waren, wenn sie keine Sieger waren. Bloß um zu sein, mussten sie töten und unterjochen. Aber es gibt eine andere Art von Menschen, die uns dabei helfen, frei zu atmen, die ihr Sein und ihre Freiheit immer nur in der Freiheit und im Glück aller gefunden haben und die deshalb auch aus ihren Niederlagen Gründe zu leben und zu lieben schöpfen können. Solche Menschen sind selbst als Besiegte niemals allein.

ÜBER DIE BRITISCHEN UNTERHAUSWAHLEN 1951

Ab Ende 1947 strahlte der Britische Rundfunk BBC in seinem dritten Programm die monatliche Sendung Letter from Paris *aus, in der französische Intellektuelle zu Wort kamen. 1951 wurde Camus eingeladen, dort die mit Spannung erwarteten Britischen Unterhauswahlen vom Oktober zu kommentieren. Obwohl die Labour Party von Clement Attlee bei den Wahlen die Mehrheit der Stimmen auf sich vereinigte, gewannen die Konservativen die Wahl, weil sie die meisten Sitze errangen. Sechs Jahre nach seiner unerwarteten Niederlage bei den Wahlen von 1945 wurde Winston Churchill erneut Premierminister. Camus' Beitrag, der wahrscheinlich in Paris und nicht in London aufgenommen wurde, wurde erstmals am 8. November 1951 unter dem Titel* Albert Camus Talks about the General Election in Britain *ausgestrahlt. In englischer Übersetzung wurde der Beitrag ein zweites Mal am 10. und nochmals am 30. November gesendet, wobei anlässlich der dritten Ausstrahlung eine Stellungnahme von Raymond Aron zu Camus' Thesen hinzugefügt wurde.*

Ich werde mich hüten, das Übliche zu sagen – nämlich, dass mich die englische Innenpolitik nichts angeht. Ich habe im Gegenteil den Eindruck, sie geht mich sehr wohl etwas an, so wie sie, direkt oder indirekt, Millionen

Europäer etwas angeht. Hingegen kann ich mich sehr gut damit abfinden, dass meine Meinung, wie die jedes beliebigen anderen Franzosen, der keine politische Verantwortung trägt, für meine englischen Zuhörer nicht von unmittelbarer Bedeutung ist. Aus diesem Grund kann ich es mir erlauben, ehrlich und offen über ihre letzten Wahlen zu sprechen. Ehrlich, da mir ihre Bedeutung nur allzu bewusst ist. Offen, da ich hier nur für mich selbst spreche und daher meine Gedanken nicht bemänteln muss. Und nicht zuletzt spreche ich zu freien Menschen.

Vor allen Dingen würde es mir unredlich vorkommen, meine politischen Sympathien zu verbergen. Auch wenn ich kein wirklicher Sozialist bin – meine Sympathien gelten den freiheitlichen Formen des Syndikalismus –, hatte ich gehofft, dass die Labour-Partei siegreich aus diesen Wahlen hervorgehen würde. Wenn man mich fragen würde, warum, müsste ich zugeben, dass ich zunächst einen schlichten Analogieschluss ziehe: Auch auf dem europäischen Kontinent sind mir Regierungen, die der Arbeiterbewegung nahestehen, lieber als konservative. Das hat einen einfachen Grund: Diejenigen meiner englischen Zuhörer, die das empörende Missverhältnis kennen, das sich in den Städten Kontinentaleuropas zwischen dem Elend der Vorstädte und dem überwältigenden Luxus einiger weniger auftut, werden begreifen, dass man sich aus schlichtem Anstand ein Bündel von Maßnahmen wünschen muss, das den Lebensstandard der Arbeiter hebt, indem, unter Wahrung der Verhältnismäßigkeit, jene himmelschreienden Vermögen vermindert werden, bei denen oft genug nicht einmal versucht wird, zu verbergen, dass sie durch Betrug aufgehäuft wurden. Ich bin mir bewusst, dass die Engländer die relative soziale Gerechtigkeit, die sie genießen, durch strenge Sparsamkeit erkauft haben, und ich persönlich hege keine besondere Vorliebe für Sparsamkeit. Aber wenn wir uns umblicken, können wir jeden Tag feststellen, dass die Sparsamkeit alles in allem ein unendlich viel kleineres Übel ist als die Ungerechtigkeit.

Zudem interessiere ich mich für die britische Labour-Bewegung als Beispiel eines Sozialismus, der ohne oder fast ohne Philosophie auskommt. Seit hundert Jahren war dem europäischen Sozialismus die Philosophie seiner Führer wichtiger als die konkreten Interessen seiner Fußtruppen aus der Arbeiterschaft. Da diese Philosophie, so wirkungsvoll sie als Instrument der Kritik auch sein mag, doch in ihrem positiven Teil an der Wirklichkeit vorbeigeht, geriet sie ständig mit dieser Wirklichkeit in Konflikt, und den Sozialisten auf dem europäischen Kontinent blieb nur die Wahl zwischen einem Opportunismus, der ihr Scheitern besiegelte, oder dem Terror, der letztlich darauf hinausläuft, die menschliche und wirtschaftliche Wirklichkeit nach Prinzipien zurechtzubiegen, die ihr widersprechen. Wenn sie in die Geschichte eingreift, kann die Philosophie sehr weitreichende Folgen haben. In Europa jedenfalls hat sie Lügner und Henker hervorgebracht, wo der Sozialismus doch eigentlich eine Gesellschaft freier und großmütiger Menschen errichten wollte.

Die englische Labour-Bewegung scheint mir hingegen, ebenso wie der skandinavische Sozialismus, ihren Ursprüngen weitgehend treu geblieben zu sein, auch wenn sie sich gelegentlich vom Opportunismus anstecken ließ, und sie scheint, wenn auch noch ein wenig tastend, ein Minimum an Gerechtigkeit bei einem Maximum an politischer Freiheit verwirklicht zu haben. Das Beispiel, das uns England in dieser Hinsicht gegeben hat, sollte bei vielen europäischen Regierenden für ein schlechtes Gewissen sorgen.

In jedem Fall ist dieses Beispiel für einen Europäer vom Kontinent lehrreich. Und das in einem Maße, dass es mir unmöglich scheint, die englischen Wahlen und ihre internationale Bedeutung zu beurteilen, ohne jene Fragen der sozialen Gerechtigkeit mit einzubeziehen, die sich bei Ihnen genauso stellen wie auf dem Kontinent. Ich möchte damit sagen, dass es gar nicht zwei Fragen gibt: die soziale Gerechtigkeit, die eine Frage der Innenpolitik ist, und den Frieden, der eine Frage der Außenpolitik bleibt. Vielmehr gibt es nur die eine Frage, die den Frieden als abhängig von der Gerechtigkeit im Inneren betrachtet und die Gerechtigkeit im Inneren mit dem Schicksal von Krieg und Frieden verknüpft. In Europa, das ist gewiss, wird es keinen Frieden ohne soziale Gerechtigkeit geben. Man berichtet uns beispielsweise, dass Churchill alle Ressorts verstärkt hat, die mit der Verteidigung zu tun haben, und dass er, sollten erneut tragische Umstände eintreten, mit fester Hand das Ruder ergreifen wird. Daran habe ich keinerlei Zweifel. Während der Kriegsjahre habe ich stets Churchills Rednergabe bewundert. Er hat nicht nur der Hoffnung und dem Stolz Ihres Landes Ausdruck verliehen, sondern auch unserer Hoffnung und unserem Stolz, zu einer Zeit, als wir geknebelt waren. Das sind Dinge, die zumindest einige Menschen, zu denen ich gehöre, ihm nicht vergessen werden, trotz allem, was zwischen ihnen und ihm liegen mag. Man berichtet uns jedoch zugleich, dass Ihr Premierminister seine eindrucksvolle staatsmännische Laufbahn damit krönen will, den Frieden zu festigen. Darüber freue ich mich ohne jeden Vorbehalt. Nur wird es meiner Überzeugung nach nicht ausreichen, wenn Churchill sich mit Stalin trifft, den er im Übrigen, wenn ich mich recht entsinne, ja bereits in Jalta getroffen hat. Er muss zugleich in vielen Punkten Attlees Innenpolitik fortsetzen. Alles in allem habe ich in Anbetracht der internationalen politischen Lage den Eindruck, dass die Labour-Bewegung nicht vollständig geschlagen aus Ihren letzten Wahlen hervorgegangen ist, da Churchill, durch seinen Wunsch nach Frieden, in vieler Hinsicht gezwungen sein wird, Labour-Positionen zu übernehmen. Ich will genauer erläutern, was ich meine:

Der Friede hängt zweifellos von der Art und Weise ab, wie die westlichen Demokratien den kalten Krieg gewinnen, ohne sich in die Flammen eines heißen Krieges zu stürzen. England ist die einzige europäische Demokratie, die diesen kalten Krieg bereits gewonnen hat, insofern der Kommunismus dort praktisch keine Rolle mehr spielt. Von uns können wir nicht dasselbe behaupten. Wenn in Italien und Frankreich ein Viertel der Wahlberechtigten für jene stimmt, die man ihnen als Feinde präsentiert, dann werden wir trotz aller Wiederaufrüstung nicht in der Lage sein, diesen Feinden wirkungsvoll Widerstand zu leisten. Diejenigen, die das Gegenteil behaupten, lügen. Und das, was die Stärke der kommunistischen Parteien auf dem europäischen Kontinent ausmacht, ist weder die absurde Propaganda dieser Parteien noch das Beispiel der russischen Konzentrationslager. Es ist der permanente Skandal, in dem wir leben, wenn es um die soziale Gerechtigkeit geht. Was soll man von einem Land halten, das sich im Kampf gegen eine kommunistische

Macht befindet und gleichzeitig in seinem Inneren einen Zustand der Unordnung duldet, der die Kommunisten wie Pilze aus dem Boden sprießen lässt? Darauf gibt es nur eine Antwort: Dieses Land macht sich damit für alle möglichen Umtriebe angreifbar und läuft Gefahr, dass rascher als gedacht jener letzte Funke entsteht, der das Pulverfass entzündet.

Unsere europäischen Demokratien eint ein aufrichtiger Wunsch nach Frieden. Sie wissen aus eigener Erfahrung, und wir Franzosen wissen es besser als alle anderen, dass der Krieg keine schöne Sache mehr ist und der Atomkrieg ein selbstmörderischer Irrsinn wäre. Aber auch wenn wir uns alle dessen bewusst sind, sind wir nicht alle gleichermaßen in der Position, den Frieden anzubieten. Was hilft es dem, der am Boden liegt, dem, der ihn mit der Übermacht seiner Waffen in Schach hält, Frieden anzubieten? Selbst wenn wir annehmen, dass zwei Männer sich mit gleichen Waffen gegenüberstehen, was hilft es dem einen, dem anderen Frieden anzubieten, wenn hinter ihm ein Mitglied seiner eigenen Familie steht, das bereit ist, ihm den Hals umzudrehen? Das ist der Grund – und ich wäge meine Worte wohl, wenn ich dies sage –, warum die Demokratien des Kontinents in der augenblicklichen Situation keinen echten Beitrag zum Frieden mehr leisten können. Was wir tun können, ist, an erster Stelle zu versuchen, den Krebs zu heilen, der uns zerfrisst, oder, was auf dasselbe hinausläuft, die Eintracht in unserer eigenen Familie wiederherzustellen.

England hingegen ist das Land, das in den Jahren des kalten Kriegs, die hinter uns liegen, seinen Friedenswillen am deutlichsten unter Beweis gestellt hat, wobei es stets klar zu verstehen gab, dass es nicht vor der Aggression weichen wird. Dass wir heute noch frei atmen können, ist möglicherweise der Weisheit geschuldet, die Ihre Regierung mehr als einmal bewiesen hat. Aber nach seinem Sieg konnte Ihr Land sich nur deshalb den Luxus leisten, den Frieden zu bewahren, weil es wohlüberlegt auf einen gewissen Luxus im Inneren verzichtet hat. Die soziale Ungerechtigkeit ist in der Tat ein horrender Luxus, den sich nur Länder leisten können, die viel Geld haben, um seine verheerenden Folgen auszugleichen, oder eine starke Polizei, um die gesellschaftlichen Unruhen zu unterdrücken, die dieser Luxus mit sich bringt. England, dem es zwar an Devisen, nicht aber an Freiheit mangelt, hat diesem Luxus bewusst entsagt, und damit hat es fürs Erste jenen kalten Krieg gewonnen, den Kontinentaleuropa, aufgrund der Gier und Gewissenlosigkeit seiner Eliten, gegenwärtig dabei ist zu verlieren.

Aus diesen Gründen sollte meiner Auffassung nach eine konservative Regierung, wenn sie eine Friedenspolitik machen und gleichzeitig Aggressoren abschrecken will, die wesentlichen Punkte der gesellschaftlichen Reformen, von denen England in der jüngsten Vergangenheit profitiert hat, unangetastet lassen. Nicht nur ihr knapper Sieg und die Stimmengewinne der Labour-Partei sollten sie davon abhalten, sondern die Notwendigkeiten des kalten Krieges. Beunruhigt wäre ich nur, wenn die Konservativen meinen sollten, sie könnten eine Außenpolitik im Zeichen des Friedens betreiben und gleichzeitig die Innenpolitik ihrer Rivalen rückgängig machen. Diese Besorgnis hat jedoch nichts mit meinen politischen Neigungen zu tun. Sie ist schlicht das Empfinden eines Menschen, der abseits der Parteien und offiziellen Kreise steht und daher in aller Unabhängigkeit nach den Gründen jener Schwäche fragen kann, unter der das demokratische Europa heute leidet. Und gefunden hat er diese Gründe in der Gleichgültigkeit und Enttäuschung immer größerer Teile der Bevölkerung, die sich bei der Verteilung des Nationaleinkommens mit Recht benachteiligt fühlen. Diktaturen können es sich leisten, Elende in den Krieg zu schicken: Sie haben die Mittel, sie zu überzeugen. Demokratien hingegen brauchen Soldaten, die etwas zu verteidigen haben. Wenn man einem Menschen alles wegnimmt, selbst die Hoffnung, dann hat er nichts mehr zu verteidigen. Etliche Millionen Europäer sind offenbar der Auffassung, dass sie nichts zu verteidigen haben, wenn sie ihr Land verteidigen sollen. Das ist die entscheidende Tatsache unserer jüngsten Geschichte, das tragische Faktum, das Ihre Stärke und unsere Schwäche ausmacht. Es liegt an uns, diese Schwäche zu überwinden. Was aber Sie betrifft, bewahren Sie sich zumindest Ihre zuverlässigste Kraft, indem Sie um jeden Preis an der Gerechtigkeit festhalten. Wenn es Churchill gelingt – was ich mit ganzer Seele wünsche –, Frieden zu schaffen, dann wird er dies nicht zuletzt den Reformen zu verdanken haben, die von der Koalitionsregierung begonnen und von Attlee weiter vertieft wurden. Und das ist ein treffendes Symbol für jenen unter den augenscheinlichen Gegensätzen tiefverwurzelten Zusammenhalt eines Volkes, das sich damit ein weiteres Mal in seiner langen Geschichte unsere Hochachtung und unsere Dankbarkeit erwerben wird.

Doch wenn ich mir erlauben darf, mit derselben Offenheit noch etwas hinzuzufügen, so wäre dies, dass Ihr Land ein noch größeres Anrecht auf die Dankbarkeit der freien Menschen erwerben wird, wenn es sich mit seinen Tugenden nicht mehr abseits von den anderen europäischen Nationen hält. Gerade aufgrund jener Unordnung, die in vieler Hinsicht in Europa herrscht, braucht es England, und so erbärmlich unser Kontinent auch erscheinen mag, ist es doch gewiss, dass auch England ohne Europa verloren ist. Die Vorurteile oder die Gleichgültigkeit, die Ihre Politiker allzu oft gegenüber dem Kontinent hegen, sind vielleicht gerechtfertigt, nichtsdestotrotz sind sie bedauernswert. Misstrauen kann als Methode sein Gutes haben. Als Prinzip ist es untauglich. Es kommt immer der Moment, wo das Prinzip mit den Tatsachen in Konflikt gerät. Die Tatsachen sagen, dass England und Europa auf Gedeih und Verderb aufeinander angewiesen sind. Die Partner in dieser Ehe scheinen vielleicht nicht besonders gut zusammenzupassen. Doch einer unserer Moralisten hat gesagt: «Es gibt gute Ehen, aber keine wonnevollen.»[46] Da die unsere nicht wonnevoll ist, sorgen wir wenigstens dafür, dass sie gut ist, denn eine Scheidung ist unmöglich. England kann noch so sehr seinen Friedenswillen bekunden, es wird in den Krieg ziehen müssen, wenn es Europa nicht gelingt, einen eigenständigen Zusammenhalt zu finden, und es sich stattdessen unwiderruflich von den beiden Blöcken vereinnahmen lässt. Und es wird keinen europäischen Zusammenhalt geben, wenn unser Kontinent nicht auf den Weg der Gerechtigkeit findet. Aber Europa wird nicht auf diesen Weg finden, wenn die Kräfte und die Menschen, die zu allen Zeiten dem Frieden und der Gerechtigkeit gedient haben, sich nicht zusammenschließen. In Europa sind diese Kräfte und diese Menschen in ihrer Mehrzahl sozialistisch, das ist eine Tatsache. Aber der europäische Sozialismus ist demoralisiert von seinen doktrinären Verirrungen und seinem maßlosen Opportunismus und kann nicht auf die englische Gewerkschaftsbewegung verzichten. Der große Fehler der Labour-Regierung war, jenes brüderliche Europa zu vernachlässigen und ihm die kalte Schulter zu zeigen und damit zuzulassen, dass unser Kontinent sich nach und nach in das Schlachtfeld eines Krieges verwandelt hat, der heute noch kalt ist, morgen aber schon heiß sein kann und den niemand will. Wenn die Kur der Opposition, die der Labour-Partei nun zwangsweise verordnet wurde, dazu dient, diesen Zusammenhang besser zu begreifen, wenn Churchill sich aufgrund seines Realismus oder inspiriert von jener Weitsicht, die manchmal eine lange politische Laufbahn krönt, gleichzeitig den Reformen der Labour-Regierung und jenem schwierigen Europa verpflichtet fühlt, wenn er auf diese Weise das wertvollste Talent von allen unter Beweis stellt, nämlich gleichzeitig die Sache der Gerechtigkeit und die Sache des Friedens zu vertreten, dann können Europa, Frankreich und jene versprengten Franzosen, die ähnlich denken wie ich, sich über das Ergebnis der britischen Unterhauswahlen freuen, unabhängig von ihren parteipolitischen Vorlieben und im Namen einer Sache, die größer ist als Parteien und Nationen und die man, je nachdem, die Würde oder das Glück des Menschen nennt.

AUFRUF FÜR DIE ZUM TODE VERURTEILTEN 1952

«Franco mordet immer noch!», so war auf den Plakaten zu lesen, mit denen die Ligue des droits de l'homme (Liga für Menschenrechte) für den 22. Februar 1952 eine große Protestveranstaltung gegen die Todesurteile ankündigte, die das Franco-Regime gegen elf spanische Gewerkschafter der CNT verhängt hatte. Auf dem Podium in der Pariser Salle Wagram waren zahlreiche Intellektuelle versammelt, darunter Georges Altman, André Breton, Albert Béguin, Albert Camus, Louis Guilloux, Jean-Paul Sartre, René Char und Ignazio Silone. Camus verlas den folgenden Aufruf, der im April 1952 in der Zeitschrift Esprit *veröffentlicht wurde. Trotz des vehementen öffentlichen Protests wurden fünf der elf Gewerkschafter (Santiago Amir Gruañas, Pedro Adrover Font, Jorge Pons Argilés, José Pérez Pedrero und Ginés Urrea Piña) am 14. März 1952 erschossen.*

Eine Pariser Tageszeitung kündigt ihren interessierten Lesern heute einen ausführlichen Beitrag über die großen Linien der Politik Francos an. Heute Abend müssen wir uns unglücklicherweise darauf beschränken, nur eine dieser Linien in den Blick zu nehmen, und die Richtung dieser Linie wird von den Gewehrläufen eines Erschießungskommandos markiert. Diese Richtung hat zumindest den Vorzug, dass sie konstant und hartnäckig eingehalten wird. Seit nunmehr fast fünfzehn Jahren visiert der Franquismus ein und dasselbe Ziel an: das Gesicht und die Brust freiheitsliebender Spanier.

Zollen wir ihm Anerkennung dafür, dass er sein Ziel selten verfehlt hat. Und wenn es ihm trotz so vieler Kugeln bis heute nicht gelungen ist, jenes Gesicht unkenntlich zu machen, das ihm immer wieder von neuem entgegenblickt, dann kann er jetzt, dank der unerwarteten Komplizenschaft einer Welt, die sich selbst frei nennt, guter Hoffnung sein, sein Werk zu vollenden.

Doch wir für unseren Teil, wir sagen zu dieser Komplizenschaft aus tiefstem Herzen *Nein*! Wieder einmal versagt vor unseren Augen das Gewissen Europas auf unerträgliche und skandalöse Weise. Wieder einmal und ohne müde zu werden, prangern wir diesen Skandal an. Aus dem Dunkel ihrer Gefängniszellen rufen uns die jüngsten Opfer von so vielen zu, dass das Leugnen, wenigstens in diesem Punkt, nicht länger weitergehen kann.

Wir müssen uns zwischen dem Franquismus und der Demokratie entscheiden. Denn es gibt keinen Mittelweg. Zwischen beiden liegt ebenjene schändliche Konfusion, in der wir uns befinden und in der die Demokratien sich im Zynismus versuchen, während der Franquismus sich aus Höflichkeit darin versucht, die Gesetze zu achten. Vier Verteidiger werden elf Beschuldigten zur Seite gestellt, und eine Richterbank voller Offiziere verurteilt die elf im Handumdrehen nach einem Sondergesetz, bevor die Verteidiger auch nur ein Wort sagen können. Franco würde auch nie ein sechzehnjähriges Kind zum Tode verurteilen: Deshalb sperrt er es bis zur Volljährigkeit in eine Zelle, um es dann endlich unter Beachtung aller gesetzlichen Vorschriften erschießen zu können. Es ist Zeit, es ist höchste Zeit für die Repräsentanten unserer Demokratien, diese Karikatur von Rechtlichkeit als das zu bezeichnen, was sie ist, und sich öffentlich und endgültig von jener merkwürdigen Theorie zu verabschieden, die sich etwa folgendermaßen formulieren lässt: «Wir geben einem Diktator Waffen, und er wird zum Demokraten.» Nein! Wenn man ihm Waffen gibt, dann wird er der Freiheit aus nächster Nähe einen Bauchschuss verpassen, wie es sein Geschäft ist.

Man muss sich zwischen Christus und dem Mörder entscheiden, und es ist Zeit, höchste Zeit, dass die katholische Amtskirche öffentlich bekundet, nicht mehr Teil dieses abscheulichen Gespanns sein zu wollen. Man konnte Phillip II. vorwerfen, er neige dazu, Gott für einen Spanier zu halten. Aber Phillip II. nimmt sich bescheiden aus gegenüber Franco, der sich unter dem Trommelfeuer der Erschießungskommandos unaufhörlich versichern lässt, Gott sei Falangist. Ja, worauf wartet man noch, um diese merkwürdige Religion zu verdammen, die seit fünfzehn Jahren ein abscheuliches Abendmahl segnet, bei dem Blei-Hostien im Dutzend verteilt werden, im Dauerfeuer, um das Blut der Gerechten zu weihen.

Wenn diese Verdammung noch länger auf sich warten lässt, dann sehe ich keinen Unterschied mehr zwischen Scheinheiligkeit und Terror, da die Scheinheiligkeit sich auf ewig zur Sklavin des Terrors gemacht hat. Dann wäre tatsächlich die Einheit der Welt besiegelt, jedoch eine Einheit in der Niedertracht. Wir aber, wir werden inmitten dieses abstoßenden Überbietungswettbewerbs zumindest standhaft bleiben, wir werden sehen, was uns noch zu retten bleibt, heute Abend und morgen. Und was uns zu retten bleibt, ist das Leben, das zerbrechliche, kostbare Leben freier Menschen. Denn wenn wir zulassen, dass diese Menschen getötet werden, dann werden sie uns ganz bestimmt fehlen, denn wir sind nicht so viele. Im Gegenteil, wir sind dabei zu ersticken, in einem Europa, in dem es um die Menschlichkeit des Menschen mit jedem Tag schlechter bestellt ist. Für jeden freien Menschen, der fällt, werden zehn Sklaven geboren, und die Zukunft verdüstert sich ein bisschen mehr.

Es ist diese Zukunft, die wir offenhalten müssen. Es ist diese Möglichkeit des Lebens, und mit ihr die Möglichkeit der Größe, die wir schützen müssen. Und der Schrei, der in uns aufsteigt angesichts dieses mehrfachen Mordes, ist zunächst ein empörter Protest gegen die systematische Vernichtung all jener, deren bloßes Dasein diese Welt noch vor der Schande bewahrt.

Es heißt, dass das spanische Volk der Adel Europas ist. Wer würde daran zweifeln, wenn wir uns umblicken? Unglücklicherweise handelt es sich heute um einen Adel des Opfers. Es ist eine Elite, die hingemordet wird, während wir sie lebend bräuchten, damit sie uns beim Leben hilft. Deshalb gilt es zu handeln, jetzt, wo jeder Tag, jede Stunde zählt.

Möge jeder von uns tun, was in seiner Macht steht, aber möge er alles tun, was in seiner Macht steht. Werden wir nicht müde, ergeben wir uns nicht allzu bequemer Schwermut und Mutlosigkeit. Finden wir uns nicht zu rasch mit dem Martyrium der anderen ab. Erliegen wir aber vor allem nicht der Versuchung, zu behaupten, dieses Martyrium sei nicht vergeblich. Denn wenn es auf das Gedächtnis der Menschen ankommt, damit dieses Martyrium einen Sinn hat, dann besteht die Gefahr, dass es eines Tages vergeblich gewesen sein wird. Es gibt heute zu viele Opfer auf allen Seiten: Das Gedächtnis reicht nicht mehr für sie alle. Wir brauchen den Tod dieser Männer nicht. Was wir vor allem brauchen, ist ihr Leben.

Nein, lassen wir sie nicht sterben, dafür ist das menschliche Herz nicht zuverlässig genug. Ihr Leben hingegen ist eine zuverlässige Tatsache, die Wärme ihres Blutes, ihr Stolz als freie Menschen. All das gilt es unter uns zu bewahren. Doch um das zu erreichen, müssen wir diese Männer den Henkern entreißen, den blutigen Messen, den lächerlichen Winkelzügen der Ministerien, den Staatschefs, die demokratischen Präsidenten die Hand schütteln, nachdem sie den Herren der Gestapo einen Orden verliehen haben. Vor allem aber müssen wir sie der Gleichgültigkeit der Welt entreißen. Mit jedem freien Menschen, den wir retten, sterben zehn zukünftige Sklaven, und die Zukunft wird von neuem möglich. Darauf ist alles gerichtet, was wir heute Abend tun. Angesichts der spanischen Henker und angesichts jeder Art von Tyrannei ist darauf auch all unsere Hoffnung gerichtet.

SPANIEN UND DIE KULTUR 1952

Am 30. November 1952 fand in der Pariser Salle Wagram eine große Protestversammlung gegen die Aufnahme Franco-Spaniens in die UNESCO statt, die zwölf Tage zuvor erfolgt war. Camus, der bereits im Juni seine Weigerung signalisiert hatte, mit der UNESCO zusammenzuarbeiten, solange eine Mitgliedschaft des franquistischen Spaniens auf der Tagesordnung stand, nahm gemeinsam mit Jean Cassou, Louis Martin-Chauffier, Émile Kahn, Charles-André Julien, Salvador de Madariaga und Eduardo Santos an der Veranstaltung teil. Seine Ansprache wurde im Dezember 1952 in der spanischen anarchosyndikalistischen Zeitung Solidaridad Obrera *und anschließend in der Nummer 22 der Zeitschrift* Preuves *veröffentlicht. Camus nahm den Text zudem in das Kapitel* Création et Liberté (Schöpfung und Freiheit) *seines Sammelbandes* Actuelles II *auf, der im Oktober 1953 erschien.*

Wir feiern heute einen neuerlichen ermutigenden Sieg der Demokratie. Leider handelt es sich um einen Sieg, den die Demokratie gegen sich selbst und ihre eigenen Prinzipien errungen hat. Das Spanien Francos wird durch die Hintertür in den gut geheizten Tempel der Kultur und der Bildung eingelassen, während das Spanien von Cervantes und Unamuno[47] wieder einmal vor die Tür gesetzt wird. Wenn man weiß, dass der heutige Informationsminister in Madrid, der zukünftig direkt mit der UNESCO zusammenarbeiten wird, derselbe ist, der während der Hitlerherrschaft Propaganda für die Nazis gemacht hat, und wenn man weiß, dass die Regierung, die gerade dem christlichen Dichter Paul Claudel einen Orden verliehen hat, dieselbe ist, die Himmler, den Organisator der Krematorien, mit dem Orden der roten Pfeile[48] ausgezeichnet hat, dann kann man mit gutem Grund sagen, dass die Demokratien weder Calderón noch Lope de Vega[49] in ihre Bildungsorganisation aufgenommen haben, sondern Joseph Goebbels. Sieben Jahre nach Kriegsende kommen wir nicht umhin, der Regierung von Monsieur Pinay[50] zu diesem grandiosen Akt der Selbstverleugnung zu gratulieren. Man kann ihr nämlich wirklich nicht vorwerfen, allzu skrupulös zu sein, wenn es um die große Politik geht. Alle Welt dachte bis heute, dass die Geschichte wenigstens zu einem kleinen Teil ein Kampf ist, der mit den Waffen der Bildung gegen die Henker geführt wird. Aber niemand ist bisher darauf gekommen, dass es eigentlich praktischer ist, die Bildung ganz offiziell in die Hände der Henker zu legen. Bis die Regierung von Monsieur Pinay diesen Einfall gehabt hat.

Zugegeben, der Vorgang ist ein bisschen peinlich, und man musste ihn im Eiltempo durchpeitschen. Aber was soll's, die Schule ist das eine, der Markt das andere! In dieser Geschichte erinnert der Markt aber, um ehrlich zu sein, ein wenig an einen Sklavenmarkt. Man tauscht die Opfer der Falange gegen die Untertanen in den Kolonien. Was die Kultur betrifft, so muss sie erst einmal warten. Im Übrigen ist die Kultur nicht Angelegenheit der Regierungen. Kultur wird von Künstlern gemacht und anschließend von Regierungen kontrolliert, und gelegentlich werden die Künstler zum Schweigen gebracht, um die Kultur besser kontrollieren zu können. Eines Tages wird eine Handvoll Militärs und Industrieller «wir» sagen können, wenn sie von Molière oder Voltaire sprechen, oder eine verfälschte Ausgabe der Werke eines Dichters drucken, den sie vorher erschossen haben.[51] An diesem Tag, der im Übrigen bereits gekommen ist, sollten wir dem armen Hitler einen mitfühlenden Gedanken widmen. Anstatt sich aus übertriebenem Romantizismus umzubringen, hätte er es seinem Freund Franco gleichtun und sich in Geduld üben sollen. Dann wäre er heute Delegierter der UNESCO, zuständig für Bildungsfragen am oberen Niger, während Mussolini höchstpersönlich dazu beitragen würde, das kulturelle Niveau jener kleinen Äthiopier zu heben, unter deren Vätern er vor noch nicht allzu langer Zeit ein bisschen herumgemetzelt hat.[52] In einem endlich versöhnten Europa wird man dann dem endgültigen Triumph der Kultur beiwohnen können, der mit einem ungeheuren Bankett von Generälen und Marschällen gefeiert wird, die von einer Schar demokratischer, aber entschieden realpolitisch gesinnter Minister bedient werden.

Der Begriff Abscheu scheint mir an dieser Stelle ziemlich schwach. Aber bloß noch einmal unserer Entrüstung Ausdruck zu verleihen, kommt mir sinnlos vor. Da unsere Regierenden so intelligent und realistisch sind, um auf Ehre und Kultur pfeifen zu können, lassen wir uns fortan nicht mehr von unseren Gefühlen hinreißen, sondern versuchen im Gegenteil, ebenfalls Realisten zu sein. Da es die objektive Betrachtung der geschichtlichen Situation ist, die Franco die Türen der UNESCO öffnet, acht

Jahre nachdem die Macht der Diktaturen in den Ruinen von Berlin zusammengebrochen ist, müssen auch wir objektiv sein und unvoreingenommen über die Argumente nachdenken, die man vorbringt, um Francos Mitgliedschaft zu rechtfertigen.

Das erste Argument verweist auf das Prinzip der Nichteinmischung. Es lässt sich folgendermaßen zusammenfassen: Die inneren Angelegenheiten eines Landes gehen nur dieses Land etwas an. Anders gesagt, ein guter Demokrat bleibt stets zu Hause. Dieses Prinzip ist unanfechtbar. Es hat allerdings seine Nachteile. Hitlers Machtergreifung betraf nur Deutschland, und die ersten Insassen der Konzentrationslager, Juden oder Kommunisten, waren tatsächlich Deutsche. Acht Jahre später war Buchenwald, die Hauptstadt der Schmerzen, jedoch eine europäische Stadt. Aber Prinzip ist Prinzip, der Nachbar ist bei sich der Herr im Haus. Finden wir uns also damit ab, dass unser Nachbar von gegenüber selbstverständlich das Recht hat, seine Frau zu schlagen und seinen Kindern Calvados zu trinken zu geben. Allerdings darf er in unserer Gesellschaftsordnung nicht ganz tun und lassen, was er will. Wenn der Nachbar es übertreibt, dann nimmt man ihm seine Kinder weg und übergibt sie der öffentlichen Fürsorge. Franco hingegen darf übertreiben. Aber nehmen wir an, dass der Nachbar bei sich zu Hause völlig freie Hand hat. Sie können nichts dagegen tun, so ist es nun Mal. Sie haben größte Lust, ihm die Abreibung zu verpassen, die er verdient, aber sie stecken die Hände in die Hosentaschen, weil es nicht ihre Angelegenheit ist. Wenn dieser Nachbar allerdings zugleich Ladenbesitzer ist, dann zwingt Sie niemand, bei ihm einzukaufen. Ebenso verpflichtet Sie nichts dazu, ihn Ihrerseits mit Lebensmitteln zu versorgen, ihm Geld zu leihen oder mit ihm gemeinsam zu Abend zu essen. Kurz gesagt: Sie können ihm, ohne sich in seine Angelegenheiten einzumischen, den Rücken kehren. Und wenn genügend Leute aus dem Viertel dasselbe tun, dann hat er die Gelegenheit, in sich zu gehen und sich zu fragen, wo seine Interessen liegen, und zumindest die Möglichkeit, seine Vorstellung vom Familienleben zu überdenken. Ganz zu schweigen davon, dass eine solche Quarantäne auch seiner Frau gute Argumente an die Hand geben könnte. Ein solches Vorgehen hätte zweifellos eher den Namen Nichteinmischung verdient. Doch von dem Augenblick an, wo Sie mit ihm zu Abend essen und ihm Geld leihen, geben Sie ihm die Mittel und das gute Gewissen, die nötig sind, um weiterzumachen, und damit mischen Sie sich tatsächlich ein, aber Sie ergreifen dabei Partei gegen die Opfer. Und wenn Sie schließlich heimlich das Etikett «Vitamine» auf die Calvados-Flasche kleben, mit der er seine Kinder traktiert, und wenn Sie sich vor den Augen der Welt dazu entschließen, ihm die Erziehung Ihrer eigenen Kinder anzuvertrauen, dann sind Sie am Ende krimineller als er und umso krimineller, als Sie das Verbrechen, das sie unterstützen, Tugend nennen.

Hier kommt ein zweites Argument ins Spiel, nämlich, dass man Franco trotz seiner Fehler helfe, weil er gegen den Kommunismus sei. Er stelle sich dem Kommunismus zunächst bei sich zu Hause entgegen. Zudem stelle er sich ihm entgegen, indem er Stützpunkte zur Verfügung stellt, die für den nächsten Krieg strategisch notwendig sind. Fragen wir uns auch in diesem Fall nicht, ob dieser Gedankengang seinen Vertretern zum Ruhm gereicht, sondern ob er klug ist.

Stellen wir zunächst einmal fest, dass er dem zuvor formulierten Gedanken diametral widerspricht. Man kann nicht für die Nichteinmischung sein und gleichzeitig den Sieg einer Partei – welcher auch immer – in einem Land verhindern wollen, das nicht das eigene ist. Aber dieser Widerspruch bringt niemanden aus der Ruhe. Der Grund ist, dass niemand je wirklich an das Prinzip der Nichteinmischung in der Außenpolitik geglaubt hat, außer vielleicht Pontius Pilatus. Nehmen wir also an, es wäre auch nur eine Sekunde lang ernsthaft vorstellbar, sich mit Franco zu verbünden, um unsere Freiheit zu schützen, und stellen wir uns die Frage, womit er den Strategen des atlantischen Bündnisses bei ihrem Kampf gegen die Strategen des Ostblocks behilflich sein könnte.

Zunächst haben wir im heutigen Europa immer wieder die Erfahrung gemacht, dass die Herrschaft eines totalitären Regimes über kurz oder lang immer den Kommunismus gestärkt hat. Die Länder hingegen, in denen es dem Kommunismus nicht gelingt, Fuß zu fassen, sind solche, in denen die Freiheit nationale Praxis und zugleich Weltanschauung ist. Nichts fällt dem Kommunismus jedoch leichter, wie das Beispiel der osteuropäischen Länder beweist, als dem Faschismus in seinen Fußstapfen zu folgen. Und zweifellos hat der Kommunismus gerade in Spanien die geringsten Erfolgsaussichten, weil er dort eine echte, im Volk verankerte freiheitliche Linke gegen sich hat – und den spanischen Charakter als solchen. Bei den letzten freien Wahlen in Spanien 1936 errangen die Kommunisten in den Cortes nur fünfzehn von 443 Sitzen. Zudem ist unbestreitbar, dass es schon einer internationalen Verschwörung der Dummheit bedarf, um aus einem Spanier einen überzeugten Marxisten zu machen.

Aber nehmen wir dennoch an, auch wenn es widersinnig ist, dass das Franco-Regime tatsächlich das einzige Bollwerk gegen den Kommunismus in Spanien wäre: Was ist unter dem Gesichtspunkt des Realismus von einer Politik zu halten, die den Kommunismus an einem Punkt schwächt, um ihn dafür an zehn anderen Punkten zu stärken? Denn für Millionen Menschen in Europa wird die Spanienfrage, wie der Antisemitismus, wie die Konzentrationslager oder die Schauprozesse, stets einen Prüfstein bilden, an dem sich die Wahrhaftigkeit demokratischer Politik erweist. Und solange die demokratischen Regierungen Franco systematisch unterstützen, werden diese Menschen ihnen nicht glauben, wenn sie behaupten, Freiheit und Gerechtigkeit zu repräsentieren. Diese Menschen werden niemals einwilligen, die Freiheit gemeinsam mit den Mördern der Freiheit zu verteidigen. Kann man eine Politik, die so viele freiheitlich gesinnte Menschen vor ein solches Dilemma stellt, realistisch nennen? Nein, sie ist nichts weiter als eine verbrecherische Politik, weil sie, wenn sie das Verbrechen unterstützt, all denen die Hoffnung nimmt, die sich – ob Spanier oder nicht – dem Verbrechen verweigern, egal von welcher Seite es kommt.

Was die rein strategische Bedeutung Spaniens angeht, so fehlt mir als ewigem Laien der Kriegskunst die Kompetenz, sie zu beurteilen. Aber ich würde keine allzu großen strategischen Hoffnungen auf die iberische Halbinsel setzen, wenn in den Parlamenten Frankreichs und Italiens eines Tages ein paar hundert neue kommunistische Abgeordnete sitzen. Der Preis, den man dafür zahlt, den Kommunismus in Spanien mit schändlichen Mitteln aufhalten zu wollen, ist die reale Möglichkeit, dass Europa unter kommunistischen Einfluss gerät. Dann wird Spanien spätestens über den Umweg des Handels kommunistisch werden und für die klugen Köpfe in Washington eine ganz neue strategische Bedeutung gewinnen. «Krieg ist die einzige Lösung», werden sie sagen. Mag sein, und vielleicht werden sie diesen Krieg sogar gewinnen. Aber ich denke an Goya und seine verstümmelten Leichname. Kennen Sie seine Worte: *«Grande hazana, con muertos»*[53] – «Große Heldentat – mit Toten».

Doch das sind die erbärmlichen Argumente, mit denen der Skandal gerechtfertigt wird, der uns heute hier zusammengeführt hat. Ich hatte keineswegs vor, so zu tun, als ob ich glaube, dass es dabei um Fragen der Kultur geht. Es handelt sich bestenfalls um einen Handel unter dem Deckmantel der Kultur. Doch selbst als Handel lässt er sich nicht rechtfertigen. Vielleicht wird er am Ende ein paar Gemüsehändler reicher machen, aber er dient keinem Land und keiner Sache, er verringert höchstens die ohnehin geringe Zahl der Gründe, welche die Europäer noch zum Kämpfen haben. Und darum kann es für einen Intellektuellen nur eine Haltung geben, wenn Franco in die UNESCO aufgenommen wird. Und es reicht nicht aus, zu bekunden, dass wir jede Zusammenarbeit mit einer Organisation verweigern, die sich dazu hergibt, ein solches Manöver zu decken. Von nun an werden wir sie, jeder an seinem Platz, offen und entschieden bekämpfen, damit so rasch wie möglich offenbar wird, dass sie nicht ist, was sie zu sein vorgibt, und dass es sich bei ihr nicht um einen Zusammenschluss von Intellektuellen handelt, die sich der Kultur verpflichtet fühlen, sondern um einen Club von Regierungen, der jeder beliebigen Politik dienstbar gemacht werden kann.

Ja, von dem Moment an, in dem Franco in die UNESCO eingetreten ist, ist die UNESCO aus der Weltkultur ausgetreten, und das ist es, was wir aussprechen müssen. Man hält uns entgegen, dass die UNESCO nützlich sei. Es gäbe viel zu sagen über die Beziehungen zwischen ihren Sekretariaten und der Kultur, aber halten wir zumindest fest, dass nichts, was zum Fortbestehen der Lüge beiträgt, in der wir leben, nützlich sein kann. Wenn die UNESCO nicht in der Lage war, ihre Unabhängigkeit zu wahren, dann ist es besser, wenn sie verschwindet. Denn die Kulturvereine kommen und gehen, aber die Kultur bleibt. Wir können zumindest zuversichtlich sein, dass sie nicht untergehen wird, weil wir eine Organisation der großen Politik als das bezeichnen, was sie ist. Die wahre Kultur lebt von der Wahrheit und stirbt an der Lüge. Sie lebt übrigens immer noch, weit weg von den Palästen und Aufzügen der UNESCO, weit weg von den Gefängnissen von Madrid, auf den Straßen des Exils. Und es gibt immer noch eine Vereinigung zu ihrer Unterstützung, die einzige, die ich anerkenne, die der schöpferischen und freien Menschen. Sie stellt sich gegen die Grausamkeit der Totalitaristen und die Feigheit der bürgerlichen Demokratien, gegen die Prager Prozesse und die Exekutionen von Barcelona, sie erkennt das Existenzrecht aller Parteien an, dient aber nur einer, der Partei der Freiheit. Und in diese Vereinigung wollen wir das Spanien der Freiheit aufnehmen. Nicht durch die Hintertür und indem wir der Debatte ausweichen, sondern offen und feierlich, respektvoll und zart, wie wir es ihm schuldig sind, mit der Bewunderung, die wir seinen Werken und seiner Seele entgegenbringen, und schließlich mit der Dankbarkeit, die wir diesem großen Land gegenüber empfinden, das unser anspruchsvollster Lehrer war und von dem wir immer noch lernen.

DAS BROT UND DIE FREIHEIT 1953

Am 10. Mai 1953 veranstalteten die Ortsgruppen mehrerer französischer Gewerkschaften gemeinsam mit Verbänden der spanischen Exilgewerkschaften in der Bourse du travail, dem Gewerkschaftshaus der ostfranzösischen Stadt Saint-Étienne, eine Zusammenkunft unter der Losung «Verteidigung aller Freiheiten». Nach zahlreichen Beiträgen, die der Streikbewegung, der politischen Unabhängigkeit der Gewerkschaften, der kolonialen Unterdrückung, der Franco-Diktatur und nicht zuletzt dem Sowjetregime gewidmet waren, ergriff Camus als letzter Redner das Wort. Seine Ansprache wurde erstmals in der 75. Ausgabe der Zeitschrift La Révolution prolétarienne *unter dem Titel* Restaurer le valeur de la liberté (Den Wert der Freiheit wiederherstellen) *veröffentlicht. Zudem nahm Camus sie in das Kapitel* Création et liberté (Schöpfung und Freiheit) *seiner im Oktober 1953 veröffentlichten Textsammlung* Actuelles II *auf.*

Wenn wir die Rechtsbrüche und die vielfältigen Missbräuche zusammenzählen, von denen heute die Rede war, können wir den Tag voraussehen, da sich in einem Europa der Konzentrationslager nur noch Gefängniswärter auf freiem Fuß befinden. Auch sie werden sich gegenseitig Gefängnis stecken müssen, bis nur noch einer übrig bleibt, der zum Oberaufseher ernannt wird, und so gelangen wir zur vollkommenen Gesellschaft, in der das Problem der Opposition, dieses Albtraums aller Regierungen des 20. Jahrhunderts, endlich und endgültig erledigt sein wird.

Freilich handelt es sich dabei nur um eine Prophezeiung, und obwohl in allen Ländern der Welt die Regierungen und ihre Polizei mit viel gutem Willen bemüht sind, zu diesem glücklichen Ergebnis zu gelangen, ist es noch nicht so weit. Bei uns in Westeuropa, zum Beispiel, steht die Freiheit offiziell hoch im Kurs. Nur gemahnt sie mich unwillkürlich an jene arme Verwandte, der wir in gewissen bürgerlichen Familien begegnen. Die Verwandte ist verwitwet, sie hat ihren naturgegebenen Beschützer verloren. Also hat man sie aufgenommen, ihr ein Dachstübchen zugewiesen und ihr Zutritt zur Küche gewährt. Zuweilen zeigt man sie sonntags in Gesellschaft vor, um zu beweisen, dass man tugendhaft und kein Unmensch ist. Aber im Übrigen, und insbesondere bei feierlichen Gelegenheiten, ist sie gebeten, die Klappe zu halten. Und wenn ein Polizist sich vergisst und sie in einer dunklen Ecke ein bisschen vergewaltigt, macht man kein Aufhebens davon; sie ist noch ganz andere Dinge gewohnt, vor allem vom Hausherrn, und schließlich lohnt es sich nicht, deswegen Scherereien mit der Obrigkeit zu kriegen. Im Osten ist man da allerdings offener vorgegangen. Man hat ein für alle Mal mit der armen Verwandten abgerechnet und sie in einen Wandschrank hinter Schloss und Riegel gesetzt. Es heißt, in ungefähr einem halben Jahrhundert werde man sie wieder hervorholen, sobald die ideale Gesellschaft endgültig eingerichtet sei. Dann sollen ihr zu Ehren Feste gefeiert werden. Aber meiner Ansicht nach wird sie dann ein bisschen von Motten angefressen sein, und ich fürchte sehr, dass man sie nicht mehr wird verwenden können. Wenn wir noch hinzufügen, dass diese beiden Auffassungen der Freiheit – Wandschrank und Küche – beschlossen haben, sich gegeneinander durchzusetzen, sodass sie gezwungen sind, in all dem Trubel die arme Verwandte noch straffer an der Kandare zu halten, dann verstehen wir mühelos, warum unsere Geschichte viel eher die Geschichte der Sklaverei ist als die der Freiheit und warum die Welt, in der wir leben, so aussieht, wie sie uns dargestellt wurde, wie sie uns jeden Morgen aus der Zeitung in die Augen springt und somit unsere Tage und Wochen zu einem einzigen Tag der Empörung und des Ekels macht.

Am einfachsten und daher verlockendsten ist es, die Regierungen oder irgendwelche dunklen Mächte für diese hässlichen Manieren verantwortlich zu machen. Es stimmt freilich, dass sie schuldig sind, und zwar auf eine so undurchdringliche und altvererbte Weise schuldig, dass die Ursprünge nicht mehr entwirrt werden können. Aber sie sind nicht allein verantwortlich. Denn, nicht wahr, wenn die Freiheit immer nur die Regierungen als Zieheltern gehabt hätte, steckte sie aller Wahrscheinlichkeit nach heute noch in den Kinderschuhen oder wäre unwiderruflich unter einem Stein mit der Inschrift «Ein Engel im Himmel» begraben. Die Gesellschaft des Kapitals und der Ausbeutung wurde meines Wissens nie beauftragt, für Freiheit und Gerechtigkeit zu sorgen. Die Polizeistaaten sind nie in den Verdacht gekommen, in den Kellern, wo sie ihre Kunden befragen, rechtswissenschaftliche Hochschulkurse abzuhalten. Wenn sie also unterdrücken oder ausbeuten, gehorchen sie nur ihrem Daseinszweck, und wer immer ihnen unkontrolliertes Verfügungsrecht über die Freiheit einräumt, darf sich nicht wundern, sie sogleich entehrt zu sehen. Wenn die Freiheit heute erniedrigt oder in Fesseln gelegt wird, dann nicht, weil ihre Feinde Verrat geübt hätten, sondern gerade eben, weil sie ihren naturgegebenen Beschützer verloren hat. Ja, die Freiheit ist verwitwet; aber wir müssen der Wahrheit zuliebe hinzufügen: Sie ist unser aller Witwe.

Die Freiheit ist Sache der Unterdrückten, und ihre Beschützer stammten zu allen Zeiten aus unterdrückten Völkern. Im Europa der Feudalherren haben die Gemeinden das Salz der Freiheit bewahrt; die Bewohner von Dörfern und Städten haben ihr 1789 zu einem flüchtigen Sieg verholfen; vom 19. Jahrhundert an haben die Arbeiterbewegungen die ehrenvolle doppelte Verantwortung für Freiheit und Gerechtigkeit übernommen, und es wäre ihnen nie im Traum eingefallen, sie als unvereinbar zu bezeichnen. Die Hand- und die Kopfarbeiter haben der Freiheit einen Körper verliehen und ihr Wachstum auf Erden gefördert, bis sie zum eigentlichen Prinzip unseres Denkens wurde, zur unentbehrlichen Luft, die wir selbstverständlich atmen, bis zum Augenblick, da wir uns auf den Tod krank fühlen, weil sie uns fehlt. Und wenn sie heute in so weiten Teilen der Welt ins Hintertreffen gerät, erklärt sich dies wohl aus dem Umstand, dass die Bestrebungen der Versklavung nie zynischer und besser gerüstet waren, dass aber andererseits ihre eigentlichen Verteidiger sich aus Müdigkeit, aus Verzweiflung oder aus einer falschen Vorstellung von Strategie und Zweckdienlichkeit von ihr abgekehrt haben. Ja, das entscheidende Ereignis des 20. Jahrhunderts bestand darin, dass die revolutionäre Bewegung die Werte der Freiheit aufgab, dass der Sozialismus der Freiheit immer weiter vor dem Sozialismus des Cäsarentums und des Militärs zurückwich. Im gleichen Augenblick verschwand eine gewisse Hoffnung aus der Welt, und für jeden freien Menschen begann es einsam zu werden.

Als sich im Anschluss an Marx die Rede zu verbreiten begann, die Freiheit sei eine bürgerliche Schaukel, war in dieser Formulierung nur ein Wort falsch gestellt, aber diese falsche Wortstellung müssen wir noch heute in den Umwälzungen des Jahrhunderts teuer bezahlen. Denn es hätte einfach heißen müssen, die bürgerliche Freiheit sei eine Schaukel, nicht aber jede Freiheit. Man hätte im Gegenteil sagen müssen, die bürgerliche Freiheit sei keine Freiheit oder bestenfalls noch keine Freiheit, aber es gebe Freiheiten zu erobern und auf immer zu bewahren. Es stimmt zwar, dass für einen Mann, der den ganzen Tag an die Drehbank gefesselt ist und sich abends mit seiner Familie in einen einzigen Raum zusammengepfercht sieht, keine Freiheit möglich ist. Aber damit ist einer Klasse, einer Gesellschaft und der Knechtschaft, auf der sie gründet, das Urteil gesprochen, nicht der Freiheit selbst; ohne sie kann auch der Ärmste unter uns nicht leben. Selbst wenn die Gesellschaft mit einem Schlag verwandelt wäre und jedem Einzelnen anständige, behagliche Lebensbedingungen böte – solange in ihr nicht die Freiheit herrscht, bleibt sie immer Barbarei. Und wenn die bürgerliche Gesellschaft von der Freiheit redet, ohne sie in die Tat umzusetzen, heißt das dann, dass auch die Arbeitergesellschaft auf sie verzichten und sich stattdessen nur rühmen soll, sie rede ja auch nicht von ihr? Indessen griff die Verwirrung um sich, und innerhalb der revolutionären Bewegung wurde die Freiheit allmählich verurteilt, weil die bürgerliche Gesellschaft betrügerischen Gebrauch von ihr machte. Ausgehend von einem guten, gesunden Misstrauen gegenüber aller Art von Käuflichkeit, zu der die Freiheit von der bürgerlichen Gesellschaft gezwungen wurde, ist man schließlich der Freiheit selbst gegenüber misstrauisch geworden. Im besten Fall hat man sie ans Ende der Zeiten verwiesen und alle Welt gebeten, bis dahin nicht mehr von ihr zu sprechen. Man versicherte, zunächst müsse Gerechtigkeit geschaffen werden, als könnten Sklaven jemals hoffen, Gerechtigkeit zu erlangen. Wortkräftige Intellektuelle verkündeten dem Arbeiter, sein einziges Problem sei das Brot und nicht die Freiheit, als wüsste der Arbeiter nicht, dass sein Brot auch von der Freiheit abhängt. Und gewiss war angesichts der beharrlichen Ungerechtigkeit der bürgerlichen Gesellschaft die Versuchung groß, eine so überspitzte Haltung einzunehmen. Genau besehen findet sich vielleicht kein Einziger unter uns, der ihr nicht in Tat oder Gedanken einmal nachgegeben hätte. Aber die Geschichte ist weitergegangen, und was wir gesehen haben, muss uns jetzt zum Nachdenken bewegen. Die Revolution der Arbeiter hat 1917 gesiegt, und damals erhob sich wirklich die Morgenröte der echten Freiheit und die gewaltigste Hoffnung, die diese Welt je gekannt hatte. Aber diese eingekreiste, von innen wie von außen bedrohte Revolution schuf sich Waffen und Polizei. Sie trat das Erbe einer Formel und einer Doktrin an, die ihr unseligerweise die Freiheit verdächtig erscheinen ließen, und so erschöpfte sich ihr Schwung nach und nach, während die Polizei immer stärker wurde, bis die gewaltigste Hoffnung der Welt in der bestfunktionierenden Diktatur der Welt verknöcherte. Die falsche Freiheit der bürgerlichen

Gesellschaft fühlt sich dabei kein bisschen weniger wohl. Was in den Prozessen von Moskau und anderswo, was in den Lagern der Revolution getötet wurde, was ermordet wird, wenn zum Beispiel ein Eisenbahner in Ungarn wegen beruflicher Fahrlässigkeit erschossen wird, ist nicht etwa die bürgerliche Freiheit, sondern die Freiheit von 1917.[54] Die bürgerliche Freiheit kann gleichzeitig mit ihrer ganzen Bauernfängerei weitermachen. Die Prozesse, die Rechtsbeugungen der revolutionären Gesellschaft liefern ihr ein gutes Gewissen und Argumente.

Was schließlich die Welt kennzeichnet, in der wir leben, ist gerade diese zynische Dialektik, die der Versklavung die Ungerechtigkeit entgegenhält und die eine durch die andere verschärft. Wenn man Franco, dem Freund von Goebbels und Himmler, zur Hochburg der Kultur Zutritt gewährt,[55] Franco, dem wahren Sieger des Zweiten Weltkriegs, und jemand Einspruch erhebt und versichert, dass die in der Charta der Vereinten Nationen niedergelegten Menschenrechte tagtäglich in Francos Gefängnissen verhöhnt werden, erhält er die ganz ernsthafte Antwort, auch Polen sei Mitglied der Vereinten Nationen, und was die Achtung der gesellschaftlichen Freiheiten angehe, ständen die beiden Länder einander in nichts nach. Was für ein stumpfsinniges Argument! Wenn Sie das Pech hatten, Ihre ältere Tochter einem Feldwebel des afrikanischen Strafbataillons zur Frau zu geben, ist das kein Grund, die jüngere mit einem Inspektor der Sittenpolizei zu verheiraten: Ein schwarzes Schaf in der Familie ist genug. Indessen ist das stumpfsinnige Argument wirksam, das beweist man uns alle Tage. Wenn jemand auf die Kolonialsklaven hinweist und nach Gerechtigkeit schreit, hält man ihm die Insassen russischer Konzentrationslager entgegen und umgekehrt. Und wenn jemand gegen die Ermordung des Historikers Kalandra[56] protestiert, der in Prag der Opposition angehörte, so wirft man ihm zwei oder drei amerikanische Schwarze an den Kopf. In diesem widerlichen gegenseitigen Auftrumpfen bleibt nur eines sich immer gleich: das Opfer, stets dasselbe. Ein einziger Wert wird unablässig vergewaltigt oder prostituiert: die Freiheit; und dann wird man gewahr, dass zugleich mit ihr überall auch die Gerechtigkeit mit Füßen getreten wird.

Wie soll man diesen Teufelskreis durchbrechen? Es ist klar, dass dies nur geschehen kann, indem wir von dieser Stunde an, in uns und rings um uns, den Wert der Freiheit erneuern und nie wieder darin einwilligen, dass sie – und wäre es vorübergehend – geopfert oder von unserer Forderung nach Gerechtigkeit getrennt wird. Für uns alle kann heute nur eine einzige Parole gelten: in nichts nachgeben, was die Gerechtigkeit betrifft, und auf nichts verzichten, was die Freiheit angeht. Insbesondere sind die wenigen demokratischen Freiheiten, deren wir noch teilhaftig bleiben, keine leeren Illusionen, die wir uns widerspruchslos rauben lassen dürfen. Sie stellen genau das dar, was uns von den großen revolutionären Eroberungen der letzten zwei Jahrhunderte bleibt. Sie sind keineswegs die Verneinung der echten Freiheit, wie so viele listige Demagogen uns dies aufschwatzen wollen. Es gibt keine Idealfreiheit, die uns eines Tages mit einem Schlag geschenkt würde, so wie man am Ende seines Lebens seine Rente bezieht. Die Freiheiten müssen erkämpft werden, eine nach der anderen, und die uns verbleibenden sind Etappen, unzureichende, gewiss, aber doch Etappen auf dem Weg zu einer greifbaren Befreiung. Wenn wir einwilligen, sie abschaffen zu lassen, bringt uns das keinen Schritt vorwärts. Im Gegenteil, es ist ein Rückschritt, ein Rückzug, und eines Tages werden wir den Weg von neuem gehen müssen, aber dieser neue Kampf wird wiederum den Schweiß und das Blut der Menschen kosten.

Nein, die Freiheit wählen, das heißt nicht wie in Krawtschenkos Fall die Vergünstigungen des sowjetischen Regimes mit den Vergünstigungen des bürgerlichen Regimes vertauschen.[57] Das hieße vielmehr zweimal die Knechtschaft wählen, und zwar – was das Schlimmste ist – beide Male nicht für sich, sondern für die anderen. Die Freiheit wählen, das heißt nicht, gegen die Gerechtigkeit zu wählen, wie man uns dies weismacht. Im Gegenteil, man wählt die Freiheit heute nur auf der Ebene derer, die allenthalben leiden und kämpfen, dort und nur dort. Man wählt sie zugleich mit der Gerechtigkeit, und wahrhaftig, in Zukunft ist es für uns nicht mehr möglich, die eine ohne die andere zu wählen. Wenn jemand euch euer Brot entzieht, beraubt er euch gleichzeitig eurer Freiheit. Aber wenn jemand euch eurer Freiheit beraubt, dann sollt ihr wissen, dass euer Brot bedroht ist, denn es hängt nicht mehr von euch und eurem Kampf ab, sondern von der Eigenmächtigkeit irgendeines Herrn. Je mehr die Freiheit in der Welt an Boden verliert, desto mehr wächst das Elend und umgekehrt. Und wenn dieses unerbittliche Jahrhundert uns etwas gelehrt hat, dann die Tatsache, dass die wirtschaftliche Revolution entweder frei oder aber nicht sein wird, so wie auch die Befreiung entweder wirtschaftlich oder aber überhaupt nicht sein wird. Die Unterdrückten wollen nicht nur von ihrem Hunger befreit sein, sondern auch von ihren Herren. Sie wissen genau, dass sie den Hunger nur dann wirklich loswerden, wenn sie ihre Herren, alle ihre Herren, in Schach halten.

Zum Schluss möchte ich noch hinzufügen, dass eine Trennung von Freiheit und Gerechtigkeit der Trennung von Kultur und Arbeit gleichkommt, die recht eigentlich die soziale Todsünde darstellt. Die Ratlosigkeit der europäischen Arbeiterbewegung rührt zum Teil daher, dass sie ihre wahre Heimat verloren hat, die ihr nach allen Niederlagen stets neue Kraft spendete, nämlich den Glauben an die Freiheit. Aber in gleicher Weise rührt die Ratlosigkeit der europäischen Intellektuellen daher, dass der doppelte, bürgerliche und pseudorevolutionäre Betrug sie von ihrer einzigen lauteren Quelle, der Arbeit und den Leiden aller, und von ihren einzigen natürlichen Verbündeten, den Arbeitern, abgeschnitten hat. Ich habe meinerseits stets nur zwei Arten von Aristokratie anerkannt: die der Arbeit und die des Geistes, und inzwischen weiß ich, dass es verrückt und verbrecherisch ist, die eine der anderen unterordnen zu wollen; ich weiß, dass sie beide vereint nur einen einzigen Adel bilden, dass ihre Wahrheit und vor allem ihre Kraft in der Einheit liegt, dass sie sich, wenn man sie trennt, von den Mächten der Tyrannei und der Barbarei unterjochen lassen, dass sie aber vereint im Stande sind, der Welt ihr Gesetz aufzuprägen. Deshalb ist jeder Versuch, sie zu entzweien und zu trennen, ein Unterfangen, das gegen den Menschen und seine erhabensten Hoffnungen gerichtet ist. Jede Diktatur ist somit zuallererst bestrebt, gleichzeitig die Arbeit und die Kultur zu versklaven. In der Tat müssen sie alle beide geknebelt werden, denn die Tyrannen wissen wohl, dass andernfalls früher oder später die eine für die andere aufstehen wird. Deshalb kann ein Intellektueller meiner Ansicht nach heutzutage auf zweierlei Art Verrat üben, und zwar in beiden Fällen, weil er sich mit einer einzigen Tatsache abfindet: der Trennung von Arbeit und Kultur. Die erste ist bezeichnend für die bürgerlichen Intellektuellen, die es hinnehmen, dass ihre Privilegien mit der Knechtung der Arbeiter bezahlt werden. Diese Leute behaupten oft, sie verteidigten die Freiheit, aber sie verteidigen vor allen Dingen die Privilegien, die die Freiheit ihnen und nur ihnen verleiht.* Die zweite ist bezeichnend für die Intellektuellen, die sich als Linke betrachten und die es aus Misstrauen gegenüber der Freiheit hinnehmen, dass die Kultur – und die Freiheit, die sie voraussetzt – unter dem eitlen Vorwand, einer zukünftigen Gerechtigkeit zu dienen, von oben gelenkt wird. In beiden Fällen, ob Schmarotzer der Ungerechtigkeit oder Abtrünniger der Freiheit, unterzeichnet und besiegelt man die Trennung zwischen intellektueller und manueller Arbeit, die Arbeit und Kultur ein und derselben Ohnmacht überantwortet, und erniedrigt sowohl die Freiheit als auch die Gerechtigkeit!

Es stimmt, dass die Freiheit der Arbeit Hohn spricht und sie von der Kultur trennt, wenn sie in erster Linie aus Privilegien besteht. Aber die Freiheit besteht in erster Linie nicht aus Privilegien, sondern aus Pflichten. Wenn also ein jeder von uns sich bemüht, die Pflichten der Freiheit über die Privilegien zu stellen, dann wird die Freiheit von diesem Augenblick an Arbeit und Kultur verbinden und die einzige Kraft auf den Plan rufen, die der Gerechtigkeit wirksam dienen kann. Die Richtschnur unseres Handelns, das Geheimnis unseres Widerstands,

* Und im Übrigen hören sie zumeist rasch damit auf, die Freiheit zu verteidigen, sobald es gefährlich wird.

ist dann leicht in Worte zu fassen: Alles, was die Arbeit erniedrigt, erniedrigt den Geist und umgekehrt. Und der revolutionäre Kampf, das jahrhundertealte Streben nach Befreiung, besteht vor allem in einer unablässigen Ablehnung der Erniedrigung.

In der Tat sind wir noch nicht aus dieser Erniedrigung herausgetreten. Aber das Rad dreht sich, die Geschichte geht weiter, und es naht eine Zeit, dessen bin ich gewiss, da wir nicht mehr allein sein werden. Für mich ist unsere heutige Begegnung bereits ein Zeichen. Wenn Gewerkschafter sich versammeln und sich um die Freiheiten scharen, um sie zu verteidigen, ja, dann lohnt es sich wirklich, dass von allen Seiten alle herbeiströmen, um ihre Gleichgesinntheit und ihre Hoffnung zu bekunden. Ein langer Weg liegt vor uns. Und doch, wenn der Krieg nicht alles in seine grässliche Verwirrung stürzt, werden wir Zeit haben, der Gerechtigkeit und der Freiheit, deren wir bedürfen, endlich Gestalt zu verleihen. Zu diesem Zweck müssen wir nur in Zukunft eindeutig, ohne Erbitterung, aber unnachgiebig, die Lügen von uns weisen, mit denen wir gefüttert wurden. Nein, auf die Konzentrationslager, auf die versklavten Kolonialvölker, auf das Elend der Arbeiter kann die Freiheit nicht aufgebaut werden! Nein, die Friedenstauben lassen sich nicht auf den Galgen nieder, nein, die Kräfte der Freiheit können die Söhne der Opfer nicht mit den Henkern von Madrid und anderswo vermengen! Dessen wenigstens sind wir von nun an völlig gewiss, so wie wir auch gewiss sind, dass die Freiheit kein Geschenk ist, das man von einem Staat oder von einem Führer empfängt, sondern ein Gut, das Tag um Tag erkämpft sein will, durch das Bemühen jedes Einzelnen, durch die Einheit aller.

KALENDER DER FREIHEIT: 17. JUNI 1953

1953

Nachdem die Regierung der DDR beschlossen hatte, die Arbeitsnormen ohne Lohnausgleich zu erhöhen, kam es am 16. Juni 1953 in Ostberlin zu Unruhen. Rasch griff die Bewegung auf den Rest des Landes über. Am 17. Juni traten Zehntausende Menschen in den Streik und gingen in den wichtigsten Städten des Landes auf die Straße. Der Generalsekretär der SED[58]*, Walter Ulbricht, der von den Entwicklungen vollkommen überrascht worden war, bat sowjetische Truppen um Hilfe, deren Eingreifen fünfzig Tote und zahlreiche Verletzte auf Seiten der Demonstranten forderte. Am 30. Juni 1953 fand in der Pariser Mutualité eine Versammlung zur Unterstützung der ostdeutschen Arbeiter statt. Camus hielt dort die folgende Rede, deren Text im Frühjahr 1954 in der fünften Lieferung der Zeitschrift* Témoins *veröffentlicht wurde, zusammen mit der Ansprache, die er am 19. Juli 1951 anlässlich des fünfzehnten Jahrestags der anarchosyndikalistischen Erhebung in Barcelona beim Casal de Catalunya gehalten hatte. Beide Texte erschienen unter der gemeinsamen Überschrift* Calendrier de la liberté (Kalender der Freiheit).

Ich gehöre keiner Partei an und verspüre im Moment auch keine große Versuchung, einer beizutreten. Wenn es mir gelingen würde, in wenigen Sätzen die Gründe darzulegen, die mich heute Abend auf dieses Podium geführt haben, dann würde das vielleicht den Sinn unserer Zusammenkunft verdeutlichen. Um diese Gründe richtig einzuordnen, muss man zunächst darauf hinweisen, dass die Berliner Ereignisse in gewissen Kreisen eine ziemlich erbärmliche Freude ausgelöst haben, die wir in keiner Weise teilen. In dem Moment, wo die Rosenbergs[59] nach zwei qualvollen Jahren zur Hinrichtung geführt werden, macht die Nachricht, dass man auf die Arbeiter von Ostberlin schießt, das Leiden der Rosenbergs keineswegs vergessen, wie es jene Presse, die man gemeinhin die bürgerliche nennt, versucht hat. Vielmehr verschärft diese Nachricht nur das hartnäckige Unglück einer Welt, in der alle Hoffnungen eine nach der anderen systematisch gemordet werden. Wenn der *Figaro* wortreich vom revolutionären Volk von Berlin spricht, dann würde uns das amüsieren, wenn nicht am selben Tag die *Humanité* diejenigen geißeln würde, die sie, wie in den guten alten Zeiten, «die Rädelsführer» nennt. Damit wird uns die Tragödie, in der wir leben, und der doppelte Betrug vor Augen geführt, der noch unsere Sprache käuflich werden lässt.

Doch wenn ich es auch für ausgeschlossen halte, dass wir die Rosenbergs unter dem Eindruck der Unruhen von Berlin vergessen könnten, so kommt es mir noch abscheulicher vor, wenn Leute, die sich als Linke ausgeben, versuchen, die erschossenen Deutschen im Schatten der Rosenbergs verschwinden zu lassen. Aber genau das haben wir erlebt und erleben es jeden Tag wieder, und genau das ist der Grund, warum wir hier sind. Wir sind hier, weil sonst wohl niemand von denen hier wäre, die von sich behaupten, die Arbeiter zu verteidigen. Wir sind hier, weil die Gefahr besteht, dass die Arbeiter von Berlin, nachdem man sie umgebracht hat, noch verraten werden, und zwar von denselben Leuten, die ihnen Solidarität geschuldet hätten.

Wenn man behauptet, man kämpfe für die Befreiung der Arbeiter, sollte man sich dann nicht ein paar Gedanken über die Erhebung der Arbeiter machen, die in Deutschland und der Tschechoslowakei[60] gegen die Anhebung ihrer Arbeitsnormen protestieren und im nächsten Schritt logischerweise freie Wahlen fordern, womit sie all den dynamischen Intellektuellen, die ihnen das Gegenteil predigen, beweisen, dass sich die Gerechtigkeit nicht von der Freiheit trennen lässt? Sollte man sich nicht ein paar Gedanken über diese Erhebung machen, über die große Lehre, die sie uns erteilt, und über ihre Unterdrückung? Sollte man, nach so vielen kreuz und quer vertretenen Positionen, nicht klar und deutlich seine Solidarität mit ihr bekunden? Wenn irgendwo auf der Welt ein Arbeiter seine blanke Faust gegen einen Panzer erhebt und ihm entgegenruft, er sei kein Sklave, wie können wir da gleichgültig bleiben? Und was hat unser Eintreten für die Rosenbergs noch für eine Bedeutung, wenn wir über Göttling[61] schweigen?

Wir sind jedoch Zeugen genau dieser Art von Versagen geworden, und es ist daher ebenso sehr der Abscheu wie die Empörung, was uns heute Abend das Wort ergreifen lässt. Was mich betrifft, so schien es mir jedenfalls, dass man sich ein gutes Gewissen nicht so billig erkaufen kann. Ich bewundere und beneide wohlverstanden die Mühelosigkeit, mit der gewisse linke Zeitungen und ihre Mitarbeiter die Tragödie von Berlin weggeschrieben haben – ja, das ist das richtige Wort. Ich bewundere, wie unsere fortschrittlichen Presseorgane vom ersten Tag an spontan erkannten, dass hinter den Demonstrationen auf der Stalinallee[62] die russische Regierung stand. Von dem Moment an, wo die vom Kreml gelenkten Demonstranten von russischen Kugeln niedergemäht wurden, trat diese Erklärung allerdings ein wenig in den Hintergrund. Aber es war ihr schon gelungen, in einigen Köpfen Verwirrung zu stiften. Woraufhin es nur noch weniger typographischer Kunstgriffe bedurfte, um die wichtigste Nachricht der letzten Jahre auf die Seite drei zu verbannen. Ich bewundere nicht zuletzt, wie ein Journalist einen Bericht von den Berliner Ereignissen, die er nur vom Hörensagen kannte, mit der Mahnung beschließen konnte, der Abzug der Russen, mit dem die Deutschen sich selbst überlassen wären, würde die Bahn für noch schlimmere Gräuel frei machen als die, welche wir bei der Befreiung erlebt hätten. Man kann wahrhaftig nur staunen, wenn uns als einzige Lehre aus den Berliner Unruhen am Ende präsentiert wird, dass wir Hitlers Abgang hätten beweinen sollen. Es ist schließlich nicht mehr nur Bewunderung, sondern eine Art von respektvoller Hochachtung, die ich gegenüber jenem Journalisten eines vorgeblich linken Wochenblatts empfinde, der anlässlich eines Berichts über dieselben Ereignisse, ohne rot zu werden, schrieb, die Disziplin und die Kaltblütigkeit der russischen Truppen verdienten unsere Bewunderung.

Aber trotz aller Bewunderung gibt es am Ende mindestens ein Argument, das mir nicht stichhaltig erscheint, nämlich die Behauptung, wir wären nicht ausreichend über die Tatsachen informiert. Denn schließlich ist man über das, was in einem totalitären Regime

– ganz gleich, welchem – vor sich geht, immer nur unvollständig informiert. Aber muss die Diktatur als einzige Regierungsform vom Urteil der öffentlichen Meinung ausgenommen bleiben, weil sie als einzige der Öffentlichkeit Informationen verweigert? Und muss man über alle Kerker Stillschweigen bewahren, nur weil ihre Gefangenen nicht unmittelbar und über eine eigene Telefonleitung mit den Chefredakteuren unserer Zeitungen in Verbindung stehen? Allein der Tatsache, dass sich die Ereignisse, die uns beschäftigen, nur wenige Schritte von den Westsektoren zugetragen haben, ist es zu verdanken, dass sie nicht vollständig vertuscht werden konnten. Ohne diesen Umstand hätten wir keine Kenntnis von der Erhebung erlangt, oder wir hätten von ihr nur so erfahren wie von den Aufständen in der Tschechoslowakei, ganz allmählich, durch die dicken Mauern der Polizeistationen und Gefängnisse. Aber diese Ereignisse haben sich vor den Augen der Berliner abgespielt und vor einer holländischen Kamera. Und wir können nicht länger darüber hinwegsehen, dass es sich vor allem anderen und unabhängig von der Art und Weise, wie beide Seiten die Geschehnisse für sich ausnutzen wollten, um einen Arbeiteraufstand gegen eine Regierung und eine Armee gehandelt hat, die vorgeben, im Dienst der Arbeiter zu stehen. Und wenn wir davon noch nicht hinreichend überzeugt waren, dann haben es uns die Verlautbarungen der Ostberliner Regierung bestätigt. Von jenen, die danach noch öffentlich behaupten, nicht ausreichend informiert zu sein, wüsste ich gern, ob sie das auch ihrem Spiegelbild sagen würden, allein, in der Stunde der Wahrheit. Ich wette, sie bekämen es nicht fertig. Folglich ist es unwürdig, die Dunkelheit, in die einige Aspekte des Aufstands gehüllt sind, die Ungewissheit, in der wir in Bezug auf das Schicksal von Tausenden Menschen schweben, allein gegen die Opfer zu wenden. Wenn diese Ungewissheit irgendjemandem zum Vorwurf gemacht werden kann, dann den Unterdrückern und nicht den Aufständischen. Denn am Ende steht die Feststellung – und das ist für mich das vernichtendste Urteil, das man fällen kann –, dass heute immer noch Menschen getötet werden, weil sie nach Freiheit für die Arbeiter verlangen, und wir ihre Namen niemals erfahren werden. Aber nur weil diese Opfer für immer namenlos bleiben werden, müssen wir sie deshalb ein weiteres Mal umbringen, indem wir sie aus unserem Gedächtnis tilgen? Wir wissen, es sind Arbeiter, die sich zur Selbstverteidigung erhoben haben, und ihr nehmt die Tatsache, dass wir nicht einmal ihre Namen kennen, zum Vorwand, um sie noch namenloser zu machen, um ihnen ihren Stand abzusprechen und zu leugnen, dass sie Arbeiter waren, indem ihr sie als Kanaillen und Faschisten beschimpft?

Nein, da machen wir nicht mit. Wir alle sind hier, um diesen abstoßenden Verdrehungen der Wahrheit etwas entgegenzusetzen, und sei es noch so wenig. Um schließlich in einem Satz den Grund unseres gemeinsamen Hierseins zu benennen: Angesichts der deutschen und tschechischen Arbeiter, die man heute zum Schweigen bringt, möchten wir uns nicht eines Tages sagen lassen müssen: «Man hat sie umgebracht, und ihr, ihr habt sie schmählich begraben.»

Ich habe zum Abschluss dieser Versammlung nur noch wenige Dinge hinzuzufügen. Jeder von uns hat seit der Befreiung manche schwerwiegende Entscheidung getroffen. Aber heute, angesichts des bedeutsamsten Ereignisses, das seit dieser Befreiung stattgefunden hat, ist meines Erachtens die Stunde der endgültigen Entscheidung gekommen. Es scheint mir unmöglich, dass Menschen, die von sich behaupten, ihnen lägen die Würde und die Befreiung der Arbeiter am Herzen, durch ihr Schweigen ihre Zustimmung zur Hinrichtung von Arbeitern geben, deren einziges Verbrechen darin besteht, sich gegen unerträgliche Lebensbedingungen aufgelehnt zu haben. Weder die einen noch die anderen konnten diese Tragödie verhindern, gewiss. Aber die Unterdrückung hat noch nicht aufgehört, und wir können, indem wir unsere Stimme erheben, Einfluss auf ihren weiteren Verlauf nehmen, so gering dieser Einfluss auch sein mag. Als sich im Osten die ersten Anzeichen des Antisemitismus bemerkbar machten, war es die spontane Empörung derjenigen, die im Westen nicht bloße Parteigänger waren, die den Regierungen der Volksdemokratien verdeutlicht hat, es sei nicht hinnehmbar, dass diese Verderbnis Fuß fasse. Das ist der Grund, warum ich mich, mit Ihnen allen, an jene wende, von denen wir nicht vergessen haben, dass sie einmal unsere Genossen waren, um ihnen zu sagen: Selbst wenn wir in den kommenden Tagen nur das Leben eines einzigen deutschen Arbeiters retten, dieses Leben ist es wert, dass wir zusammenstehen, und es ist es wert, dass die, die bisher geschwiegen haben, wenigstens jetzt das Wort ergreifen und uns dabei helfen, dieses Leben zu retten. Wenden Sie sich nicht, um Ihrer Theorien und Träume willen, von jenem schreienden Elend ab, dessen Zeugen wir seit zwei Wochen werden. Rechtfertigen Sie das Blut und das Leid von heute nicht mit der Aussicht auf eine geschichtliche Zukunft, die für jene, die um ihretwillen getötet wurden, sinnlos ist. Glauben Sie uns, nur noch ein letztes Mal, wenn wir Ihnen sagen, dass kein menschlicher Traum, mag er auch noch so erhaben sein, es rechtfertigt, jemanden zu töten, der arbeitet und der arm ist. Niemand verlangt von Ihnen, irgendetwas zu verleugnen, an das Sie glauben oder wonach Sie streben. Aber im Namen jener Wahrheit, der zu dienen Sie behaupten, fordern Sie gemeinsam mit uns jene Untersuchungskommission, in der alle wichtigen Gewerkschaften vertreten sind und die zumindest als Vermittler in einem Drama dienen könnte, bei dem nicht jene ideale Gesellschaft auf dem Spiel steht, über die Sie diskutieren und von der Sie für einen noch ungewissen Tag träumen, sondern der schreckliche Tod, von dem die Erniedrigten hier und heute bedroht sind, weil sie – wie jener Marx, von dem man ihnen täglich erzählt hat – glaubten, dass es ohne Freiheit keine Gleichheit geben kann und wird.

DIE ZUKUNFT DER EUROPÄISCHEN ZIVILISATION
1955

Im April 1955 reiste Camus im Rahmen eines von der französischen Botschaft organisierten Austauschprogramms nach Griechenland. Während seines dreiwöchigen Aufenthalts nahm er am 28. April bei der Union culturelle gréco-française, dem griechisch-französischen Kulturverein von Athen, an einer Diskussionsveranstaltung über die «Zukunft der europäischen Zivilisation» teil. Camus hatte das Thema während der Vorgespräche zu seinem Besuch selbst gewählt und angeregt, es statt in einem formellen Vortrag in Frage-Antwort-Form zu behandeln. Dem folgenden Text, der 1956 von der Bibliothek des Athener Institut français veröffentlicht wurde, liegt die Abschrift einer Tonbandaufnahme der Veranstaltung zugrunde. Die Wortbeiträge von Camus sind vollständig wiedergegeben, während die Äußerungen der anderen Diskussionsteilnehmer zusammengefasst und in eckige Klammern gesetzt werden.

[Evangelos P. Papanoutsos[63] bittet Camus, die wichtigsten Wesensmerkmale der europäischen Zivilisation zu bestimmen. Papanoutsos selbst führt zwei Hauptmerkmale an: einerseits einen auf Wissenschaft und Technik gegründeten Weltzugang, der die daraus möglicherweise resultierende «Entzauberung der Welt» in Kauf nimmt, verbunden mit dem Willen, die Natur den menschlichen Bedürfnissen untertan zu machen. Andererseits das Bedachtsein auf die Würde des Menschen. Zudem fordert er Camus auf, jene Elemente der europäischen Zivilisation zu umreißen, die ihm unbedingt bewahrenswert erscheinen, und sich zu der Frage zu äußern, in welchem Maße sie durch die großen Kräfte der Zeitgeschichte bedroht sind.]

Ich muss gestehen, dass der Umfang der Frage mich ziemlich einschüchtert. Das Thema soll ja den Rahmen unserer Diskussion heute Abend bilden, doch ich denke, dass es vielleicht ein etwas zu anspruchsvoller Rahmen ist. Insbesondere möchte ich zunächst darüber sprechen, warum ich zu diesem Thema keine endgültigen Aussagen treffen kann.

Es fällt mir nämlich äußerst schwer, etwas über die Zukunft zu sagen. Ich habe, glaube ich, einen in mancher Hinsicht sehr ausgeprägten und starken Sinn für die Gegenwart und in begrenztem Maße auch ein Gefühl für die Vergangenheit. Was hingegen die Zukunft angeht, so fürchte ich, dass meine Vorstellungskraft unzureichend ist. Der Versuch, mir die Zukunft eines Gedankens oder eines Standpunkts vorzustellen, kostet mich stets große Mühe.

Der zweite Hinderungsgrund ist wesentlich allgemeinerer Art. Die Frage nach dem Schicksal Europas und der Zivilisation berührt so viele Wissensbereiche, dass man, um sie zu beantworten, über ein Maß an Bildung verfügen muss, das mir fehlt.

Trotz allem glaube ich, dass Sie die beiden Aspekte, die sich im Phänomen der Zivilisation im Allgemeinen und in der unsrigen im Besonderen unterscheiden lassen, gut herausgearbeitet haben. Es ist richtig, dass die Antwort unterschiedlich ausfällt, je nachdem, welchen Standpunkt man einnimmt. Wenn man davon ausgeht, dass die abendländische Zivilisation gleichbedeutend mit der Verfügbarmachung der Natur für den Menschen ist, das heißt mit Technik und Wissenschaft, dann hat Europa zwar einerseits triumphiert, andererseits aber handelt es sich bei den Kräften, die Europa heute bedrohen, um Kräfte, die vom westlichen Europa seine Technik oder seinen technischen Ehrgeiz und in jedem Fall seine wissenschaftliche Methode oder seine Methode des Denkens übernommen haben. In dieser Hinsicht ist die europäische Zivilisation nur durch einen Selbstmord der Menschheit bedroht und in gewisser Weise durch sich selbst.

Wenn man andererseits davon ausgeht, dass im Mittelpunkt unserer Zivilisation der Begriff der menschlichen Person steht – was sich ebenfalls begründen lässt –, dann gelangt man, wie Sie mit Recht betont haben, zu einer völlig anderen Antwort. Diese Antwort lautet, dass es möglicherweise – und ich betone möglicherweise – schwierig wäre, eine andere Epoche zu finden, in der so viele Menschen in einem Zustand der Erniedrigung lebten. Indessen würde ich nicht sagen, dass unsere Epoche die menschliche Person in besonderem Maße geringschätzt. Gleichzeitig mit jenen Kräften, die wir der Einfachheit halber als die Kräfte des Bösen bezeichnen können, ist die Gegenreaktion des kollektiven Gewissens und insbesondere das Bewusstsein für die Rechte der menschlichen Person seit Jahrhunderten immer umfassender geworden. Zwei Weltkriege haben dieses Bewusstsein allerdings mit Füßen getreten, und man kann, so glaube ich, die Frage dergestalt beantworten, dass unsere Zivilisation in exakt dem Maße bedroht ist, in dem die menschliche Person, die sie erfolgreich in den Mittelpunkt ihres Denkens gestellt hat, heute fast überall der Erniedrigung ausgesetzt ist.

Man könnte dieser erhellenden Unterscheidung möglicherweise noch die Frage hinzufügen (ich spreche immer in der Möglichkeitsform), ob nicht gerade der einzigartige wissenschaftliche Erfolg der abendländischen Zivilisation zumindest teilweise für das einzigartige moralische Scheitern dieser Zivilisation verantwortlich ist. Anders gesagt, ob nicht der absolute Glaube – ein gewissermaßen blinder Glaube – an die Macht der Vernunft (sagen wir, der Einfachheit halber, an die kartesianische Vernunft, denn sie ist der Dreh- und Angelpunkt des zeitgenössischen Wissens), ob dieser absolute Glaube an die rationalistische Vernunft nicht in gewissem Maße für eine Verengung der menschlichen Sensibilität verantwortlich ist, die über Etappen, die zu beschreiben hier zu lang dauern würde, nach und nach zu diesem Wertverlust der menschlichen Welt geführt hat. Die Welt der Technik an sich ist nichts Schlechtes, und ich lehne jedes Denken, das zum Spinnrad oder zum Handpflug zurückkehren will, kategorisch ab. Aber wenn die technische Vernunft in den Mittelpunkt des Universums gestellt und zur wichtigsten Triebkraft einer Zivilisation erhoben wird, dann führt das letztlich zu einer gewissen Verbiegung sowohl des Geistes wie auch der Sitten. Und das kann zu jenem Scheitern führen, von dem wir gesprochen haben. Es wäre interessant, zu untersuchen, wie sich das vollzieht.

Kommen wir jetzt im Einzelnen zu den drei Fragen,

die Sie mir gestellt haben. Zunächst, was sind die konstituierenden Elemente der europäischen Zivilisation? Ich muss bekennen, ich weiß es nicht. Aber jeder von uns hat eine bevorzugte, gewissermaßen gefühlsmäßige Perspektive (was übrigens nicht heißt, dass sie nicht durchdacht und auf Beobachtung gestützt sein kann), aus der heraus er eines dieser Elemente den anderen vorzieht. Was mich betrifft (und hier kann ich endlich einmal ohne Wenn und Aber antworten), so ist für mich die europäische Zivilisation vor allem anderen eine pluralistische Zivilisation. Das bedeutet für mich, dass sie der Ort der Gedankenvielfalt ist, der Gegensätze, der kontrastierenden Werte und der Dialektik, die kein Ende findet. Was ich unter lebendiger europäischer Dialektik verstehe, ist eine Dialektik, die nicht in eine Art von zugleich totalitärer und orthodoxer Ideologie mündet. Dieser Pluralismus, der stets das Fundament der europäischen Freiheit war, scheint mir die wichtigste Errungenschaft unserer Zivilisation zu sein. Doch ebendieser Pluralismus ist heute in Gefahr, und wir sollten versuchen, ihn uns zu bewahren.

Jenes geflügelte Wort, das, wie ich glaube, von Voltaire stammt: «Ich bin nicht Ihrer Meinung, aber ich würde mich für Ihr Recht, Ihre Meinung zu sagen, umbringen lassen»[64], ist offenkundig ein geflügeltes Wort des europäischen Denkens.

Zweifellos ist dieses Prinzip heute auf der Ebene der geistigen Freiheit (aber auch auf anderen Ebenen) in Gefahr und muss verteidigt werden. Was die Frage betrifft, ob es gerettet werden kann und ob, wie man so sagt, die Zukunft uns gehört, nun, auf diese Art von Fragen möchte ich so antworten wie auf andere Fragen, die ich mir in vergleichbaren Situationen selbst stelle.

Unter gewissen Umständen, so scheint es mir, kann man antworten: «Das ist meiner Auffassung nach richtig oder höchstwahrscheinlich richtig. Man sollte es daher verwirklichen. Es ist ungewiss, ob es mir gelingt, es zu verwirklichen, es ist ungewiss, ob diese Sache, die mir wesentlich erscheint, nicht zum Scheitern verurteilt ist. Wie dem auch sei, das Einzige, was ich tun kann, ist, dafür zu kämpfen, dass sie verwirklicht wird.»

[Papanoutsos wirft die Frage auf, ob technische und wissenschaftliche Entwicklungen wie Kybernetik oder Mechanisierung mit den Rechten der menschlichen Person in Einklang gebracht werden können.]

In dieser Hinsicht bin ich einmal kein Pessimist. Ich möchte damit sagen, dass wir Geduld haben müssen. Nichtsdestotrotz gibt es zwei Phänomene, die für die europäische Geschichte charakteristisch sind. Das erste ist, dass sich die Welt zwischen, sagen wir, dem Jahr 1800 und dem Jahr 1950 weitaus stärker verändert hat als in all den Jahrhunderten, welche die Gemeinschaften des Mittelalters von unserem klassischen Zeitalter trennen.

Innerhalb eines Jahrhunderts gab es eine Art plötzlichen Aufbruch, eine Beschleunigung der Geschichte, angesichts derer es mir kaum möglich erscheint, dass der Mensch allein mit den Mitteln des Geistes, anders gesagt: durch Nachdenken und Reflexion, das heißt mit Mitteln, die Zeit erfordern – dass also der Mensch mit den Maschinen, die er in Gang gesetzt hatte, Schritt halten konnte. Der zweite Punkt, den Ortega y Gasset[65] in seinem *Aufstand der Massen* sehr gut herausgearbeitet hat, lässt sich mit einer Zahl veranschaulichen. Vom sechsten bis zum achtzehnten Jahrhundert war die Bevölkerung Europas zu keinem Zeitpunkt größer als einhundertachtzig Millionen Menschen. Von 1800 bis 1914, also in kaum mehr als einem Jahrhundert, ist sie von einhundertachtzig Millionen auf vierhundertsechzig Millionen angewachsen. In dieser Zahl drückt sich das Aufkommen der Massengesellschaft aus. Zusammen mit der Beschleunigung der Geschichte (und selbstverständlich beeinflussen sich beide Faktoren gegenseitig) hat uns diese Entwicklung in eine Situation gebracht, die ganz klar den geistigen Rahmen und den Rahmen der Vernunft sprengt, aus dem sie hervorgegangen ist. Die Aufgabe, vor der wir heute stehen, ist zunächst, unseren Geist den neuen Realitäten anzupassen, die wir in der Welt vorfinden. Die Ideologien, nach denen wir unser Leben ausrichten, sind Ideologien, die um hundert Jahre hinterherhinken. Und darum fällt es ihnen so schwer, Neuerungen zu akzeptieren. Nichts ist sich der eigenen Wahrheit so gewiss wie eine Ideologie, die sich überlebt hat.

[Der zweite Diskussionsteilnehmer, Konstantinos Tsatsos[66], weist darauf hin, dass sich durch die europäische Kultur zwei gegensätzliche Strömungen ziehen: eine klassische und eine romantische. Erstere ist der Vernunft verpflichtet, betont die Grenzen und stellt sich der Grenzenlosigkeit entgegen, bejaht Maß und Relativität in der geschichtlichen Welt und lehnt das Absolute, das Extreme und den Messianismus ab. Sie ist der Gegenwart, der Immanenz und dem lebendigen Individuum verbunden, dem sie einen herausgehobenen Wert zuweist. Die romantische Strömung hingegen bejaht, was die klassische ablehnt: das Irrationale und die Intuition. Die totalitären Ideologien, die dem äußeren Anschein nach rational organisiert sind, opfern in Wahrheit die Gegenwart der Zukunft, während sie den auf ein Jenseits gerichteten Messianismus durch den Kult einer kommenden Zeit ersetzen. Könnte das Griechentum als Vertreterin der klassisch-humanistischen Strömung, so fragt Tsatsos, einen wesentlichen Beitrag zur sozialen und kulturellen Erneuerung Europas leisten?]

Nun, auch diese Frage wirkt auf mich sehr einschüchternd. Dennoch scheint mir Ihre Unterscheidung zwischen Romantizismus und Klassizismus insofern bestechend, als man sie auf die Geschichte aller Zivilisationen anwenden kann. In diesem Fall bestünde Anlass zur Hoffnung. Denn da alle Zivilisationen sich mit den geschichtlichen Gestalten dieser beiden Tendenzen der menschlichen Natur arrangieren mussten und da die Geschichte bis heute weitergegangen ist, spricht nichts dagegen, dass auch wir noch ein paar Schritte vorwärts machen können. Aber ich möchte meinen Gedankengang präzisieren. Ich stimme Ihrer Beobachtung zu, dass diese Welt nur negative Haltungen zulässt, aber ich glaube, es wäre falsch, den Begriff des Maßes, der einer der wenigen Begriffe ist, über die ich nachgedacht habe, als negativen Begriff aufzufassen. Sie wissen, dass er nicht negativ ist, das muss ich Ihnen nicht erklären. Aber warum nicht?

Wenn Sie heute bei einer Debatte unter Pariser Intellektuellen den Begriff des Maßes ins Spiel brächten, dann würden unzählige selbsternannte Romantiker die Hände über dem Kopf zusammenschlagen. Für unsere Intellektuellen ist das Maß nichts anderes als das teuflische Gift bürgerlicher Mäßigung. Natürlich ist das Unsinn. Das Maß ist weder die Leugnung des Widerspruchs noch die Auflösung des Widerspruchs. Maß bedeutete im Griechentum, wenn mich meine Kenntnisse in diesem Punkt nicht im Stich lassen, immer die Anerkennung des Widerspruchs und die Entscheidung, diesen Widerspruch auszuhalten, was auch immer geschehen mag. Eine solche Vorgehensweise ist nicht bloß vernunftgemäß, humanistisch und sympathisch. Sie setzt eine geradezu heroische Haltung voraus. Wenn sie uns auch keine Lösung liefern kann – denn das erwarten wir gar nicht –, so doch eine Methode, die uns hilft, unsere Probleme anzugehen und uns in Richtung auf eine erträgliche Zukunft zu bewegen.

Wenn Sie erlauben, würde ich diese Methode gern auf das zeitgenössische Europa anwenden. Es gibt ein bürgerliches, individualistisches Europa, das sich mit Kühlschränken und Restaurantbesuchen beschäftigt und von sich sagt: «Ich gehe nicht wählen.» Ja, das ist das bürgerliche Europa. Diesem Europa fehlt der Lebenswille. Es behauptet zwar, dass es leben will, aber es hat das Leben auf ein so niedriges Niveau gebracht, dass es keine Chance hat, in der Geschichte dauerhaft zu bestehen. Es vegetiert vor sich hin, und keine Gesellschaft hat je lange vegetiert. Aber in diesem bürgerlichen Europa sehe ich nichts, worin das klassische Maß zum Ausdruck käme. Ich sehe nur einen individualistischen Nihilismus, der darin besteht zu sagen: «Wir wollen weder Romantik noch Übertreibung, wir wollen nicht an unsere Grenzen gehen und von Konflikten verschont bleiben.» Wenn Sie aber nicht an ihre Grenzen gehen und von Konflikten verschont bleiben wollen, dann sind Sie nicht lebendig, und vor allem ist Ihre Gesellschaft dann nicht lebendig.

Die große Lehre, und ich sage dies, weil ich ein entschiedener Gegner der Ideologie der Volksdemokratien bin, die große Lehre, die wir vom Osten beziehen können, ist eben das Gefühl, Teil einer gemeinsamen Anstrengung zu sein, und es gibt keinen Grund für uns, diese Lektion nicht anzunehmen.

Unter diesem Gesichtspunkt habe ich keinerlei Sympathien für das bürgerliche Europa. Ich würde mir vielmehr eine Position zu eigen machen, die man folgendermaßen formulieren könnte: «Wir kennen das Extrem, wir haben darin gelebt, und wir werden wieder darin leben, wenn es nötig sein sollte. Und wir können sagen, dass wir darin gelebt haben, weil wir Ereignisse durchlebt haben, durch die wir das Extrem kennengelernt haben.» Es hat tatsächlich eine nationale Solidarität der Franzosen gegeben, und es hat eine nationale Solidarität der Griechen gegeben, eine Solidarität des Leidens. Diese Solidarität können wir jederzeit neu beleben, und nicht nur in Gestalt des Leidens. Ich bin überzeugt, wenn wir ausreichend über diese Erfahrung nachdenken, dann werden wir jenen Begriff des Maßes besser verstehen, der das Maß als die Versöhnung von Widersprüchen begreift und, insbesondere im gesellschaftlichen und politischen Bereich, als Versöhnung der Rechte und Pflichten des Individuums. Die Haltung des bürgerlichen Europa läuft letztlich darauf hinaus, einzig die Menschenrechte für sich zu beanspruchen. Die Menschenrechte sind Werte, die wir verteidigen müssen, nicht jedoch wenn diese Rechte die Leugnung der Pflichten des Menschen bedeuten. Und umgekehrt. Die Pflichten des Menschen, die man uns im Osten anpreist, erkennen wir nicht als Plichten an, solange sie die Leugnung all dessen bedeuten, was das Recht des Menschen ausmacht, der zu sein, der er ist.

Vielleicht könnten wir also in dieser Richtung Ansätze finden, um dieses schwierig aufrechtzuerhaltende Gleichgewicht in der Gesellschaft zu verwirklichen, wobei man sich darüber klar sein muss, dass das fragliche Gleichgewicht *per definitionem* kein bequemes sein kann. Heute hat es einen abschätzigen Unterton, wenn man von jemandem sagt, er sei «ausgeglichen». In Wahrheit aber erfordert der Ausgleich jeden Augenblick Anstrengung und Mut. Die Gesellschaft, die diesen Mut aufbringt, ist die wahre Gesellschaft der Zukunft. Übrigens zeichnet sie sich meiner Ansicht nach bereits ab, an verschiedenen Stellen weltweit, und auch in dieser Hinsicht wäre ich nicht pessimistisch. Die Hoffnung existiert. Wir verdanken sie dem Griechentum, das sie als Erstes auf den Begriff gebracht und für sie jahrhundertelang die erschütterndsten Beispiele gegeben hat. Heute dürfen wir hoffen, dass diese Saat noch einmal aufgeht und uns dabei helfen wird, unsere Probleme zu lösen.

[Georgios Theotokas[67], der dritte Diskussionsteilnehmer, stellt fest, dass die romantische Opposition gegen die Welt der Wissenschaft und Technik überholt sei und die Problematik der Gegenwart darin bestehe, diese neuen Kräfte mit der menschlichen Natur in Einklang zu bringen. Das zeitgenössische Europa hat aufgrund seiner Struktur keine Zukunft: Es zerfällt in Einzelstaaten und ist unfähig, die wissenschaftliche und technische Entwicklung in beherrschbare Bahnen zu lenken. Handelt es sich bei der politischen Einheit Europas, so fragt Theotokas, nicht um eine notwendige Voraussetzung, um die angestrebte Harmonie zwischen Wissenschaft und Technik und der menschlichen Natur herzustellen?]

Ich möchte zunächst betonen, dass ich Ihnen im Grundsatz vollkommen zustimme. Anschließend werde ich einen kleinen Vorbehalt anfügen. Wie Sie bin ich der Ansicht, dass Europa in diesem Augenblick in etwa zwanzig Korsette eingezwängt ist, die ihm den Atem nehmen. In einer Zeit, in der Athen sechs Stunden von Paris entfernt ist, wo man von Rom nach Paris drei Stunden braucht und wo die Grenzen nur für die Zöllner und die ihnen ausgelieferten Reisenden existieren, leben wir in einem feudalen Staat. Jenes Europa, das die Ideologien, die heute die Welt beherrschen, von A bis Z erdacht hat und das jetzt erleben muss, wie diese Ideologien sich gegen es wenden, nachdem sie in Ländern Gestalt angenommen haben, die größer und wirtschaftlich mächtiger sind, jenes Europa, das einst die Macht und die Kraft hatte, diese Ideologien zu erdenken, könnte auch die Kraft haben, Ideen zu entwickeln, um diese Ideologien zu zähmen oder ein Gleichgewicht zwischen ihnen herzustellen. Dieses Europa braucht einfach frische Luft, es braucht Leichtigkeit, und es braucht Gedanken, die nicht so provinziell sind wie zurzeit all unsere Gedanken. Was in Paris gedacht wird, ist provinziell, und auch was in Athen gedacht wird, ist provinziell. Denn es ist für uns alle äußerst schwierig, genügend Kontakte, genügend Austausch zu haben, damit unsere Gedanken sich ausreichend durchdringen und die unzusammenhängenden Werte, die wir jeder für uns in unseren jeweiligen Ländern haben, sich gegenseitig befruchten. Nun gut, wir werden dieses Ideal, nach dem wir alle streben, das wir verteidigen müssen und für das wir alles tun müssen, was möglich ist, sicherlich nicht sofort erreichen. Sie haben gerade eben ein schicksalhaftes Wort ausgesprochen, das Wort «Souveränität». Dieses Wort legt allen historischen Entwicklungen auf internationaler Ebene Steine in den Weg, seit langem, bis heute und wohl auch in Zukunft. Die Wunden des Krieges, der uns noch ganz nah ist, sind zu frisch, zu schmerzhaft, als dass man darauf hoffen könnte, dass nationale Gemeinschaften sich zu jener Anstrengung aufraffen, zu der nur überragende Individuen fähig sind, nämlich die eigenen Ressentiments zu überwinden. Wir sehen uns bei der Verwirklichung unseres Ideals also psychologischen Hindernissen gegenüber. Trotzdem teile ich Ihre Ansicht: Wir müssen dafür kämpfen, diese Hindernisse zu beseitigen und endlich ein einziges Europa zu schaffen: jenes Europa, wo Paris, Athen, Rom und Berlin die Nervenzentren eines – wenn man so will – Reichs der Mitte sind, das in der Geschichte von morgen seine angemessene Rolle spielen kann.

Nun zu meinem kleinen Vorbehalt: Sie haben gesagt, dass wir das Problem der Zukunft Europas geistig nicht angehen können, nicht darüber nachdenken können, solange uns eine Struktur fehlt, auf die wir uns stützen können. Mein Vorbehalt ist folgender: Wir müssen diese Frage dennoch angehen und den europäischen Werten einen Inhalt geben, auch wenn Europa noch in weiter Ferne liegt.

Sie haben gerade eben ein Beispiel genannt, das mir zu denken gegeben hat. Sie haben gesagt: «Alles in allem war Deutschland, solange seine Einheit noch nicht hergestellt war, keine wirkliche Macht.» Das ist völlig richtig. Dennoch ist ein großer Teil der heutigen Ideologien das Produkt des deutschen Denkens des 19. Jahrhunderts, und alle deutschen Philosophen, denen wir diese neue Form des Denkens verdanken – insbesondere der größte von ihnen –, haben vor der Vereinigung Deutschlands gelebt (wenn wir davon ausgehen, dass die deutsche Einheit 1871 hergestellt wurde). Man kann also Einfluss auf eine ganze Zivilisation ausüben, selbst wenn man sich, wie wir, in einem Zustand der Verlassenheit und der Armut befindet. Aufgabe der Intellektuellen und der Schriftsteller ist es jedenfalls, auf ihrer Ebene weiterzuarbeiten, während sie, wenn sie die Gelegenheit haben und die Zeit dazu finden, das Rad der Geschichte weiterdrehen, damit im entscheidenden Moment die notwendigen Werte, wenn auch nicht fertig bereitliegen, so doch wenigstens im Keim vorhanden sind.

[Phaidon Vegleris[68] erinnert an zwei wesentliche Elemente der europäischen Kultur: das Prinzip der Freiheit und das Prinzip der sozialen Gerechtigkeit. Aufgabe des Prinzips der sozialen Gerechtigkeit ist es, die zerstörerischen Kräfte, die das Prinzip der Freiheit entfalten kann, in Schranken zu halten. Vegleris wirft die Frage auf, ob sich diese beiden Prinzipien in einem geeinten Europa besser miteinander verbinden lassen.]

Grob schematisch könnte man sagen, dass heute der Westen behauptet, der Freiheit den Vorzug vor der Gerechtigkeit zu geben, während der Osten behauptet, die Gerechtigkeit über die Freiheit zu stellen. Ich will der Frage, ob im Westen Freiheit herrscht und im Osten Gerechtigkeit, nicht weiter nachgehen, sondern beschränke mich darauf, festzuhalten, was beide Gesellschaftsformen als Anspruch erheben. Möglicherweise werden sich die Freiheit, die eine Atombombe schwenkt, und die Gerechtigkeit, die ebenfalls eine Atombombe schwenkt, gegenseitig vernichten, an einem Punkt, der sich leicht voraussehen lässt. Für diesen Fall, so muss ich zugeben, fehlt mir die Vorstellungskraft, mir auszumalen, was auf einen atomar ausgetragenen dritten Weltkrieg folgen könnte. Und meiner Ansicht nach laden jene Staatsoberhäupter schwere Schuld auf sich, die ihre Völker glauben machen, dass nach einem solchen Krieg überhaupt irgendeine Zukunft vorstellbar ist. Wenn es allerdings nicht zu diesem selbstmörderischen Atomkrieg kommt, dann finden wir uns immer noch vor jenen beiden Statuen der Freiheit und der Gerechtigkeit wieder, die sich gegenüberstehen und übereinander die Nase rümpfen. Ich glaube, dass das Kräfteverhältnis derzeit in etwa ausgeglichen ist, da der Bevölkerungsreichtum auf Seiten des Ostens durch eine höher entwickelte Technik auf westlicher Seite wettgemacht wird. Ich glaube im Übrigen, dass die Geschichte selbst, in die so viele Menschen so viel Vertrauen setzen, dieses Vertrauen am Ende rechtfertigen wird und dass in dieser Frage unvermeidlich die Vorstellung von Maß und Widerspruch ins Spiel kommen wird. Denn diese Vorstellung gehört zum Wesen des Menschen und zum Wesen der Geschichte. So wird man zu einer Auffassung kommen, zu der letztlich ja auch eine gewisse Anzahl europäischer Denker gekommen sind, nämlich dass sowohl die Freiheit als auch die Gerechtigkeit eine Grenze haben und dass die Grenze der Freiheit in der Gerechtigkeit liegt, mit anderen Worten in der Existenz des anderen und in der Anerkennung des anderen, während die Grenze der Gerechtigkeit in der Freiheit liegt, mit anderen Worten im Recht des Menschen, so zu leben, wie er ist, im Kreis einer Gemeinschaft.

[Es folgt eine Reihe von Fragen aus dem Publikum]***

Es gibt nicht eine, sondern mehrere europäische Zivilisationen. Müsste man daher statt von einer Verschmelzung zu einer Einheit nicht eher von einer harmonischen Zusammenarbeit sprechen?

Monsieur, ich glaube, ich kann es kurz machen. Die Harmonie ist eine großartige Sache. Leider ist sie nicht immer möglich. Man kann beispielsweise sagen, dass die Ehe eine großartige Einrichtung ist, vorausgesetzt, dass die Eheleute sich gut verstehen. Aber es kommt vor, dass sie das nicht tun, sodass die Ehe in gewissen, zugegebenermaßen seltenen Fällen eine Katastrophe ist. Wenn wir also nur auf den guten Willen der europäischen Völker setzen – und man muss auf ihn setzen, denn ohne ihn kommt man wohl nicht weiter –, dann reicht das nicht, um voranzukommen. Wir brauchen also Institutionen. Sie wenden gegen diese Institutionen, die natürlich gemeinsame Institutionen wären, ein, dass sie sich nicht mit den unterschiedlichen Sitten und Lebensgewohnheiten der europäischen Völker vertragen. Ich möchte Ihnen das Beispiel Frankreichs entgegenhalten. Ein Einwohner von Marseille steht einem Neapolitaner sicherlich näher als einem Bürger von Brest. Es macht einen sehr großen Unterschied, ob jemand aus Perpignan oder aus Roubaix stammt. Das hat aber nicht verhindert, dass Frankreich eine Einheit geworden ist und in Perpignan und Roubaix heute ein und dieselbe Regierung gewählt wird – sei es eine gute oder eine schlechte.

Welchen Beitrag leisten die Werke Jean Genets, die Mandarine[69] *und die* Geschichte der O[70] *zur europäischen Kultur?*

Geht es um einen Beitrag zur Zukunft Europas oder einen Beitrag zur französischen Literatur?

Zur europäischen Zivilisation.

Offen gesagt, keinen.

Ist die europäische Vielfalt ein Nachteil oder ein Anlass zur Hoffnung?

Ein Anlass zur Hoffnung. Aus dem einfachen Grund, weil die Geschichte zeigt, dass bisher noch jedes monolithische Reich, das sich über gewisse Grenzen ausgedehnt hat, zerfallen ist. Hätte sich Alexander auf Mazedonien beschränkt, dann gäbe es heute möglicherweise immer noch ein Griechenland, das sich in gerader Linie auf Alexander zurückführen ließe. An der Vielfalt ist offenkundig manches unbequem. Doch es sind dieselben Dinge, die auch an der Freiheit unbequem sind. Es ist auch das, was an der Loyalität und der Objektivität unbequem ist. Trotzdem hat die Welt, auf der Ebene, um die es uns hier geht, mit Hilfe von Objektivität und Freiheit Fortschritte gemacht, und wir sollten ihre Unbequemlichkeiten in Kauf nehmen. Aber offen gesagt glaube ich, dass monolithische Reiche und Kontinente, wenn es um ihre zukünftige Machtausdehnung geht, für Europa mindestens genauso unbequem sein können wie die Vielfalt. Ich glaube beispielsweise, wenn wissenschaftliche Forschung heute die Grundlage materiellen Wohlstands bildet, dass wissenschaftliche Forschung auf lange Sicht nur in einem Klima der Freiheit überzeugend, erfolgreich und fruchtbar sein kann.

Die europäische Zivilisation wird gleichzeitig von Osten und von Westen bedroht. Inwiefern muss sie sich schützen?

Das ist wohl das, was man eine Fangfrage nennt. Gut. Ich werde Ihnen zuerst eine ebenso zweideutige Antwort geben und dann eine direkte. Meine zweideutige Antwort lautet, dass der größte Feind einer Zivilisation im Allgemeinen sie selbst ist. Wenn die europäische Zivilisation in Gefahr ist, dann sicherlich auch, weil Machtblöcke oder Zivilisationen von außen Druck auf sie ausüben, hauptsächlich aber, weil sie innerlich nicht gesund und kräftig genug ist, um auf diese historische Herausforderung zu antworten. Wenn ich es mir recht überlege, ist meine Antwort gar nicht so zweideutig.

Aber ich will Ihnen die direkte Antwort nicht vorenthalten: Ich gehöre nicht zu denen, die die Bedrohung aus dem Osten und die Bedrohung aus dem Westen für gleich schwerwiegend halten. Ich denke, dass die Bedrohung aus dem Osten, insofern sie eine militärische Bedrohung ist und die Gefahr des Totalitarismus nach sich zieht, eine größere Bedrohung für unsere Zivilisation darstellt als die Gefahr, die von gewissen Formen der amerikanischen Kultur ausgeht, die schwer mit der unseren vereinbar sind. Im Augenblick handelt es sich um eine friedliche Konfrontation zwischen den Formen der amerikanischen Zivilisation und den unseren, während es sich zwischen Ost und West um eine kriegerische oder quasikriegerische Konfrontation handelt. Das ist zumindest meine Meinung. Es versteht sich von selbst, dass ich hier nur für mich persönlich spreche. Aber ich glaube, dass Sie mir diese Frage im Grunde nicht deshalb stellen, um meinen Standpunkt, so wie ich ihn gerade umrissen habe, in Erfahrung zu bringen, sondern weil Sie von mir wissen wollen, was ich über die Gefahren denke, die für uns von der amerikanischen Zivilisation ausgehen könnten. Ich werde also versuchen, Ihnen darzulegen, was ich persönlich davon denke.

Ich kenne Amerika kaum: Ich habe dort nur drei Monate verbracht. Allerdings kenne ich seine Literatur und seine Geschichte recht gut. Für mich verkörpert Amerika die Verwirklichung der französischen Hoffnungen des 18. Jahrhunderts. Woran ich dabei denke, sind unsere sogenannten Enzyklopädisten, die als Erste in Europa etwas ausgearbeitet haben, was sie eine Philosophie des Glücks nannten. Sie träumten von einem vernünftigen Glück, das auf einer harmonischen Einrichtung der Welt beruht, und sie betonten den Anteil, den die Natur und die Welt am Glück des Menschen haben. Sie sind die Philosophen des Glücks ganz allgemein. Und ohne Zweifel – und das habe ich in Amerika, von dem Moment an, wo ich dort an Land gegangen bin, äußerst sympathisch gefunden – gibt es in Amerika einen Willen zum Glück. Dieser Wille kann rein negative Ausdrucksformen annehmen, dann wieder positive: Zu den rein negativen zählen die Weigerung, den philosophischen Pessimismus wirklich ernst zu nehmen, und die Weigerung, über das Unglück nachzudenken oder es zu betonen. Zum Beispiel begräbt man in Amerika seine Toten schnell. Man begräbt schnell, während es in der Mittelmeerkultur, wie Sie wissen, im Gegenteil Brauch ist, den Kontakt mit dem Tod, mit dem geliebten Wesen, das man verloren hat, zu verlängern. Dieses kleine Beispiel, das man keineswegs verallgemeinern sollte, scheint mir eine gewisse Weigerung zu veranschaulichen, das Unglück zu akzeptieren, oder, positiv formuliert, den Wunsch, alles so einzurichten, dass das Leben einfacher und heller ist. In diesem Sinne hat die Philosophie des 18. Jahrhunderts – auf

Wegen, die sich übrigens leicht nachverfolgen ließen – in Amerika eine beeindruckende Verkörperung gefunden, das kann man nicht anders sagen.

Zugleich glaube ich jedoch, dass – aus Gründen, die man ebenfalls nachvollziehen könnte, was jedoch unseren Rahmen sprengen würde – dem amerikanischen Temperament jenes Element fehlt, das in der Philosophie des Glücks unserer Enzyklopädisten die bremsende, regulierende Rolle einnimmt. Wir haben für dieses Element ein Wort, das schwer zu definieren ist: Geschmack. Ich meine damit den Unwillen, eine Sache zu weit zu treiben (jemand wie Benjamin Constant beispielsweise, der Atheist war, sagte rückblickend ein wenig angewidert: «Der Unglaube hat etwas Vulgäres und Abgegriffenes an sich», weil ihm der kämpferische Atheismus übertrieben, zu wenig nuanciert vorkam). Man redet viel Unsinn über die amerikanische Kultur und tut ihr oft unrecht, besonders in Europa. Diese Kultur hat Intellektuelle ersten Ranges, eine Literatur, eine Wissenschaft. Wenn heute die Tuberkulose in Europa immer weiter zurückgedrängt wird, wem verdanken wir das? Aber das nur am Rande. Indessen kann man in der amerikanischen Kultur, bei der Umsetzung dieser Philosophie des Glücks, eine Art von Übertreibung beobachten, die im amerikanischen Charakter angelegt ist, eine Art Willen zur totalen Eroberung, der schließlich Formen angenommen hat, die zwangsläufig die Grenzen überschreiten und die Nuancen zunichtemachen. Das ist es, was das amerikanische Alltagsleben dem Durchschnittseuropäer fremd macht, und ich spreche da von einer objektiven Warte, da ich Nordafrikaner und kein Europäer bin und mich im amerikanischen Lebensrhythmus auf

Anhieb wohlgefühlt habe. Den Europäer hingegen verwirrt dieser Rhythmus. Auf dieselbe Art und Weise hat die systematische Ablehnung der allgemeinen Idee, die Vorliebe für das Konkrete, die Erfahrung, die Tatsache, das heißt für alles, was unmittelbar wahrgenommen, begriffen und verstanden werden kann, das amerikanische Denken dazu gebracht, sich von den allgemeinen Ideen abzuwenden. In dieser Hinsicht steht es übrigens in unmittelbarer Nachfolge der französischen und englischen Empiristen des 18. Jahrhunderts. Dieses Misstrauen gegenüber der allgemeinen Idee ist dafür verantwortlich – und in diesem Punkt bin ich mir sicherer als bei allem bisher Gesagten –, dass Amerika kein Verständnis für das europäische Drama hat und auch so gut wie keine Chance, es zu verstehen. Eine gewisse Anzahl von Dummheiten – man kann es nicht anders nennen –, eine gewisse Anzahl von Dummheiten, welche die Amerikaner im Hinblick auf die europäischen Fragen begangen haben, sind auf diese Weigerung zurückzuführen, bestimmte Hintergründe der europäischen Tragödie in Betracht zu ziehen, nämlich ihre ideologischen und metaphysischen Hintergründe. Aber ich möchte hinzufügen, dass Amerika zugleich ein junges Land ist und die Führungsrolle, die es seit etwa 1945 spielt, noch ganz neu ist. Amerika hat noch Zeit, sich in diese Rolle einzufinden. Aber die Art von Gefahr, die uns aus Amerika drohen könnte, ist eben diese Tendenz, uns auf das Niveau der unmittelbaren Tatsachen des Lebens in ihrer Zufälligkeit herabzuziehen. Und wenn diese Tendenz auf Menschen trifft, die ihr wenig entgegenzusetzen haben (der Einfluss des Kinos ist hier besonders augenfällig), dann besteht die Gefahr, dass sie gewisse kulturelle Sensibilitäten auf ein wenig erstrebenswertes Niveau zurückfallen lässt. Das ist genau das, was ich denke.

Wie erklären Sie sich die starke Abhängigkeit der französischen Philosophie von der deutschen?

Monsieur, Sie wissen von Berufs wegen, wie schwierig die Frage nach Einflüssen in der Geschichte des Denkens zu beantworten ist. Ich möchte Ihnen daher schlicht antworten: Das ist eine Frage, die ich mir ebenfalls gestellt habe. Denn ich bin dieser Ansteckung bisher entgangen und habe, in gewisser Weise zu meinem eigenen Erstaunen, zahlreiche schwerwiegende Gründe gefunden, in dieser Hinsicht einen anderen Weg zu beschreiten als mein geistiges Umfeld. Hier nun die Antwort, die ich mir gegeben habe: Ich glaube schlicht, dass Deutschland früher als Frankreich das Unglück der menschlichen Existenz begriffen hat. Nicht weil es eine leidvollere Geschichte hatte, sondern weil es als Nation verspätet und unter Schwierigkeiten geboren wurde. Und nicht zuletzt vielleicht aufgrund dessen, was Stendhal über den deutschen Charakter gesagt hat. Für ihn bestand das deutsche Schicksal nämlich darin, sich alles schwer zu machen. Wie dem auch sei, die deutschen Philosophen haben seit dem 19. Jahrhundert über das Unglück der menschlichen Existenz nachgedacht. Unsere Philosophie dieser Epoche kennen Sie ja. Es ist eine Philosophie, die an den wirklichen Fragen unserer Zivilisation vollständig vorbeigeht. Diese Fragen hat man sich in Deutschland gestellt, in anderer Form in Russland, nicht aber in Frankreich. Unsere Philosophie des 19. Jahrhunderts war die Ideologie einer Klasse, die zufrieden war und die es sich in ihrer Zufriedenheit bequem gemacht hatte, ohne

Interesse an der Geschichte und unter keinen Umständen willens, an ihr teilzunehmen. Es folgten zwei Kriege, von denen der erste unglücklich begann und dann doch unter entsetzlichen Opfern gewonnen wurde. Ihm folgte ein zweiter, in dem alles verloren und alles gerettet wurde. Die Franzosen haben also dem geschichtlichen Unglück ins Gesicht geblickt. Als sie in jenem Augenblick bei ihren Philosophen Rat gesucht haben, was haben sie dort gefunden? Nichts, was zu ihnen von dem Unglück sprach, in das sie gestürzt waren. Sie wandten sich also jenen Philosophen zu, die vom Unglück der Geschichte sprachen, vom unglücklichen Bewusstsein, von der Schwierigkeit zu leben, vom Sein zum Tode, also von all dem, was Ihnen bekannt ist. Und dass diese Hinwendung meiner Ansicht nach viel zu leidenschaftlich und viel zu ausschließlich war, ist kein Geheimnis. Aber trotzdem ist sie verständlich. Darüber hinaus kann man für das Phänomen, das Sie angesprochen haben, noch eine zusätzliche Erklärung finden: Die Mehrheit der französischen Denker sind heute Denker der Linken und damit zumindest teilweise von Marx beeinflusst. Marx aber entstammt unmittelbar der deutschen Denktradition. Sie sind also schlicht zu den Quellen ihrer politischen Überzeugungen zurückgekehrt. Die Folge war eine erneute Beschäftigung mit Hegel, eine erneute Beschäftigung mit Marx und eine erneute Beschäftigung mit der deutschen Existenzphilosophie im Allgemeinen. Aber es scheint, dass sich Anzeichen einer Entwicklung bemerkbar machen. Es heißt, ein aufsehenerregender Sinneswandel stehe bevor. Monsieur Merleau-Ponty, der einer der Vertreter jener Richtung war, hat gerade ein Buch mit dem Titel *Die Abenteuer der Dialektik* herausgebracht,[71] in dem sich ein gewisser Bruch mit dieser Tendenz anzudeuten scheint und damit eine Wende in der französischen Ideologie, wenn man dieses abscheuliche Wort verwenden will.

Sind die Schwäche Europas und sein Nihilismus nicht der Tatsache geschuldet, dass es keinen Glauben mehr hat, während die Länder des Ostblocks noch an etwas glauben?

Gut, aber wissen Sie, ich bin ja auch noch Schriftsteller. Ich finde es ziemlich schade, dass mir ohne Unterlass Fragen gestellt werden, die meine Kompetenz übersteigen. Was die Literatur angeht, so halte ich mich immerhin für ein bisschen kompetent. Zumindest könnte ich darüber reden, ich könnte meinen Gedanken Ausdruck verleihen, sogar mit einer gewissen Leidenschaft, während ich mich mit solchen Fragen doch etwas schwertue. Ja, der Osten glaubt an etwas. Glaubt er an etwas? Wissen Sie es? Wir haben keinen Glauben mehr? Wer hat das gesagt? Ich kenne eine Menge Leute, die an etwas glauben. Wir haben keinen Glauben, das steht nirgendwo geschrieben, in unseren Verfassungen ist von Glauben keine Rede. Aber 1945, unter deutscher Herrschaft, da haben alle Nationen Europas bewiesen, dass sie an etwas glaubten. Das ist noch nicht so lange her. Ich denke immer noch ab und zu ein bisschen über diese Fragen nach … aber, um ehrlich zu sein, sie scheinen mir letztlich an der Wirklichkeit vorbeizugehen. Natürlich kann und sollte man sie diskutieren, aber ich glaube, dass der Nihilismus nicht nur auf einer Seite zu finden ist. Das ist die Position, die ich immer vertreten habe. Meiner Meinung nach gibt es nur einen einzigen Kapitalismus auf der Welt, aber er kann verschiedene Formen annehmen: privatwirtschaftlicher

Kapitalismus oder Staatskapitalismus. Der Mangel an Glauben findet sich nicht nur auf einer Seite, und auf der anderen Seite gedeiht der Glaube nicht von selbst. Schließlich gibt es auch noch einen christlichen Glauben, es gibt im Westen eine christliche Bewegung. Warum sollte der christliche Glaube heute keine Werke und keine institutionellen Formen mehr hervorbringen? Er hat es versucht, er versucht es noch immer, und vielleicht wird er damit Erfolg haben? Woher sollen wir das wissen?

Ich glaube, dass das wahre Problem woanders liegt. Das wahre Problem ist, herauszufinden, ob wir als Zivilisation überleben wollen. Und dieser Wille ist nicht zwangsläufig vernünftig. Wenn ich sage, dass ich weiterleben will, dann nicht weil ich genau weiß, wer ich bin, sondern weil ich ein äußerst lebhaftes und deutliches Gefühl dafür habe, was ich als lebendiges Wesen bin, und weil ich mein Dasein als lebendiges Wesen gern fortsetzen möchte. Es ist also nicht die Vernunft, die hier an erster Stelle kommt, sondern der Lebenstrieb. Wenn heute den jungen Leuten im Westen dieser Lebenstrieb fehlt, dann müssen sie ihn wiederfinden, denn da liegt das Problem. Und ich glaube, sie werden ihn nicht wiederfinden, wenn sie sich Leuten anvertrauen, die ihnen Punkt für Punkt vorschreiben, was sie zu glauben und zu tun haben. Sie werden ihn wiederfinden, wenn sie sich selbst vertrauen. Ich meine damit, ihrer Lebenserfahrung und ihrem eigenen Verstand.

Die grundlegenden physikalischen und chemischen Vorgänge entziehen sich jedem Versuch, sie rational zu begreifen. Wenn also der wissenschaftliche Rationalismus und der kartesianische Rationalismus von den Entwicklungen der

Wissenschaft selbst radikal in Frage gestellt werden, sehen Sie in dieser Entwicklung eine Bedrohung für die europäische Zivilisation?

Ich glaube, dass die Entdeckung irrationaler Faktoren durch die zeitgenössische Wissenschaft ein Fortschritt ist, und zwar aus folgendem Grund: Würde es der zeitgenössischen Wissenschaft gelingen, einen vollständigen Determinismus zu beweisen, dann wäre seine unmittelbare Entsprechung auf der Ebene der Gesellschaftsformen der Totalitarismus, und das wäre leicht zu beweisen, wenn wir mehr Zeit hätten. Was den kartesischen Rationalismus betrifft, so habe ich ihn ja gerade eben bereits angesprochen. Er ist Teil unserer Zivilisation. Aber aufgrund der Art, wie man ihn interpretiert hat, aufgrund des Begriffs vom Individuum, den man aus ihm abgeleitet hat, ist er verantwortlich für einen gewissen Niedergang der abendländischen Gesellschaft. Ich möchte betonen, dass dies kein Vorwurf gegen Descartes persönlich ist. Die Philosophen bleiben große Geister und große Männer. Aber das, was man von ihnen nimmt, ist nicht das Beste, man nimmt immer das, was übrig bleibt. Eine der Schwächen der abendländischen Zivilisation ist jedenfalls, dass sie ein von der Gemeinschaft abgetrenntes Individuum hervorbringt, ein Individuum, das als ein vollständiges Ganzes betrachtet wird. Um zusammenzufassen, was ich bisher mehr schlecht als recht auszudrücken versucht habe: Mir scheint, dass die westliche Gesellschaft heute an einem unmäßigen Individualismus zugrunde geht, während im Osten, aufgrund eines unmäßigen Kollektivismus, noch nicht einmal eine Gesellschaft entstanden ist. In dem Maße, wie unser Individualismus hin zu einem klareren Begriff von gemeinschaftlichen Pflichten gelenkt wird und sich gleichzeitig im östlichen Kollektivismus die ersten Keime einer individuellen Freiheit zeigen, werden wir Fortschritte machen. In diesem Sinne beunruhigt es mich in keiner Weise, wenn die Arbeiten eines Mannes wie Heisenberg darauf hinauslaufen, eine gewisse statische und rein rationalistische Vorstellung vom Menschen in Frage zu stellen, wie sie sich im Abendland herausgebildet hat.

Zwar muss der Künstler die Freiheit für sich in Anspruch nehmen, im Namen derjenigen zu sprechen, die es selbst nicht können, doch schränkt er seinerseits diese Freiheit nicht dadurch ein, dass er wählen muss, für wen er spricht, und damit die anderen ausschließt?

Nun, das nennt man die begrenzte Freiheit, Mademoiselle. Die unbegrenzte Freiheit, das ist das Gegenteil der Freiheit. Nur die Tyrannen haben unbegrenzte Freiheit. Hitler war, relativ gesehen, ein freier Mensch, allerdings der einzige in seinem ganzen Reich. Aber wenn man wirkliche Freiheit will, dann darf sie nicht ausschließlich im Interesse des Individuums, das sie ausübt, ausgeübt werden. Die Freiheit hat ihre Grenze schon immer in der Freiheit der anderen gehabt, das ist eine alte Geschichte. Ich würde zu diesem Gemeinplatz hinzufügen, dass die Freiheit nur in dem Maße existiert, dass sie nur in dem Maße einen Sinn und einen Inhalt hat, wie sie von der Freiheit der anderen begrenzt ist. Eine Freiheit, die nur Rechte beinhaltet, wäre keine Freiheit. Das wäre eine Allmacht, eine Tyrannei.

Eine Freiheit, die gleichermaßen Rechte wie Pflichten umfasst, ist eine Freiheit, die einen Inhalt hat und gelebt werden kann. Alles andere, die unbegrenzte Freiheit, kann nicht gelebt werden, oder sie wird, äußerstenfalls, um den Preis des Todes der anderen gelebt. Die begrenzte Freiheit ist die einzige, die gleichzeitig demjenigen, der sie ausübt, zu leben ermöglicht wie auch denen, um derentwillen sie ausgeübt wird.

Führt die Vorstellung vom Künstler als Sprachrohr des leidenden Volkes nicht zurück ins Mittelalter oder zum Mythos, und ist sie der einzig mögliche Gegenentwurf zur bürgerlichen und individualistischen Literatur?

Ich verstehe die Frage, und ich denke, sie führt uns in Richtung der Wahrheit. Allerdings kehren wir nicht ins Mittelalter zurück – die Sache wurde schon vorher geregelt – und auch nicht ins Altertum. Wenn wir von Griechentum sprechen, dann glaube ich nicht, dass irgendeiner von uns hier eine Agora wiederaufbauen will, wo wir uns dann in kurzen Röcken ergehen. Wir kehren also nicht ins Mittelalter zurück.

Eine Rückkehr zum Mythos, das ist eine ganz andere Frage, die bereits wesentlich interessanter ist. Denn in der Tat sind einige der großen Werke unserer Zeit, wie beispielsweise *Moby Dick* von Melville,[72] Werke, die tiefgründige und subtile Wahrheiten in die Form eines Mythos gegossen haben, der für jedermann verständlich ist. Dieses Buch, *Moby Dick*, wird in Amerika den Schulkindern als Auszeichnung geschenkt, dabei stellt es eine der tiefschürfendsten und erschütterndsten Untersuchungen über das Problem des Bösen dar, die je von einem Künstler unternommen wurde. Folglich bleibt der Mythos auch für uns eine der möglichen Formen einer literarischen und künstlerischen Renaissance. Aber der Weg hin zu dieser künstlerischen Renaissance, hin zu dieser Kunst, die zu allen spricht, führt nicht über eine bestimmte Kunstform. Diese Renaissance wird vielleicht eine Wiedergeburt der Tragödie sein oder eine Blütezeit des Romans oder im Gegenteil eine Renaissance des Epischen – keine Ahnung. Aber was für diese Renaissance viel wichtiger ist, das ist die innere Haltung des Künstlers. Diese innere Haltung kann nur die Wahrhaftigkeit sein. Vielleicht wird besser verständlich, was ich mit Wahrhaftigkeit meine, wenn ich hinzufüge, dass man, meiner Auffassung nach, diese Wahrhaftigkeit nicht allein für sich praktizieren kann. Die Künstler, die sich freiwillig von der Welt absondern, müssen zwangsläufig auf ein gewisses Maß an Wahrhaftigkeit verzichten, aus dem einfachen Grund, weil die Wahrhaftigkeit nicht jener Zustand von Reinheit, jenes zur Weißglut erhitzte Eisen ist, sondern eine Art, sich dem anderen, in diesem Fall dem Leser oder dem Betrachter, wenn es sich um ein Gemälde, oder dem Zuschauer, wenn es sich um ein Theaterstück handelt, auf die schlichteste und ehrlichste Art zu offenbaren. Das klingt zwar ziemlich einfach, ist aber ganz klar der Gipfel der Kunst, den niemand von uns je erreichen wird. Gegenwärtig sind wir alle als Künstler in Europa so sehr von Hinderungsgründen, von Bedenken, vom Gewicht der Geschichte, der Beschleunigung der Dinge, der Menge der Informationen gefesselt, dass die schlichte und natürliche Wahrhaftigkeit eines Homer beispielsweise für uns unerreichbar ist. Aber es ist diese Wahrhaftigkeit und diese Schlichtheit, wonach wir streben müssen, aus dem einfachen Grund, dass sie jener gemeinsame Ort sind, an dem sich der Künstler und das Publikum begegnen. Ansonsten bin ich kein Prophet und vermag nicht zu sagen, welche Form diese Renaissance annehmen wird.

Warum haben Sie eingewilligt, über die Zukunft der europäischen Zivilisation zu sprechen, wenn Sie behaupten, sich vor allem für die Gegenwart zu interessieren?

Nun, was den aktuellen Anlass betrifft, so lautet die Antwort zunächst, dass ich über die Themen spreche, die man mir vorschlägt.

In zweiter Linie ist es ein Thema, das mich interessiert. Ich habe tatsächlich gesagt, dass mich nur die Gegenwart interessiert, aber ich verstehe unter Gegenwart etwas, was über den kommenden Tag oder das kommende Jahr hinausgeht. Die geschichtliche Gegenwart, das ist, grob gesagt, die heute lebende Generation. Was jedenfalls die Zukunft Europas einschließt. In dem Moment, wo meine Generation von der Bühne abtreten wird, um endlich ihren Urlaub zu nehmen, wird meine Gegenwart in gewisser Weise enden. Wenn ich auch beispielsweise keine Vorstellung vom Jahr 2000 habe, so habe ich doch eine ziemlich deutliche Vorstellung von den kommenden Jahren. Das sind die Jahre, die mir gehören. In diesem Sinne sind sie mir gegenwärtig. Alles, was auf eine Art vor mir liegt, die mich berührt, alles, was mir Leid oder Freude bereiten kann, das ist meine Gegenwart.

Ich war also derjenige, der unrecht hatte. Ich habe vorschnell eine Definition der Gegenwart gegeben, die nicht richtig war. Ihre Frage ist scharfsinnig, weil meine Formulierung es nicht war.

In Ihrem Vortrag Der Künstler in seiner Zeit *haben Sie sowohl die Kunst um der Kunst willen als auch die realistische Kunst kritisiert. Doch statt den künstlerischen Schaffensprozess nach dem Muster des Gegensatzes von Subjekt und Objekt zu denken, sollten wir ihn nicht eher als eine fort-*

schreitende Identifikation des Künstlers mit seinem Gegenstand begreifen? Bei einem Maler wie Braque beispielsweise gibt es einen ganzen Arbeitsprozess, in dessen Verlauf sich der Maler mit dem Gegenstand, den er malt, identifiziert. Ist ein solcher Identifikationsprozess auch in der Literatur möglich?

Ich glaube, dass er in der Poesie möglich ist, zumindest vermute ich es, da ich kein Dichter bin. In der Literatur hingegen halte ich ihn für unmöglich, aus dem einfachen Grund, dass man in der Prosa auf die Vermittlung durch die Vernunft nicht vollständig verzichten kann. Der Weg der Literatur führt über die Sprache, und die Sprache kommt nicht ohne Vermittlung durch die Vernunft aus. Wie Sie wissen, hat man es versucht. Die Erfahrungen mit dem sogenannten automatischen Schreiben waren interessant, zumindest als Erfahrungen. In gewissem Maße ist es auch möglich, die Technik des automatischen Schreibens zu nutzen (wir tun das alle, sogar die Schriftsteller, die dem Anschein nach mit der größten Selbstbeherrschung schreiben). Ich würde jedoch sagen, dass es unmöglich ist, daraus ein schöpferisches System zu machen, so wie Braque, in den Texten, die ich von ihm kenne, aus dieser quasi mystischen Identifikation ein schöpferisches System macht. Was in der Malerei möglich ist – denn die Tatsachen bestätigen es, Braque hat es gemacht –, scheint mir in der Literatur unmöglich. Ich kenne kein einziges Beispiel.

Identifiziert sich der Schriftsteller denn nicht mit seinen Figuren?

Wie gesagt, in einem gewissen Maß. Aber es bleibt eine teilweise Identifikation. Denn das Verfassen eines

Buches, insbesondere eines Romans, ist ein rationaler Prozess. Dabei kommt eine Ästhetik ins Spiel, die ihrerseits eine Verstandestätigkeit ist. Daher kann man sich, meiner Auffassung nach, einer Methode wie des automatischen Schreibens bedienen, aber man darf sich ihr nicht überlassen, wenn man Schriftsteller ist.

Müsste man die europäische Zivilisation nicht unabhängig von den geographischen Grenzen betrachten, auf die man sie gewöhnlich festlegt, und die Kultur so definieren, wie Isokrates die griechische Kultur verstanden hat: «Griechen sind für uns jene, die unsere Kultur teilen»? Den universalistischen Charakter der europäischen Zivilisation aufzugeben, ihre Strahlkraft, die über ihre geographischen Grenzen hinausgeht, läuft das nicht darauf hinaus, ihren Untergang zu beschleunigen?

Mein Gefühl geht sehr stark in Richtung dessen, was Sie sagen. Kein geistiges Phänomen lässt sich vernünftigerweise räumlich auf einen Ort begrenzen. Die geographischen Grenzen waren noch nie die Grenzen des Geistes. Ohne Zweifel hat der Einfluss der europäischen Zivilisation die Grenzen gesprengt, innerhalb derer sie entstand. Ihr Einfluss hat im Übrigen in einem Maße über diese Grenzen hinaus gewirkt, dass man ihre Spuren in Nationen oder in Gebieten finden kann, die nicht im engen Sinne europäisch sind. Zugleich gehört England zweifellos nur halb zu Europa, sowohl geographisch wie kulturell.

Diese Vielfalt, diese Nuancen, diese Unterschiede sprechen jedoch nicht dagegen, der Einfachheit halber geographische Grenzen zu ziehen, die grob das herkömmliche Gebiet der europäischen Zivilisation markieren.

Was die Frage betrifft, ob diese Zivilisation zwangsläufig andere Völker beeinflussen muss, wenn sie nicht untergehen will, nun, so bin ich weitgehend Ihrer Ansicht, aber für mich ist das ein Grund zur Hoffnung. Im Moment wird Europa vor allem von europäischen Ideen bedroht und insbesondere von der Erhebung der Kolonien, die in den europäischen Schulen die freiheitlichen Gedanken kennengelernt haben. Das scheint mir etwas zu sein, das uns zuversichtlich machen sollte, auch wenn es natürlich gleichzeitig Anlass zur Beunruhigung gibt.

Schätzt man in Frankreich das Werk von Kazantzakis[73]?
Ich glaube, ich habe das schon erwähnt, es wird sehr geschätzt. Zwei seiner Romane sind übersetzt worden. Auch einige Gedichtsammlungen, eigentlich müsste man eher von poetischer Prosa sprechen, darunter *Askese*, hat man übersetzt. Zwei seiner Theaterstücke sind übersetzt und gedruckt worden. Wir hoffen darauf, sie eines Tages auf der Bühne zu sehen.

Nur wenige ausländische Schriftsteller genießen bei uns im Augenblick eine solche literarische Anerkennung. Es gibt ausländische Schriftsteller, die einen größeren literarischen Ruf haben, Männer wie Faulkner oder Thomas Mann, Männer, die weltbekannt sind und in Frankreich viel mehr gelesen und viel mehr übersetzt werden. Aber unter den Schriftstellern, die man in Frankreich gerade erst entdeckt und deren Bekanntheit, wie ich hoffe, nach und nach wachsen wird, ist Kazantzakis zweifellos einer der größten. Im Übrigen übersetzt man auch jüngere griechische Schriftsteller, so wurde Margarita Liberaki übersetzt, und zwei ihrer Romane sind bei Gallimard erschienen.[74]

Hat der französische Roman seit Balzac und Stendhal Fortschritte gemacht?

Kein lebender Schriftsteller würde es heute wagen, sich mit diesen großen Toten zu messen.

DIE ZUKUNFT DER TRAGÖDIE 1955

Nachdem er am Tag zuvor an der Diskussion über die Zukunft der europäischen Zivilisation *bei der Union culturelle gréco-française teilgenommen hatte, sprach Camus am 29. April 1955 beim Athener Institut français über das zeitgenössische Theater. Der Vortragstext blieb unveröffentlicht, bis er 1965 von Roger Quilliot in den Band* Essais *der ersten Camus-Werkausgabe in der* Bibliothèque de la Pléiade *aufgenommen wurde. Die Auszüge aus den Theaterstücken, mit denen Camus seinen Vortrag illustrierte, werden im Folgenden nicht wiedergegeben.*

Ein orientalischer Weiser pflegte in seinen Gebeten stets um die Gnade zu bitten, die Gottheit möge ihm ersparen, in interessanten Zeiten zu leben. Uns ist es nicht erspart geblieben. Unsere Zeiten sind außerordentlich interessant, das heißt, sie sind tragisch. Haben wir, um uns von unseren Leiden zu läutern, wenigstens ein Theater, das auf der Höhe unserer Zeit ist, oder können wir auf ein solches Theater hoffen? Anders gesagt: Ist eine moderne Tragödie möglich? Diese Frage möchte ich mir heute stellen. Aber ist sie überhaupt sinnvoll? Ist es nicht eine Frage von der Art wie «Werden wir bald eine gute Regierung haben?» oder «Werden unsere Schriftsteller irgendwann Bescheidenheit lernen?» oder «Werden die

Reichen bald ihr Vermögen unter den Armen verteilen?». Das sind gewiss interessante Fragen, aber sie geben doch eher Anlass zum Träumen als zum Nachdenken.

Ich glaube nicht, dass es sich um eine Frage dieser Art handelt. Ich glaube vielmehr, dass es legitim ist, über die moderne Tragödie nachzudenken, und dafür gibt es zwei Gründe: Der erste Grund ist, dass die großen Epochen der tragischen Kunst stets Zeiten geschichtlicher Umbrüche sind, Momente, in denen das Leben der Völker zugleich großartig und bedroht ist, in denen die Zukunft ungewiss und die Gegenwart dramatisch ist. Hat nicht Aischylos in zwei Kriegen gekämpft, und war Shakespeare nicht Zeitgenosse einer recht ansehnlichen Folge von Gräueln? Und stehen nicht beide zudem an einer Art gefahrvollem Wendepunkt ihrer Zivilisation?

Es ist auffällig, dass es in den drei Jahrtausenden von der dorischen Epoche bis zur Atombombe nur zwei Blütezeiten der tragischen Kunst gegeben hat, die beide zudem zeitlich und räumlich eng begrenzt sind. Die erste ist die Zeit der griechischen Tragödie. Sie dauert ein Jahrhundert lang, von Aischylos bis Euripides, und ist auf bemerkenswerte Weise in sich geschlossen. Die zweite dauert kaum länger und erlebt ihre langanhaltende, von einem je unterschiedlichen Ethos geprägte Blüte in drei benachbarten Ländern, welche die führenden Nationen des westlichen Europa waren. Man hat sich in der Tat zu wenig bewusst gemacht, dass die großartige Eruption des elisabethanischen Theaters, das spanische Theater des Goldenen Zeitalters und die französische Tragödie des 17. Jahrhunderts beinahe zeitgleiche Phänomene sind. Bei Shakespeares Tod ist Lope de Vega vierundfünfzig Jahre alt, und ein Großteil seiner Stücke ist schon zur

Aufführung gekommen. Calderón und Corneille leben bereits. Zwischen Shakespeare und Racine liegt keine größere zeitliche Distanz als zwischen Aischylos und Euripides. Zumindest aus geschichtlicher Perspektive können wir sagen, dass es sich während des Zeitalters der Renaissance um eine einzige großartige Blüte handelt, die im inspirierten Chaos der elisabethanischen Bühne ihren Anfang nimmt und sich ein Jahrhundert später in formaler Perfektion in der französischen Tragödie vollendet.

Zwischen diesen beiden tragischen Momenten vergehen fast zwei Jahrtausende. In diesen zwei Jahrtausenden: nichts. Nichts außer dem christlichen Mysterienspiel, das dramatisch sein kann, aber nicht tragisch – warum, darauf ich werde später noch eingehen. Man kann also sagen, dass es sich um sehr außergewöhnliche Epochen handelt, die uns eben durch ihre Eigenarten etwas über die Voraussetzungen des tragischen Ausdrucks sollten lehren können. Das ist, meines Erachtens, ein äußerst fesselndes Thema, das es wert wäre, von ausgebildeten Historikern gründlich und mit Geduld untersucht zu werden. Aber es übersteigt meine Kompetenz, und ich möchte dazu nur einige Überlegungen aus der Sicht eines Theatermannes anstellen.

Betrachtet man die Bewegung der Ideen in diesen beiden Epochen ebenso wie in den tragischen Werken dieser Zeiten, stößt man auf eine Konstante. Beide Zeitalter sind gleichermaßen geprägt durch den Übergang von Formen eines kosmischen Denkens, die tief durchdrungen sind von der Vorstellung des Göttlichen und des Heiligen, zu anderen Denkformen, die von individuellen und rationalistischen Überlegungen geprägt sind. Die geistige Bewegung, die sich von Aischylos zu Euripides vollzieht, entspricht grob gesagt der, die von den großen vorsokratischen Denkern zu Sokrates führt (jenem Sokrates, der die Tragödie verachtete, wobei er allerdings für Euripides eine Ausnahme machte). Ebenso bewegen wir uns von Shakespeare zu Corneille aus einer Welt dunkler und geheimnisvoller Kräfte, die noch die des Mittelalters ist, in ein Universum individueller Werte, die vom menschlichen Willen und der menschlichen Vernunft vertreten und verteidigt werden (wenn sich eine von Racines Figuren opfert, dann fast immer aus Vernunftgründen). Es handelt sich im Großen und Ganzen um dieselbe Bewegung, die von den leidenschaftlichen Theologien des Mittelalters zu Descartes führt. Auch wenn diese Entwicklung in Griechenland klarer hervortritt, weil sie weniger komplex und auf einen einzigen Ort begrenzt ist, so ist sie doch in beiden Fällen dieselbe. In der Geschichte der Ideen löst sich hier wie dort das Individuum nach und nach aus einer heiligen Gemeinschaft heraus und lehnt sich gegen die alte Welt des Schreckens und der Frömmigkeit auf. Hier wie dort erkennen wir in den Werken einen Übergang von der rituellen Tragödie und der gleichsam religiösen Feier zur psychologischen Tragödie. Und hier wie dort lässt der endgültige Triumph der individuellen Vernunft – im 4. Jahrhundert in Griechenland, im 18. Jahrhundert in Europa – die tragische Schaffenskraft für Jahrhunderte versiegen.

Was für Schlüsse für unsere Zeit können wir aus diesen Beobachtungen ziehen? Zunächst die sehr allgemeine Feststellung, dass ein tragisches Zeitalter stets mit einer Entwicklung zusammenfällt, in deren Verlauf der Mensch sich, bewusst oder unbewusst, von einer überkommenen Form der Zivilisation löst und sich in einem Zustand des Bruchs mit ihr befindet, ohne jedoch bereits eine neue, befriedigende Form gefunden zu haben. Heute, im Jahre 1955, befinden wir uns, so scheint mir, erneut in einer solchen Situation, und daher drängt sich die Frage auf, ob diese innere Zerrissenheit bei uns einen tragischen Ausdruck finden kann. Allerdings sollten uns die zwei Jahrtausende, die Euripides von Shakespeare trennen, zur Vorsicht mahnen. Letztlich ist die Tragödie eine äußerst seltene Blume, und die Wahrscheinlichkeit, sie in unserer Epoche erblühen zu sehen, bleibt klein.

Ein zweiter Grund gibt jedoch Anlass, diese Wahrscheinlichkeit nicht vorschnell auszuschließen. Es handelt sich dabei um ein äußerst eigentümliches Phänomen, das wir in Frankreich seit etwas dreißig Jahren beobachten können, genauer gesagt seit Jacques Copeaus Theaterreform.[75] Dieses Phänomen besteht darin, dass die Schriftsteller sich dem Theater zuwenden, das bis dahin die Domäne der Stückefabrikanten und -händler war. Dadurch, dass die Schriftsteller wieder beginnen, für das Theater zu schreiben, kommt es zu einer Wiederbelebung tragischer Formen, die darauf abzielen, die dramatische Kunst erneut ihren angestammten Platz an der Spitze der literarischen Künste einnehmen zu lassen. Vor Copeau war (mit Ausnahme von Claudel, der nicht gespielt wurde) der bevorzugte Ort, an dem das theatralische Opfer vollzogen wurde, das Doppelbett. Wenn das Stück besonders gelungen war, dann vervielfachte sich die Zahl der Opfer und die der Betten ebenfalls. Kurz, ein Geschäft wie so viele andere, bei dem, wenn ich so sagen darf, Dummheit die gängige Währung war. Hier übrigens, was Copeau dazu meinte:

«[...] sollen wir deutlicher sagen, welches Gefühl uns bewegt, welche Leidenschaft uns treibt, uns zwingt, uns nötigt, bis wir ihr schließlich nachgeben: es ist die *Empörung*.

Eine hemmungslose Kommerzialisierung zerstört unsere französische Bühne mit ihrem Zynismus von Tag zu Tag weiter und treibt das kultivierte Publikum in die Flucht. Die meisten Theater sind von einer Handvoll Hanswurste beherrscht, die im Sold von schamlosen Geschäftemachern stehen. Überall, und auch da, wo die großen Traditionen noch für einen gewissen Anstand sorgen müssten, herrscht derselbe Geist des Schmierenkomödiantentums und der Spekulation, dieselbe Niedrigkeit; überall der Bluff, überall die Übertreibung in allen Spielarten und der Exhibitionismus in allen Variationen, die bei einer Kunst schmarotzen, die im Sterben liegt und um die es schon längst nicht mehr geht; überall Willenlosigkeit, Unordnung, Disziplinlosigkeit, Unwissen und Dummheit, Verachtung des Schöpfertums, Hass auf die Schönheit; immer irrwitzigere und eitlere Inszenierungen, eine immer willfährigere Kritik, ein immer verkommenerer Publikumsgeschmack: Das empört uns, dagegen lehnen wir uns auf.»[76]

Nach diesem eindrucksvollen Aufschrei, auf den die Gründung des Théâtre du Vieux-Colombier folgte, hat das Theater bei uns – und dafür schulden wir Copeau ewigen Dank – nach und nach seinen Adel wiedergefunden, das heißt: einen Stil. Gide, Martin du Gard, Giraudoux, Montherlant, Claudel und zahlreiche andere haben ihm einen Glanz und einen Anspruch wiedergegeben, die seit hundert Jahren verschwunden waren. Gleichzeitig hat eine Bewegung des Nachdenkens über das Theater eingesetzt, deren bedeutendstes Ergebnis das schöne Buch *Das Theater und sein Double* von Antonin Artaud ist,[77] während der Einfluss ausländischer Theoretiker wie Gordon Craig[78] und Appia[79] die Dimension des Tragischen wieder ins Zentrum unserer Aufmerksamkeit gerückt hat.

Nachdem ich alle diese Eindrücke zusammengetragen habe, sollte es nun möglich sein, Ihnen die Frage, die ich aufwerfen will, klar zu umreißen. Unsere Epoche fällt mit einem Drama der Zivilisation zusammen, das dem tragischen Ausdruck günstig sein könnte, wie dies schon in früheren Zeiten der Fall war. Zugleich arbeiten zahlreiche Schriftsteller, in Frankreich und anderswo, an einer Tragödie für unsere Zeit. Ist dieser Traum realistisch, lässt sich dieses Unternehmen verwirklichen und, wenn ja, unter welchen Bedingungen? – Das ist, meiner Ansicht nach, die brennende Frage, die sich all jenen stellt, deren Leidenschaft dem Theater gilt wie einem zweiten Leben. Es versteht sich von selbst, dass niemand heute in der Lage ist, auf diese Frage eine abschließende Antwort zu geben, von der Art: «Bedingungen günstig. Tragödie folgt.» Ich werde mich daher auf einige Bemerkungen über diese große Hoffnung beschränken, die die kultivierten Menschen des Abendlands umtreibt.

Zunächst: Was ist eine Tragödie? Die Definition des Tragischen hat den Literarhistorikern ebenso wie den Schriftstellern viel zu denken gegeben, ohne dass man sich auf eine Formel hätte einigen können. Ich will nicht so tun, als könnte ich ein Problem lösen, angesichts dessen so viele kluge Köpfe unschlüssig sind. Doch kann man sich der Frage zumindest auf dem Wege des Vergleichs nähern und versuchen, herauszufinden, wodurch sich die Tragödie beispielsweise vom Drama oder vom Melodram unterscheidet. Der Unterschied scheint mir folgender zu sein: Die Kräfte, die sich in der Tragödie gegenüberstehen, sind gleichermaßen im Recht und haben gleichermaßen gute Gründe. Im Drama oder Melodram ist hingegen nur eine Seite im Recht. Anders ausgedrückt: Die Tragödie ist mehrdeutig, das Drama eindeutig. In der Tragödie ist jede Kraft zugleich gut und schlecht. Im Drama verkörpert die eine Kraft das Gute und die andere das Böse (aus diesem Grund ist das propagandistische Theater unserer Tage nichts weiter als eine Wiederbelebung des Melodrams). Antigone hat recht, aber deswegen hat Kreon nicht unrecht. Ebenso hat Prometheus zwar die Gerechtigkeit auf seiner Seite, ist aber zugleich im Unrecht, während Zeus, der ihn unerbittlich verfolgt, ebenfalls im Recht ist. Die Formel des Melodrams wäre also: «Nur einer ist gerecht und gerechtfertigt», während die tragische Formel schlechthin lauten würde: «Alle sind gerechtfertigt, aber keiner ist gerecht.» Deshalb mahnt der Chor der antiken Tragödie grundsätzlich zur Umsicht. Denn er weiß, dass jeder in gewissen Grenzen recht hat und dass derjenige, der – ob aus Verblendung oder Leidenschaft – diese Grenzen überschreitet, auf eine Katastrophe zusteuert, wenn er einem Recht zum Sieg verhelfen will, das er als Einziger zu haben meint.

Das durchgängige Thema der antiken Tragödie ist mithin die Grenze, die nicht überschritten werden darf. Auf beiden Seiten dieser Grenze stehen sich gleichermaßen legitime Kräfte gegenüber, in einer angespannten und ununterbrochenen Konfrontation. Diese Grenze zu missachten, dieses Gleichgewicht zu durchbrechen, bedeutet den Tod. Auch in *Macbeth* oder in *Phädra* findet man diese Vorstellung der Grenze wieder, die nicht überschritten werden darf und jenseits derer Tod und Unheil lauern (wenn auch in weniger reiner Form als in der griechischen Tragödie). So lässt sich schließlich erklären, warum das idealtypische Drama – das romantische Drama zum Beispiel – vor allem durch Bewegung und Handlung charakterisiert ist. Denn es stellt den Kampf des Guten gegen das Böse und die Wechselfälle dieses Kampfes dar, während die idealtypische Tragödie und insbesondere die griechische Tragödie vor allem anderen durch eine Spannung gekennzeichnet ist: In ihr stehen sich zwei Mächte in verbissener Unbeweglichkeit gegenüber, die beide doppelte Masken des Guten und des Bösen tragen. Es versteht sich natürlich von selbst, dass die dramatische Literatur alle möglichen Zwischenstufen zwischen diesen beiden Extremformen des Dramas und der Tragödie aufweist.

Aber um bei den Reinformen zu bleiben, was sind diese beiden Mächte, die sich in der antiken Tragödie gegenüberstehen? Nimmt man den *Gefesselten Prometheus*[80] als typisches Beispiel dieser Art von Tragödie, dann lässt sich sagen, dass sich der Mensch und sein Streben nach Macht auf der einen Seite und das göttliche Prinzip, das sich in der Welt widerspiegelt, auf der anderen Seite gegenüberstehen. Die Tragödie entsteht dann, wenn der Mensch aus Hochmut (oder Dummheit, wie Ajax) die göttliche Ordnung in Frage stellt, die in einem Gott personifiziert oder in der Gesellschaft verkörpert ist. Und die Tragödie wird umso größer, je berechtigter die Auflehnung und je notwendiger die Ordnung ist.

Daraus folgt, dass alles, was innerhalb der Tragödie darauf abzielt, dieses Gleichgewicht aufzulösen, die Tragödie selbst zerstört. Wenn sich die göttliche Ordnung nicht in Frage stellen lässt und nur Verstoß und Reue möglich sind, dann hat man keine Tragödie mehr. Dann hat man ein Mysterienspiel oder eine Parabel oder das, was die Spanier als *Auto sacramental* bezeichnen, mit anderen Worten ein Schauspiel, das der feierlichen Verkündigung der einzigen Wahrheit dient. Es kann mithin ein religiöses Drama geben, aber keine religiöse Tragödie. Das erklärt das Verstummen der Tragödie bis zur Renaissance. Für das Christentum umfasst die göttliche Ordnung das ganze Universum, den Menschen und die Welt. Daher gibt es keine Spannung zwischen dem Menschen und dem göttlichen Prinzip, sondern allenfalls Unkenntnis und die Schwierigkeit, den fleischlichen Menschen abzulegen und den Leidenschaften zu entsagen, um die geistliche Wahrheit anzunehmen. Und vielleicht hat es am Ende in der Geschichte nur eine einzige christliche Tragödie gegeben. Sie spielte sich auf dem Berg Golgatha ab, in einem unmerklichen Augenblick, im Moment des «Mein Gott, warum hast du mich verlassen?». Dieser flüchtige Zweifel, und nur er, ließ die Uneindeutigkeit einer tragischen Situation aufblitzen. Danach bestand an der Göttlichkeit Christi kein Zweifel mehr. Die Messe, die diese Göttlichkeit jeden Tag sichtbar bestätigt, ist die eigentliche Form des religiösen Theaters im Abendland. Aber sie ist nicht Erfindung oder Schöpfung, sondern Wiederholung.

Doch gilt auch umgekehrt: Auch alles, was das Individuum befreit und das Universum seinem rein menschlichen Gesetz unterwirft, insbesondere wenn dabei der Geheimnischarakter der Existenz geleugnet wird, zerstört die Tragödie. Eine rationalistische und atheistische Tragödie ist mithin genauso unmöglich. Wenn alles Geheimnis ist, kann es keine Tragödie geben. Wenn alles Vernunft ist, genauso wenig. Die Tragödie entsteht zwischen Schatten und Licht und durch ihren Gegensatz. Und das ist leicht zu begreifen. Im religiösen oder atheistischen Drama ist das Problem nämlich bereits im Voraus gelöst. In der idealen Tragödie hingegen gibt es keine Lösung. Der Held lehnt sich auf und verneint die Ordnung, die ihn unterdrückt. Die göttliche Macht wird in der Unterdrückung in dem Maße sichtbar, in dem sie geleugnet wird. Anders gesagt, die Revolte allein macht noch keine Tragödie. Die Bekräftigung göttlicher Macht genauso wenig. Nötig sind eine Revolte und eine Ordnung, die sich gegeneinanderstemmen und sich mit ihrer Kraft gegenseitig verstärken. Ohne das Schicksal, welches das Orakel verkündet, gäbe es keinen Ödipus. Doch wenn Ödipus sich nicht weigern würde, das Schicksal anzunehmen, könnte es sich nicht in seiner ganzen Zwangsläufigkeit entfalten.

Und wenn die Tragödie im Tod oder in der Bestrafung endet, dann ist es wichtig, sich klarzumachen, dass das, was bestraft wird, nicht das Verbrechen an sich ist, sondern die Verblendung des Helden, der das Gleichgewicht und die Spannung geleugnet hat. Wir sprechen hier allerdings vom Idealtyp einer tragischen Situation. So gewährt Aischylos, der noch ganz nah bei den religiösen und dionysischen Ursprüngen der Tragödie ist, dem Orest im letzten Teil seiner Trilogie Vergebung: Auf die *Erinnyen* folgen die *Eumeniden.* Bei Sophokles hingegen ist das Gleichgewicht die meiste Zeit über absolut, und in dieser Hinsicht ist er der größte Tragiker aller Zeiten. Euripides wiederum verschiebt das tragische Gleichgewicht in Richtung auf das Individuum und die Psychologie. Er weist damit bereits auf das individualistische Drama voraus, das heißt auf den Niedergang der Tragödie. Ebenso sind die großen shakespeareschen Tragödien noch in einer Art gewaltigem kosmischem Mysterium verwurzelt, das dem Handeln seiner von ihren Leidenschaften gelenkten Individuen einen geheimnisvollen Widerstand entgegensetzt, während bei Corneille die Moral des Individuums triumphiert und sich, gerade in der Perfektion der Corneille'schen Tragödien, das Ende der Gattung ankündigt.

Man hat daher die Auffassung vertreten, dass die Tragödie zwischen den Polen eines zum äußersten gesteigerten Nihilismus und einer unbegrenzten Hoffnung hin- und herschwankt. Dem stimme ich vollkommen zu. Der Held verneint die Ordnung, die ihn straft, und die göttliche Ordnung straft, weil sie geleugnet wird. Beide bestätigen damit gegenseitig ihre Existenz, im selben Moment, in dem sie in Frage gestellt wird. Somit ist alles und nichts gerechtfertigt. Der Chor zieht daraus die Lehre, dass es eine Ordnung gibt und diese Ordnung Leid hervorbringen kann, dass es aber noch schlimmer ist, die Existenz dieser Ordnung nicht anzuerkennen. Die einzige Läuterung besteht darin, nichts zu verneinen und nichts auszuschließen, mithin den Geheimnischarakter der Existenz, die Grenzen des Menschen und schließlich jene Ordnung, in der man weiß, ohne zu wissen, zu akzeptieren. «Alles ist gut», sagt Ödipus, und man reißt ihm die Augen aus. Er wird nie wieder sehen, doch von nun an weiß er, dass seine Nacht hell ist, und auf jenem Gesicht mit den toten Augen spiegelt sich der Glanz der erhabensten Lehre, die das tragische Universum uns lehrt.

Was folgt aus diesen Überlegungen? Ein Vorschlag und eine Arbeitshypothese, mehr nicht. Es hat in der Tat den Anschein, als entstehe die Tragödie im Abendland immer dann, wenn das Pendel der Zivilisation gleich weit entfernt ist von einer vom Heiligen geprägten Gesellschaft und einer Gesellschaft, in deren Mittelpunkt der Mensch steht. Zwei Mal und mit einem Zwischenraum von zweitausend Jahren haben wir eine Auseinandersetzung zwischen einer Welt, die noch im Sinne des Heiligen interpretiert wird, und dem Menschen, der bereits seine Einzigartigkeit entdeckt hat, der also bereits über die Waffe des Infragestellens verfügt. In beiden Fällen gewinnt in der Folgezeit das Individuum immer stärkere Konturen, das Gleichgewicht wird nach und nach zerstört, und schließlich verstummt der tragische Geist. Wenn Nietzsche Sokrates beschuldigt, der Totengräber der griechischen Tragödie zu sein,[81] dann hat er in gewissem Sinne recht. Und zwar genau in dem Sinne, in dem Descartes das Ende der Renaissance-Tragödie markierte. Im Zeitalter der Renaissance ist es das traditionelle christliche Universum, das von der Reformation, der Entdeckung der Welt und der Blüte des wissenschaftlichen Geistes in Frage gestellt wird. Das Individuum beginnt, sich gegen das Heilige und das Schicksal zu erheben. Shakespeare schickt seine von ihren Leidenschaften gelenkten Geschöpfe in den Kampf gegen die gleichzeitig schlechte und gerechte Ordnung der Welt. Tod und Mitleid überfluten die Bühne, und von neuem erklingen jene unwiderruflichen Worte der Tragödie: «Schon entspringt meiner Verzweiflung ein besseres Leben.»[82] Dann neigt sich die Waage wieder mehr und mehr in die andere Richtung. Mit Racine und der französischen Tragödie vollendet sich die tragische Bewegung in der Vollkommenheit einer Kammermusik. Von Descartes und dem wissenschaftlichen Denken mit ihren Waffen versehen, ruft die siegreiche Vernunft nun die Rechte des Individuums aus und räumt die Bühne: Die Tragödie tritt auf die Straße hinaus, auf die Blutgerüste der Revolution. Die Romantik wird keine Tragödien hervorbringen, sondern nur Dramen, und von diesen nähern sich nur diejenigen von Kleist und Schiller wahrer Größe. Der Mensch ist allein, er steht also keinem Gegner mehr gegenüber, außer sich selbst. Er ist keine tragische Gestalt mehr, sondern ein Abenteurer: Drama und Roman sind die Kunstformen, mit denen er sich am besten darstellen lässt. So ist der Geist der Tragödie verschwunden, und selbst in der heutigen Zeit haben die ungeheuerlichsten Kriege der Geschichte keinen tragischen Dichter hervorgebracht.

Was also könnte Anlass geben, auf eine Renaissance der Tragödie in unserer Zeit zu hoffen? Wenn unsere Hypothese zutrifft, dann ist unser einziger Grund zur Hoffnung, dass der Individualismus heute eine spürbare Veränderung durchläuft und das Individuum, unter dem Druck der Geschichte, allmählich seine Grenzen erkennt. Jene Welt, von der das Individuum des 18. Jahrhunderts dachte, es könne sie durch Vernunft und Wissenschaft unterwerfen und nach seinen Vorstellungen gestalten, hat Form angenommen, jedoch eine monströse Form. Es ist die Welt der Geschichte, zugleich rational und maßlos. Doch hat die Maßlosigkeit einen solchen Grad erreicht, dass die Geschichte die Gestalt des Schicksals angenommen hat. Der Mensch beginnt zu zweifeln, dass er sie beherrschen kann, es bleibt ihm nur, sich in ihr zum Kampf zu stellen. Durch ein merkwürdiges Paradox hat die Menschheit sich mit denselben Waffen, mit denen sie das Schicksal bekämpft hat, ein feindseliges Geschick geschaffen. Nachdem er aus der Herrschaft des Menschen einen Gott gemacht hat, wendet der Mensch sich nun von neuem gegen diesen Gott. Gleichzeitig kämpferisch und verunsichert, stellt er ihn in Frage, zerrissen zwischen der absoluten Hoffnung und dem endgültigen Zweifel. Damit lebt er in einem tragischen Klima. Das erklärt möglicherweise, warum die Tragödie nach einer Wiedergeburt strebt. Der heutige Mensch, der seine Auflehnung herausschreit in dem Wissen, dass diese Auflehnung ihre Grenzen hat, der die Freiheit fordert und sich der Notwendigkeit beugt, dieser widersprüchliche, zerrissene Mensch, der sich von nun an der Uneindeutigkeit des Menschen und seiner Geschichte bewusst ist, ist der tragische Mensch schlechthin. Vielleicht wird es ihm einmal gelingen, seine eigene Tragödie in Worte zu fassen, an dem Tag, an dem *alles gut ist.*

Und tatsächlich können wir in der Renaissance der französischen Dramatik erste, noch unsichere Schritte in eine solche Richtung beobachten. Unsere Dramatiker sind auf der Suche nach einer tragischen Sprache, da es keine Tragödie ohne Sprache gibt. Und es ist umso schwieriger, diese Sprache zu entwickeln, als sie die Widersprüche der tragischen Situation widerspiegeln muss. Sie muss gleichzeitig feierlich und vertraut, barbarisch und gelehrt, geheimnisvoll und klar, hochmütig und mitleidheischend sein. Auf der Suche nach einer solchen Sprache sind unsere Schriftsteller instinktiv zu den Quellen zurückgekehrt, also in die Epochen der Tragödie, von denen ich gesprochen habe. So haben wir bei uns eine Renaissance der griechischen Tragödie erlebt, jedoch in den einzigen beiden Formen, die hochgradig individualistischen Geistern möglich sind. Diese Formen sind die Parodie oder die Überführung ins künstliche und literarische, das heißt allgemein gesagt: der Humor und die Phantasie, denn nur das Komische gehört zum Reich des Individuums. Zwei gute Beispiele für diese Haltung bieten Gides *Ödipus*[83] und *Der trojanische Krieg* von Giraudoux.[84] *[Camus liest Auszüge aus beiden Stücken vor.]*

In Frankreich konnte man darüber hinaus ein Bemühen feststellen, dem Heiligen wieder einen Platz auf der Bühne einzuräumen. Was nur logisch war. Doch musste man dafür auf überkommene Bilder vom Heiligen zurückgreifen, wohingegen die Aufgabe, der sich die moderne Tragödie gegenübersieht, darin besteht, ein neues Heiliges zu schaffen. Wir wohnten daher entweder einer stilistischen und gefühlsmäßigen Nachahmung bei, wie bei Montherlants *Port-Royal*[85], das zurzeit in Paris Erfolge feiert *[Camus liest Auszüge aus dem Stück vor],* oder der Wiederbelebung eines authentischen christlichen Gefühls wie in der wunderbaren *Mittagswende*[86]. *[Lesung von Auszügen.]* Hier erkennt man jedoch auch, inwiefern das religiöse Theater untragisch ist: Es geht in diesem Theater nicht um das Kräftemessen zwischen Geschöpf und Schöpfung, sondern darum, dem Geschöpf zu entsagen. In gewissem Sinne sind die Werke, die Claudel vor seiner Konversion verfasst hat, wie *Goldhaupt* oder *Die Stadt*[87], für unsere Frage von größerer Bedeutung.

Stets geht das religiöse Theater jedoch der Tragödie voraus. In gewissem Sinne kündigt es die Tragödie an. Es ist daher nicht verwunderlich, dass das dramatische Werk, in dem der tragische Stil, wenn auch noch nicht die tragische Situation, bereits spürbar wird, ein Drama von Henry de Montherlant ist – *Der Ordensmeister*[88] –, aus dem ich Ihnen die beiden zentralen Szenen vorlesen will. *[Lesung.]*

Schluss. Meines Erachtens gibt es in einem solchen Werk eine echte Spannung, auch wenn sie ein wenig rhetorisch und vor allem sehr individualistisch ist. Aber mir scheint, dass sich hier eine tragische Sprache ausbildet, die uns bereits mehr vermittelt als das Drama selbst. Auch wenn sie uns nicht die Gewissheit geben, dass eine Renaissance des Tragischen möglich ist, so lassen die Versuche und Erkundungen, von denen ich mich bemüht habe, Ihnen einige herausragende Beispiele vorzustellen, doch zumindest auf eine solche Renaissance hoffen. Der Weg, der dabei noch vor uns liegt, muss zunächst von unserer Gesellschaft zurückgelegt werden, auf der Suche nach einer Synthese von Freiheit und Notwendigkeit, und von jedem Einzelnen von uns, wobei wir uns unsere Kraft zur Auflehnung bewahren müssen, ohne der Macht der Negation in uns nachzugeben. Wenn dies gelingt, dann wird das tragische Empfinden, das in unserer Zeit Gestalt annimmt, sich entfalten und seinen Ausdruck finden können. Kurz gesagt, die eigentliche moderne Tragödie konnte ich Ihnen nicht vorlesen, da sie noch nicht existiert. Damit sie entstehen kann, brauchen wir Geduld und ein Genie.

Aber ich wollte Ihnen zumindest ein Gefühl dafür vermitteln, dass es heute in der französischen Dramatik eine Art nebelhaftes Tragisches gibt, das sich an gewissen Punkten zu verdichten beginnt. Natürlich kann ein kosmischer Sturm dieses nebelhafte Etwas hinwegfegen und mit ihm die entstehenden Himmelskörper. Doch wenn die Entwicklung trotz der Stürme der Zeit ihren Lauf nimmt, dann werden diese vielversprechenden Ansätze Früchte tragen, und das Abendland wird vielleicht eine Renaissance des Dramas erleben. Sicher ist, dass sie sich überall auf der Welt vorbereitet. Indessen, und ich sage dies nicht aus Nationalismus (ich liebe mein Land zu sehr, um Nationalist zu sein), lassen sich in Frankreich bereits die Vorzeichen einer solchen Renaissance erkennen.

In Frankreich, ja. Doch das Vorbild und die unerschöpfliche Quelle, diese gemeinsame Überzeugung sollte aus meinen Worten deutlich geworden sein, wird für uns immer der griechische Geist bleiben. Um gleichzeitig diese Hoffnung und eine zweifache Dankbarkeit Ihnen gegenüber zum Ausdruck zu bringen – zunächst die Dankbarkeit der französischen Schriftsteller gegenüber Griechenland, ihrer gemeinsamen Heimat, und dann meine Dankbarkeit für Ihre Gastfreundschaft, könnte ich diesen letzten Vortrag nicht besser beenden als mit einem Auszug aus jener großartigen, zugleich gelehrten und barbarischen Übertragung, die Paul Claudel von Aischylos' *Eumeniden* angefertigt hat,[89] einer Übertragung, in der sich unsere beiden Sprachen gegenseitig durchdringen und zu einem einzigen außergewöhnlichen und prachtvollen Text verschmelzen. *[Lesung.]*

SPANIEN UND DER DONQUIJOTISMUS
1955

Am 23. Oktober 1955 fand im Auditorium Richelieu der Pariser Sorbonne ein Festakt anlässlich des dreihundertfünfzigsten Jahrestages des Erscheinens des Don Quijote *statt.*[90] *Camus nutzte seine dort gehaltene Rede, um nicht nur Cervantes klassischen Roman zu würdigen, den er zu «den drei oder vier Werken» zählte, «die das enorme Gebirge der Schöpfungen des menschlichen Geistes krönen», sondern auch an Miguel de Unamuno zu erinnern. Seit seiner berühmten Rede vom 12. Oktober 1936 als Rektor der Universität von Salamanca galt der spanische Intellektuelle als Schlüsselgestalt des Antifranquismus. Vor einem Publikum franquistischer und falangistischer Würdenträger hatte Unamuno damals an Vernunft und Recht appelliert und das brutale Vorgehen von Francos Truppen kritisiert. Von seinem Posten abgesetzt und unter Hausarrest gestellt, starb Unamuno wenige Monate später vor Gram. Camus' Ansprache wurde am 12. November 1955 in der anarchistischen Zeitschrift* Le Monde libertaire *veröffentlicht.*

Im Jahr 1085, während der Wiedereroberung der iberischen Halbinsel, vertrieb Alfons VI., ein lebenslustiger König, der fünf Frauen hatte, von denen drei Französinnen waren, die Araber aus der Moschee von Toledo. Als er erfuhr, dass er den Sieg einem Verrat zu verdanken hatte, ließ er die Moschee seinen Gegnern zurückgeben und eroberte Toledo und die Moschee noch einmal im offenen Kampf. Die spanische Überlieferung wimmelt von solchen Anekdoten, die nicht bloß von Ehrenhaftigkeit zeugen, sondern von einem regelrechten Ehrenwahn.

Das andere Extrem der spanischen Geschichte markiert Unamuno, der auf die Klage über die spärlichen Beiträge, die Spanien zu den Entdeckungen der Wissenschaft geleistet hatte, jene unglaubliche, zugleich hoch- und demütige Antwort gab: «Sollen sie doch die Erfindungen machen.» Wobei mit «sie» die anderen Nationen gemeint waren. Was Spanien angeht, so hat es seine ganz eigene Entdeckung gemacht, die man, ohne Unamuno unrecht zu tun, den Unsterblichkeitswahn nennen kann.

In beiden Fällen, sowohl beim Kriegerkönig als auch beim tragischen Philosophen, haben wir den paradoxen Geist Spaniens im Reinzustand vor uns. Und es überrascht nicht, dass dieser paradoxe Geist auf dem Höhepunkt seiner Geschichte in einem Werk Gestalt annimmt, das selbst ironisch und von entschiedener Mehrdeutigkeit ist. Dieses Werk sollte zum Evangelium Spaniens werden und, in einer weiteren paradoxen Wendung, zum größten Buch eines Europa, das doch eigentlich berauscht war von seiner eigenen Vernunft. Der hochmütige und rechtschaffene Verzicht auf den unrechtmäßigen Sieg, die starrköpfige Weigerung, die Realitäten der eigenen Gegenwart anzuerkennen, und schließlich die zur Lebensphilosophie erhobene Unzeitgemäßheit haben in Don Quijote einen ebenso lächerlichen wie hochherzigen Botschafter gefunden.

Es ist jedoch wichtig, diese Verweigerungshaltung

nicht mit Passivität zu verwechseln. Don Quijote kämpft, und er gibt nie auf. «Scharfsinnig und furchtbar», wie er im Titel einer alten französischen Übersetzung genannt wird, ist er die Personifikation unaufhörlichen Kampfes. Seine Unzeitgemäßheit ist also eine aktive, sie umarmt unaufhörlich jene Gegenwart, der sie sich verweigert, und hinterlässt ihre Spuren in ihr. Eine Verweigerung, die das Gegenteil von Entsagung ist, ein Ehrgefühl, das vor der Demut das Knie beugt, eine Nächstenliebe, die zu den Waffen greift, das ist es, was Cervantes seiner Figur eingeschrieben hat, indem er sich mit einem Spott über sie lustig macht, der selbst mehrdeutig ist, jenem Spott, mit dem sich Molière über Alceste lustig macht und der überzeugender ist als jede überspannte Predigt. Denn tatsächlich scheitert Don Quijote in seinem Jahrhundert und wird von den Domestiken zum Narren gehalten. Gleichzeitig aber regiert Sancho erfolgreich seine Insel, indem er sich an die beiden wichtigsten Prinzipien seines Herrn hält – zum einen die Ehre: «Rühme dich also, Sancho, deines niedrigen Standes, und schäme dich nicht zu gestehen, dass dein Vater ein Bauer war; sieht man, dass du selbst dich dessen nicht schämst, so wird auch sonst niemand darauf verfallen, dich damit zu beschämen», und zum anderen die Nächstenliebe: «Wenn die Waagschalen der Gerechtigkeit im Gleichgewicht sind, soll die Barmherzigkeit das letzte Wort haben.»

Niemand wird leugnen wollen, dass die Begriffe Ehre und Nächstenliebe heute in Verruf geraten sind. Gestern ernteten sie im Eckladen schiefe Blicke, und was die Henker von morgen angeht, so konnte man kürzlich aus der Feder eines dienstbaren Dichters eine schöne Abrechnung mit dem *Don Quijote* als Handbuch des reaktionären Idealismus lesen. Tatsächlich ist seine Unzeitgemäßheit immer größer geworden, und heute haben wir den Gipfelpunkt des spanischen Paradoxons erreicht, wenn Don Quijote ins Gefängnis geworfen und sein Spanien aus Spanien vertrieben wird.

Natürlich gehört Cervantes allen Spaniern. Aber der Geist hat nie der Tyrannei gehört. Die Tyrannei verstümmelt und vereinfacht, was der Geist in seiner Vielschichtigkeit vereint. Was das Paradox angeht, so hält die Tyrannei es lieber mit Bouvard und Pécuchet[91] als mit Don Quijote, der seit drei Jahrhunderten unter uns in einem immerwährenden Exil lebt. Aber dieses einsame Exil ist auch unser Vaterland.

Wir feiern also heute Vormittag dreihundertfünfzig Jahre der Unzeitgemäßheit. Und wir feiern sie gemeinsam mit jenem Teil Spaniens, der in den Augen der Mächtigen und der Strategen unzeitgemäß ist. So haben die Ironie des Lebens und die Treue der Menschen bewirkt, dass dieser feierliche Jahrestag für uns ganz im Zeichen des Donquijotismus steht. Er vereint, in den Katakomben des Exils, die wahren Gläubigen der Religion des Don Quijote. Er ist der Tag des Glaubensbekenntnisses zu demjenigen, den schon Unamuno «unseren Herrn Don Quijote» nannte, den Schutzpatron der Verfolgten und Erniedrigten, der selbst verfolgt wird, im Reich der Händler und Polizisten. Diejenigen, die sich – wie ich – schon immer zu diesem Glauben bekannt haben und die vielleicht gar keine andere Religion haben, wissen im Übrigen, dass dieser Glaube eine Hoffnung und zugleich eine Gewissheit ist. Die Gewissheit, dass, von einem gewissen Grad von Starrsinn an, die Niederlage zum Sieg wird, das Unglück fröhliche Funken schlägt und selbst die Unzeitgemäßheit, wenn man sie beharrlich bis zum Äußersten treibt, schließlich zeitgemäß wird.

Aber dafür muss man den Weg bis zu Ende gehen, dafür ist es notwendig, dass Don Quijote, wie im Traum des spanischen Philosophen, bis in die Hölle hinabsteigt und auch dem letzten Unglücklichen ihre Pforten öffnet. Dann, an jenem Tag, an dem, wie Don Quijote es so ergreifend ausdrückt, «der Spaten und die Hacke sich mit der fahrenden Ritterschaft vereinigen werden», werden die Verfolgten und ins Exil getriebenen endlich wieder vereint sein, dann wird sich der angstvolle Fiebertraum des Lebens in jene höchste Wirklichkeit verwandeln, die Cervantes und sein Volk erdacht und uns anvertraut haben, damit wir sie beharrlich verteidigen, bis zu dem Tag, an dem die Geschichte und die Menschen sich dazu entschließen, sie als die ihre anzunehmen.

EHRUNG EINES VERBANNTEN JOURNALISTEN 1955

Am 7. Dezember 1955 sprach Camus bei einem Bankett, das in Paris zu Ehren von Eduardo Santos veranstaltet wurde, der von 1938 bis 1942 Präsident der Republik Kolumbien und danach Herausgeber der großen liberalen Tageszeitung El Tiempo *war. Während des kolumbianischen Bürgerkriegs zwischen Liberalen und Konservativen, der 1948 ausgebrochen war, wurde der Sitz der Zeitung in der kolumbianischen Hauptstadt Bogotá zum Ziel zahlreicher Angriffe und brannte 1952 ab. Nach dem Staatsstreich des Generals Gustavo Rojas Minilla im Jahre 1953 wurde* El Tiempo *verboten, nachdem die Zeitung sich geweigert hatte, ein offizielles Kommuniqué der Militärregierung abzudrucken. Camus' Rede erschien erstmals in den* Cahiers des droits de l'homme *(Januar/Februar 1956) und nochmals im November 1957, ergänzt um ein Postskriptum, in der Zeitschrift* La Révolution prolétarienne. *Diese zweite Version wird im Folgenden wiedergegeben.*

Es erfüllt uns mit Stolz, heute unter uns einen Botschafter willkommen heißen zu dürfen, der anders ist als die anderen. Ich habe in der Tat gelesen, dass die Regierung, deren trauriges Privileg es war, die größte Tageszeitung Südamerikas zu verbieten, dem Schriftleiter dieser Zeitung, Präsident Eduardo Santos, zuvor einen

Botschafterposten in Paris angetragen hat. Sie haben diese Ehre abgelehnt, Herr Präsident, nicht weil Sie Paris geringschätzen, das wissen wir wohl, sondern aus Liebe zu Kolumbien und wohl auch aus der Einsicht, dass die Regierungen eine Botschaft im Ausland zuweilen als den Ort einer samtverbrämten Verbannung für lästige Bürger betrachten. Sie sind in Bogotá geblieben, Sie sind also Ihrer Berufung getreu lästig gefallen und gemaßregelt worden, diesmal ohne diplomatische Handschuhe, mit vollkommenem Zynismus. Aber dadurch wurde Ihnen gleichzeitig der Ehrentitel verliehen, um dessentwillen Sie heute von uns allen als der wahre Botschafter Kolumbiens betrachtet werden, und dies nicht nur in Paris, sondern in allen Hauptstädten, in denen schon das Wort Freiheit die Herzen höherschlagen lässt.

Ein freier Mensch zu sein, ist gar nicht so leicht, wie man glaubt. In Wirklichkeit wird die Behauptung, es sei ganz einfach, nur von den Leuten aufgestellt, die beschlossen haben, auf die Freiheit zu verzichten. Denn die Freiheit wird nicht wegen der Vorrechte, die sie gewährt, abgelehnt, wie man uns einreden möchte, sondern wegen der kraftraubenden Aufgaben, die sie mit sich bringt. Die Menschen aber, deren Beruf und Leidenschaft es ist, der Freiheit ihren Inhalt an Rechten und Pflichten zu geben, wissen, dass es sich um ein täglich neues Bemühen handelt, eine nie versagende Wachsamkeit, ein Tag um Tag erneuertes Zeugnis, an dem Stolz und Demut gleichermaßen teilhaben. Wenn wir heute versucht sind, Sie unserer herzlichen Gefühle zu versichern, so geschieht dies, weil Sie dieses Zeugnis rückhaltlos abgelegt haben, ohne sich selbst zu schonen. Als Sie das entehrende Angebot ablehnten, die Aufforderung zu einem

Widerruf und zu einer Bußfertigkeit, die eine Regierung Ihnen vorzuschreiben wagte, als Sie Ihre schöne Zeitung opferten, um sie nicht in den Dienst der Lüge und des Despotismus zu stellen, waren Sie ohne Zweifel einer jener unbeugsamen Zeugen, denen unter allen Umständen Achtung gebührt. Doch dies würde noch nicht genügen, um Sie zu einem Zeugen der Freiheit zu machen. Viele Menschen haben alles einem Irrtum geopfert, und mir schien schon immer, Heroismus und Opfermut reichten nicht aus, um eine Sache zu rechtfertigen. Sturheit an sich ist noch keine Tugend. Was Ihrem Widerstand jedoch seine wahre Bedeutung verleiht, was Sie selbst zu jenem beispielhaften Gefährten macht, dem unser Gruß gilt, ist der Umstand, dass Sie als geachteter Präsident Kolumbiens nicht nur darauf verzichteten, Ihre Macht zur Knebelung Ihrer Gegner zu verwenden, sondern überdies verhindert haben, dass die Zeitung Ihrer politischen Feinde verboten wurde.

Schon allein diese Tat erlaubt uns, in Ihnen einen wahrhaft freien Mann zu erkennen. Die Freiheit hat nicht lauter rechtmäßige und bewundernswerte Söhne. Wer ihr nur Beifall spendet, solange sie seine Privilegien schützt, gehört nicht zu uns. Wer aber, wie Benjamin Constant[92] sagte, die Mittel der Unterdrückung weder dulden noch besitzen will, wer die Freiheit sowohl für sich als auch für die anderen fordert, der gehört in diesem von Elend und Terror dem Wahnsinn der Unterdrückung geweihten Jahrhundert zu jenem Samen unter dem Schnee, von dem einer der Größten unter uns gesprochen hat.[93] Wenn der Sturm vorbei ist, wird die Welt sich von dieser Saat nähren.

Wir wissen, dass solche Menschen selten sind. Die

Freiheit hat heutzutage nicht viele Verbündete. Ich habe einmal gesagt, die eigentliche Leidenschaft des 20. Jahrhunderts sei die Knechtschaft. Das war ein bitteres Wort, ungerecht all den Menschen gegenüber, die uns wie Sie durch Opfer und Beispiel Tag für Tag helfen, weiterzuleben. Doch wollte ich nur die Beklemmung ausdrücken, die mich täglich befällt, wenn ich die Erniedrigung der liberalen Kräfte sehe, die Prostitution der Worte, die Verleumdung der Opfer, die selbstgefällige Rechtfertigung der Unterdrücker, die blinde Bewunderung der Gewalt. Wir erleben das Überhandnehmen der Leute, von denen man sagen konnte, sie wirkten, als machten sie den Geschmack an der Knechtschaft zu einem Bestandteil der Tugend. Wir sehen, wie der Geist nach Rechtfertigung der Angst sucht und sie mühelos findet, denn jede Feigheit hat ihre Philosophie. Die Entrüstung wird berechnet, das Schweigen abgewogen, die Geschichte ist nur noch der Mantel Noahs, mit dem die anstößige Blöße der Opfer bedeckt wird. Alle fliehen vor der eigentlichen Verantwortung, vor der Anstrengung der Treue oder der eigenen Meinung, um sich den Parteien oder Phalangen in die Arme zu stürzen, die endlich an ihrer statt denken, sich entrüsten und berechnen werden. Der Geist unserer Zeitgenossen scheint die Wahrheit einer Doktrin oder einer Sache nur noch an der Zahl der Panzerdivisionen zu messen, die sie aufzustellen vermag. Dann ist alles willkommen, was den Mord der Freiheit rechtfertigt, sei es nun die Nation, das Volk oder die Größe des Staates. Insbesondere war die Volkswohlfahrt seit jeher das Alibi der Tyrannen. Sie bietet zudem den Vorteil, den Knechten der Tyrannei ein gutes Gewissen zu verschaffen. Dabei wäre es leicht, dieses gute Gewissen zu zerstören, indem man ihnen zuriefe: Wenn ihr das Glück des Volkes im Auge habt, so gebt ihm das Wort, damit es sagen kann, welches Glück es will und welches es ablehnt! Aber in Wirklichkeit wissen die Leute, die sich solcher Alibis bedienen, dass es sich um Lügen handelt; sie überlassen es ihren Intellektuellen vom Dienst, daran zu glauben und zu beweisen, dass Religion, Patriotismus oder Gerechtigkeit um der Zukunft willen das Opfer der Freiheit erfordern. Als wäre die Freiheit nicht das Gut, das wir als letztes einbüßen, nach allen anderen Gütern, die unser Leben lebenswert erscheinen ließen. Nein, die Freiheit stirbt nicht allein. Zugleich mit ihr wird die Gerechtigkeit auf immer verbannt, während das Vaterland mit dem Tode ringt und die Unschuld jeden Tag neu ans Kreuz geschlagen wird.

Gewiss genügt die Freiheit nicht für alles, sie hat ihre Grenzen. Die Freiheit jedes Einzelnen wird durch die seiner Mitmenschen eingeschränkt; niemand hat Anrecht auf absolute Freiheit. Die Grenze, an der die Freiheit beginnt und aufhört, an der ihre Rechte und ihre Pflichten ihr Gleichgewicht finden, heißt das Gesetz, und selbst der Staat muss sich dem Gesetz unterwerfen. Wenn er sich ihm entzieht, wenn er die Bürger der Wohltaten dieses Gesetzes beraubt, dann herrscht Willkür. Im vergangenen August war dies in Kolumbien der Fall, so wie es seit zwanzig Jahren in Spanien der Fall ist. Und hier wie überall hilft uns Ihr Beispiel, nicht zu vergessen, dass man mit der Willkür keine Kompromisse schließt. Man lehnt sie ab, man bekämpft sie.

Sie haben Ihren Kampf auf dem Feld der Presse ausgetragen. Gerade die Pressefreiheit hat vielleicht am meisten unter dem langsamen Verfall des Begriffs der Freiheit gelitten. Die Presse besitzt ihre Zuhälter und ihre Polizei. Der Zuhälter erniedrigt sie, der Polizist knebelt sie, und jeder beruft sich auf den anderen, um seine Übergriffe zu rechtfertigen. Diese Herren wetteifern darum, die Waise zu beschützen und ihr Obdach zu gewähren, mag dieses Obdach nun Gefängnis oder Bordell heißen. Die Waise ist durchaus berechtigt, eine so zudringliche Dienstfertigkeit abzulehnen und zu beschließen, allein zu kämpfen, allein über ihr Schicksal zu entscheiden.

Nicht dass die Presse an sich ein absolutes Gut wäre. Victor Hugo versicherte in einer Rede, sie sei der Geist, der Fortschritt und was weiß ich sonst noch.[94] Als langjähriger Journalist bin ich mir darüber klar, dass sie nichts von alldem ist und dass die Wirklichkeit ein weniger tröstliches Gesicht bietet. Aber in anderer Hinsicht ist die Presse mehr als Geist oder Fortschritt; sie birgt diese Möglichkeiten neben zahlreichen anderen. Die freie Presse kann sicherlich gut oder schlecht sein, aber ohne die Freiheit wird sie ganz gewiss nie anders als schlecht sein können. Wenn man weiß, wozu der Mensch im Bösen wie im Guten fähig ist, weiß man auch, dass es nicht darum geht, die menschliche Person selbst zu beschützen, sondern die Möglichkeiten, die sie in sich schließt, das heißt letzten Endes ihre Freiheit. Ich gebe zu, dass ich selbst nicht die ganze Menschheit zu lieben vermag, es sei denn mit einer breitgestreuten, ziemlich abstrakten Liebe. Aber ich liebe ein paar lebende oder tote Menschen mit solcher Innigkeit und Bewunderung, dass ich jederzeit ängstlich darauf bedacht bin, bei den anderen die Anlagen unangetastet zu lassen, dank denen sie vielleicht eines Tages diesen geliebten Menschen gleichen werden. Die Freiheit ist nichts anderes als die Möglichkeit, besser zu sein, während die Knechtschaft die Gewissheit des Schlimmsten bedeutet.

Wenn der freie Journalismus, sosehr er sich kompromittiert oder unterwürfig zeigt, weiterhin als einer der größten Berufe unserer Zeit betrachtet werden muss, dann nur insofern, als er Männern wie Ihnen und Ihren Mitarbeitern erlaubt, ihrem Land und ihrer Zeit im besten Sinne zu dienen. Auch mit der Pressefreiheit haben die Völker keine Gewissheit, der Gerechtigkeit und dem Frieden entgegenzugehen. Aber ohne sie haben sie die Gewissheit, dass sie nie dorthin gelangen. Denn Gerechtigkeit widerfährt den Völkern nur dann, wenn ihre Rechte anerkannt werden, und es gibt kein Recht ohne den Ausdruck dieses Rechts. In diesem Punkt kann man es mit Rosa Luxemburg halten, die sagte: «Ohne unbegrenzte Pressefreiheit, ohne uneingeschränkte Versammlungs- und Vereinsfreiheit ist keine Herrschaft der breiten Volksmassen denkbar.»[95]

Es gilt also, unnachgiebig an dem Prinzip dieser Freiheit festzuhalten. Sie begründet nicht nur kulturelle Privilegien, wie man uns scheinheilig einreden will. Sie begründet auch die Rechte der Arbeit. Die Leute, die Arbeit und Kultur in Gegensatz stellen, um ihre Tyrannei leichter zu rechtfertigen, können nicht darüber hinwegtäuschen, dass jede Verknechtung des Geistes auch die Arbeit verknechtet und umgekehrt. Wenn der Geist geknebelt ist, wird bald auch der Arbeiter unterjocht, so wie es nach der Knechtung des Proletariers nicht lange dauert, bis der Intellektuelle sich vor die Wahl gestellt sieht, zu schweigen oder zu lügen. Kurzum, wer der Wahrheit oder ihrem Ausdruck Gewalt antut, verstümmelt letzten Endes die Gerechtigkeit, selbst wenn er ihr zu dienen vermeint. Von diesem Standpunkt aus bestreiten wir ein für alle Mal, dass eine Presse wahr sein muss, weil sie revolutionär ist; sie wird nur dann revolutionär sein, wenn sie wahr ist, andernfalls nie. Solange wir uns diese Tatsachen vor Augen halten, wird Ihr Widerstand, Herr Präsident, nicht auf verlorenem Posten sein, sondern seinen echten Sinn bewahren und uns zu dem langen Kampf leuchten, den nicht aufzugeben Sie uns dadurch helfen werden.

Die kolumbianische Regierung hat *El Tiempo* beschuldigt, ein Superstaat im Staat zu sein, und Sie haben diese Behauptung mit Recht von sich gewiesen. Aber die Regierung hatte ebenfalls recht, wenn auch in einem Sinn, der ihr durchaus nicht genehm wäre. Denn mit ihrer Anklage anerkannte sie die Macht des Worts. Zensur und Unterdrückung liefern nur den Beweis, dass das Wort mächtig genug ist, den Tyrannen erzittern zu lassen, sofern es von Opferwillen unterstützt wird. Denn einzig das mit Herz und Blut genährte Wort vermag die Menschen zu einen, während das Schweigen der Tyrannei sie trennt. Die Tyrannen führen über millionenfache Einsamkeit hinweg ihren Monolog. Wenn wir die Unterdrückung und die Lüge von uns weisen, so lehnen wir gerade eben die Einsamkeit ab. So oft sich ein Widerspenstiger gegen die Unterdrückung erhebt, verkündet er damit die Solidarität aller Menschen. Nein, nicht sich selbst, nicht irgendeine ferne Zeitung haben Sie verteidigt, als Sie der Unterdrückung Trotz boten, sondern die ganze Gemeinschaft, die uns über die Grenzen hinweg verbindet.

Ist es übrigens nicht wahr, dass Ihr Name landauf, landab stets mit der Sache der Freiheit verbunden war? Und wie sollte ich in diesem Zusammenhang nicht daran erinnern, dass Sie einer der treuesten Freunde unseres Spanien waren und bleiben, des republikanischen Spanien, das heute in alle Winde zerstreut, von seinen Verbündeten und von seinen Freunden verraten, von allen vergessen ist, des erniedrigten Spanien, das sich nur dank der Kraft seines Schreis aufrecht hält! An dem Tag, da das andere Spanien, das christliche, das Spanien der Straflager, mit seinen Kerkermeistern und seiner Zensur, der Organisation der sogenannt freien Nationen beitreten wird, an dem Tag werden Sie – dessen bin ich gewiss – an unserer Seite stehen, stumm, aber unwiderruflich, an der Seite unseres Spaniens, des freien und unglücklichen.

Für diese Treue möchte ich Ihnen danken, im Namen meiner Wahlheimat und im Namen all derer, die hier versammelt sind und Ihnen ihren Dank und ihre Freundschaft aussprechen. Dank, weil Sie zu den wenigen gehören, die in der Zeit der Knechtschaft und der Angst unerschütterlich an ihrem Recht festhalten. Allenthalben wird die Klage laut, das Pflichtbewusstsein gehe verloren. Wie denn auch nicht, wenn man nicht mehr an seinen Rechten festhält? Nur wer kein Quäntchen von seinen Rechten abgibt, bewahrt die Kraft zur Pflicht. Die vornehmsten Bürger eines Landes finden sich nicht unter den Leuten, die vor der Obrigkeit in die Knie gehen, sondern vielmehr unter denen, die gewillt sind, nötigenfalls auch gegen die Obrigkeit die Unantastbarkeit der Ehre und der Freiheit ihres Landes zu wahren. Und wie wir heute wird Ihr Land jederzeit in Ihnen seinen vornehmsten Bürger erblicken, weil Sie den Opportunismus mit Verachtung straften und der totalen Ungerechtigkeit, die Ihnen zugefügt wurde, die Stirn boten. Zur Stunde, da der beschränkteste Realismus, eine entwürdigte Auffassung von der Macht, das Verlangen nach Ehrlosigkeit, die Verheerungen der Angst das Antlitz der Welt entstellen, zur Stunde, da man alles verloren glauben kann, fängt im Gegenteil etwas an, weil wir nichts mehr zu verlieren haben. Was da anfängt, ist die Zeit der Unbeugsamen, die sich künftig der bedingungslosen Verteidigung der Freiheit weihen. Eben deshalb bietet Ihre Haltung Beispiel und Trost für alle Menschen, die sich heute wie ich von zahlreichen altvertrauten Freunden trennen, weil sie jede selbst vorläufige oder vor allem taktisch begründete Komplizenschaft mit jenen Regimes oder Parteien ablehnen, die – seien sie nun rechts oder links – im Allergeringsten die Abschaffung auch nur einer einzigen unserer Freiheiten rechtfertigen!

Lassen Sie mich zum Schluss noch sagen, dass ich kürzlich beim Lesen Ihrer bewundernswerten Botschaft an Ihr Volk ermessen konnte, wie gewaltig nicht nur Ihre Unbeugsamkeit und Treue gewesen sein muss, sondern auch das Leid, durch das Sie gegangen sind. Wir alle hier wissen, dass wir mit all unserem Glauben an die Gerechtigkeit unserer Sache bei der Entdeckung der offenkundigen Ohnmacht der Gerechtigkeit eine Art erstaunten Schmerz empfinden, wenn die Unterdrückung siegt. Dann erleben wir jene Stunden des Exils und der Einsamkeit, die wir alle kennen. Ich möchte Ihnen indessen sagen, was meiner Ansicht nach das Schlimmste ist, was der Welt, in der wir leben, zustoßen kann: dass nämlich einer der von mir erwähnten Männer der Freiheit und des Muts unter dem Gewicht der Vereinsamung und der langen Unbill wankend wird und dann an sich selbst und an den Werten, die er vertritt, zu zweifeln beginnt. Und mir scheint, dass sich in diesem Augenblick alle, die gleichen Geistes sind, um ihn scharen sollten, um ihm ohne Rücksicht auf Titel und ohne Verklausulierungen mit der einfachen Sprache des Herzens zu sagen, dass er nicht allein steht, dass sein Tun nicht nutzlos ist, dass immer der Tag kommt, da die Paläste der Unterdrückung einstürzen, da die Verbannung zu Ende geht, da die Freiheit auflodert. Diese ruhige Hoffnung rechtfertigt Ihr Tun. Wenn die Menschen auch nicht immer erreichen können, dass die Geschichte einen Sinn hat, so können sie doch ihr Handeln stets darauf ausrichten, dass ihr eigenes Leben einen Sinn hat. Glauben Sie mir, wenn ich Ihnen sage, dass Sie und Ihre Mitarbeiter über Tausende von Kilometern von dem fernen Kolumbien her uns ein Stück des harten Wegs gezeigt haben, den wir noch gemeinsam zurücklegen müssen, der Freiheit entgegen. Und gestatten Sie, dass ich im Namen der unverbrüchlichen und dankbaren Freunde, die Sie hier empfangen, meinen brüderlichen Gruß an Sie und Ihre Mitarbeiter richte, an die großen Gefährten unserer gemeinsamen Befreiung.

FÜR DOSTOJEWSKI
1955

In einem Interview aus dem Jahre 1958 bezeichnete Camus Dostojewski als den «wahren Propheten» des 20. Jahrhunderts. Das Werk dieses Propheten hatte er im Alter von zwanzig Jahren als Student in Algier entdeckt. 1938 inszenierte er mit dem Ensemble des Théâtre de l'équipe, das er damals leitete, eine Bühnenfassung der Brüder Karamasow, *in der er die Rolle des Iwan spielte. In der Folge kehrte Camus sowohl in seinen großen Essays –* Der Mythos des Sisyphos, Der Mensch in der Revolte *– als auch in seinen Tagebüchern immer wieder zu Dostojewski zurück. Schließlich, nach «mehreren Jahren hartnäckiger Arbeit», verwirklichte er 1959 eines seiner ältesten und für ihn wichtigsten Projekte: eine Theaterfassung des Romans* Die Dämonen. *Einige Jahre zuvor, 1955, hatte Camus einen Beitrag zu einer von Radio Europe ausgestrahlten Hommage an Dostojewski beigesteuert. Der Text wurde 1957 in der Zeitschrift* Témoins *veröffentlicht.*

Vor einigen Monaten erhielt ich Besuch von einem sympathischen jungen Sowjetbürger, der mich in großes Erstaunen versetzte, als er sich beklagte, dass die großen russischen Schriftsteller so wenig ins Französische übersetzt würden. Ich klärte ihn darüber auf, dass die große russische Literatur des 19. Jahrhunderts von allen Nationalliteraturen dieser Epoche bei uns in Frankreich am meisten und am besten übersetzt ist. Und ich setzte meinerseits seinem Erstaunen die Krone auf, indem ich ihm versicherte, dass die französische Literatur des 20. Jahrhunderts ohne Dostojewski nicht das wäre, was sie ist. Um ihn endgültig zu überzeugen, sagte ich ihm zuletzt: «Sie befinden sich im Arbeitszimmer eines französischen Schriftstellers, der tief in die geistigen Bewegungen seiner Zeit verstrickt ist. Welche beiden Porträts hängen als einzige in diesem Arbeitszimmer?» Er drehte sich in die Richtung, die ich ihm wies, und ein Leuchten ging über sein Gesicht, als er die Porträts von Tolstoi und Dostojewski sah.

Dieses Leuchten, das ich auf dem Gesicht meines jungen Freundes bemerkte und das allein all die Dummheiten und Grausamkeiten vergessen ließ, die man heute anhäuft, um einen Keil zwischen die Menschen zu treiben, habe ich nicht Russland oder Frankreich zugeschrieben, sondern dem schöpferischen Geist, dessen Strahlkraft die Grenzen überwindet und dessen unermüdliche Arbeit man fast überall in Dostojewskis Werk spürt.

Ich bin diesem Werk im Alter von zwanzig Jahren begegnet, und die Erschütterung, die es in mir ausgelöst hat, dauert auch heute, zwanzig Jahre später, noch an. Ich stelle *Die Dämonen* neben drei oder vier andere große Werke wie die *Odyssee*, *Krieg und Frieden*, *Don Quijote* und Shakespeares Dramen, die das enorme Gebirge der Schöpfungen des menschlichen Geistes krönen. Anfangs habe ich Dostojewski für das bewundert, was er mir über die menschliche Natur offenbart hat. Offenbaren ist hier das richtige Wort. Denn er sagt uns nur das, was wir wissen, was wir jedoch nicht sehen wollen. Zugleich kam er meinem ein wenig selbstgefälligen Geschmack für die Klarsichtigkeit um ihrer selbst willen entgegen. Doch sehr rasch, in dem Maße, in dem ich das grausame Drama meiner Epoche aus größerer Nähe erlebte, liebte ich in Dostojewski den Schriftsteller, der unser historisches Schicksal am tiefsten durchlebt und ausgedrückt hat. Für mich ist Dostojewski in erster Linie der Schriftsteller, der noch vor Nietzsche den zeitgenössischen Nihilismus diagnostiziert, beschrieben und seine monströsen Folgen vorausgesagt hat und der versucht, Wege der Rettung aufzuzeigen. Sein Hauptthema ist das, was er selbst «den Geist des Abgrunds, den Geist der Verneinung und des Todes» nennt,[96] den Geist, dessen Anspruch auf die unbegrenzte Freiheit des «Alles ist erlaubt» in allgemeiner Zerstörung und Knechtschaft endet. Sein persönliches Leiden besteht darin, diesen Geist zu teilen und ihn gleichzeitig abzulehnen. Seine tragische Hoffnung besteht darin, die Erniedrigung mit Hilfe der Demut und den Nihilismus mit Hilfe der Entsagung zu heilen.

Der Mann, der geschrieben hat: «Die Frage nach Gott und die Frage nach der Unsterblichkeit sind dieselben wie die Frage des Sozialismus, nur aus einem anderen Blickwinkel»[97], wusste, dass von nun an unsere Zivilisation das Heil für alle oder keinen fordern würde. Aber er wusste, dass es kein Heil für alle geben kann, wenn man das Leiden eines Einzigen vergisst. Anders gesagt: Er wollte keine Religion, die nicht sozialistisch im umfassendsten Sinne des Wortes ist, doch zugleich lehnte er einen Sozialismus ab, der nicht religiös im umfassendsten Sinne des Wortes war. Auf diese Weise hat er die Zukunft der wahren Religion und des wahren Sozialismus gerettet, auch wenn die Welt von heute ihn in Bezug auf beides zu widerlegen scheint. Dennoch wächst der Ruhm Dostojewskis unaufhörlich – wie auch der Tolstois, der nichts anderes gesagt hat, allerdings auf andere Weise –, denn unsere Welt wird untergehen oder ihm recht geben. Ob diese Welt untergeht oder neu geboren wird, Dostojewski wird in beiden Fällen recht behalten. Deshalb überragt seine Gestalt – trotz und wegen seiner Schwächen – unsere Literaturen und unsere Geschichte. Auch heute noch hilft er uns dabei, zu leben und zu hoffen.

AUFRUF ZUR SCHONUNG DER ZIVILBEVÖLKERUNG IN ALGERIEN 1956

In seinen Artikeln für die Zeitung L'Express *hatte Camus im Herbst 1955 zum Dialog der am algerischen Konflikt beteiligten Parteien aufgerufen und sie vor allem dringlich dazu gemahnt, keine Gewalt gegen die Zivilbevölkerung auf beiden Seiten anzuwenden. Er ließ seinen Worten Taten folgen, indem er am 22. Januar 1956 beim Cercle du Progrès d'Alger seinen* Aufruf zur Schonung der Zivilbevölkerung in Algerien *verlas. Während bei der Versammlung eine durchaus brüderliche Atmosphäre zwischen Arabern und Franzosen herrschte, kam es vor dem Gebäude zu gewalttätigen Demonstrationen, bei denen radikale Algerienfranzosen «Camus den Tod!» skandierten. Die Versammlung löste sich in gespannter Atmosphäre auf, und nur mit knapper Not wurden Zusammenstöße mit den Gegendemonstranten vermieden. In dem Bewusstsein, mit seiner Initiative gescheitert zu sein, verließ Camus* L'Express *und beschloss, sich nicht mehr öffentlich zur Algerien-Thematik zu äußern. Er war jedoch weiterhin hinter den Kulissen aktiv und wirkte auf die Begnadigung zahlreicher zum Tode Verurteilter hin. Camus' Aufruf wurde am 26. Januar 1956 in der Wochenzeitung* Demain *veröffentlicht und vom Autor in seine Textsammlung* Actuelles III – Chroniques algériennes (1939–1958) *aufgenommen.*

Meine Damen und Herren,

trotz der Vorsichtsmaßnahmen, die für unsere Zusammenkunft getroffen werden mussten, trotz der Schwierigkeiten, die uns in den Weg gelegt wurden, ergreife ich das Wort nicht, um zu trennen, sondern um zu einen. Denn das ist mein brennendster Wunsch. Nicht die geringste meiner Enttäuschungen – welch schwaches Wort! – besteht in der Erkenntnis, dass alles sich gegen diesen Wunsch verschwört und dass zum Beispiel ein Mensch, ein Schriftsteller, der einen Teil seines Lebens in den Dienst Algeriens gestellt hat, Gefahr läuft, einem Redeverbot unterworfen zu werden, ehe man überhaupt weiß, was er sagen will. Aber das beweist gleichzeitig die Dringlichkeit des Befriedungsversuchs, den wir unternehmen müssen. Diese Versammlung musste also stattfinden, um wenigstens zu zeigen, dass nicht jede Möglichkeit eines Dialogs ausgeschlossen ist, und um zu verhindern, dass die allgemeine Entmutigung dazu verleitet, sich mit dem Schlimmsten abzufinden.

Ich habe Dialog gesagt – ich will also nicht einen eigentlichen Vortrag halten. In Tat und Wahrheit hätte ich unter den gegenwärtigen Umständen nicht den Mut dazu. Hingegen schien es mir möglich, ja ich betrachte es sogar als meine Pflicht, Ihnen einen Aufruf schlichter Menschlichkeit vorzulegen, der geeignet ist, wenigstens in einer Beziehung die Leidenschaften zum Schweigen zu bringen und die Mehrzahl der Algerier – der Franzosen und der Araber – zu vereinen, ohne dass sie ihren Überzeugungen untreu werden müssten. Dieser Aufruf, unterstützt von dem Ausschuss, der die heutige Versammlung veranstaltet hat, richtet an beide Parteien die Bitte, in eine Waffenruhe einzuwilligen, die die unschuldige Zivilbevölkerung schont.

Ich habe also heute nur diese Initiative bei Ihnen zu rechtfertigen. Ich will versuchen, mich kurzzufassen.

Sagen wir zunächst, und zwar mit allem Nachdruck, dass unser Aufruf notgedrungen außerhalb aller Politik liegt. Andernfalls wäre ich nicht befugt, darüber zu sprechen. Ich bin kein Politiker, meine Leidenschaften und Neigungen ziehen mich nicht zur Rednerbühne. Die besteige ich nur, wenn der Druck der Umstände und die Vorstellung, die ich zuweilen von meinem Schriftstellerberuf hege, mich dazu zwingen. Zum algerischen Problem an sich hätte ich übrigens, je mehr die Ereignisse sich überstürzen und das Misstrauen auf beiden Seiten wächst, eher Zweifel als Gewissheiten zu äußern. Meine Berechtigung, zu diesem Thema das Wort zu ergreifen, liegt einzig darin, dass ich das algerische Unglück als persönliche Tragödie erlebe und dass ich mich an keines Menschen Tod freue, welchem Lager er auch angehört. Zwanzig Jahre lang habe ich mit schwachen Mitteln mein Möglichstes getan, um zur Eintracht zwischen unseren beiden Völkern beizutragen. Es ist wohl etwas Lächerliches daran, wie dumm der Versöhnungsprediger dreinschaut angesichts der Antwort, die ihm die Geschichte erteilt, indem sie ihm die beiden Völker, die er liebte, in einer Umklammerung tödlicher Wut zeigt. Ihm selber allerdings ist nicht nach Lachen zumute. Angesichts eines solchen Misserfolgs besteht sein einziges Anliegen nur noch darin, seinem Land ein Übermaß an Leiden zu ersparen.

Ich muss hinzufügen, dass die Männer, die diesen Aufruf unterstützen, ebenfalls nicht als Politiker handeln.

Unter ihnen befinden sich Angehörige der großen Religionsgemeinschaften, die sich einverstanden erklären, ihrer edelsten Berufung getreu einer humanitären Pflicht zu genügen. Oder auch Männer, die nichts, weder ihr Beruf noch ihre Veranlagung, dazu bestimmte, sich in öffentliche Angelegenheiten zu mischen. Den meisten genügte in der Tat der Beruf als nützliches Mitglied der Gemeinschaft, um ihr Leben auszufüllen. Sie hätten sich abseits halten können wie so viele andere, die Taktschläge auszählen und dabei höchstens ein paar empfindsame Töne von sich geben. Aber sie waren der Ansicht, bauen, unterrichten, schöpferisch tätig sein seien Werke des Lebens und der Großmut und man könne ihnen im Reich von Hass und Blut nicht länger dienen. Ein so folgenschwerer Entschluss, der so viele Verpflichtungen mit sich bringt, verleiht ihnen keinerlei Recht außer einem einzigen: zu verlangen, dass man ihre Vorschläge ernsthaft in Erwägung zieht.

Schließlich muss noch gesagt sein, dass wir Sie zu keiner politischen Stellungnahme bekehren wollen. Wenn wir dem Problem auf den Grund gehen wollten, liefen wir Gefahr, die Unterstützung, deren wir bedürfen, nicht zu finden. Wir können über die notwendigen Lösungen und selbst über die Mittel zu ihrer Durchführung verschiedener Meinung sein. Hundertmal definierte und verzerrte Haltungen erneut einander gegenüberzustellen, bedeutete im gegenwärtigen Augenblick nur, zu der Last von Beschimpfungen und Schmähungen beizutragen, unter der unser erstickendes Land nach Atem ringt.

Doch vereint uns zumindest die Liebe zu unserer gemeinsamen Heimat und unsere Beklemmung. Beklemmung angesichts einer Zukunft, die sich täglich mehr verdüstert angesichts der Drohung eines ewig dahinschleichenden Kampfes, einer bereits schweren Störung des wirtschaftlichen Gleichgewichts, die sich jeden Tag verschärft und so schlimm werden kann, dass lange Zeit keine Macht mehr fähig sein wird, Algerien wieder aufzurichten.

Diese Beklemmung wollen wir ansprechen, sogar und vor allem bei jenen, die bereits Partei ergriffen haben. Denn selbst der Entschlossenste unter ihnen bewahrt auch inmitten des Kampfgemenges in seinem Herzen eine Stelle, in der er, da bin ich mir ganz sicher, sich nicht mit Mord und Hass abfindet und von einem glücklichen Algerien träumt.

An diese Stelle in jedem von Ihnen, Franzosen und Araber, appellieren wir. All denen, die nicht mit ansehen wollen, wie dieses große Land entzweibricht und steuerlos dahintreibt, möchten wir sagen, ohne an die vergangenen Irrtümer zu erinnern und nur auf die Zukunft bedacht, dass es heute möglich ist, uns zuerst über einen ganz bestimmten Punkt zu einigen, dann Menschenleben zu retten und so eine Atmosphäre zu schaffen, in der eine endlich vernünftige Diskussion möglich wird. Dieses Ziel ist absichtlich so bescheiden gesteckt und gleichzeitig so bedeutend, dass Sie ihm meiner Meinung nach Ihre rückhaltlose Unterstützung gewähren können.

Was wollen wir erreichen? Dass die arabische Bewegung und die französischen Behörden – ohne deswegen miteinander in Verbindung treten zu müssen und ohne jegliche andere Verpflichtung – gleichzeitig eine Erklärung abgeben, wonach während der ganzen Dauer der Unruhen die Zivilbevölkerung immer und überall in Frieden gelassen und beschützt wird. Warum diese

Maßnahme? Zuerst, das brauche ich nicht lange auszuführen, aus rein humanitären Gründen. Welches auch die alten und tiefen Ursprünge der algerischen Tragödie sein mögen, eine Tatsache bleibt bestehen: Nichts rechtfertigt den Tod eines Unschuldigen. Im ganzen Verlauf der Geschichte haben die Menschen, unfähig, den Krieg an sich abzuschaffen, sich bemüht, seine Auswirkungen zu begrenzen, und so schrecklich und abstoßend die letzten Weltkriege auch waren, so ist es den verschiedenen Hilfswerken doch gelungen, jenen schwachen Strahl von Mitleid in die Finsternis dringen zu lassen, der uns davor bewahrt, völlig am Menschen zu verzweifeln. Diese Notwendigkeit erscheint umso dringlicher, als es sich um ein Ringen handelt, das in mancher Beziehung den Charakter eines Bruderkampfs annimmt und in dem die Waffen im blinden Gemenge nicht mehr zwischen Mann und Frau, zwischen Soldat und Arbeiter unterscheiden. Von diesem Gesichtspunkt aus betrachtet, wäre unsere Initiative schon gerechtfertigt, wenn sie auch nur ein einziges unschuldiges Leben rettete.

Es gibt aber auch noch andere Gründe, die sie rechtfertigen. So düster Algeriens Zukunft auch aussehen mag, sie ist noch nicht unwiderruflich verloren. Wenn ein jeder, Araber und Franzose, sich die Mühe machte, über die Gründe des Gegners nachzudenken, könnten zumindest die Ansätze zu einer fruchtbaren Diskussion herausgeschält werden. Wenn jedoch die beiden Bevölkerungsteile Algeriens sich gegenseitig beschuldigen, angefangen zu haben, und sich in einer Art fremdenfeindlichem Taumel aufeinanderstürzen sollten, dann würde jede Aussicht auf eine Verständigung endgültig im Blut ertränkt. Es ist möglich – und dies ist unsere beklemmendste Angst –, dass dieses Grauen uns bevorsteht. Aber es darf und kann nicht sein, ohne dass wir Franzosen und Araber, die wir den Irrsinn und die Zerstörungen des Nihilismus ablehnen, nicht ein letztes Mal an die Vernunft appelliert haben.

Ganz unverkennbar ist zumindest in diesem Punkt eine französisch-arabische Solidarität unvermeidlich, im Tod wie im Leben, in der Vernichtung wie in der Hoffnung. Das Schreckliche dieser Verbundenheit offenbart sich in der teuflischen Dialektik, der zufolge das, was die einen umbringt, auch die anderen umbringt, da jeder den Fehler dem anderen zuschiebt und seine Gewalttaten mit der Gewalttätigkeit des Gegners rechtfertigt. Dabei verliert der ewige Streit um die ursprüngliche Verantwortung seinen Sinn. Und weil zwei gleichzeitig ähnliche und verschiedene, doch gleich achtenswerte Bevölkerungsteile es nicht verstanden haben, miteinander zu leben, verdammen sie sich dazu, mit hilfloser Wut im Herzen miteinander zu sterben.

Es gibt aber auch eine gemeinsame Hoffnung, die unseren Aufruf rechtfertigt. Diese Gemeinschaft beruht auf Tatsachen, gegen die wir nichts vermögen. In diesem Land leben eine Million Franzosen, die seit einem Jahrhundert hier niedergelassen sind, Millionen Moslems, Araber und Berber, die seit Jahrhunderten hier siedeln, mehrere starke, lebendige religiöse Gemeinschaften. Diese Menschen müssen an diesem Wegkreuz, in diesem Schmelztiegel, wohin sie die Geschichte gestellt hat, miteinander leben. Sie können es – unter der einzigen Bedingung, dass sie einander in der freien Auseinandersetzung ein paar Schritte entgegenkommen. Dann sollten unsere Unterschiede keinen Gegensatz, sondern eine

Hilfe bedeuten. Ich für meinen Teil glaube hier wie überall nur an die Unterschiede, nicht an die Gleichförmigkeit. Denn die Unterschiede sind die Wurzeln, ohne die der Baum der Freiheit verdorrt, der Saft der Schöpfung und der Kultur austrocknet. Und doch stehen wir uns erstarrt gegenüber, wie von einer Lähmung befallen, die sich nur in heftigen und kurzen Anfällen von Gewalt löst. Denn der Kampf ist unversöhnlich geworden und weckt auf beiden Seiten eine unbeherrschbare Empörung und Leidenschaften, die sich nur im Überbieten des Gegners äußern können.

«Es ist keine Diskussion mehr möglich», diese Behauptung macht die ganze Zukunft und jede Aussicht auf Leben zunichte. In dem Fall bleibt nur der blinde Kampf übrig, in dem der Franzose beschließt, den Araber zu ignorieren, selbst wenn er irgendwo in seinem Innern weiß, dass sein Anspruch auf Würde berechtigt ist, und in dem der Araber beschließt, den Franzosen zu ignorieren, selbst wenn er irgendwo in seinem Innern weiß, dass auch die Franzosen in Algerien, unserem gemeinsamen Land, Anrecht auf Sicherheit und Würde besitzen. In Groll und Hass befangen, kann dann keiner dem anderen zuhören. Jeder Vorschlag, in welchem Sinn er auch gemacht wird, begegnet nur Misstrauen, wird sogleich entstellt und jeder Brauchbarkeit entkleidet. Nach und nach verfangen wir uns in den unentwirrbaren Schlingen alter und neuer Anklagen, eingefleischter Rache und unermüdlichen Grolls, der immer neue Nahrung findet, wie in jenen alten Familienprozessen, in denen die Vorwürfe und Argumente sich generationenlang anhäufen, sodass die unbestechlichsten und menschlichsten Richter sich schließlich nicht mehr zurechtfinden. Das Ende eines solchen Zustands lässt sich kaum ausdenken, und die Hoffnung auf eine französisch-arabische Gemeinschaft, ein friedliches, schöpferisches Algerien, verblasst jeden Tag ein bisschen mehr.

Wenn wir also ein Stückchen dieser Hoffnung bewahren wollen, wenigstens bis zu dem Tag, da die Diskussion über das Grundsätzliche sich anbahnt, wenn wir wollen, dass diese Diskussion dank des gegenseitigen Bemühens um Verständnis eine Aussicht auf Erfolg habe, müssen wir versuchen, das Wesen des Kampfes zu beeinflussen. Unsere Hände sind durch das Ausmaß der Tragödie und die Vielschichtigkeit der entfesselten Leidenschaften zu fest gebunden, als dass wir hoffen könnten, jetzt schon die Einstellung der Feindseligkeiten zu erlangen. Das würde in der Tat eine rein politische Stellungnahme voraussetzen, die uns im Augenblick vielleicht noch mehr entzweite.

Aber wir können wenigstens auf den verabscheuungswürdigen Aspekt des Kampfes Einfluss nehmen und, ohne etwas an der gegenwärtigen Lage zu verändern, vorschlagen, nur auf das zu verzichten, was ihn unversöhnlich macht, das heißt die Ermordung der Unschuldigen. Der Umstand, dass eine solche Aktion alle Franzosen und Araber vereinigte, die das Nichtwiedergutzumachende und das unheilbare Elend zu vermeiden bemüht sind, ließe die vernünftige Hoffnung zu, bei beiden Parteien Gehör zu finden.

Wenn unser Vorschlag eine Aussicht hätte, angenommen zu werden – und diese Aussicht besteht –, so hätten wir nicht nur kostbare Menschenleben gerettet, sondern auch eine Atmosphäre geschaffen, in der eine gesunde, durch keine sinnlose Starrköpfigkeit beeinträchtigte Diskussion möglich würde, wir hätten den Boden für ein gerechteres und differenzierteres Verständnis des Algerienproblems vorbereitet. Wenn wir in einem bestimmten Punkt dieses schwache Auftauen bewirkten, könnten wir hoffen, eines Tages den ganzen verhärteten Block von Hass und törichten Forderungen, der uns alle zur Tatenlosigkeit verurteilt, zu sprengen. Dann ginge das Wort an die Politiker über, und jeder hätte das Recht, von neuem seine eigenen Überzeugungen zu verteidigen und seine Andersartigkeit darzutun.

Jedenfalls stellt dies den schmalen Grat dar, auf dem wir zunächst einmal hoffen können, uns zu einigen. Jedes umfassendere Programm böte im Augenblick nur Anlass zu zusätzlicher Zwietracht. Wir müssen mit uns Geduld haben.

Dieser zugleich begrenzten und bedeutsamen Aktion jedoch könnte meines Erachtens und nach reiflichem Nachdenken kein Franzose und kein Araber seine Zustimmung verweigern. Um dessen ganz sicher zu sein, genügt es, sich vorzustellen, was geschähe, wenn dieser Versuch den Vorsichtsmaßnahmen und seiner Begrenztheit zum Trotz scheiterte. Dann kommt es zum endgültigen Bruch, zur Vernichtung jeder Hoffnung, zu einem Unglück, von dem wir erst eine schwache Ahnung haben. Unsere arabischen Freunde, die heute mutig bei uns in diesem no man's land stehen, wo man von beiden Seiten bedroht wird, und die, selbst zerrissen, schon so große Mühe haben, der Aufhetzung zu widerstehen, werden gezwungen sein, ihren Widerstand aufzugeben, und sich einem Verhängnis überlassen, das jede Möglichkeit eines Gesprächs zunichtemacht. Direkt oder indirekt werden sie in den Kampf eintreten, während sie Baumeister des

Friedens hätten sein können. Es liegt also im Interesse aller Franzosen, ihnen zu helfen, diesem Verhängnis zu entgehen.

Aber gleichermaßen liegt es im unmittelbaren Interesse der gemäßigten Araber, uns zu helfen, einem anderen Verhängnis zu entgehen. Denn wenn unser Unternehmen misslingt und unsere Ohnmacht erwiesen ist, werden die liberalen Franzosen zum Schweigen verurteilt, das heißt alle Menschen, die der Meinung sind, Franzosen und Araber könnten miteinander leben, die glauben, diese Koexistenz lasse den Rechten der einen und der anderen Gerechtigkeit widerfahren, die jedenfalls überzeugt sind, dass einzig sie die Bewohner dieses Landes vor dem Elend zu retten vermag.

Anstelle der umfassenden Gemeinschaft, von der sie träumen, werden sie auf die einzige lebendige Gemeinschaft verwiesen, die sie rechtfertigt, das heißt Frankreich. Das besagt, dass auch wir unsererseits durch unser Schweigen oder mit voller Absicht in den Kampf eintreten. Um diese Entwicklung zu verdeutlichen, die zu befürchten steht und die die Dringlichkeit unserer Aktion bedingt, kann ich nicht im Namen unserer arabischen Freunde sprechen, aber ich kann bezeugen, dass sie in Frankreich möglich ist. So wie ich hier das Misstrauen der Araber allen Vorschlägen gegenüber gespürt habe, so kann man in Frankreich, wie Sie wohl wissen, das Aufkommen gewisser Zweifel und eines damit einhergehenden Misstrauens spüren; es besteht die Gefahr, dass sich bei den schon durch das Andauern des Rifkriegs trotz der Rückkehr des Sultans[98] und durch das Erwachen der Fellaghabewegung in Tunesien[99] stutzig gemachten Franzosen im Verlauf eines unversöhnlichen Kampfes der

Eindruck einnistet, dieser Kampf habe nicht nur Gerechtigkeit für ein Volk im Auge, sondern strebe, auf Kosten Frankreichs und zu seinem endgültigen Verderben, die Verwirklichung ausländischer Ziele an. Die Überlegung, die dann viele Franzosen anstellen werden, entspricht genau derjenigen der meisten Araber, sollten sie sich gezwungen sehen, alle Hoffnung aufzugeben und sich in das Unvermeidliche zu schicken. Diese Überlegung wird so lauten: «Wir sind Franzosen. Die Rücksichtnahme auf das, was an der Sache unserer Gegner gerecht ist, soll uns nicht dazu führen, dem Unrecht widerfahren zu lassen, was im französischen Land und Volk weiterzuleben und zu wachsen verdient. Man kann nicht verlangen, dass wir jedem Nationalismus außer dem französischen Beifall klatschen, alle Sünden vergeben außer den französischen. In dieser überspitzten Lage, da wir uns entscheiden müssen, können wir nichts anderes wählen als unser eigenes Land.»

So werden sich aufgrund der gleichen, doch in umgekehrtem Sinn angestellten Überlegung unsere beiden Völker endgültig entzweien, und Algerien wird für lange Zeit zu einem Trümmerfeld, während das Bemühen, ein bisschen nachzudenken, heute noch die Sachlage ändern und das Schlimmste verhüten könnte.

Das ist die doppelte Gefahr, die uns bedroht, der tödliche Einsatz, um den wir spielen. Entweder es gelingt uns wenigstens in einem Punkt, aufeinander zuzugehen, um zu retten, was zu retten ist, und wir ermöglichen eine für alle akzeptable Entwicklung, oder aber wir bringen es nicht fertig, uns zusammenzufinden und einander zu überzeugen, und solches Scheitern entscheidet über die ganze Zukunft. Dieser Umstand rechtfertigt unser

Unternehmen und bedingt seine Dringlichkeit. Darum bringe ich diesen Aufruf mit solchem Nachdruck vor. Wenn ich die Macht besäße, der Einsamkeit und der Angst eines jeden unter uns eine Stimme zu verleihen, würde ich mich mit dieser Stimme an Sie wenden. Was mich betrifft, so habe ich dieses Land, in dem ich geboren wurde, immer leidenschaftlich geliebt; was ich bin, habe ich ganz aus ihm geschöpft, und nie habe ich einen der Menschen hier, gleich welcher Herkunft, aus meiner Freundschaft ausgeschlossen. Obwohl ich seine vielen Nöte kenne und geteilt habe, ist es für mich das Land des Glücks, der Tatkraft und der Schöpfung geblieben. Und ich kann mich nicht damit abfinden, es für lange Zeit das Land des Unglücks und des Hasses werden zu sehen.

Ich weiß, dass die großen Tragödien der Geschichte mit ihren grässlichen Gesichtern oft einen Bann auf die Menschen ausüben, sodass sie unbeweglich verharren und sich zu nichts entschließen können außer zum Warten. Sie warten, und eines Tages verschlingt sie die Gorgo. Ich hingegen möchte Sie davon überzeugen, dass dieser Bann gebrochen werden kann, dass diese Ohnmacht ein Trugschluss ist, dass die Kraft des Herzens, der Geist und der Mut genügen, um das Schicksal schachmatt zu setzen und ihm zuweilen eine andere Richtung zu geben. Man muss es nur wollen, nicht blind, sondern mit einem starken und überlegten Willen.

Man findet sich zu leicht mit dem Verhängnis ab. Man lässt sich zu leicht zu dem Glauben verleiten, im Grunde genommen treibe nur das Blut die Geschichte vorwärts und der Stärkere komme nur dank der Schwäche des anderen voran. Vielleicht gibt es dieses Verhängnis. Aber es ist nicht die Aufgabe des Menschen, es hinzunehmen und sich seinen Gesetzen zu unterwerfen. Wenn die Menschen es in der Urzeit getan hätten, ständen wir heute noch in der Vorgeschichte. Die Aufgabe gebildeter und gläubiger Menschen besteht auf jeden Fall weder darin, den historischen Kämpfen auszuweichen, noch darin, dem Grausamen und Unmenschlichen an ihnen zu dienen. Sondern darin, ihren Platz zu behaupten, dem Menschen Hilfe zu bringen gegen das, was ihn unterdrückt, und seine Freiheit zu verteidigen gegenüber den Verhängnissen, die ihn rings umgeben.

Unter dieser Bedingung schreitet die Geschichte wahrhaft vorwärts, dann schafft sie Neues, dann ist sie, mit einem Wort, schöpferisch. In allem Übrigen wiederholt sie sich wie ein blutiger Mund, der nur wütendes Gestammel speit. Wir sind heute beim Gestammel, und doch öffnen sich unserem Jahrhundert die weitesten Perspektiven. Wir stehen noch beim Zweikampf mit dem Messer, oder doch beinahe, und die Welt bewegt sich mit der Geschwindigkeit unserer Überschallflugzeuge. Am gleichen Tag, da unsere Zeitungen den traurigen Bericht unserer Provinzstreitigkeiten drucken, verkünden sie die Schaffung des europäischen Atompools. Wenn Europa bloß mit sich selber eins wird, können morgen Fluten von Reichtümern den Kontinent bedecken und bis hier herüberschwappen, sodass unsere Probleme überholt sind und unser Hass hinfällig wird.

Für diese noch unvorstellbare, doch nahe Zukunft müssen wir uns rüsten und unsere Reihen schließen. Das Sinnlose und Jämmerliche an der jetzigen Tragödie kommt deutlich zum Ausdruck in der Tatsache, dass wir uns heute in einer wenig zahlreichen, armseligen Versammlung vereinen müssen, um ohne höhergeschraubte

Ansprüche ganz einfach zu bitten, an einem einsamen Punkt des Erdballs möge eine Handvoll unschuldiger Opfer verschont werden, damit eines Tages diese weltweiten Perspektiven angegangen werden können. Aber da dies nun unsere Aufgabe ist, mag sie noch so bescheiden und undankbar sein, müssen wir sie voll Entschlusskraft unternehmen, damit wir eines Tages verdienen, als freie Menschen zu leben, das heißt als Menschen, die sich weigern, Terror zu üben und Terror zu erdulden.

POSEN
1956

Anfang 1956 herrschte in Polen ein Klima politischer und gesellschaftlicher Instabilität. In Posen verschlechterten sich die Lebensbedingungen der Metallarbeiter, während gleichzeitig ihre Arbeitsnormen immer weiter heraufgesetzt wurden. Nach einem erfolglosen Verhandlungsversuch brach am 28. Juni 1956 ein Streik aus. Mehr als 100 000 Menschen gingen auf die Straße, und Gebäude der Staatsmacht wurden attackiert. Rasch entsandte Verteidigungsminister Konstantin Rokossowski die Armee, die die Erhebung blutig niederschlug. Etwa fünfzig Demonstranten wurden getötet und Hunderte verwundet. Ob Camus die folgende Rede öffentlich gehalten hat, lässt sich nicht rekonstruieren. Zu seinen Lebzeiten blieb sie unveröffentlicht.

Ein internationaler kommunistischer Führer, der sich selbst gelegentlich als Gewerkschafter bezeichnet, hat verlauten lassen, der Posener Aufstand sei das Werk von vom Ausland gelenkten Rädelsführern. Insoweit sagt dieses politische Genie nichts anderes als jeder beliebige bürgerliche Journalist angesichts von Arbeiterunruhen oder Aufständen in den Kolonien, die nicht zu seiner Vorstellung vom Glück passen. Aber in Gegensatz dazu verdienen die Argumente, mit denen jener kommunistische Führer seine Behauptung begründet hat, unsere vollste Zustimmung. In einem normalen Land, so führte er aus, greift man keine Polizeiwachen an, um den Forderungen der Arbeiter Nachdruck zu verleihen. Wir können dieser scharfsinnigen Bemerkung nur Beifall zollen. Denn in der Tat können in einem normalen Land freie Gewerkschaften friedlich für die Forderungen der Arbeiter eintreten. Doch dort, wo es kein Streikrecht mehr gibt, wo die Arbeitsgesetzgebung mit einem Federstrich hundert Jahre gewerkschaftlicher Errungenschaften zunichtemacht, wo den Arbeitern, die schon am Existenzminimum leben müssen, der Lohn, der ihnen nicht zum Leben reicht, durch Regierungsentscheidung gekürzt wird – was bleibt ihnen dort anderes als der Aufschrei und die Wut?

Nein, eine normale Regierung zwingt den Arbeiter nicht, zwischen Elend und Tod zu wählen. Und jene, die, von nah oder fern, offen oder verdeckt, die Märtyrer von Posen verleumden oder kritisieren, sagen sich ein für alle Mal von der Gemeinschaft freier Menschen los und entehren die Revolution, die sie vorgeben zu verteidigen. Auch Herr Cyrankiewicz[100], den uns gewisse Zeitungen als sanften Liberalen präsentieren und der in der Tat mit guten Worten nicht spart, während seine Staatsorgane Arbeiter hinrichten, hat eine unglückliche Formulierung gewählt, als er die Unterdrückung des Aufstands ankündigte. Wer die Hand gegen das Volk erhebt, so seine Worte, muss damit rechnen, dass sie ihm abgeschlagen wird. Wenn diese Strafe so gewiss ist, wie es der polnische Ministerpräsident behauptet, dann können wir uns darauf freuen, dass sein Land und einige andere demnächst von Einhändigen regiert werden. Denn diese Regierenden und Bürokraten haben Schlimmeres getan, als die Hand gegen das Volk zu erheben: Sie haben es geschlagen, sie haben es in Blut ertränkt. Aber Arbeiterblut bringt kein Glück! Diese verängstigten Tyrannen, die blind drauflosschießen und reden, haben heute eines gemeinsam: Sie wissen, ja, sie wissen, dass sie schuldig sind!

Daher kann man die Haltung der jugoslawischen Regierung und ihrer offiziellen Presse in dieser Angelegenheit nur mit Empörung zur Kenntnis nehmen. Indem sie die Opfer von Posen beleidigt und verleumdet, bringt die jugoslawische Regierung Stalin eine ziemlich eindrucksvolle Huldigung dar. Sie hat die Erwartungen all derer enttäuscht, die ihr trotz allem noch vertraut haben, und sich in den Augen der freiheitlichen Linken für lange Zeit das Urteil gesprochen. Aber letztlich lehren uns diese Verleumdungen – ebenso wie die sprachlichen Verrenkungen, in denen sich unsere Vertreter des Fortschritts ergehen – nichts, was wir nicht schon wissen. Sie lehren uns, dass auch die Linke heute reaktionär sein kann. Ja, und sie wäre reaktionär, wenn nicht die Opfer der polnischen Arbeiter und die Solidarität, die sie überall auf der Welt bei Menschen wie den heute hier Versammelten ausgelöst haben, immer noch von der Ehre und vom unerschütterlichen Mut der Arbeiterbewegung zeugten. Aber Leute, denen beim Anblick von Arbeitern, die Schulter an Schulter auf Panzer zumarschieren, um Brot und Freiheit zu fordern, nichts Besseres einfällt, als diese Märtyrer als Faschisten zu verunglimpfen oder sie tugendhaft dafür zu kritisieren, dass sie nicht geduldig und still verhungern, während sie darauf warten, dass das Regime die Gnade hat, sich, wie man so sagt, zu liberalisieren, solche Leute haben sich selbst aus der Arbeiterbewegung ausgeschlossen und ihrer Ehre abgeschworen.

Was mich betrifft, so werde ich mich gewiss hüten, jemanden auch nur mit einem Wort zur Revolte und zum Kampf aufzurufen, wenn ich an diesem Kampf nicht selbst teilnehmen kann. Aber jetzt, nachdem diese Menschen, die man auf alle möglichen Weisen erniedrigt hat, sich erhoben haben und ermordet wurden, würde ich mich dafür verachten, die mindeste Zurückhaltung zu üben und angesichts ihres Opfers irgendetwas anderes zu äußern als meinen Respekt und meine vorbehaltlose Solidarität. Sicher ist, dass ihnen unsere Glückwünsche nicht helfen. Helfen würde ihnen allein, wenn überall dort, wo die tausendstimmige Freiheit regiert, ihr Aufschrei ein Echo fände und die Welt ihre Verzweiflung hören und sehen könnte. Helfen würde ihnen, wenn man überall wüsste und respektierte, dass sie mit jener Lüge aufräumen wollten, sie hätten freiwillig zugestimmt, ihre Freiheiten aufzugeben, damit alle Brot haben. Die Wahrheit, die sie herausgeschrien haben, ist, dass sie weder Brot noch Freiheit haben und weder auf das eine noch das andere verzichten können; dass sie wissen – genau wie wir alle –, dass beides untrennbar zusammengehört und man ohne die Freiheit nur ein Sklave ist, der sein Brot nach den Launen seines Herrn empfängt.

Seit einigen Monaten wohnen wir dem unaufhaltsamen Zerfall eines Mythos bei. Heute erleben wir die traurige Bestätigung unserer Weigerung, die Regime des Ostblocks als revolutionär und proletarisch anzuerkennen. Traurig, ja: Wer würde sich daran freuen, mit seiner Warnung recht behalten zu haben, dass Millionen Menschen unter Elend und Unterdrückung leiden? Heute bricht sich die Wahrheit, die schreckliche Wahrheit, Bahn, und der Mythos stürzt in sich zusammen. Aber wir wissen, dass dieser Mythos jahrelang das Gewissen und das Denken der Europäer pervertiert hat. Selbst wenn der Tag anbricht, behaupten diese Blinden immer noch, dass es Nacht sei. Aber jetzt wird ihnen diese Behauptung schwerer fallen. Die Arbeiter von Posen haben gerade einem Betrug, der lange zynisch triumphiert hat, den Todesstoß versetzt. Vor aller Augen scheinen die Feuer des polnischen Aufstands hell auf den Niedergang und das Elend einer in ihr Gegenteil verkehrten Revolution. Angesichts dieses Niedergangs sind Verblendung und Naivität heute keine Entschuldigung mehr. Wer den Niedergang nicht sehen will, macht sich zum Komplizen.

Und wir, wir werden uns niemals zu Komplizen machen, niemals! Wir werden auch keine triumphierenden Pharisäer sein. Dieser Sieg der Wahrheit ist mit so vielen Toten und so viel Blut bezahlt worden, dass man ihn nicht anders begrüßen kann als mit schmerzvoller Entschlossenheit. Angesichts jener ihrer Waffen beraubten Arbeiter, die man im Dunkeln vor das Erschießungskommando führt, um zu retten, was von einigen todgeweihten Regimes noch übrig ist, empfinden wir heute nichts als das Entsetzen und den Schmerz, die der Preis dieser langen Lüge waren. Doch diese untröstlichen Toten fordern von uns eine Treue, die es einmal mehr zu schwören gilt. Treue zum Wort, das sie der Unterdrückung ins Gesicht geschrien haben, dem Wort, das selbst Soldaten aus den Reihen der Armee zum Überlaufen bewegt hat, dem Wort, das alle Gewalt überlebt hat, mit der man es zum Schweigen bringen wollte, und alle Lügen, mit denen man es entstellt hat; Treue zur ununterdrückbaren Freiheit, zur unbesiegbaren und heiligen Freiheit. Ja, wir können dem herzzerreißenden Aufschrei der Arbeiter von Posen nur aus der Ferne antworten und ihn auf der ganzen Welt widerhallen lassen. Aber wir können es ohne Unterlass tun, damit dieser Schrei niemals wieder verstummt. Freiheit oder Barbarei, das ist es, was wir in den langen Jahren der jüngsten Geschichte gelernt haben, das ist es, was wir aus dieser neuen Tragödie lernen. Die Wahl sollte uns nicht schwerfallen. Wir wählen die Freiheit gegen die alten und neuen Barbareien, und wir wählen sie ein für alle Mal, für immer, um uns auch nicht einen einzigen Tag lang des Opfers der kämpfenden Arbeiter Polens als unwürdig zu erweisen, jenes Polens, das noch immer unfrei ist.

DIE PARTEI DER FREIHEIT
1956

Am 30. Oktober 1956 fand in Paris eine Festveranstaltung zum siebzigsten Geburtstag des spanischen Intellektuellen Salvador de Madariaga (1886–1978) statt. Zu dem Komitee, das die Schirmherrschaft übernommen hatte, zählten zahlreiche Persönlichkeiten des kulturellen und politischen Lebens aus dem In- und Ausland, darunter Édouard Herriot, Edouardo Santos, Robert Schuman, Paul-Henri Spaak, Victoria Ocampo, Pablo Casals, Karl Jaspers und André Malraux. Salvador de Madariaga war während der zweiten spanischen Republik (1931–1939) für kurze Zeit Erziehungs- und dann Justizminister und hatte zugleich zu Beginn des Bürgerkriegs sein Land beim Völkerbund vertreten. Nach dem Sieg Francos sah er sich gezwungen, nach England ins Exil zu gehen, später lebte er in Mexiko und den USA. Die Rede, die Camus zu Ehren Madariagas hielt, wurde im April 1957 in der Zeitschrift Monde nouveau *unter dem Titel* Die Partei der Freiheit *veröffentlicht.*

Ich möchte diese Feier, mit der wir heute einen Mann ehren, den wir alle bewundern und lieben, unter ein Motto stellen, das, davon bin ich überzeugt, bei vielen der hier Versammelten Widerhall finden wird, das aber in jedem Fall das Schicksal und die Berufung unseres Freundes Salvador de Madariaga glänzend zusammenfasst. Es ist ein Motto, das Nietzsche schon vor achtzig Jahren dem freien Geist ans Herz gelegt hat: «Du sollst, um die Wahrheit sagen zu können, das Exil vorziehen.»[101] Nun ist es natürlich so, dass man es nicht unbedingt «vorzieht», ins Exil zu gehen. Aber zweifellos ist es eine Entscheidung, im Exil zu bleiben und zu leben, und um ein so hartes Los auf sich zu nehmen, bedarf es nicht weniger als der Liebe zur Wahrheit und zur Freiheit.

Nichts könnte Salvador de Madariaga jedenfalls besser charakterisieren als diese zweifache Leidenschaft. Man müsste allerdings sogleich hinzufügen, dass es ihm gelungen ist, diese Leidenschaft ohne spektakuläre Verrenkungen zu leben und zu verkörpern, mit jenem Feingefühl und jenem Humor, die wir an ihm lieben und die, bei gewissen besonderen Menschen, ein Ausweis von Takt sind. Doch so taktvoll seine Leidenschaft für die Wahrheit auch daherkommen mag, sie ist darum nicht weniger unbezähmbar. Dieser ritterliche Kämpfer ist zugleich, das wissen wir, ein gefährlicher Gegner. Das bedeutet jedoch nicht – und Salvador de Madariaga würde es nicht zulassen, dass ich diesen Eindruck erwecke –, dass in seinem Werk eine vorgefertigte und sorgsam verpackte Wahrheit auf uns wartet. Was wir dort vielmehr finden, ist ein unermüdliches Streben nach der Wahrheit, einen besonnen und kühn vorgehenden Geist, der sich nicht mit schönen Worten zufriedengibt, sich jede intellektuelle Bequemlichkeit versagt und nur die Wirklichkeit als Maßstab anerkennt. Wenn der Autor so vieler scharfsichtiger und kluger Bücher eine Idee oder die Lösung eines Problems zur Diskussion stellt, dann kann man darauf vertrauen, dass er sich nicht zuvor den Segen einer Partei oder einer Kirche dafür geholt hat.

Wie so viele große Geister Spaniens und entgegen der landläufigen Meinung (nachdem eines schönen Tages ein Dummkopf erklärt hat, es gebe keine spanische Philosophie, haben sich sofort hundert intelligente Leute gefunden, es ihm nachzuplappern) ist er einer der wenigen Zeitgenossen, die man zu Recht als Philosophen bezeichnen kann. Trotz seiner enzyklopädischen Bildung meint er nicht, wie unsere offiziellen Denker, dass Philosophie darin besteht, die Geschichte der Philosophie zu unterrichten. Er weiß vielmehr, dass Philosophie bedeutet, sich seines eigenen Denkens zu bedienen, um zugleich die Geheimnisse der Welt wie auch die Regeln rechten Handelns zu ergründen, und nicht zuletzt den Versuch, das zu leben, was man denkt, während man es sich zugleich zur Aufgabe macht, sein Leben und seine Zeit richtig zu denken. Darum ist dieser Wahrheitssucher auch einer der wenigen, die für die Wahrheit Zeugnis ablegen. Er ist bereit, das, was er glaubt, zu verteidigen, und wenn er die eine Hälfte seines Lebens der geistigen Arbeit im Stillen widmet, dem Nachdenken über den Menschen in unserer Zeit, dann verbringt er die andere Hälfte damit, diesem Menschen zu dienen. Zusammenfassend ließe sich also sagen, dass wir heute keinen Mann des Wortes ehren, sondern einen Edelmann des Wortes.

Ich möchte unseren Freund jedoch beruhigen und ihm versichern, dass es nicht meine Absicht ist, ihn mit akademischen Lorbeeren zu überhäufen. Was ich beabsichtige, seien Sie dessen versichert, ist weniger feierlich, aber vielleicht bedeutsamer. Man hat bereits Ihren siebzigsten Geburtstag gefeiert – sogar mit einem Musikstück – und Ihrem Werk die Ehre erwiesen, die ihm gebührt. Erlauben Sie einem Vierzigjährigen darum nur, zu erklären, warum er Sie, bei allem Respekt und aller Ehrerbietung, die er Ihnen entgegenbringt, als seinen Kampfgenossen betrachtet.

Ich bin mir sicher, dass diese Bezeichnung Sie nicht überraschen wird. Wenn Sie aber wider Erwarten doch überrascht sein sollten, dann bitte ich Sie, sich den Zustand unserer Republik des Geistes vor Augen zu führen, die Meisterdenker, die auf allen möglichen Hochzeiten tanzen, und die verdorbene Kost, mit der sie unseren Hunger nach Wahrheit und Würde stillen wollen. Dann werden sie besser die Einsamkeit ermessen können, in der manche von uns, die nach echten Lehrern suchen, leben würden, wenn nicht eine Handvoll Menschen, zu der Sie zählen, hartnäckig und über alle Grenzen hinweg die Rechte, die Pflichten und die Ehre des Geistes hochhielten.

Denn man muss leider sagen, dass man uns mit nachahmenswerten Beispielen nicht gerade verwöhnt hat. Ich meine nicht einmal den allgemeinen Verfall von Charakter und Intelligenz bei jenen, deren Aufgabe es ist, uns zu regieren oder zu vertreten. Vielmehr haben, um nur im Bereich des Geistes zu bleiben, die Menschen meiner Generation, die in der Zeit von Hitlers Machtergreifung und der Moskauer Prozesse begannen, bewusst am geschichtlichen Leben teilzunehmen, zunächst erlebt, wie die Denker der Rechten, aus Hass auf einen Teil der Nation, die Unterjochung der Gesamtheit dieser Nation durch eine ausländische Armee und Polizeigewalt rechtfertigten. Damals war es notwendig, dass nicht zuletzt der Geist selbst zu den Waffen griff, um diesen bedauerlichen Denkfehler zu korrigieren.

Kaum hatten wir Frieden und Ehre wiedererlangt, als eine neue Verschwörung gegen den Geist und seine Freiheiten ihr Haupt erhob, eine Verschwörung, die für uns noch schmerzhafter war. Wir wurden und sind Zeugen, wie Denker der Linken, aus Hass auf einen anderen Teil der Nation, mit eleganten Argumenten die Abschaffung des Streikrechts und der Errungenschaften der Arbeiterbewegung rechtfertigen, die Konzentrationslager, die Abschaffung jeglicher Freiheit des Denkens und des Wortes und selbst den Antisemitismus, solange man all das unter dem Etikett des Humanismus verkündet und in die Tat umsetzt. So hat, zwei Mal im Abstand von zehn Jahren, ein kaltes Delirium der Selbstbestrafung aus unseren Theoretikern der Nation und der Freiheit die begeisterten Diener der schlimmsten Tyranneien gemacht, die vor keinen Grenzen haltmachen, und, um es mit einem Wort zu sagen, zu glühenden Verehrern vollendeter Tatsachen. Allzu viele unserer Intellektuellen und Künstler, die von diesem Delirium ergriffen wurden, ähnelten am Ende jenen folgsamen Töchtern, die vor der Herberge von Peyrebeille[102] aus vollem Halse sangen, um die Schreie der Reisenden zu übertönen, denen ihre tugendhaften Eltern die Kehle durchschnitten. So hat sich, im Namen der Geschichte und ihrer Realitäten, im Laufe der Jahre eine gewaltige Verschwörung gegen den Geist und gegen die Freiheit entwickelt, eine Verschwörung, gegen die es immer wieder um jeden Fußbreit zu kämpfen galt.

Auf wen können wir uns in diesem nicht enden wollenden Kampf, der noch nicht ausgestanden ist, in unserem Denken und Handeln berufen, wenn nicht auf Männer wie Sie? Mit Ihrem Beispiel und mit Ihren Schriften haben Sie uns geholfen, zu verstehen, warum die zynischen und realistischen Standpunkte so attraktiv sind. Sie ermöglichen es, den anderen auszuschließen und zu verachten, während Haltungen wie die Ihre es sich zur Aufgabe machen, den anderen zu verstehen, und eine konstante Arbeit an sich selbst erfordern. Das erklärt, warum Erstere für gewisse Intellektuelle so attraktiv sind, die gern den Weg des geringsten Widerstands gehen. Letztendlich ist der Geist ohne Charakter um einiges schlimmer als die selige geistige Armut. Aus Willensschwäche legt sich dieser Geist bereitwillig eine unerbittliche Ideologie zu, und so sind wir Zeuge der Entstehung jener Gattung geworden, die so charakteristisch für unsere Zeit ist: des verhärteten Intellektuellen, der im Namen des Realismus bereitwillig alle Schrecken rechtfertigt.

Angesichts dieses Typus und seiner schönen Reden haben wir von Ihnen Geduld und Standfestigkeit lernen können. Auch das Glas ist hart, nur der Diamant kann es schneiden, und doch zerspringt es beim ersten Schlag in tausend Stücke. Man muss nur abwarten und gut zielen, wenn möglich mit einem Lächeln auf den Lippen, um dem treu zu bleiben, was Sie uns gelehrt haben. Mit einem Wort, Sie haben uns davor bewahrt, am Geist dieser Zeit zu verzweifeln, indem Sie uns kraft Ihres Beispiels gezeigt haben, dass es einen Gegenentwurf zu jenem Typus des verhärteten Intellektuellen gibt: den standfesten Intellektuellen.

Wenn wir in unseren Fachblättern ausgefeilte Apologien des Hasses lesen, die auf der bloßen Denunziation des Gegenstandpunktes beruhen, der das Blöken gutmütiger Schafe sei, dann fühlen wir uns, dank Ihnen, weder gutmütig noch als Schafe und können erwidern, dass das Gegenteil des Hasses nicht der ängstliche Idealismus ist, sondern die großzügige Gerechtigkeit. Danach reicht es, abzuwarten und unsere Gegner verkünden zu lassen, dass es keine wirksame Gerechtigkeit ohne eine Prise Hass gibt. Die Geschichte, ihre vielbemühte Geschichte, wird sie eines Tages lehren, dass die Gerechtigkeit sich im Hass verliert, wie der Fluss im Ozean. Denn die Schmeißfliegen der Geschichte, von denen es heutzutage wimmelt, ändern den Gang der Geschichte nicht. Sie schwirren durcheinander, sie lügen, sie verkünden, dass das Volk in der Knechtschaft glücklich sei, und eines Tages, eines Tages, den man dann zu Recht historisch nennen wird, werden die Straßen einer Hauptstadt voller Aufständischer sein, die allein unter der Fahne der Freiheit sterben und siegen werden.

Ja, lieber Don Salvador, es sind Männer wie Sie, die uns nicht verzweifeln lassen, und als man mich gebeten hat, heute das Wort an Sie zu richten, habe ich gedacht, das wäre das Erste, was ich Ihnen gern sagen würde. Diejenigen, die fühlen, dass sie vor allem anderen dazu geschaffen sind, zu verehren und zu lieben, und die in der heutigen Welt Gefahr laufen, zu verhungern und zu verdursten, stehen unendlich tief in der Schuld all jener, die ihnen in ehrlosen Zeiten als Menschen und als Intellektuelle ein würdiges und stolzes Vorbild geboten haben. Es ist diese Dankbarkeit, die ich Ihnen aus tiefstem Herzen ausdrücken will. Dank Ihnen und einigen wenigen anderen haben wir ewigen Einzelkämpfer eine eigene Partei. Was soll das für eine Partei sein? Nun, die Partei jener, die von den Verhärteten und den Totalitaristen mit Beleidigungen überschüttet werden, während sie zugleich eine Unterschrift von ihnen verlangen, um ihren Genossen das Leben zu retten. An dieser Definition merken Sie, dass ich von den Liberalen spreche!

Aber Sie haben – und das zeichnet Sie aus – dem Begriff des Liberalismus, der sowohl unter den Verleumdungen seiner Gegner als auch unter der Feigheit seiner Vertreter litt, einen Inhalt gegeben. Sie haben darauf hingewiesen, dass die Freiheit nicht die Freiheit ist, entweder reich zu werden oder zu verhungern, sondern das Auf-sich-Nehmen seiner bürgerlichen Pflicht. Statt Ihre Fahne nach dem Wind zu hängen, haben Sie die Grenzen abgesteckt, jenseits derer die Begriffe, von denen wir leben, ihren Sinn verlieren. Wir haben Sie unermüdlich wiederholen hören, dass Freiheit nicht ohne Autorität denkbar ist, dass jedoch Autorität ohne Freiheit nur der Traum eines Tyrannen ist; dass auf Geld gegründete Privilegien unannehmbar sind, dass es jedoch keine Gesellschaft ohne Hierarchie geben kann und dass Gleichmacherei das Gegenteil echter Gerechtigkeit ist; dass die Macht nur durch die Zustimmung des Volkes Legitimität gewinnt, dass die direkte Demokratie jedoch den Keim der Anarchie oder der Tyrannei in sich trägt; dass der Nationalismus die Plage unserer Zeit ist, dass die internationale Gemeinschaft jedoch nicht auf die Nation verzichten kann, da die Nation, um überflüssig zu werden, erst einmal existieren muss.

Ein so aufmerksames, so waches, so um Wahrhaftigkeit bemühtes Denken – und nicht zuletzt die Art und Weise, wie Sie es durch Ihr Leben illustriert haben – macht aus Ihnen einen würdigen Erben jener großen spanischen Tradition, die bis heute jenseits der Pyrenäen die einzig lebendige geblieben ist. Auch Sie haben sich mit der Geschichte beschäftigt, aber Sie haben in der

Geschichte, gemäß der großartigen Formel Ortegas[103], «einen ruhmreichen Kampf gegen den Tod» erkannt und damit den eigentlichen Ort, an dem der Mensch unermüdlich gegen die Kräfte der Nacht kämpft, für das Leben und die Freiheit.

Sich nie mit irgendeiner vorgefassten Meinung zufriedenzugeben – darin liegt das Geheimnis Ihrer Jugend und Ihrer Kraft. Um nur ein Beispiel zu nehmen: Ohne mit Ihnen je darüber gesprochen zu haben, weiß ich, was Sie angesichts des heldenhaften und erschütternden Aufstands der ungarischen Studenten und Arbeiter empfinden. Aber ich bin mir auch gewiss, Sie konnten sich kaum das Lachen verkneifen, als Sie hörten, General Franco habe dagegen protestiert, dass man eine ausländische Armee zu Hilfe ruft, um ein Volk in Waffen niederzuwerfen – wobei er sich wohl an Guernica erinnert hat. Sie haben gelacht, so wie ich es getan habe: mit der angemessenen Verachtung. Denn wir sind in der Tat uneingeschränkt solidarisch mit dem ungarischen Volk, das sich gegen seine ausländischen Herren erhoben hat. Doch nur, weil wir zugleich uneingeschränkt solidarisch mit dem spanischen Volk sind, das ebenfalls unterdrückt wird und auf eine Befreiung wartet, welche die nicht im Mindesten vereinten Nationen ihm gestohlen haben.

Sie haben vor kurzem mit einer gewissen Bitterkeit über den Niedergang der Empörung geschrieben. Es ist wahr, dass sich die Empörung im Niedergang befindet. Was schlimmer ist: Sie organisiert sich. Man empört sich zu einem festen Termin und blickt dabei in eine vorgegebene Richtung. Unsere Empörten sind halbseitig gelähmt. Sie suchen sich die Opfer aus und schreiben uns vor, mit den einen Mitleid zu empfinden, während die anderen unseren Abscheu erwecken sollen. Sie haben also mit Ihrer gewohnten Klarsichtigkeit eines der Übel, an denen wir leiden, beim Namen genannt. Und Sie haben hinzugefügt: «Es bleibt uns also nur, unsere Hoffnung in unserer Hoffnungslosigkeit zu suchen. Die Menschheit ist so tief gefallen, dass der einzige Weg aufwärts führt.» Doch dabei haben Sie, in einem jener Momente der Entmutigung, die wir alle kennen, vergessen, was Sie selbst gelehrt haben. Sie haben vergessen, dass der lange Kampf, den Sie und Ihre Geistesverwandten geführt haben, Früchte zu tragen beginnt. Erlauben Sie daher, um zum Schluss zu kommen, einem Ihrer Leser, Sie daran zu erinnern. Sie haben selbst gesagt, dass es im Kampf des Menschen für das Licht und die Freiheit keine Atempause gibt. Die Geschichte kommt nicht zur Ruhe, weder im Glück noch im Unglück der Völker. Heute, wo wir meinen, die äußerste Steigerung des Unglücks erreicht zu haben, erwacht die Hoffnung wieder. Die Menschheit ist in der Tat wieder auf dem Weg aufwärts, ans Licht. Die Freiheit erleuchtet mit ihren Flammen von neuem Städte, die gestern noch in Gefangenschaft lagen!

Für das Europa, das heute aus dem Blut der Unschuldigen entsteht, wird ein schrecklicher Preis zu zahlen sein, und wir, für die jedes menschliche Leben unersetzlich ist, wir werden seine Wiedergeburt nicht mit Freudenschreien begrüßen können. Aber es wird neu geboren werden, und wir werden es voller Ernst begrüßen, es wird im Westen ebenso wie im Osten neu geboren werden, in Madrid wie in Budapest, und es wird Ihre Züge tragen und seine wahren Vordenker erkennen, weil es bereits begonnen hat, sich von seinen falschen Propheten loszusagen. Es wird jene große Lehrmeisterin der Freiheit und der Ordnung sein, von der Sie geträumt haben.

«Die Erde dreht sich weiter», ließ Außenminister Schepilow[104] wissen, zum Abschluss seines Berichts über den blutigen Einmarsch der russischen Truppen in Ungarn.

Sie dreht sich in der Tat, und mit jeder Drehung verliert die lange siegreiche Lüge an Macht, und die lange verdunkelte Wahrheit beginnt, uns die Welt heller zu machen. Künstliche Welten, die einzig durch Blut und Terror zusammengehalten wurden, brechen in sich zusammen, unter dem bestürzten Schweigen derjenigen, die eben noch ihr Loblied gesungen haben. Die Freiheit, die, wie man uns verkündet und bewiesen hat, überflüssig ist und verschwinden muss, zerstreut an einem Tag die Armeen und die tausend klugen Bücher, mit denen man sie zu ersticken versucht hat, in alle Winde. Sie macht sich wieder auf den Weg, und Millionen Menschen begreifen von neuem, dass sie die einzige Triebkraft der Geschichte ist, ihr einziger Lebenszweck und das einzige Brot, von dem man niemals satt wird.

Wenn diese Hoffnung heute neu geboren wird, wenn wir es endlich wieder als Ehre begreifen können, am Leben zu sein, dann, so sollen Sie wissen, verdanken wir dies Menschen wie Ihnen, Menschen wie jenen vielen, die, ohne Furcht und ohne Hass, einfach durchgehalten haben. Aus diesem Grund will ich Ihnen nicht jene Ruhe wünschen, die andere für wohlverdient halten. Denn wir brauchen Sie noch. Wir brauchen Sie, um fortzuführen, was wir begonnen haben. Und in dem Wissen, dass ich damit dem Wunsch Ihres jungen Herzens entspreche, wünsche ich Ihnen die Fortsetzung Ihres unaufhörlichen und stolzen Kampfes für die Wahrheit und die Freiheit, die wir, genau wie Sie, über alles stellen.

Ich möchte diesem unbequemen Glückwunsch nur noch den Ausdruck meiner persönlichen Dankbarkeit und Freundschaft hinzufügen, von denen Sie wissen, dass sie nicht geheuchelt sind. Wie könnten wir jemals vergessen, dass Sie, umgeben von tausendfachem Verrat, dem treu geblieben sind, was uns gemeinsam Grund zu leben gibt. Und wie sollten wir folglich heute Abend nicht versucht sein, Ihnen gemeinsam zu sagen, was der im Sterben liegende Turgenjew an Tolstoi schrieb: «Ich bin glücklich, Ihr Zeitgenosse gewesen zu sein.»[105] Aber letztlich sind wir mehr als Ihre Zeitgenossen gewesen (es gibt Zeitgenossen, auf die wir keineswegs stolz sind!). Wir haben an Ihren Ängsten und Ihren Hoffnungen Anteil genommen, unsere Niederlagen waren die Ihren, so wie wir die Befreiung, die wir alle erwarten, Ihrem Beispiel und Ihrem Wirken für unsere gemeinsame Ehre verdanken – einem Wirken, das noch nicht beendet ist.

GRUSSWORT AN JUNGE FRANZOSEN, DIE SICH FÜR UNGARN EINSETZEN 1956

Im Oktober 1956 brach in Ungarn eine breite Protestwelle los, an der sich Intellektuelle, Studenten und Arbeiter beteiligten. Am 23. Oktober schlug der Protest in einen Volksaufstand um. Wenige Tage später, am 28. Oktober, kehrte der Reformer Imre Nagy ins Amt des Ministerpräsidenten zurück und setzte einen Prozess der demokratischen Öffnung und der Ablösung von Moskau in Gang. Nachdem er anfangs die politische Linie von Nagy unterstützt hatte, bildete der Generalsekretär der Ungarischen Kommunistischen Partei, János Kádár, eine geheime Gegenregierung, in deren Namen er Verhandlungen mit Moskau aufnahm und ein Eingreifen der Roten Armee erwirkte. Am 4. November 1956 rückten russische Panzer in Budapest ein. Bei der Unterdrückung des Volksaufstands kamen mehr als 2500 Menschen ums Leben und 200 000 Ungarn gingen ins Exil. Imre Nagy wurde am 16. Juni 1958 hingerichtet. Am 23. November 1956 veranstaltete die Association des Français libres in Paris eine Versammlung zur Unterstützung des ungarischen Volkes. Camus, der einer Einladung, dort zu sprechen, nicht nachkommen konnte, bat Michelle Dalbret, die der Association angehörte, das folgende Grußwort zu verlesen.

Mademoiselle,

ich bedaure aufrichtig, nicht Ihren Wünschen entsprechend auf Ihre Einladung antworten zu können. Dennoch haben mich Ihre Gründe und die Freundlichkeit, die Sie mir bezeigt haben, berührt. Zu meiner persönlichen Abneigung gegen öffentliche Auftritte kommt jedoch die Tatsache, dass ich nicht allen Anfragen nachkommen kann, die gleichzeitig und von allen Seiten an einen freien Schriftsteller wie mich gestellt werden. Darüber hinaus machten es die Absagen, mit denen ich andere bereits bedacht hatte, schwierig, Ihre Einladung anzunehmen. Nicht zuletzt will ich mich so intensiv wie möglich für den Erfolg des Aufrufs der europäischen Schriftsteller an die UNO einsetzen, den ich initiiert habe.[106]

Dennoch möchte ich bei Ihrer Veranstaltung am Dienstagabend nicht gänzlich abwesend sein. Vielleicht können Sie Ihrem jungen Publikum übermitteln, was ich ihm gern persönlich gesagt hätte und was ich im Folgenden versuchen will zusammenzufassen.

Nachdem ich direkt oder indirekt an zwanzig Jahren unserer blutigen Geschichte teilgenommen habe, ist das Einzige, was ich heute öffentlich sagen kann, dass der oberste Wert und das höchste Gut, für das es sich zu leben und zu kämpfen lohnt, immer die Freiheit bleibt.

Die Menschen meiner Generation waren in jener Zeit, als Hitler die Macht ergriff und die ersten Moskauer Prozesse abgehalten wurden, zwanzig Jahre alt. Zunächst mussten wir zehn Jahre lang gegen die Tyrannei Hitlers und gegen die Männer der Rechten kämpfen, die ihn unterstützten. Und zehn weitere Jahre mussten wir gegen die stalinistische Tyrannei und die Spitzfindigkeiten ihrer Verteidiger auf der Linken kämpfen. Trotz der Kette des Verrats und der Verleumdungen durch die Intellektuellen aller Richtungen ist es heute vor allem anderen die Freiheit, die uns immer noch Grund zu leben gibt. Ich bekenne, dass ich in den letzten Jahren versucht war, am Schicksal der Freiheit zu verzweifeln. Verraten von denen, die dazu berufen waren, sie zu verteidigen, unter den Augen der schweigenden Völker von unseren sogenannten Intellektuellen mit Füßen getreten, schien sie mir endgültig dem Tod geweiht, und daher hatte ich manchmal das Gefühl, dass die Schande unserer Zeit alles andere unter sich begrub. Aber heute beweist uns die Jugend Ungarns, die Jugend Spaniens oder Frankreichs, die Jugend aller Länder, dass es nicht so ist, dass nichts jemals jene machtvolle und reine Kraft niederhalten kann und niederhalten wird, welche die Menschen und die Völker dazu treibt, für sich die Ehre einzufordern, aufrecht zu leben. Sie alle, die Sie jetzt in dieser Zeit in unsere Geschichte eintreten, vergessen Sie das nicht. Vergessen Sie es nirgendwo und niemals! Seien Sie aufrichtig bereit, alles zu hinterfragen, aber lassen Sie niemals zu, dass die Freiheit des Geistes, der Person oder der Nation in Frage gestellt wird, auch nicht für eine Übergangszeit, nicht für eine einzige Sekunde.

Wenn der Geist in Ketten liegt, die Arbeit Knechtschaft ist, wenn dem Schriftsteller ein Maulkorb angelegt wurde und die Nation nicht frei ist, das haben Sie mittlerweile erfahren müssen, dann bedeutet der Sozialismus Freiheit für niemanden und Knechtschaft für alle.

Vielleicht dient der Opfergang der Ungarn, bei dessen Anblick wir wieder einmal unsere Schande und unsere

Machtlosigkeit heruntergeschluckt haben, wenigstens dazu, uns an diese Tatsache zu erinnern. Dann werden wir vielleicht weniger leicht versucht sein, unserer eigenen Nation, und nur ihr, ihre historischen Sünden vorzuhalten. Dann werden uns ihr Überleben und ihre Freiheit vielleicht wertvoller sein, ohne dass wir nachlassen, von ihr ein Höchstmaß an Gerechtigkeit zu fordern. Wir erwarten im Übrigen nicht von Ihnen, dass Sie uns nachahmen, uns, die wir uns in diesem langen Kampf verschlissen haben, während wir in einem endlosen und unfruchtbaren Bürgerkrieg darum kämpften, den Worten ihre wahre Bedeutung zurückzugeben und die Lügen zu entlarven. Sie sollten nach dem suchen, was Sie verbindet, statt nach dem, was Sie voneinander trennt. Eine gewisse Art von Einsamkeit, in der es sich schwer leben lässt, könnte Ihnen dann vielleicht erspart bleiben. Nun, vielleicht werden Sie alle zusammen dieses Land neu erbauen, das ich heute liebe wie die Freiheit selbst und das, trotz seines Unglücks, seiner Schwächen und seiner Fehler, in dieser Welt immer noch unserer Treue wert ist. Aber bewahren Sie auf jeden Fall, überall und immer, die Erinnerung an das, was wir durchlebt haben, auf dass Sie der Freiheit treu bleiben, ihren Rechten ebenso wie ihren Pflichten, und auf dass Sie niemals hinnehmen, dass irgendein anderer Mensch, so bedeutend er auch sein mag, oder eine Partei, so stark sie auch sein mag, für Sie denkt und Ihnen vorschreibt, was Sie zu tun und zu lassen haben. Vergessen Sie Ihre Lehrmeister, von denen Sie so oft belogen wurden, und auch die anderen, denen es nicht gelungen ist, Sie zu überzeugen. Vergessen Sie alle Lehrmeister, vergessen Sie die überholten Ideologien, die todgeweihten Begriffe, die abgenutzten Parolen, mit denen man Sie immer noch füttern will. Lassen Sie sich nicht einschüchtern, von keiner Erpressung, weder von rechts noch von links. Und, um zum Schluss zu kommen, lassen Sie sich von niemandem belehren, außer von den jungen Kämpfern von Budapest, die in diesem Moment für die Freiheit sterben. Diese Kämpfer haben Sie nicht belogen, als sie Ihnen zuriefen, dass der freie Geist und die freie Arbeit, in einer freien Nation, im Herzen eines freien Europa, die einzigen Güter dieser Erde und unserer Geschichte sind, die es wert sind, für sie zu kämpfen und zu sterben.

Das, Mademoiselle, ist es, was ich am Dienstag Ihrer Versammlung gern gesagt hätte und was Sie vielleicht für mich sagen werden.

Mit freundlichen Grüßen
Albert Camus

KÁDÁR HAT SEINEN TAG DER ANGST ERLEBT 1957

Nach der Niederschlagung des ungarischen Volksaufstands durch sowjetische Truppen wurde János Kádár am 4. November 1956 Ministerpräsident einer Regierung, die einen kommunistischen Kurs nach Vorstellung des Kreml verfolgte. Am 15. März 1957, dem Jahrestag der ungarischen Revolution von 1848/49 gegen das Kaisertum Österreich, organisierte die anarchistische Vereinigung Solidarité internationale antifasciste in der Pariser Salle Wagram eine Versammlung zur Unterstützung der ungarischen Exilanten. Neben György Szabó und Balazs Nagy, die beide am Aufstand teilgenommen hatten, war auch Camus eingeladen, der dort die folgende Rede hielt, die am 18. März 1957 in der Zeitung Franc-Tireur *abgedruckt wurde und später als Vorwort in das Buch* Budapest (23 octobre 1956) *des im Pariser Exil lebenden ungarischen Journalisten und Schriftstellers Tibor Meray aufgenommen wurde.*

Der ungarische Staatsminister Marosan, dessen Name geradezu programmatisch klingt,[107] hat kürzlich erklärt, es gebe in Ungarn keine Gegenrevolution mehr. Ausnahmsweise hat ein Minister Kádárs die Wahrheit gesagt. Wie könnte es eine Gegenrevolution geben, wenn sie doch bereits an der Macht ist? Es kann in Ungarn nur noch eine Revolution geben.

Ich gehöre nicht zu denen, die wünschen, das ungarische Volk griffe in einem bald niedergewalzten Aufstand abermals zu den Waffen, während eine internationale Gesellschaft von Zuschauern ihm weder Beifall noch tugendsame Tränen versagt, um dann zu ihren Pantoffeln zurückzukehren wie die Tribünensportler am Sonntagabend nach einem Pokalspiel. Im Stadion liegen schon zu viele Tote, und nur mit unserem eigenen Blut dürfen wir freigebig sein. Das ungarische Blut hat sich für Europa und die Freiheit als zu wertvoll erwiesen, als dass wir nicht mit jedem Tröpfchen haushälterisch umgehen müssten.

Aber ich gehöre auch nicht zu den Leuten, die an die Möglichkeit eines noch so resignierten, noch so vorläufigen Kompromisses mit einem Terrorregime glauben, das ebenso sehr Anspruch auf die Bezeichnung sozialistisch hat wie ehemals die Folterknechte der Inquisition auf die Bezeichnung christlich. Und an diesem Jahrestag der Freiheit wünsche ich mit aller Kraft, der stumme Widerstand des ungarischen Volkes möchte fortdauern, stärker werden und dank dem Widerhall aller Stimmen, die wir ihm leihen können, bei der einmütigen internationalen Meinung den Boykott seiner Unterdrücker durchsetzen. Und wenn diese Meinung zu feige oder zu egoistisch ist, um einem Volk von Märtyrern Gerechtigkeit widerfahren zu lassen, und wenn unsere Stimmen sich nicht laut genug erheben, wünsche ich, der ungarische Widerstand möchte fortdauern, bis der gegenrevolutionäre Staat überall im Osten unter dem Gewicht seiner Lügen und seiner Widersprüche zusammenbricht.

Denn es ist durchaus ein gegenrevolutionärer Staat. Wie anders sollte man ein Regime bezeichnen, das den Vater zwingt, den Sohn anzuzeigen, den Sohn, die Todesstrafe für den Vater zu fordern, die Frau, gegen ihren Mann auszusagen, ein Regime, das die Denunziation zur Tugend erhoben hat? Die fremden Panzer, die Polizei, die zwanzigjährigen Mädchen am Galgen, die ihrer Häupter beraubten und geknebelten Arbeiterräte und wiederum die Galgen, die deportierten und eingekerkerten Schriftsteller, die verlogene Presse, die Lager, die Zensur, die verhafteten Richter, die Verbrecher als Gesetzgeber und immer wieder die Galgen – sieht so der Sozialismus aus, das gewaltige Fest der Freiheit und Gerechtigkeit?

Nein, wir haben das erlebt, wir erleben es noch: Es sind die blutigen und eintönigen Riten der totalitären Religion! Der ungarische Sozialismus ist heute im Gefängnis oder in der Verbannung. Durch die Staatspaläste irren bis an die Zähne bewaffnet die schäbigen Tyrannen des Absolutismus, die das Wort Freiheit in Angstzustände, das Wort Wahrheit in Raserei versetzt! Den Beweis dafür liefert die Tatsache, dass der heutige 15. März, für alle Ungarn der Tag der Wahrheit und der unbesieglichen Freiheit, für Kádár nichts als ein endloser Tag der Angst war.

Dabei haben während langer Jahre diese Tyrannen, im Westen unterstützt von Helfershelfern, die niemand und nichts zu so viel Übereifer zwang, ihre wahren Taten durch gewaltige Vernebelungsaktionen verschleiert. Wenn irgendetwas durch den Vorhang drang, wurde uns von ihnen oder ihren westlichen Dolmetschern versichert, in etwa zehn Generationen werde alles in Ordnung kommen und bis dahin marschiere alle Welt frohgemut der Zukunft entgegen, die deportierten Völker hätten das Unrecht begangen, den Verkehr auf der herrlichen Straße des Erfolgs zu behindern, die Hingerichteten seien mit ihrer eigenen Ausmerzung durchaus einverstanden, die Intellektuellen erklärten sich von ihrem reizenden Knebel entzückt, weil es ein dialektischer Knebel sei, und das Volk schließlich sei von seiner eigenen Arbeit beglückt, denn wenn es für Hungerlöhne Überstunden mache, geschehe dies im wahren Sinne der historischen Entwicklung.

Aber ach! Das Volk selbst hat das Wort ergriffen. Es hat seine Stimme erhoben, in Berlin,[108] in der Tschechoslowakei,[109] in Posen[110] und schließlich in Budapest. Und zugleich mit ihm haben sich dort auch die Intellektuellen den Knebel aus dem Mund gerissen. Mit vereinter Stimme haben beide gesagt, man schreite nicht vorwärts, sondern rückwärts, man habe umsonst getötet, umsonst deportiert, umsonst geknechtet, und wenn man sicher sein wolle, künftig auf dem richtigen Weg vorwärtszugehen, müsse man einem jeden Wahrheit und Freiheit gewähren.

So wurden durch den ersten Schrei der Erhebung im freien Budapest ausgeklügelte und kurzsichtige Philosophien, ellenlange Trugschlüsse und prächtige Attrappendoktrinen wie Staub hinweggeblasen. Und die Wahrheit, die nackte Wahrheit, die so lange vergewaltigte, trat vor aller Welt klar zutage.

Verächtliche Herren, die nicht einmal wussten, dass sie mit ihren Worten die Arbeiterklasse beleidigten, hatten uns versichert, das Volk verzichte gerne auf Freiheit, wenn man ihm nur Brot gebe. Und plötzlich antwortete ihnen das Volk selbst, dass es zwar nicht einmal Brot habe, dass es aber selbst in Besitz des Brotes noch etwas darüber hinaus fordern würde. Denn die folgenden Zeilen stammen nicht aus der Feder eines gelehrten Professors, sondern von einem Budapester Schmied: «Ich verlange, dass man mich als Erwachsenen betrachtet, der selbständig denken kann und will. Ich verlange, dass ich meinen Gedanken ohne Furcht Ausdruck geben kann und dass mir zugehört wird.»

Was nun die Intellektuellen angeht, denen man die Ohren vollgepredigt und -gebrüllt hatte, es gebe einzig und allein die Wahrheit, die den Zwecken der Sache diene, nun wohl, hier ist der Eid, den sie am Grabe ihrer von ebendieser Sache ermordeten Kameraden abgelegt haben: «Nie wieder, nicht aus Angst vor Drohung, nicht aus Angst vor Tortur, nicht aus falsch verstandener Liebe zur Sache, wird etwas anderes als die Wahrheit über unsere Lippen kommen.» (Tibor Meray an Rajks Grab.)[111]

Das Schafott kennt keinen Liberalismus

Damit ist der Fall entschieden. Dieses hingemetzelte Volk ist von unserer Art. Was Spanien vor zwanzig Jahren für uns bedeutete, das wird heute Ungarn sein. Die spitzfindigen Nuancen, die Taschenspielereien der Sprache und die klüglerischen Überlegungen, mit denen man immer noch die Wahrheit zu schminken versucht, interessieren uns nicht. Die vielbesprochene Rivalität zwischen Rakosi[112] und Kádár ist nicht von Belang. Beide sind sie vom gleichen Schlag. Nur ihre Jagdtrophäen unterscheiden sie, und wenn Rakosi die blutigere Sammlung aufweist, dann nicht mehr lange.

Auf jeden Fall macht es keinen Unterschied für die Freiheit des Landes, ob es nun von dem kahlköpfigen Mordbuben oder von dem verfolgten Verfolger regiert wird. Es tut mir leid, wenn ich mich in dieser Beziehung wiederum als Kassandra gebärden und die neuen Hoffnungen gewisser unverzagter Journalisten enttäuschen muss, aber es gibt nun einmal in einer totalitären Gesellschaft keine Entwicklungsmöglichkeit. Der Terror entwickelt sich nicht oder höchstens zum Schlechten, das Schafott kennt keinen Liberalismus, der Galgen keine Toleranz. Nirgends auf der Welt hat man je eine Partei oder einen Menschen gesehen, der über die absolute Macht verfügte und sich ihrer nicht auch absolut bediente.

Die totalitäre Gesellschaft – ob rechts oder links – wird zunächst durch die Einheitspartei gekennzeichnet, und die Einheitspartei hat keinerlei Grund, sich selbst zu zerstören. Deshalb ist die Gesellschaft, zu deren Institutionen die Vielheit der Parteien gehört, die einzige zu Weiterentwicklung und fortschreitender Liberalisierung fähige Gesellschaft und damit die einzige, der unsere zugleich kritische und tätige Anteilnahme gelten muss. Sie allein erlaubt, die Ungerechtigkeit und das Verbrechen an den Pranger zu stellen und dem zufolge zu bekämpfen. Sie allein erlaubt heute, die Folter an den Pranger zu stellen, die schmähliche Folter, die in Algerien ebenso nichtswürdig ist wie in Budapest.

Die bei uns noch weitverbreitete Vorstellung, eine Partei könne einfach wegen des Etiketts proletarisch in historischer Sicht auf bestimmte Privilegien Anspruch erheben, ist eine Vorstellung von Intellektuellen, die ihrer Vorrechte und ihrer Freiheiten überdrüssig sind. Die Geschichte verleiht keine Privilegien, sie lässt sie sich abringen.

Und es ist nicht Sache der Intellektuellen oder der Arbeiter, das Recht des Stärkeren und die vollendete Tatsache auch nur im Geringsten zu preisen. In Wahrheit besitzt niemand, kein Mensch, keine Partei, ein Recht auf unumschränkte Macht, so wenig wie auf endgültige Privilegien im Rahmen einer sich unablässig wandelnden Geschichte. Und kein Privileg, keine noch so erhabene Logik vermag die Folter und den Terror zu rechtfertigen.

Auch in dieser Beziehung hat Budapest uns den Weg gewiesen. Dieses besiegte und in Ketten gelegte Ungarn, das unsere Pseudorealisten voll Erbarmen mit dem immer noch auf dem Hochseil balancierenden Polen vergleichen, hat für die Freiheit und die Gerechtigkeit mehr getan als irgendein anderes Volk in den letzten zwanzig Jahren. Aber damit diese Lehre im Westen für die Leute, die sich Augen und Ohren verstopften, lebendig und überzeugungskräftig wurde, bedurfte es – und darüber werden wir uns nie hinwegtrösten können – des vom ungarischen Volk in Strömen vergossenen Blutes, das im Gedächtnis der Menschen bereits zu trocknen beginnt.

Zumindest werden wir versuchen, Ungarn treu zu bleiben, wie wir Spanien treu geblieben sind. In der Einsamkeit des heutigen Europa besitzen wir dazu nur ein Mittel, nämlich das nie zu verraten, weder hier noch anderswo, um dessentwillen die ungarischen Kämpfer gestorben sind, und das nie zu rechtfertigen, weder hier noch anderswo, und wäre es nur mittelbar, was sie getötet hat.

Die nie verstummende Forderung nach Freiheit und Wahrheit, die Gemeinschaft des Arbeiters und des Intellektuellen (die zum größten Nutzen der Tyrannei heute noch bei uns gegeneinander ausgespielt werden) und schließlich die politische Demokratie als gewiss unzureichende, doch notwendige, ja unerlässliche Bedingung der Wirtschaftsdemokratie – dies alles wurde von Budapest verteidigt. Und damit rief die große, aufrührerische Stadt dem westlichen Europa seine vergessene Wahrheit und Größe wieder in Erinnerung. Sie räumte mit dem merkwürdigen Minderwertigkeitsgefühl auf, das die Mehrheit unserer Intellektuellen ihrer Kraft beraubt und das mitzuempfinden ich mich weigere.

Antwort an Schepilow

Zahlreich sind die Missstände des Westens, unbestreitbar seine Verbrechen und seine Unzulänglichkeiten. Aber schließlich wollen wir nicht vergessen, dass wir als Einzige die Fähigkeit der Vervollkommnung und der Emanzipation besitzen, die dem freien Geist innewohnt. Und während die totalitäre Gesellschaft aufgrund ihrer Wesensart den Freund zwingt, den Freund auszuliefern, wollen wir daran denken, dass die westliche Gesellschaft trotz all ihrer Irrungen immer wieder jenen Menschenschlag hervorbringt, der die Ehre des Lebens hochhält, das heißt jenen Schlag, der selbst dem Feind die Hand entgegenstreckt, um ihn vor dem Unglück oder dem Tod zu retten.

Wenn Minister Schepilow nach seiner Rückkehr aus Paris zu schreiben wagt: «Die westliche Kunst ist dazu bestimmt, die Seele des Menschen zu zerreißen und Massenmörder aller Art hervorzubringen», dann ist es an der Zeit, ihm zu antworten, dass zumindest unsere Schriftsteller und Künstler niemanden gemordet haben und dabei doch großzügig genug sind, nicht die Theorie des sozialistischen Realismus für die Massenmorde verantwortlich zu machen, die von Schepilow und seinesgleichen angeordnet und gedeckt wurden.

In Wahrheit gibt es bei uns Raum für alles, selbst für das Böse, selbst für Schepilows Schriftsteller, aber auch für die Ehre, für das freie Leben des Verlangens, für das Abenteuer des Geistes. In der stalinistischen Kultur aber gibt es für nichts Raum außer für die linientreuen Predigten, das graue Leben und den Katechismus der Propaganda. Wer noch daran zweifeln konnte, hat es eben aus dem Aufschrei der ungarischen Schriftsteller erfahren, die zum letzten Mal ihre Stimmen erhoben, ehe sie ihre endgültige Wahl trafen und verstummten, um nicht auf Befehl lügen zu müssen.

Es wird uns schwerfallen, so vieler Opfer würdig zu sein. Aber wir müssen uns in einem endlich geeinten Europa darum bemühen, indem wir unsere Händel begraben, unsere eigenen Fehler einsehen, unser Zusammenwirken und unsere Solidarität vertiefen. Den Menschen, die uns erniedrigen und uns einreden wollen, die Geschichte könne den Terror rechtfertigen, werden wir unseren wahren Glauben entgegenhalten, den Glauben, den wir, wie wir jetzt wissen, mit den ungarischen

Schriftstellern teilen, mit den polnischen und auch, gewiss, mit den russischen Schriftstellern, die ebenfalls geknebelt sind.

Wir glauben, dass in der Welt neben knechtenden, tödlichen Mächten, die die Geschichte verdunkeln, auch überzeugungskräftige, lebenverheißende Mächte am Werk sind, eine gewaltige Bewegung der Emanzipation, deren Name Kultur ist und die gleichzeitig aus freier Schöpfung und aus freier Arbeit hervorgeht.

Unsere tagtägliche Aufgabe, unsere langwierige Berufung besteht darin, mit unseren Werken zu dieser Kultur beizutragen, nicht aber, ihr irgendetwas wegzunehmen, auch nicht vorübergehend. Aber unsere stolzeste Aufgabe besteht darin, persönlich und bis zuletzt die Freiheit dieser Kultur, das heißt die Freiheit der Arbeit und der Schöpfung, gegen die knechtenden, tödlichen Mächte zu verteidigen, woher sie auch kommen mögen.

Die ungarischen Arbeiter und Intellektuellen, denen wir uns heute mit so viel ohnmächtigem Schmerz verbunden fühlen, haben das erkannt und uns dazu verholfen, es besser zu erkennen. Wenn wir deshalb ihr Unglück teilen, so teilen wir auch ihre Hoffnung. Trotz ihres Elends, ihrer Verbannung, ihrer Ketten haben sie uns ein königliches Erbe vermacht, dessen wir uns würdig erweisen müssen: die Freiheit, die sie nicht gewählt, die sie uns jedoch im Verlauf eines einzigen Tages wiedergeschenkt haben!

GRUSSWORT AN DIE UNGARISCHEN SCHRIFTSTELLER IM EXIL 1957

Nach der gewaltsamen Niederschlagung des ungarischen Aufstands durch russische Truppen Anfang November 1956 wurden zahlreiche Intellektuelle festgenommen, und mehr als 200 000 Ungarn waren gezwungen, ihr Land zu verlassen. Camus setzte sich durch öffentliche Stellungnahmen für sie ein, während er zugleich bei der ungarischen Regierung zugunsten der in Ungarn inhaftierten Intellektuellen Fürsprache einlegte. Am 4. November 1957, ein Jahr nach den blutigen Ereignissen von Budapest, hielt der ungarische Schriftstellerverband im Exil eine Versammlung in London ab. Zwar konnte Camus einer Einladung dorthin nicht persönlich Folge leisten, er bat jedoch den Historiker François Fejtö, mit dem er 1958 an dem Sammelband La Vérité sur l'affaire Nagy[113] (Die Wahrheit über die Affäre Nagy) *zusammenarbeiten sollte, in seinem Namen ein Grußwort zu verlesen. Der Text wurde am 6. November 1957 in der Tageszeitung* Le Monde *veröffentlicht.*

Ich möchte nichts weiter als der Verbundenheit Ausdruck verleihen, die jeder freiheitlich denkende Intellektuelle im Westen seit einem Jahr mit dem Schicksal Ungarns empfindet.

So schwer erträglich der Gedanke an die Einsamkeit auch sein mag, in der wir die ungarischen Kämpfer haben sterben lassen und die heute die Überlebenden umgibt, die Sammlungsbewegung, die sich in Europa aus diesem Anlass vollzogen hat, verleiht ihrem verzweifelten Kampf trotz allem eine Art Sinn.

Die besten Verbündeten der totalitären Regime sind die Mutlosigkeit und das Vergessen. Es liegt daher auf der Hand, wie unsere Losung lauten muss: Erinnerung und Hartnäckigkeit. Nur einer solchen Hartnäckigkeit kann es gelingen, dass Ungarn eines Tages Wiedergutmachung erfährt.

Die Ungarn brauchen weder unsere Tränen noch unsere Klagen. Was sie brauchen, ist ein weltweites Echo für ihre Schreie und Anerkennung und Respekt für ihren Willen, mit der Lüge, die sie unterdrückt, Schluss zu machen.

Wir stehen so lange in der Schuld der Aufständischen vom Oktober, wie der ungarischen Nation und dem ungarischen Volk die Freiheit nicht zurückgegeben wird. In diesem Treueschwur sollten wir heute Abend vereint sein.

NOBELPREIS-REDE
STOCKHOLM, 10. DEZEMBER 1957

Am 16. Oktober 1957 gab die Schwedische Akademie bekannt, dass sie Albert Camus den Literaturnobelpreis zuerkannt hatte. Trotz der Panik und Bestürzung, die diese Nachricht bei ihm auslöste, nahm Camus die Auszeichnung an und unterwarf sich damit auch dem Protokoll, das vorsah, dass der Preisträger seine Auszeichnung persönlich in Stockholm entgegennahm und zu diesem Anlass eine Rede hielt. Am 10. Dezember 1957 ergriff Camus am Ende der Preisverleihungszeremonie im Rathaus von Stockholm das Wort. Die Veröffentlichung der Nobelpreis-Rede im Januar 1958 bei Gallimard widmete er Louis Germain, seinem Lehrer an der École communale von Belcourt (Algier), dem er am 19. November 1957 geschrieben hatte: «Ohne Sie, ohne jene liebevolle Hand, die Sie dem armen kleinen Jungen, der ich war, gereicht haben, ohne Ihr Beispiel wäre nichts von alldem zustande gekommen.»

Die Ehre, die Ihre freie Akademie mir mit ihrem Preis zuteilwerden lässt, hat in mir ein umso tieferes Gefühl der Dankbarkeit geweckt, als ich ermesse, wie sehr diese Auszeichnung meine persönlichen Verdienste übersteigt. Jeder Mensch und erst recht jeder Künstler hegt den Wunsch, anerkannt zu werden. So auch ich. Und doch – als ich von Ihrer Entscheidung erfuhr, konnte ich nicht umhin, ihre Tragweite mit dem zu vergleichen, was ich wirklich bin. Wie hätte ein verhältnismäßig junger Mann, dessen einziger Reichtum in seinen Zweifeln und seinem noch im Werden begriffenen Werk besteht, der gewohnt ist, in der Einsamkeit der Arbeit oder der Zurückgezogenheit der Freundschaft zu leben, wie hätte er nicht mit einer Art Panik den Spruch vernehmen sollen, der ihn, allein und nur auf sich gestellt, mit einem Schlag in den Brennpunkt eines grellen Lichtes rückt? Und wie musste ihm bei dieser Ehrung zumute sein, zu einer Zeit, da in Europa andere, zu den Größten zählende Schriftsteller zum Schweigen verurteilt sind und da seine Heimaterde von nicht enden wollendem Unglück betroffen ist?

Diese Ratlosigkeit und dieser innere Zwiespalt haben mich bedrängt. Um den Frieden zurückzugewinnen, musste ich, kurz gesagt, danach trachten, mit einem allzu großzügigen Los ins Reine zu kommen. Und da ich nicht an es heranreichen konnte, indem ich mich allein auf meine Verdienste stützte, war ich darauf angewiesen, einzig bei dem Hilfe zu suchen, was mir mein ganzes Leben lang und in allen Widrigkeiten Kraft geschenkt hat: der Vorstellung nämlich, die ich mir von meiner Kunst und von der Aufgabe des Schriftstellers mache. Erlauben Sie mir, Ihnen in Dankbarkeit und Freundschaft, so schlicht ich es vermag, zu sagen, welcher Art diese Vorstellung ist.

Mir geht es so, dass ich ohne meine Kunst nicht leben kann. Aber ich habe diese Kunst nie höher gestellt als alles übrige. Ich bedarf ihrer vielmehr notwendig, weil sie sich von niemand absondert und mir erlaubt, so wie ich bin, auf der allen Menschen gemeinsamen Ebene zu leben. Die Kunst ist in meinen Augen kein einsiedlerisches

Vergnügen. Sie ist ein Mittel, die größtmögliche Zahl von Menschen anzurühren, indem sie ihnen ein beispielhaftes Bild der gemeinsamen Leiden und Freuden vorhält. Sie verlangt also vom Künstler, sich nicht abzukapseln; sie unterwirft ihn der bescheidensten und zugleich umfassendsten Wahrheit. Und wer, wie es hie und da vorkommt, sein Künstlerschicksal gewählt hat, weil er sich anders fühlte, merkt bald, dass er seiner Kunst und seiner Andersartigkeit nur Nahrung bieten kann, indem er seine Ähnlichkeit bekennt. Der Künstler bildet sich in diesem ständigen Hin und Her zwischen sich und den anderen, auf halbem Wege zwischen der Schönheit, der er nicht entraten kann, und der Gemeinschaft, der er sich nicht zu entziehen vermag. Darum betrachten die wahren Künstler nichts mit Verachtung; sie fühlen sich verpflichtet, zu verstehen, nicht zu richten. Und wenn sie in der Welt Stellung zu beziehen haben, so können sie sich nur für eine Gesellschaft entscheiden, in der nach Nietzsches großem Wort nicht mehr der Richter herrschen wird, sondern der Schaffende, sei er nun Arbeiter oder Intellektueller.

Gleichzeitig lässt die Aufgabe des Schriftstellers sich nicht von schwierigen Pflichten trennen. Seiner Bestimmung gemäß kann er sich heute nicht in den Dienst derer stellen, die Geschichte machen: Er steht im Dienste derer, die sie erleiden. Andernfalls ist er auf verlorenem Posten und seiner Kunst beraubt. Alle Armeen der Tyrannei mit ihren Millionen von Menschen werden ihn der Einsamkeit nicht entreißen, sogar und vor allem, wenn er einwilligt, sich ihrem Schritt anzupassen. Aber das Schweigen eines unbekannten, am anderen Ende der Welt der Demütigung preisgegebenen Gefangenen genügt, um den Schriftsteller aus dem Exil zu erlösen, jedes Mal zumindest, da es ihm gelingt, über den ihm gewährten Vorrechten der Freiheit dieses Schweigen nicht zu vergessen und es aufzunehmen, um ihm durch die Mittel der Kunst Widerhall zu verleihen.

Keiner von uns ist groß genug für eine solche Sendung. Aber in allen Lagen seines Lebens kann der Schriftsteller, mag er nun unbekannt oder vorübergehend berühmt, von der Tyrannei in Ketten geschlagen oder vorläufig des freien Ausdrucks teilhaftig sein, das Gefühl einer lebendigen Gemeinschaft wiederfinden, die ihn rechtfertigen wird unter der einen Bedingung, dass er, so gut er es vermag, den doppelten Auftrag auf sich nimmt, der die Größe seines Berufs ausmacht: den Dienst an der Wahrheit und den Dienst an der Freiheit. Da seine Berufung von ihm fordert, die größtmögliche Zahl von Menschen zu verbinden, kann sie sich nicht in Lüge und Knechtschaft schicken, die, wo immer sie herrschen, zahllose Menschen der Einsamkeit überantworten. Welches auch unsere persönlichen Unzulänglichkeiten sein mögen, der Adel unseres Berufs wird stets in zwei schwer zu haltenden Verpflichtungen wurzeln: der Weigerung, wider besseres Wissen zu lügen, und dem Widerstand gegen die Unterdrückung.

So habe ich, wie alle Menschen meines Alters während mehr als zwanzig Jahren in einer dem Wahnsinn verfallenen Epoche hilflos den krampfartigen Erschütterungen der Zeit preisgegeben, Kraft gefunden in dem dunklen Gefühl, dass das Schreiben heute eine Ehre darstellt, weil der Schreibakt verpflichtet, und zwar zu mehr als nur zum Schreiben selbst. Insbesondere verpflichtete er mich dazu, so wie ich war und nach besten Kräften all den Menschen, die die gleichen geschichtlichen Ereignisse erlebten, die uns gemeinsame Drangsal und Hoffnung tragen zu helfen. Diese zu Beginn des Ersten Weltkriegs geborenen Menschen, die eben zwanzig geworden waren, als zur gleichen Zeit das Hitler-Regime und die Tage der ersten Revolutionsprozesse anbrachen, die sich dann zur Vervollständigung ihrer Erziehung dem Spanischen Bürgerkrieg, dem Zweiten Weltkrieg, den Konzentrationslagern, dem Folter und Gefängnis anheimgefallenen Europa gegenübergestellt sahen, müssen heute ihre Söhne und ihre Werke in einer Welt heranbilden, die von der Zerstörung durch Atomwaffen bedroht ist. Ich denke, dass niemand von ihnen verlangen kann, optimistisch zu sein. Und ich bin sogar der Ansicht, dass wir Verständnis für den Irrtum derer, die in übersteigerter Verzweiflung das Recht auf Unehre gefordert und sich allen herrschenden Formen des Nihilismus verschrieben haben, aufbringen müssen, freilich ohne aufzuhören, sie zu bekämpfen. Immerhin haben in meinem eigenen Land wie im übrigen Europa die meisten unter uns diesen Nihilismus von sich gewiesen und sich auf die Suche nach Legitimität gemacht. Sie waren gezwungen, sich eine Lebenskunst für Katastrophenzeiten zu schmieden, um ein zweites Mal geboren zu werden und dann mit offenem Visier gegen das instinktive Todesverlangen anzukämpfen, das in unserer Geschichte am Werk ist.

Jede Generation sieht wohl ihre Aufgabe darin, die Welt neu zu erbauen. Meine Generation jedoch weiß, dass sie sie nicht neu erbauen wird. Aber vielleicht fällt ihr eine noch größere Aufgabe zu. Sie besteht darin, den Zerfall der Welt zu verhindern. Als Erbin einer morschen Geschichte, in der verkommene Revolutionen, toll gewordene Technik, tote Götter und ausgelaugte Ideologien sich vermengen, in der Mächte ohne Größe heute wohl alles zu zerstören, aber niemand mehr zu überzeugen vermögen, in der die Intelligenz sich so weit erniedrigt, dem Hass und der Unterdrückung zu dienen, sah diese Generation sich vor die Aufgabe gestellt, einzig von ihrer Ablehnung ausgehend, in sich und um sich einen Teil von dem, was die Würde des Lebens und des Sterbens ausmacht, wiederherzustellen. Angesichts einer von Auflösung bedrohten Welt, in der unsere Großinquisitoren Gefahr laufen, für immer das Reich des Todes zu errichten, ist sie sich bewusst, dass sie in einer Art gehetztem Wettlauf mit der Zeit einen nicht auf Knechtschaft gegründeten Frieden unter den Völkern wiederherstellen, Arbeit und Kultur wieder versöhnen und im Verein mit allen Menschen einen neuen Bund schaffen sollte. Es ist nicht sicher, ob sie diese gewaltige Aufgabe jemals wird erfüllen können; sicher ist jedoch, dass sie überall in der Welt bereits den zwiefachen Einsatz auf Wahrheit und Freiheit gewagt hat und gegebenenfalls ohne Hass dafür zu sterben weiß. Dieser Generation, wo immer sie sich befindet und vor allem dort, wo sie sich zum Opfer bringt, gebührt Gruß und Zuspruch. Auf sie möchte ich jedenfalls, Ihres tiefinneren Einverständnisses gewiss, die Ehre übertragen, die Sie mir heute zuteilwerden lassen.

Indem ich den Adel des Schriftstellerberufs verdeutlicht habe, hätte ich somit gleichzeitig den Schriftsteller wieder an den ihm zukommenden Platz gestellt, einzig mit den Ehrentiteln versehen, die er mit seinen Kampfgefährten teilt, verwundbar, doch unnachgiebig, ungerecht, doch leidenschaftlich nach Gerechtigkeit verlangend, sein Werk ohne Scham und ohne Hochmut vor aller Augen aufbauend, unablässig hin- und hergerissen zwischen Schmerz und Schönheit und endlich dazu bestimmt, aus seinem doppelten Wesen die Schöpfungen hervorzubringen, die er in der zerstörerischen Bewegung der Geschichte beharrlich aufzurichten sucht. Wer könnte nach alldem fixfertige Lösungen und erbauliche Morallehre von ihm erwarten? Die Wahrheit ist geheimnisvoll, ungreifbar und muss stets neu erobert werden. Die Freiheit ist gefährlich, sie zu leben ist ebenso hart wie berauschend. Diesen beiden Zielen müssen wir entgegengehen, mühselig, doch entschlossen, unseres zeitweiligen Schwachwerdens auf einem so weiten Weg von vornherein gewiss. Welcher Schriftsteller könnte es da wagen, sich mit gutem Gewissen zum Tugendprediger aufzuwerfen? Was aber mich selber betrifft, so muss ich erneut festhalten, dass ich das alles nicht bin. Ich habe nie vermocht, auf das Licht zu verzichten, das Glück des Seins, das freie Leben, in dem ich aufgewachsen bin. Aber obwohl manche unter meinen Irrtümern und Fehlern sich aus diesem Sehnen erklären, hat es mir wohl doch geholfen, meinen Beruf besser zu erfassen, und hilft mir noch heute, blindlings bei all den schweigenden, über die Welt verstreuten Menschen zu stehen, die das ihnen bereitete Leben nur in der Erinnerung oder der Wiederkehr flüchtiger, freier Augenblicke des Glücks ertragen.

So auf das beschränkt, was ich wirklich bin, auf meine Grenzen, meine Schulden wie auch meinen schwierigen Glauben, fühle ich mich schließlich freier, um Ihnen die Tragweite und die Großzügigkeit der Auszeichnung vor Augen zu führen, die Sie mir gewähren, freier auch, um Ihnen zu sagen, dass ich sie als Ehrung all der Menschen annehmen möchte, die in demselben Kampf stehen und deswegen doch keinerlei Lohn empfangen, sondern vielmehr Unglück und Verfolgung erfahren.

Dann bleibt mir nur, Ihnen aus tiefstem Herzen zu danken und Ihnen zum Zeichen meiner Dankbarkeit in aller Öffentlichkeit das alte, sich stets gleichbleibende Versprechen der Treue zu geben, das jeder wahre Künstler sich jeden Tag im Stillen selbst gibt.

DER KÜNSTLER UND SEINE ZEIT 1957

Am 14. Dezember 1957, vier Tage nach der offiziellen Verleihungsfeier des Nobelpreises in Stockholm, sprach Camus im großen Hörsaal der Universität von Uppsala, der ältesten schwedischen Universität. Im Januar 1958 wurde der Text von Camus' Vortrag zusammen mit seiner Nobelpreis-Rede, die er am 10. Dezember im Rathaus von Stockholm gehalten hatte, vom Verlag Gallimard unter dem Titel Discours de Suède (Schwedische Reden) *veröffentlicht.*

Ein orientalischer Weiser pflegte um die Gnade zu beten, die Gottheit möge ihm ersparen, in einer interessanten Zeit zu leben. Da wir keine Weisen sind, hat die Gottheit uns dies nicht erspart, und wir leben in einer interessanten Zeit. Jedenfalls erlaubt sie nicht, dass wir ihr unser Interesse versagen. Die Schriftsteller von heute wissen ein Lied davon zu singen. Wenn sie sprechen, werden sie kritisiert und angegriffen. Wenn sie bescheiden werden und schweigen, wird man nur noch von ihrem Schweigen sprechen und es ihnen geräuschvoll zum Vorwurf machen.

Inmitten dieses Tumults kann der Schriftsteller nicht mehr hoffen, sich abseitszuhalten, um den Überlegungen und Bildern nachzuhängen, die ihm teuer sind. Bis jetzt war in der Geschichte ein Sichfernhalten immer mehr oder weniger möglich. Wer nicht zustimmte, konnte oft schweigen oder von etwas anderem sprechen. Heute ist das alles anders, und selbst Schweigen bekommt einen gefährlichen Sinn. Vom Augenblick an, da die Stimmenthaltung selbst als eine Entscheidung angesehen und als solche bestraft oder gelobt wird, sieht sich der Künstler auf die Galeere verfrachtet, ob er es will oder nicht. Verfrachtet scheint mir hier richtiger als an Bord gegangen. Denn es handelt sich für den Künstler nicht um ein freiwilliges Beitreten, sondern eher um eine Dienstverpflichtung. Jeder Künstler wird heutzutage auf die Galeere seiner Zeit verfrachtet. Er muss sich damit abfinden, selbst wenn er der Ansicht ist, diese Galeere rieche nach Hering, es seien dort zu viele Aufseher und es werde ein schlechter Kurs gesteuert. Wir befinden uns auf hoher See. Der Künstler muss sich wie die anderen ans Ruder setzen, wenn möglich ohne über Bord zu gehen, das heißt, er muss fortfahren, zu leben und zu schaffen.

Das aber ist nicht leicht, und ich begreife, dass die Künstler ihrer früheren Behaglichkeit nachtrauern. Der Wechsel ist ein bisschen jäh. Gewiss hat es im Zirkus der Geschichte immer Märtyrer und Löwen gegeben. Die Ersteren nährten sich von den Tröstungen der Ewigkeit, die Letzteren von schön blutigem historischem Fleisch. Aber der Künstler saß bisher auf der Zuschauerbank. Er sang zum Vergnügen, für sich selber oder im besten Fall, um den Märtyrer zu ermutigen und den Löwen ein wenig von seinem Heißhunger abzulenken. Jetzt dagegen befindet der Künstler sich in der Arena. Kein Wunder, dass seine Stimme verändert klingt; viel unsicherer.

Es ist leicht zu sehen, was die Kunst infolge dieser ständigen Verpflichtung alles verlieren kann. Zunächst die Unbeschwertheit und jene göttliche Freiheit, die Mozarts Musik atmet. Das verstörte, verstockte Aussehen unserer Kunstwerke, ihre sorgenvolle Stirn und ihre plötzlichen Abstürze werden leichter verständlich. Daraus erklärt sich auch, dass wir mehr Feuilletonisten als Schriftsteller haben, mehr Kunstkritiker als Cézannes und dass schließlich die seichten und Kriminalromane an die Stelle von *Krieg und Frieden* oder *Die Kartause von Parma* getreten sind. Natürlich kann man diesen Zuständen immer noch mit humanistischem Klagegesang begegnen und zu dem werden, was Stepan Trofimowitsch in den *Dämonen*[114] um jeden Preis sein will: ein wandelnder Vorwurf. Man kann auch, wie er, Anfälle staatsbürgerlicher Trauer haben. Aber diese Trauer ändert nichts an der Wirklichkeit. Meiner Meinung nach ist es besser, der Zeit ihren Tribut zu zollen, wenn sie doch so laut danach schreit, und ruhig anzuerkennen, dass die Epoche der verehrten Meister, der kameliengeschmückten Künstler und der sesselthronenden Genies vorbei ist. Schöpferische Tätigkeit ist heute eine gefährliche Tätigkeit. Jede Veröffentlichung ist eine Tat, und diese Tat setzt uns den Leidenschaften eines Jahrhunderts aus, das keine Vergebung kennt. Es geht also nicht darum, ob das der Kunst abträglich ist oder nicht. Für alle Menschen, die ohne die Kunst und das, was sie bedeutet, nicht leben können, geht es nur um die Frage, wie inmitten der Schergen so vieler Ideologien (wie viele Kirchen, welche Einsamkeit!) die seltsame Freiheit der Schöpfung erhalten bleiben kann.

Es genügt nicht, in diesem Zusammenhang zu sagen, die Kunst werde von den Staatsgewalten bedroht. In dem Fall wäre das Problem nämlich einfach: Der Künstler schlägt sich oder streckt die Waffen. Das Problem ist vielschichtiger und auch tödlicher, sobald man gewahr wird, dass der Kampf im Inneren des Künstlers selber stattfindet. Der Kunsthass, von dem unsere Gesellschaft so schöne Beispiele aufweist, ist heute nur so wirksam, weil er von den Künstlern selber genährt wird. Die Zweifel der Künstler früherer Zeiten betrafen ihr eigenes Talent. Die Zweifel der Künstler von heute betreffen die Notwendigkeit ihrer Kunst, also ihre Existenz an sich. 1957 würde Racine sich entschuldigen, *Bérénice* zu schreiben, anstatt für das Edikt von Nantes zu kämpfen.

Dieses Infragestellen der Kunst durch den Künstler selbst hat viele Gründe, unter denen nur die edelsten Erwähnung verdienen. Im besten Fall erklärt es sich dadurch, dass der zeitgenössische Künstler den Eindruck haben kann, zu lügen oder ins Blaue hinein zu sprechen, wenn er die Nöte der Geschichte nicht berücksichtigt. Was unsere Zeit in der Tat kennzeichnet, ist der Einbruch der Massen und ihrer erbärmlichen Lebensbedingungen in das Bewusstsein der Zeitgenossen. Man weiß jetzt, dass sie existieren, während man vormals geneigt war, es zu vergessen. Und wenn man es weiß, so nicht etwa, weil die künstlerischen und sonstigen Eliten empfindsamer geworden wären, keine Bange, sondern weil die Massen stärker geworden sind und dafür sorgen, dass man sie nicht vergisst.

Der Rückzug des Künstlers hat noch andere Gründe, darunter weniger edle. Aber welcher Art sie auch sein mögen, sie tragen zum gleichen Ergebnis bei: Das freie Schöpfertum wird entmutigt, indem es in seinem Kern angegriffen wird, nämlich im Glauben des Schöpfers an sich selber. «Der Gehorsam eines Menschen seinem eigenen Genie gegenüber», hat Emerson großartig gesagt, «das ist Glaube schlechthin.»[115] Und ein anderer amerikanischer Schriftsteller des 19. Jahrhunderts fügte hinzu: «Solange ein Mensch sich selber treu bleibt, steht er im Einklang mit seiner Umwelt, der Regierung, der Gesellschaft, ja selbst der Sonne, dem Mond und den Sternen.»[116] Dieser erstaunliche Optimismus scheint heute ausgestorben. In den meisten Fällen schämt sich der Künstler seiner selbst und seiner Vorrechte, wenn er welche hat. Vor allen Dingen muss er eine Antwort finden auf die Frage, die er sich selber stellt: Ist die Kunst ein verlogener Luxus?

I

Die erste ehrliche Antwort, die man geben kann, lautet: Es kommt in der Tat vor, dass die Kunst ein verlogener Luxus ist. In der Deckkajüte der Galeeren kann man bekanntlich immer und überall die Gestirne besingen, während im Schiffsrumpf die Sträflinge rudern und keuchen; man kann immer das artige Geplauder aufzeichnen, das auf den Zuschauerbänken im Zirkus dahinplätschert, während die Knochen des Opfers unter den Zähnen des Löwen krachen. Und es ist ziemlich schwierig, dieser Kunst, die in der Vergangenheit große Werke hervorgebracht hat, etwas vorzuwerfen. Außer dass die Verhältnisse sich ziemlich gewandelt haben und dass insbesondere die Zahl der Häftlinge und der Märtyrer auf der Welt beträchtlich zugenommen hat. Angesichts von so viel Elend muss diese Kunst, wenn sie weiterhin ein Luxus sein will, sich heute bereitfinden, eine Lüge zu sein.

Wovon sollte sie dann sprechen? Wenn sie sich den Forderungen des größten Teils unserer Gesellschaft anpasst, wird sie zum belanglosen Zeitvertreib. Wenn sie diese Gesellschaft blind ablehnt, wenn der Künstler beschließt, sich in seinem Traum abzukapseln, wird sie nichts anderes ausdrücken als eine Ablehnung. So kommt es zu den Werken von Spaßmachern oder Formtüftlern, was in beiden Fällen zu einer von der lebendigen Wirklichkeit abgeschnittenen Kunst führt. Seit ungefähr hundert Jahren leben wir in einer Gesellschaft, die nicht einmal die Gesellschaft des Geldes genannt werden kann (Geld oder Gold können sinnliche Leidenschaften wecken), sondern als Gesellschaft der abstrakten Symbole des Geldes bezeichnet werden muss. Die merkantile Gesellschaft kann als eine Gesellschaft definiert werden, in der die Dinge von den Zeichen verdrängt werden. Wenn eine Führungsschicht ihr Vermögen nicht mehr nach dem Morgen Land oder der Stange Gold misst, sondern nach der Anzahl von Ziffern, die theoretisch einer bestimmten Anzahl von Tauschoperationen entsprechen, ist sie gleichzeitig bemüht, eine gewisse Art von Mystifikation in den Mittelpunkt ihrer Erfahrung und ihrer Welt zu stellen. Eine auf Zeichen gegründete Gesellschaft ist ihrem Wesen nach eine künstliche Gesellschaft, in der die leibliche Wahrheit des Menschen genasführt wird. Es ist darum nicht verwunderlich, dass diese Gesellschaft eine Moral starrer Grundsätze zu ihrer Religion gewählt hat und dass sie die Worte Freiheit und Gleichheit ebenso gut über ihren Gefängnissen wie über ihren Finanztempeln anbringt. Man kann aber die Worte nicht ungestraft prostituieren. Der am meisten verleumdete Wert ist heute ohne Zweifel der Wert der Freiheit.

Wohlmeinende Leute (ich war immer der Ansicht, es gebe zwei Arten von Intelligenz, die intelligente und die dumme) behaupten, sie sei nichts als ein Hindernis auf dem Weg des wahren Fortschritts. Aber so feierliche Albernheiten konnten nur vorgebracht werden, weil die merkantile Gesellschaft hundert Jahre lang einen ausschließlichen und einseitigen Gebrauch von der Freiheit gemacht, sie viel eher als ein Recht denn als eine Pflicht angesehen und sich nicht gescheut hat, so oft sie es vermochte, eine grundsätzliche Freiheit in den Dienst einer tatsächlichen Unterdrückung zu stellen. Wie ist es da verwunderlich, wenn diese Gesellschaft von der Kunst verlangt hat, sie solle nicht ein Werkzeug der Befreiung sein, sondern eine Übung ohne große Bedeutung, eine einfache Zerstreuung? So hat eine ganze vornehme Welt, der das Geld Kummer, das Herz jedoch nur Schwierigkeiten bereitete, sich jahrzehntelang mit ihren mondänen Romanschriftstellern und der nichtssagendsten Kunst begnügt, jener Kunst, von der Oscar Wilde[117] vor seiner Zuchthauserfahrung im Gedanken an sich selbst sagte, ihr größtes Laster sei die Oberflächlichkeit.

Die Kunstfabrikanten (ich habe das Wort Künstler noch nicht gebraucht) des bürgerlichen Europa vor und nach 1900 haben sich auf diese Weise mit der Verantwortungslosigkeit abgefunden, weil die Verantwortung einen kraftraubenden Bruch mit ihrer Gesellschaft erfordert hätte. (Diejenigen, die wirklich brachen, hießen Rimbaud, Nietzsche, Strindberg, und wir wissen, welchen Preis sie bezahlt haben.) Aus jener Zeit stammt die Theorie des L'art pour l'art, die nichts anderes bedeutet als die Forderung nach dieser Verantwortungslosigkeit. Das L'art pour l'art, der Zeitvertreib eines einsamen Künstlers, ist eben gerade die künstliche Kunst einer abstrakten Attrappengesellschaft. Seine logische Weiterentwicklung ist die Salonkunst oder die rein formale Kunst, die von Geziertheiten und Abstraktionen lebt und am Ende jede Wirklichkeit zerstört. So bezaubern ein paar Werke ein paar Menschen, während viele grobschlächtige Machwerke viele andere Menschen verderben. Schließlich siedelt sich die Kunst außerhalb der Gesellschaft an und schneidet sich von ihren lebendigen Wurzeln ab. Allmählich steht selbst der sehr gefeierte Künstler allein, oder sein Volk kennt ihn nur durch Presse und Rundfunk, die ein bequemes, vereinfachtes Bild von ihm vermitteln. Je mehr die Kunst sich nämlich spezialisiert, desto nötiger wird es, sie volkstümlich zu machen. So haben Millionen Menschen das Gefühl, diesen oder jenen großen Künstler unserer Zeit zu kennen, weil sie in der Zeitung gelesen haben, dass er Kanarienvögel züchtet oder immer nur für sechs Monate heiratet. Die größte Berühmtheit besteht heute darin, Bewunderung oder Abscheu zu erregen, ohne gelesen worden zu sein. Jeder Künstler, dem daran gelegen ist, in unserer Gesellschaft Berühmtheit zu erlangen, muss wissen, dass nicht er berühmt sein wird, sondern ein anderer unter seinem Namen, einer, der ihm schließlich entgleiten und vielleicht eines Tages den wahren Künstler in ihm umbringen wird.

Da ist es doch nicht verwunderlich, dass beinahe alles, was im merkantilen Europa des 19. und 20. Jahrhunderts an Wertvollem, zum Beispiel in der Literatur, entstand, gegen die Gesellschaft der Zeit geschaffen wurde! Man kann sagen, dass bis etwa zur Französischen Revolution die vorherrschende Literatur im Großen und Ganzen eine Konsens-Literatur war. Vom Augenblick an, da die aus der Revolution hervorgegangene bürgerliche Gesellschaft gefestigt ist, entwickelt sich jedoch eine Literatur der Auflehnung. In Frankreich zum Beispiel werden die offiziellen Werte nun in Frage gestellt, und zwar von den Vertretern der revolutionären Werte, von den Romantikern bis Rimbaud, so gut wie von den Anwälten der aristokratischen Werte, für die Vigny und Balzac ausgezeichnete Beispiele bieten. In beiden Fällen stellen sich Volk und Aristokratie, die beiden Quellen jeder Kultur, gegen die Attrappengesellschaft ihrer Zeit.

Aber diese allzu lange aufrechterhaltene und verknöcherte Ablehnung ist ihrerseits hohl geworden und führt zu einer anderen Art Unfruchtbarkeit. Das Thema des in eine merkantile Gesellschaft hineingeborenen unseligen Dichters (das schönste Beispiel dafür ist *Chatterton*)[118] erstarrt in einem Vorurteil, das schließlich die Behauptung aufstellt, ein Künstler sei nur groß, wenn er sich im Gegensatz zu der Gesellschaft seiner Zeit befinde, welcher Art sie auch sei. Der ursprünglich richtige Grundsatz, wonach ein wahrer Künstler sich mit der Welt des Geldes auf keine Kompromisse einlassen dürfe, wurde falsch, als man den Schluss daraus zog, ein Künstler könne sich nur behaupten, wenn er in Bausch und Bogen alles ablehne. So trachten viele unserer Künstler danach, verfemt zu sein, haben ein schlechtes Gewissen, weil sie es nicht sind, und verlangen, gleichzeitig beklatscht und ausgepfiffen zu werden. Die müde oder gleichgültige Gesellschaft von heute klatscht oder pfeift natürlich nur zufällig. Dann versteift sich der Intellektuelle unserer Zeit immer mehr, um sich größer zu machen. Der zeitgenössische Künstler lehnt so lange alles ab, ja sogar die Tradition seiner Kunst, bis er wähnt, seine eigene Regel schaffen zu können, und sich schließlich für Gott hält. Gleichzeitig glaubt er auch seine Wirklichkeit selber schaffen zu können. Und doch wird er fern von seiner Gesellschaft nur formale oder abstrakte Werke hervorbringen, die als Experimente ansprechen, der Fruchtbarkeit der wahren Kunst jedoch entbehren, denn die Berufung der wahren Kunst ist, Sammelpunkt zu sein. Letztlich ist der Unterschied zwischen den Spitzfindigkeiten oder den Abstraktionen der zeitgenössischen Kunst und dem Werk eines Tolstoi oder eines Molière so groß wie der Unterschied zwischen einem auf unsichtbares Korn ausgestellten Wechsel und der fetten Erde der Ackerfurche.

II

So kann die Kunst ein verlogener Luxus sein. Es ist deshalb nicht erstaunlich, dass gewisse Menschen oder Künstler kehrtmachen und zur Wahrheit zurückfinden wollten. Von dem Augenblick an verneinten sie, dass der Künstler ein Recht auf Einsamkeit besitze, und schlugen ihm als Thema nicht seine Träume vor, sondern die von allen erlebte und erlittene Wirklichkeit. In der Gewissheit, dass das L'art pour l'art in seinen Themen wie in seinem Stil das Verständnis der Massen übersteige oder aber nichts von ihrer Wahrheit ausdrücke, wollten diese Menschen, dass der Künstler sich vielmehr zum Ziel setze, von der Masse und für die Masse zu sprechen. Wenn er das Leiden und das Glück aller in die Sprache aller übersetzt, wird er von allen verstanden. Als Belohnung für eine unbedingte Treue zur Wirklichkeit wird ihm die unmittelbare Verständigung mit den Menschen geschenkt.

Jedem großen Künstler schwebt das Ideal dieser unmittelbaren, allumfassenden Verständigung vor. Wenn jemand kein Recht auf Einsamkeit hat, so ist es, entgegen der landläufigen Auffassung, gerade der Künstler. Die Kunst kann kein Monolog sein. Auch der einsame, unbekannte Künstler bestätigt ganz einfach seine tief innere Berufung, indem er an die Nachwelt appelliert. Da das Gespräch mit den schwerhörigen oder zerstreuten Zeitgenossen in seinen Augen unmöglich ist, verlässt er sich auf ein mit zahlreicheren Partnern, mit den kommenden Generationen geführtes Gespräch.

Um jedoch von und zu allen zu sprechen, muss man von dem sprechen, was alle kennen, und von der Wirklichkeit, die uns gemeinsam ist. Meer, Regen, Bedürfnis, Verlangen, Kampf gegen den Tod, das sind die Dinge, die uns alle verbinden. Wir gleichen uns in dem, was wir zusammen sehen, in dem, was wir zusammen leiden. Die Träume ändern sich mit den Menschen, aber die Wirklichkeit der Welt ist unsere gemeinsame Heimat. Das Bestreben des Realismus ist also berechtigt, denn es ist zutiefst im künstlerischen Erleben verankert.

Seien wir also Realisten. Oder versuchen wir, es zu sein, wenn das überhaupt möglich ist. Denn es ist nicht sicher, ob das Wort einen Sinn hat, es ist nicht sicher, ob Realismus, selbst wenn er wünschenswert scheint, überhaupt möglich ist. Fragen wir uns zunächst, ob reiner Realismus in der Kunst möglich ist. Wenn man den Versicherungen der Naturalisten des vergangenen Jahrhunderts Glauben schenken darf, besteht Realismus in der getreuen Wiedergabe der Wirklichkeit. Er verhielte sich also zur Erzählkunst wie die Fotografie, die reproduziert, zur Malerei, die eine Wahl trifft. Aber was reproduziert sie, und was ist Wirklichkeit? Selbst das beste Foto ist im Grunde nicht treu genug, nicht wirklichkeitsnah genug. Was gibt es in unserem Weltall zum Beispiel Wirklicheres als das Leben eines Menschen, und wie kann man hoffen, es getreulicher wiederzugeben als in einem realistischen Film? Aber unter welchen Bedingungen ist ein solcher Film möglich? Nur in der Phantasie? Man müsste sich in der Tat eine ideale Kamera vorstellen, die Tag und Nacht auf diesen Menschen gerichtet wäre und unablässig seine geringsten Bewegungen aufzeichnete. Das Ergebnis wäre ein Film, dessen Vorführung ebenfalls ein Menschenleben dauerte und dessen Betrachter sich bereitfinden müssten, ihr Leben hinzugeben, um sich ausschließlich für jede Kleinigkeit im Dasein eines anderen zu interessieren. Selbst unter diesen Umständen wäre dieser unvorstellbare Film nicht realistisch. Aus dem einfachen Grund, weil die Wirklichkeit eines Menschenlebens sich nicht nur dort findet, wo dieser Mensch sich aufhält, sondern in anderen Menschen, die sein Leben prägen, zunächst im Leben geliebter Menschen, die ihrerseits gefilmt werden müssten, aber auch im Dasein mächtiger und erbärmlicher Unbekannter, der Mitbürger, Polizisten, Lehrer, der unsichtbaren Gefährten im Bergwerk und auf Bauplätzen, der Diplomaten und Diktatoren, der religiösen Erneuerer, der Künstler, die unser Betragen beeinflussende Mythen schaffen, und schließlich der demütigen Vertreter des allgewaltigen Zufalls, der jede noch so geregelte Existenz beherrscht. Es gibt also nur eine Möglichkeit eines realistischen Films, und der wird in einem unsichtbaren Apparat pausenlos vor unseren Augen auf die Leinwand der Welt projiziert. Der einzige realistische Künstler wäre Gott, wenn er existiert. Die anderen Künstler sind notgedrungen der Wirklichkeit untreu.

Infolgedessen befinden sich die Künstler, die die bürgerliche Gesellschaft und ihre formale Kunst ablehnen, die von der Wirklichkeit und einzig und allein von ihr sprechen wollen, in einer schmerzlichen Ausweglosigkeit. Sie müssen Realisten sein und können es nicht. Sie wollen ihre Kunst der Wirklichkeit unterordnen, aber man kann die Wirklichkeit nicht beschreiben, ohne eine Wahl zu treffen, die sie ihrerseits der Originalität einer Kunst unterordnet. Die schönen und tragischen Werke, die in den ersten Jahren der Russischen Revolution entstanden sind, spiegeln diesen Zwiespalt deutlich wider. Was Russland uns zu jener Zeit mit Blok[119] und dem großen Pasternak,[120] mit Majakowski[121] und Jessenin,[122] mit Eisenstein[123] und den ersten Romanciers des Zements und des Stahls geschenkt hat, ist eine großartige Versuchswerkstätte für Formen und Themen, eine fruchtbare Unruhe, ein besessenes Suchen. Indessen musste auch ein Schluss gezogen und gesagt werden, wie man Realist sein konnte, wenn Realismus doch unmöglich war. Hier wie anderswo hat die Diktatur kurzen Prozess gemacht: Ihrer Meinung nach war der Realismus zunächst notwendig und dann möglich, vorausgesetzt, dass er sozialistischen Zielen diente. Was bedeutet dieses Dekret?

In Wahrheit erkennt es ehrlich an, dass man die Wirklichkeit nicht wiedergeben kann, ohne eine Auswahl zu treffen, und es lehnt die Theorie des Realismus, wie sie im 19. Jahrhundert verkündet wurde, ab. Es bleibt ihm nur, ein Prinzip der Auswahl zu finden, auf das der Aufbau der Welt ausgerichtet werden kann. Und es findet dieses Prinzip nicht in der Wirklichkeit, die wir kennen, sondern in jener, die sein wird, das heißt in der Zukunft. Um getreulich wiederzugeben, was ist, muss man auch schildern, was sein wird.

Mit anderen Worten: Das wahrhafte Objekt des sozialistischen Realismus ist eben gerade das, was noch keine Wirklichkeit besitzt.

Ein prächtiger Widerspruch. Aber schließlich war schon der Ausdruck sozialistischer Realismus ein Widerspruch in sich. Denn wie soll ein sozialistischer Realismus möglich sein, solange die Wirklichkeit nicht in ihrer Gesamtheit sozialistisch ist? So ist sie zum Beispiel weder in der Vergangenheit noch in der Gegenwart ganz sozialistisch. Die Antwort ist einfach: Man wählt in der Wirklichkeit von heute oder von gestern etwas, das die vollkommene Gesellschaft der Zukunft vorbereitet und fördert. Einerseits bemüht man sich also, das, was in Wirklichkeit nicht sozialistisch ist, abzulehnen und zu verurteilen und andererseits das zu verherrlichen, was sozialistisch ist oder werden wird. Das führt uns unvermeidlich zur Propagandakunst mit ihren guten und schlechten Seiten, zu einer seichten Literatur, die genauso gut wie die formale Kunst von der vielschichtigen und lebendigen Wirklichkeit abgeschnitten ist. Und letzten Endes ist diese Kunst genau in dem Maß sozialistisch, wie sie nicht realistisch ist.

Dann wird diese Ästhetik, die realistisch sein wollte, zu einem neuen Idealismus, der für einen wahren Künstler ebenso unfruchtbar ist wie der bürgerliche Idealismus. Die Wirklichkeit erhält ihren so betont vorherrschenden Platz nur, um desto besser aus dem Weg geräumt werden zu können. Die Kunst hat keinerlei Bedeutung mehr. Sie dient und wird im Dienen geknechtet. Einzig die

Künstler, die sich eben gerade hüten, die Wirklichkeit zu beschreiben, werden Realisten genannt und gefeiert. Die übrigen werden unter dem Beifall der Ersteren mundtot gemacht. Die Berühmtheit, die in der bürgerlichen Gesellschaft darin bestand, nicht oder nur oberflächlich gelesen zu werden, besteht in der totalitären Gesellschaft darin, die anderen am Gelesenwerden zu hindern. Auch hier wieder wird die echte Kunst entstellt oder geknebelt und die allumfassende Verständigung gerade von den Leuten unmöglich gemacht, die am leidenschaftlichsten danach begehrten.

Angesichts eines solchen Scheiterns wäre es am einfachsten, einzugestehen, dass der sogenannte sozialistische Realismus mit großer Kunst wenig zu tun hat und dass die Revolutionäre im Interesse der Revolution nach einer anderen Ästhetik Ausschau halten sollten. Bekanntlich aber schreien seine Befürworter, es gebe außerhalb des Realismus keine Kunst. Sie schreien es in der Tat. Doch ich bin zutiefst überzeugt, dass sie es nicht glauben und dass sie bei sich beschlossen haben, die künstlerischen Werte müssten den Werten des revolutionären Handelns untergeordnet werden. Wenn das offen gesagt würde, käme eine Diskussion leichter zustande. Man kann diesen gewaltigen Verzicht bei Menschen achten, die zu sehr unter dem Gegensatz zwischen dem Unglück aller und den zuweilen einem Künstlerschicksal anhaftenden Vorrechten leiden, die den unerträglichen Abstand zwischen den vom Elend Geknebelten und den im Gegenteil stets zum Sprechen Berufenen nicht hinnehmen wollen. Dann könnte man diese Menschen verstehen, ein Gespräch mit ihnen anbahnen, ihnen zum Beispiel zu sagen versuchen, dass die Abschaffung der schöpferischen

Freiheit vielleicht nicht der richtige Weg ist, um über die Knechtschaft zu siegen, und dass es sinnlos ist, auf die Möglichkeit zu verzichten, wenigstens für ein paar Menschen zu sprechen, um später einmal für alle sprechen zu können. Ja, der sozialistische Realismus sollte sich zu seiner Verwandtschaft bekennen und gestehen, dass er der Zwillingsbruder des politischen Realismus ist. Er opfert die Kunst einem der Kunst fremden Ziel, das ihm jedoch auf der Stufenleiter der Werte überlegen erscheinen mag. Im Grunde schafft er die Kunst vorübergehend ab, um zuerst die Gerechtigkeit zu errichten. Sobald in einer noch unbestimmten Zukunft die Gerechtigkeit verwirklicht ist, soll die Kunst auferstehen. So wird jene goldene Regel der zeitgenössischen Intellektuellen auf die Kunst angewandt, wonach man kein Omelette machen kann, ohne Eier aufzuschlagen. Doch diese erdrückende Binsenweisheit darf uns nicht zum Selbstbetrug verleiten. Um ein gutes Omelette zu machen, genügt es nicht, Tausende von Eiern aufzuschlagen, und ich glaube kaum, dass man an der Zahl der aufgeschlagenen Eier die Fertigkeit des Kochs ablesen kann. Die Kunst-Köche unserer Zeit müssen im Gegenteil befürchten, dass sie mehr Körbe mit Eiern umwerfen, als sie eigentlich beabsichtigen, dass das Omelette der Kultur misslingt und dass die Kunst letztlich nicht mehr aufersteht. Barbarei ist nie vorübergehend. Sie kann nicht in Schranken gehalten werden, und es ist nur natürlich, wenn sie von der Kunst auf die Sitten übergreift. Dann entsteht aus dem Unglück und dem Blut der Menschen die banale Literatur, die gemütvolle Presse, das Fotoporträt und das Liebhabertheater, wo der Hass an die Stelle der Religion tritt. Die Kunst gipfelt hier in einem Optimismus auf

Bestellung, was eben gerade den ärgsten Luxus darstellt und die lachhafteste aller Lügen.

Wie sollte man sich darüber wundern? Das Leid der Menschen ist ein so gewaltiges Thema, dass es scheint, niemand vermöchte daran zu rühren, es sei denn, man wäre so sensibel wie Keats[124], von dem gesagt wird, er hätte mit seinen Händen selbst den Schmerz greifen können. Das wird ganz deutlich, wenn eine gelenkte Literatur es sich einfallen lässt, diesem Leid offiziellen Trost zu spenden. Die Lüge des L'art pour l'art gab vor, das Böse nicht zu kennen, und wurde so verantwortlich dafür. Die realistische Lüge jedoch, die es zwar mutig auf sich nimmt, das gegenwärtige Unglück der Menschen anzuerkennen, verrät es ebenso gründlich, indem sie es dazu benutzt, ein kommendes Glück zu verherrlichen, das niemand kennt und das deshalb zu jedem Betrug berechtigt.

Die beiden lange Zeit gegeneinander ausgespielten Theorien der Ästhetik, jene, die eine völlige Ablehnung der Aktualität empfiehlt, und jene, die alles auszuschalten vorgibt, was nicht aktuell ist, treffen sich indessen fern von der Wirklichkeit in einer gleichen Lüge und in der Abschaffung der Kunst. Der Akademismus der Rechten ignoriert ein Elend, dessen sich der Akademismus der Linken bedient. Aber in beiden Fallen wird dadurch gleichzeitig das Elend vergrößert und die Kunst geleugnet.

III

Müssen wir daraus schließen, dass diese Lüge das Wesen der Kunst ausmacht? Ich möchte im Gegenteil sagen, dass die bisher besprochenen Einstellungen nur in dem Maß Lügen sind, wie sie mit Kunst nicht viel zu tun haben. Was ist denn Kunst? Jedenfalls nichts Einfaches. Und inmitten des Geschreis so vieler Leute, die darauf erpicht sind, alles zu vereinfachen, ist es noch schwieriger, ihr Wesen zu erkennen. Einerseits verlangt man, dass das Genie in einsamem Glanz erstrahle, und andererseits fordert man es auf, sich nicht von der Allgemeinheit zu unterscheiden. Die Wirklichkeit ist leider nicht so einfach. Balzac hat dies in einem Satz zum Ausdruck gebracht: «Das Genie gleicht allen, und keiner gleicht ihm.» So steht es auch mit der Kunst, die nichts ist ohne die Wirklichkeit und ohne die Wirklichkeit kaum etwas bedeutet. Wie sollte in der Tat die Kunst auf das Wirkliche verzichten und wie sich ihm unterwerfen? Der Künstler wählt seinen Gegenstand und wird genauso gut von seinem Gegenstand gewählt. In gewissem Sinn ist die Kunst eine Auflehnung gegen das Flüchtige und Unvollendete der Welt: Der Künstler will also nichts anderes, als der Wirklichkeit eine veränderte Gestalt geben, während er gleichzeitig gezwungen ist, diese Wirklichkeit beizubehalten, weil sie die Quelle seines Empfindens darstellt. In dieser Beziehung sind wir alle Realisten, und doch ist es keiner. Die Kunst ist weder die völlige Ablehnung noch die völlige Zustimmung zu dem, was ist. Sie ist gleichzeitig Ablehnung und Zustimmung, und darum kann sie nichts anderes sein als ein stets neues Hin-und-hergerissen-Werden. Der Künstler befindet sich ständig in einer Zwickmühle: Er ist unfähig, die Wirklichkeit zu leugnen, und doch stets dazu getrieben, sie in ihrem ewig unvollendeten Aspekt anzugreifen. Damit ein Stillleben entsteht, müssen ein Maler und ein Apfel sich auseinandersetzen und gegenseitig korrigieren. Und wenn auch die Formen nichts sind ohne das Licht der Welt, so tragen sie doch ihrerseits zu diesem Licht bei. Die Welt des Wirklichen, die durch ihre Pracht die Körper und die Statuen entstehen lässt, empfängt gleichzeitig von ihnen ein zweites Licht, das dem Licht des Himmels erst Dauer verleiht. Der große Stil findet sich so auf halbem Weg zwischen dem Künstler und seinem Gegenstand.

Es geht also nicht um die Frage, ob die Kunst dem Wirklichen aus dem Weg gehen oder sich ihm unterwerfen müsse, sondern nur um die genaue Dosis an Wirklichem, mit der das Werk sich beladen muss, um nicht in den Wolken zu verschwinden oder sich im Gegenteil auf bleiernen Sohlen dahinzuschleppen. Dieses Problem löst jeder Künstler nach seinem Empfinden und Vermögen. Je stärker sich ein Künstler gegen die Wirklichkeit der Welt auflehnt, desto größer ist vielleicht der Ballast des Wirklichen, der ihm sein Gleichgewicht verleiht. Aber dieser Ballast kann die dem einzelnen Künstler eigene Forderung nie ersticken. Die erhabensten Werke, die der griechischen Tragiker, die Melvilles, Tolstois oder Molières, werden immer das Wirkliche und die Ablehnung, die der Mensch ihm entgegensetzt, ins Gleichgewicht bringen, wobei sich beide in dem unablässigen Sprühen des fröhlichen und zerrissenen Lebens gegenseitig neuen Auftrieb geben. Dann taucht hin und wieder eine neue Welt auf, verschieden von der Alltagswelt und doch die gleiche, besonders und doch universell, voll von unschuldiger Unsicherheit, für ein paar Stunden von der Kraft und der Unbefriedigtheit des Genies hervorgerufen. Das ist das Richtige und ist doch nicht das Richtige, die Welt ist nichts, und die Welt ist alles – darin liegt der doppelte, unermüdliche Ruf jedes wahren Künstlers, der Ruf, der ihn aufrecht hält, immer wachsam, und der von Zeit zu Zeit im Schoß der schlafenden Welt für alle das flüchtige und eindrückliche Bild einer Wirklichkeit weckt, die wir erkennen, ohne ihr je begegnet zu sein.

Nicht anders ergeht es dem Künstler mit seiner Zeit, von der er sich nicht abwenden und in der er sich nicht verlieren darf. Wenn er sich davon abwendet, spricht er ins Leere. Aber in dem Maß, wie er sie zu seinem Gegenstand macht, bestätigt er umgekehrt seine eigene Existenz als Subjekt und kann sich ihr nicht restlos unterwerfen. Mit anderen Worten: Gerade im Augenblick, da der Künstler beschließt, das Los aller zu teilen, stellt er seine Individualität in den Vordergrund. Und diesem Dilemma kann er nicht entrinnen. Der Künstler entnimmt der Geschichte das, was er selber davon sehen oder erleiden kann, unmittelbar oder mittelbar, das heißt das Zeitgeschehen im engen Sinn des Wortes sowie die Menschen, die heute leben, nicht aber die Beziehung dieses Zeitgeschehens zu einer für den lebenden Künstler unvorhersehbaren Zukunft. Den zeitgenössischen Menschen im Namen eines noch nicht vorhandenen Menschen zu beurteilen, ist die Aufgabe der Prophezeiung. Der Künstler hingegen kann nur die sich ihm bietenden Mythen in ihrer Wirkung auf den jetzt lebenden Menschen bewerten. Der Prophet, der religiöse oder der politische, kann absolut urteilen und versagt es sich bekanntlich auch nicht. Der Künstler jedoch kann das nicht. Wenn er ein unbedingtes Urteil abgäbe, würde er ohne Abstufung die Wirklichkeit in Gut und Böse aufteilen und eine melodramatische Saite aufziehen. Die

Kunst verfolgt ganz im Gegenteil nicht den Zweck, Gesetze zu erlassen oder zu herrschen, sondern zuallererst, zu verstehen. Zuweilen herrscht sie, weil sie versteht. Aber nie ist ein geniales Werk aus Hass und Verachtung entstanden. Anstatt zu verdammen, spricht der Künstler am Ende seines Weges frei. Er ist nicht Richter, sondern Rechtfertiger. Er ist der unermüdliche Fürsprecher des lebendigen Geschöpfes, eben weil es lebendig ist. Er plädiert wahrhaft für die Nächstenliebe, nicht für jene Fernliebe, die den zeitgenössischen Humanismus zu einem Katechismus der Gerichtshöfe herabwürdigt. Im Gegenteil: Das große Werk beschämt schließlich alle Richter. In ihm ehrt der Künstler gleichzeitig das erhabenste Bild des Menschen und verneigt sich vor dem schäbigsten Verbrecher. «Kein Einziger der mit mir in diesem grässlichen Ort Eingeschlossenen», schreibt Wilde im Gefängnis, «der nicht eine symbolische Beziehung zum Geheimnis des Lebens unterhielte.» Ja, und dieses Geheimnis des Lebens ist eins mit dem Geheimnis der Kunst.

Während hundertfünfzig Jahren haben die Schriftsteller der merkantilen Gesellschaft mit wenigen Ausnahmen geglaubt, sie könnten in einer wohligen Verantwortungslosigkeit leben. Sie haben in der Tat ihr Leben gelebt und sind dann so allein gestorben, wie sie gelebt hatten. Wir Schriftsteller des 20. Jahrhunderts werden nie mehr allein sein. Im Gegenteil, wir müssen wissen, dass wir dem gemeinsamen Elend nicht entrinnen können und dass unsere einzige Rechtfertigung, wenn es eine gibt, darin besteht, nach bestem Können für die zu sprechen, die es nicht vermögen. Wir müssen in der Tat für alle Menschen sprechen, die in diesem Augenblick leiden, welches auch die vergangene oder zukünftige

Größe des Staates oder der Partei sein mag, von denen sie unterdrückt werden: Für den Künstler gibt es keine privilegierten Henker. Darum kann heute, selbst heute, vor allem heute, die Schönheit nicht im Dienst einer Partei stehen; sie dient über kurz oder lang nur dem Schmerz oder der Freiheit der Menschen. Nur der Künstler ist engagiert, der zwar den Kampf nicht ablehnt, wohl aber sich weigert, sich den regulären Truppen anzuschließen, das heißt der Partisan. Die Lektion, die ihm dann die Schönheit erteilt, ist, wenn er sie ehrlich annimmt, nicht eine Lektion der Eigenliebe, sondern der harten Brüderlichkeit. So aufgefasst, hat die Schönheit noch keinen Menschen geknechtet. Seit Tausenden von Jahren hat sie im Gegenteil jeden Tag, jede Sekunde, das Joch von Millionen Menschen erleichtert und zuweilen ein paar unter ihnen für immer befreit. Vielleicht rühren wir hier endlich an die Größe der Kunst, die in dieser ständigen Spannung zwischen Schönheit und Schmerz besteht, zwischen der Liebe zum Menschen und dem Wahn der Schöpfung, der unerträglichen Einsamkeit und der zermürbenden Menge, der Ablehnung und der Bejahung. Sie wandelt zwischen zwei Abgründen, der Leichtfertigkeit und der Propaganda. Auf diesem schmalen Grat, auf dem der große Künstler sich vorwärtsbewegt, ist jeder Schritt ein Abenteuer, eine gewaltige Gefahr. Und doch findet sich in diesem Risiko und einzig in ihm die Freiheit der Kunst. Eine schwierige Freiheit, die wohl eher Askese ist. Welcher Künstler wollte es abstreiten? Welcher Künstler wollte es wagen zu behaupten, er sei dieser nie endenden Aufgabe gewachsen? Diese Freiheit setzt Gesundheit des Herzens und des Leibes voraus, einen Stil, der gleichsam Seelenstärke und geduldiges Kämpfen verkörpert. Wie jede Freiheit ist sie ein ständiges Risiko, ein aufreibendes Abenteuer, und darum meidet man heute dieses Risiko so gut wie die anspruchsvolle Freiheit und stürzt sich in alle Arten von Abhängigkeit, um zumindest die Bequemlichkeit der Seele zu erlangen. Aber wenn die Kunst kein Abenteuer ist, was ist sie dann, und wo ist ihre Rechtfertigung? Nein, gerade so wenig wie der freie Mensch ist der freie Künstler ein Mensch der Bequemlichkeit. Der freie Künstler ist der Mensch, der sich seine Ordnung mühselig selber schafft. Je wirrer das ist, was er ordnen muss, desto strenger wird seine Regel sein und desto nachdrücklicher die Bekräftigung seiner Freiheit. Es gibt einen Ausspruch von Gide, dem ich immer beigepflichtet habe, obwohl er missverstanden werden kann: «Die Kunst lebt vom Zwang und stirbt an der Freiheit.»[125] Das stimmt. Aber es darf nicht daraus geschlossen werden, dass die Kunst gelenkt werden könne. Die Kunst lebt nur von dem Zwang, den sie sich selber auferlegt: An fremdem Zwang stirbt sie. Wenn sie sich ihn andererseits nicht selber auferlegt, fängt sie an, sich in Wahngebilde zu verstricken und Schatten dienstbar zu werden. So kommt es, dass die freieste – und die aufrührerischste – Kunst auch die klassischste ist, sie krönt das größte Bemühen. Solange eine Gesellschaft und ihre Künstler nicht zu diesem langwierigen freien Bemühen bereit sind, solange sie sich der Bequemlichkeit der Kurzweil oder des Konformismus hingeben, den Spielereien des L'art pour l'art oder den Predigten der realistischen Kunst, so lange bleiben ihre Künstler Nihilisten und unfruchtbar. Damit ist gesagt, dass heute die Neugeburt von unserem Mut und unserem Willen zur Klarsicht abhängt.

Ja, diese Neugeburt liegt in unser aller Hand. Von uns hängt es ab, ob das Abendland jene Gegen-Alexander entstehen lässt, die den vom Schwert durchgehauenen gordischen Knoten der Kultur neu knüpfen. Dafür müssen wir alle Risiken und die Mühen der Freiheit auf uns nehmen. Es geht nicht um die Frage, ob es uns gelingt, die Freiheit zu bewahren, wenn wir nach Gerechtigkeit streben. Sondern es geht um das Wissen, dass wir ohne die Freiheit nichts zustande bringen und gleichzeitig die zukünftige Gerechtigkeit und die ehemalige Schönheit verlieren werden. Einzig die Freiheit erlöst die Menschen aus der Vereinzelung; die Knechtschaft dagegen herrscht über eine Unzahl von Einsamkeiten. Und aufgrund jenes freien Wesens, das zu definieren ich versucht habe, eint die Kunst dort, wo die Tyrannei trennt. Was ist daran verwunderlich, dass sie von allen Unterdrückern als der erklärte Feind angesehen wird? Was ist daran verwunderlich, dass die Künstler und Geistesarbeiter die ersten Opfer der modernen Tyranneien geworden sind, ob sie nun von rechts oder von links kommen? Die Tyranneien wissen, dass im Kunstwerk eine befreiende Kraft steckt, die nur den Menschen geheimnisvoll erscheint, die ihr nicht huldigen. Jedes große Werk macht das Menschenantlitz bewundernswerter und reicher, das ist sein ganzes Geheimnis. Und Tausende von Lagern und Gefängnisgittern genügen nicht, um dieses erschütternde Zeugnis der Würde zu verdunkeln. Darum ist es nicht wahr, dass man selbst vorübergehend die Kultur unterbrechen kann, um eine neue vorzubereiten. Man kann das unablässige Zeugnis, das der Mensch von seinem Elend und seiner Größe ablegt, nicht aufleben, man kann das Atmen nicht unterbrechen. Es gibt keine Kultur ohne

Erbteil, und wir können und dürfen von dem unseren, von dem des Abendlands, nichts zurückweisen. Wie immer die Werke der Zukunft beschaffen sein mögen, sie werden alle das gleiche aus Mut und Freiheit bestehende, von der Kühnheit Tausender von Künstlern aller Jahrhunderte und aller Völker genährte Geheimnis bergen. Ja, wenn die moderne Tyrannei uns beweist, dass der Künstler ein öffentlicher Feind ist, selbst wenn er sich auf seinen Beruf beschränkt, hat sie recht. Aber zugleich ehrt sie in ihm ein Bild des Menschen, das bisher durch nichts vernichtet werden konnte.

Meine Schlussfolgerung ist einfach. Inmitten des Gedröhns und des Aufruhrs unserer Geschichte sage ich ganz schlicht: «Freuen wir uns.» Freuen wir uns in der Tat, dem Untergang eines verlogenen und bequemen Europa beigewohnt zu haben und uns grausamen Wahrheiten gegenübergestellt zu sehen. Freuen wir uns in unserer Eigenschaft als Menschen, da ein lange dauernder Betrug zusammengebrochen ist und wir in dem, was uns bedroht, klarsehen. Und freuen wir uns in unserer Eigenschaft als Künstler, die dem Schlaf und der Taubheit entrissen wurden und mit Gewalt dem Elend, den Kerkern, dem Blut ins Auge blicken müssen. Wenn wir angesichts dieses Schauspiels die Erinnerung an die Tage und die Gesichter zu bewahren verstehen, wenn wir umgekehrt angesichts der Schönheit der Welt die Erniedrigten nicht vergessen, dann wird die abendländische Kunst nach und nach ihre Kraft und ihre königliche Würde wiederfinden. Gewiss gibt es in der Geschichte wenig Beispiele von Künstlern, die sich mit so schweren Problemen auseinandersetzen mussten. Aber gerade wenn selbst die einfachsten Worte und Sätze mit Freiheit und Blut bezahlt werden, lernt der Künstler, sie maßvoll zu gebrauchen. Die Gefahr macht klassisch, und schließlich hat jede Größe ihre Wurzeln in der Gefahr.

Die Zeit der verantwortungslosen Künstler ist vorbei. Unserer kleinen Annehmlichkeiten wegen tut uns das leid. Aber wir werden anzuerkennen wissen, dass diese Prüfung gleichzeitig unserer Aussicht auf Wahrhaftigkeit zugutekommt, und diese Herausforderung werden wir annehmen. Die Freiheit der Kunst ist nicht viel wert, wenn sie keinen anderen Sinn hat, als die Behaglichkeit des Künstlers zu sichern. Soll ein Wert oder eine Tugend in einer Gesellschaft Wurzel fassen, dann darf man sie nicht mit Lügen umgeben, sondern muss, wann immer möglich, den Preis für sie bezahlen. Wenn die Freiheit erst einmal gefährlich geworden ist, kann sie nicht mehr so leicht prostituiert werden.

Ich zum Beispiel kann den Leuten nicht beipflichten, die sich heute über den Niedergang der Lebensweisheit beklagen. Sie scheinen recht zu haben. Aber in Wirklichkeit hat die Lebensweisheit nie einen so heftigen Niedergang erlebt wie zu jener Zeit, da sie das gefahrlose Vergnügen ein paar bücherstöbernder Humanisten bildete. Heute, da sie endlich realen Gefahren begegnen muss, besteht im Gegenteil Aussicht, dass sie von neuem auf sicheren Füßen stehen, von neuem geachtet werden kann.

Es heißt, dass Nietzsche nach seinem Bruch mit Lou Andreas-Salomé in seiner endgültigen Einsamkeit, vom Gedanken an das gewaltige Werk, das er ohne jede Hilfe schaffen musste, gleichzeitig niedergedrückt und begeistert, nachts auf den Bergen über der Bucht von Genua spazieren ging und große Brände von Blättern und Zweigen anzündete, denen er bis zum Verglühen zusah. Ich habe oft an diese Feuer gedacht, und es ist vorgekommen, dass ich in der Vorstellung gewisse Menschen und gewisse Werke dieser Prüfung unterzog. Nun, unsere Zeit ist eines jener Feuer, deren unerträgliche Hitze gewiss viele Werke zu Asche werden lässt. Aber bei denen, die übrig bleiben, wird das Metall unversehrt sein, und wir können uns ihnen gegenüber rückhaltlos der höchsten Freude des Geistes hingeben, der Bewunderung.

Man kann sich wohl eine sanftere Flamme wünschen, und auch ich wünschte sie, ein Atemholen, einen Halt, der zum Träumen einlädt. Aber vielleicht gibt es für den Künstler keinen anderen Frieden als jenen, der sich in der glühendsten Hitze des Kampfes findet. «Jede Mauer ist eine Pforte», hat Emerson sehr richtig gesagt. Wir wollen die Pforte und den Ausweg nicht anderswo suchen als in der Mauer, an deren Fuß wir leben. Wir wollen vielmehr die Atempause dort suchen, wo sie sich findet, nämlich inmitten der Schlacht. Denn – und damit will ich schließen – ich bin überzeugt, dass sie dort zu finden ist. Die großen Gedanken, so ist gesagt worden, kommen auf Taubenfüßen in die Welt. Darum würden wir vielleicht, wenn wir aufmerksam lauschten, inmitten des Aufruhrs der Reiche und der Nationen etwas wie schwaches Flügelrauschen vernehmen, das weiche Rascheln des Lebens und der Hoffnung. Die einen sagen, diese Hoffnung werde von einem Volk verkörpert, die anderen, von einem Menschen. Ich glaube, dass sie im Gegenteil von Millionen einzelner Menschen erweckt, belebt und unterhalten wird, Menschen, deren Tun und Werke jeden Tag die Grenzen und die plumpe Augenfälligkeit der Geschichte abstreiten, um flüchtig die stets bedrohte Wahrheit aufleuchten zu lassen, die ein jeder auf seinem Leiden und seiner Freude für alle aufrichtet.

WAS ICH SPANIEN VERDANKE
1958

Am 22. Januar 1958 veranstaltete der Cercle des amitiés méditerranéennes (Mittelmeerfreundeskreis) einen Abend zu Ehren von Camus, bei dem der Nobelpreis gefeiert wurde, der ihm einen Monat zuvor in Stockholm verliehen worden war. Unter den Rednern waren der israelische Handels- und Industrieminister Peretz Bernstein, der ehemalige kolumbianische Präsident und Herausgeber der kolumbianischen Tageszeitung El Tiempo *Eduardo Santos und René Cassin, der Vizepräsident des französischen Staatsrats. Als letzter Redner hielt Camus die folgende Ansprache, die im folgenden März in der 85. Ausgabe der Zeitschrift* Preuves *veröffentlicht wurde.*

Die vorigen Male, als ich auf Einladung des Mittelmeerfreundeskreises und verschiedener spanischer Organisationen bei Ihnen zu Gast war, war ich, ehrlich gesagt, weniger befangen. Damals ging es darum, Menschen zu ehren, die wir alle mochten und respektierten, und ich war einer derjenigen, denen die Aufgabe zufiel, auszudrücken, was wir diesen Menschen gegenüber empfanden. Ich konnte also von Herzen und freiheraus sprechen und ohne die Verlegenheit, die ich heute Abend empfinde.

Um ehrlich zu sein, empfinde ich diese Verlegenheit seit Oktober mehr oder weniger ununterbrochen.[126] Ich habe mich eigentlich nie nach Ehrungen gedrängt, nicht aus Tugendhaftigkeit übrigens, sondern aus Charakterschwäche. Ich bin in dieser Hinsicht so gleichgültig, dass man meine Gleichgültigkeit fast mit Überzeugung verwechseln könnte. Ich habe derartige Ehrungen daher oft abgelehnt, vielleicht zu oft, wenn ich nach den Reaktionen gehe, die mir diese Ablehnungen eingebracht haben. Doch gewisse Ehrungen, die mir angetragen wurden, gebot mir der Anstand anzunehmen, schweigend und so bescheiden wie möglich. Ich habe mich dabei jedoch stets befangen gefühlt. Ich weiß auch, warum, doch meine Gründe tun heute Abend nichts zur Sache. Ich wollte Ihnen nur vorab meine Verlegenheit bekennen, zum einen, um Ihr Verständnis für eine gewisse Zurückhaltung meinerseits zu erbitten, und zum anderen, um schon vorab die Unbeholfenheit zu entschuldigen, mit der ich Ihnen heute Abend gewiss meinen Dank aussprechen werde.

Obwohl ich mich entschlossen hatte, mir etwas Ruhe zu gönnen, war es mir wichtig, Ihre Einladung anzunehmen. Sie wissen, warum. Zunächst, weil unter Ihnen Menschen sind, denen ich mich blutsverwandt fühle und denen ich noch nie etwas abschlagen konnte. Dann, weil ich wusste, mit was für Empfindungen diese Menschen mich empfangen würden. Und schließlich, und das ist es, was ich Ihnen heute Abend sagen will, weil es diese Menschen waren, die mich in den Momenten der Mutlosigkeit unterstützt haben, die ein oft schwieriger Beruf mit sich bringt.

Ja, dieser Beruf ist schwierig. Ich möchte mit Ihnen offen darüber sprechen, und das wird mir nicht schwerfallen. In dem Lebensabschnitt, in dem ich mich befinde, brauche ich auf niemanden Rücksicht zu nehmen. Weder auf eine Partei noch auf eine Kirche noch auf irgendeine der Spielarten des Konformismus, an denen unsere Gesellschaft zugrunde geht, nur auf die Wahrheit, soweit ich sie kenne. Ich habe kürzlich gelesen, dass ich ein Einzelgänger sei. Das mag sein, aber ich bin es zusammen mit Millionen Menschen, die zwar weniger bekannt sind als ich, die aber dennoch meine Brüder sind. Einzelgänger oder nicht, ich versuche jedenfalls meine Arbeit zu machen. Und wenn sie mir manchmal schwerfällt, dann, weil sie sich hauptsächlich in der ziemlich abstoßenden intellektuellen Gesellschaft abspielt, in der wir leben, einer Gesellschaft, in der man sich den Verrat als Ehre anrechnet, wo der Reflex an die Stelle der Reflexion getreten ist, wo man im Takt der Parolen denkt, so wie dem Pawlow'schen Hund im Takt eines Glockenschlags der Speichel aus dem Maul lief, und wo die Bosheit sich allzu oft als Geist ausgibt.

Wenn der Schriftsteller einmal anfängt, zu lesen und zu hören, was um ihn herum gesagt wird, dann weiß er bald nicht mehr, wo ihm der Kopf steht. Die Vertreter des rechten Lagers werfen ihm vor, dass er zu viele Manifeste unterschreibt, die Linke (die neue Linke zumindest – ich für meinen Teil zähle mich zur alten), dass es zu wenige sind. Die Rechte kritisiert, dass er einem schwammigen Humanismus anhängt, die Linke wirft ihm vor, dass er ein Aristokrat ist. Aus Sicht der Rechten schreibt er zu schlecht, für die Linken zu gut. Egal, ob man sich zu seinem Künstlertum bekennt oder sich dessen schämt, ob man redet oder schweigt, das Urteil über einen ist schon gesprochen. Was soll man also anderes machen, als seinem Stern zu vertrauen und starrköpfig jenem blinden und steinigen Weg zu folgen, den jeder Künstler gehen muss und auf dem trotz allem seine Rechtfertigung liegt, vorausgesetzt allein, dass er sich eine ehrliche Vorstellung von der Größe seines Berufs und seiner persönlichen Unzulänglichkeit macht.

Das läuft häufig darauf hinaus, alle Welt zu verärgern. Auch wenn ich den Niedergang dieser Gesellschaft schmerzhaft empfinde, gehöre ich zu ihr und nehme mich von der Anklage nicht aus. Aber zumindest versuche ich, ihre Fehler nicht noch schlimmer zu machen. Ich gehöre nicht zu jenen Christen, die selbst die Kirche in Brand stecken, nur um sich damit zu brüsten, dass sie den Materialisten die Arbeit abgenommen haben. Auch gehöre ich nicht zu jenen Freunden der Freiheit, die sie mit doppelten Ketten behängen wollen, oder zu jenen Dienern der Gerechtigkeit, die glauben, man diene ihr nur dann richtig, wenn man Generationen der Ungerechtigkeit überantwortet. Ich lebe, so gut ich kann, in einem unglücklichen Land, dessen Reichtum in seinem Volk und seiner Jugend liegt, das aber arm an echten Eliten ist, und widme mich der Suche nach einer Ordnung und einer Wiedergeburt, von der ich gewiss bin, dass sie kommen wird. Aber wenn ich in diesem Land und in dieser Gesellschaft lebe, wenn ich es für zugleich unvermeidlich und gerecht halte, wie alle anderen unter dem gemeinsamen Übel zu leiden, dann bedeutet das nicht, dass ich mir nicht ein anderes Leben vorstellen könnte. Dann bedeutet das nicht, dass ich mich mit jenem Phantom der Freiheit zufriedengebe, das sich unter uns dahinschleppt, umgeben von den Lehrmeistern der Knechtschaft. Ohne echte Freiheit und ohne eine gewisse Ehre kann ich nicht leben. Und nachdem ich einmal erkannt hatte, einmal zu der Überzeugung gelangt war, dass diese Güter über allem stehen, schien es mir, dass alle Menschen in ihren Genuss kommen müssen und dass wir, während wir auf den Anbruch ihrer Herrschaft warten, unermüdlich und nach besten Kräften für sie Zeugnis ablegen müssen.

Das ist die Vorstellung, die ich von meinem Beruf habe. Ich weiß nicht, ob ich zu viele oder zu wenige Unterschriften geleistet habe, ob ich König oder Straßenkehrer bin. Aber ich weiß, dass ich versucht habe, meinem Beruf Respekt zu erweisen, da es mir an naiver Hochachtung vor mir selbst fehlt. Ich weiß auch, dass ich vor allem versucht habe, den Worten, die ich geschrieben habe, Respekt entgegenzubringen, weil ich mit ihnen denjenigen Respekt erweisen wollte, die sie vielleicht lesen würden und die ich nicht hintergehen wollte. Und dabei wurde ich in Kämpfe verwickelt, die manchmal bis zur Erschöpfung gingen und deren Spuren ich, um ehrlich zu sein, noch in mir trage. Diese Kämpfe waren notwendig, ich bin ihnen nicht ausgewichen, und ich werde ihnen nicht ausweichen. Aber ich weiß auch, dass sie die Gefahr mit sich bringen, mich zu verhärten, dass sie mich eine Bitterkeit kennenlernen lassen, die mir eigentlich fremd ist. Mit einem Wort: Diese Kämpfe bergen die Gefahr, mich geizig werden zu lassen und mir jene große Lebenskraft und Lebensfreude zu nehmen, ohne die ein Künstler nichts ist.

Wenn ich dieser Gefahr am Ende entgangen bin – und darauf wollte ich hinaus –, dann verdanke ich das einigen, die heute Abend unter uns sind, auch wenn diejenigen es nicht wissen. Genau genommen verdanke ich ihnen fast alles. Diese Menschen kommen aus allen

Parteien und aus allen Ländern. Es sind meine französischen Freunde, die wissen, dass ich sie nicht öffentlich nennen kann. Es sind meine Freunde aus Israel, jenem beispielhaften Israel, das man unter dem billigen Vorwand des Antikolonialismus vernichten will, doch dessen Lebensrecht wir verteidigen, wir, die wir Zeugen der Ermordung von Millionen Juden waren und die wir es gut und richtig finden, dass ihre Kinder sich jenes Vaterland erbauen, das wir ihnen nicht zu geben vermochten. Es sind ebenfalls meine Freunde aus Südamerika und insbesondere aus dem freien Kolumbien, das endlich frei ist dank jener Männer, deren unermüdlicher Einsatz Früchte getragen hat.[127]

Doch erlauben Sie mir heute Abend, stellvertretend für alle diese Freunde das Spanien des Exils zu nehmen. Spanische Freunde, wir sind buchstäblich vom selben Blut, und ich stehe bei Ihrem Vaterland, seiner Literatur, seinem Volk und seiner Tradition in einer Schuld, die sich nicht abtragen lässt. Doch ich verdanke Ihnen noch etwas anderes, von dem Sie nichts wissen und nichts wissen können. Im Leben eines Schriftstellers, der in den Kämpfen seiner Zeit steht, bedarf es Quellen menschlicher Wärme, um sie der Düsternis und der Verhärtung entgegenzusetzen, die dieser Kampf mit sich bringt. Sie waren und Sie sind eine dieser Quellen, und ich bin auf meinem Weg immer wieder in den Genuss Ihrer tätigen und großzügigen Freundschaft gekommen. Das Spanien des Exils hat mir oft seine Dankbarkeit bezeigt, doch diese Dankbarkeit war immer unverhältnismäßig groß. Die spanischen Exilanten haben jahrelang gekämpft, um sich dann aufrechten Hauptes in den endlosen Schmerz des Exils zu fügen. Ich für meinen Teil habe nichts weiter getan, als zu schreiben, dass sie recht hatten. Und nur dafür spüre ich seit Jahren und auch heute Abend wieder, in den Blicken, denen ich begegne, die treue, die loyale spanische Freundschaft, die mir geholfen hat, zu leben. Diese Freundschaft – mag sie auch in mancher Hinsicht unverdient sein – ist das, worauf ich in meinem Leben am meisten stolz bin. Sie ist, offen gesagt, der schönste Lohn, den ich mir wünschen könnte. Und ich möchte Ihnen danken, Ihnen und vielen anderen, dafür, dass Sie so lange einen Hunger gestillt haben, zu dem sich die Menschen nicht leicht bekennen und den ich heute Abend nicht beim Namen nennen muss.

Ich möchte Ihnen allen nur sagen, dass ich versuchen werde, mich dieser Freundschaft nicht als unwürdig zu erweisen. Ich werde mich nicht von Ihnen abwenden, ich bleibe Ihnen treu. Es wird mir leichter fallen, mich mit dem Mehr an Einfluss anzufreunden, das meinem Namen von der freien Akademie eines freien Landes verliehen wurde, wenn ich weiß, dass ich diesen Einfluss in Ihren Dienst stellen kann. Sie wissen, dass ich nicht die Angewohnheit habe, bevorstehende Siege oder Feiertage anzukündigen. Sie und ich wissen, dass unsere Kämpfe niemals beendet sind. Doch diese Kämpfe sind das, was unser Leben zusammenhält, sie sind unser Leben, und das Wesentliche ist, sie zusammen durchzustehen, loyal, leidenschaftlich und im selben Geiste, von dem ich mich heute getragen fühle, wenn ich Ihnen als Ihr treuer Freund noch ein letztes Mal meine Dankbarkeit und Verbundenheit ausspreche.

TISCHREDE BEIM DINER VON *L'ALGÉRIENNE* 1958

Die 1951 von Colonel Pierre Furnari gegründete Vereinigung L'Algérienne hatte es sich zum Ziel gesetzt, den in Paris lebenden Algeriern, ungeachtet ihrer Herkunft oder ihrer politischen und religiösen Überzeugungen, ein regelmäßiges Forum zu bieten. Dies geschah meist in Form von Diskussionsveranstaltungen oder Diners, zu denen jeweils eine Persönlichkeit des politischen oder literarischen Lebens eingeladen wurde. Obwohl Camus sich seit dem Scheitern seines Aufrufs zur Schonung der Zivilbevölkerung *nicht mehr zur Algerienfrage geäußert hat, nahm er die Einladung Furnaris zu einem am 13. November zu seinen Ehren veranstalteten Diner an und hielt dort die folgende Ansprache. In Camus' Nachlass existieren keine Aufzeichnungen zu dem Vortrag, was darauf hindeutet, dass Camus ihn aus dem Stegreif hielt. Die einleitenden Sätze und der informelle Stil der Tischrede sprechen für diese Vermutung.*

Meine sehr verehrten Damen und Herren,

ich möchte mich dafür entschuldigen, nichts vorbereitet zu haben und mich damit auf eine Improvisationsübung einzulassen, für die ich möglicherweise nicht der Richtige bin. Man hatte mich eingeladen, ein Glas mit ein paar

Algeriern zu trinken, und es überrascht mich natürlich ein wenig, so viele hier vorzufinden, obwohl ich andererseits erfreut bin festzustellen, dass die Algerier ihrerseits Paris kolonisiert haben.

Zugleich hat das Übermaß des Lobes, das Colonel Furnari freundlicherweise über mich ausgeschüttet hat, mich ein wenig befangen gemacht, und da wir unter Algeriern sind, möchte ich schlicht sagen: Ich bin hier, weil ich Algerier bin und weil, im Laufe eines Lebens, in dem alles in allem das Glück das Unglück überwog, also meines Lebens, einer der größten Glücksfälle, ja, derjenige, den ich für den größten Glücksfall halte, eben der war, in Algerien geboren zu werden. Ich habe bei anderer Gelegenheit bereits gesagt, dass ich nichts geschrieben habe, was nicht auf die eine oder andere Weise mit diesem Land zusammenhängt.[128] Dabei habe ich nur etwas zum Ausdruck gebracht, das ich tief und seit langem empfinde.

Ich verdanke Algerien nicht nur meine Lektionen des Glücks, sondern auch meine Lektionen des Leids und des Unglücks – und das sind nicht die unwichtigsten in einem Menschenleben. Seit einiger Zeit sind diese Lektionen ziemlich bedrückend geworden, aber es gibt sie immerhin noch. Es ging darum, sie anzunehmen, und vielleicht verbirgt sich in der schrecklichen Tragödie, in die unser gemeinsames Heimatland gestürzt wurde, ja nicht nur ein Grund zur Hoffnung, sondern auch, für uns alle, Araber und Franzosen, ein Grund, gemeinsam in Richtung auf etwas voranzuschreiten, was man die Wahrheit nennen könnte. Es gibt nicht viele Dinge, die mich stolz machen. Insbesondere bin ich nicht stolz auf das, was beispielsweise Colonel Furnari so freundlich war, über mich zu schreiben. Aber eines der Dinge, auf die ich als Schriftsteller, und als algerischer Schriftsteller, stolz bin – und mein Freund Audisio[129] wird mir da nicht widersprechen, da er den Anstoß dazu gegeben hat –, ist, dass wir algerischen Schriftsteller unsere Pflicht erfüllt haben, und das schon seit langer Zeit.

Um es präziser auszudrücken: Viele von uns hoffen auf das, was man heute das Algerien von morgen nennt. Ich weiß nicht, ob es dieses Algerien je geben wird. Ich weiß auch nicht, unter welchen Umständen es entstehen wird. Ebenso wenig weiß ich, was es uns noch an Blut und Unglück kosten wird. Aber was ich sagen kann, ist, dass wir algerischen Schriftsteller dieses Algerien von morgen bereits gestern haben entstehen lassen. Damit möchte ich sagen, dass wir eine Schule algerischer Schriftsteller waren, und wenn ich Schule sage, dann meine ich damit nicht eine Gruppe von Leuten, die eine Weltanschauung teilen oder sich an bestimmte Regeln halten, ich meine damit schlicht eine Gruppe von Leuten, die einer bestimmten Lebenskraft Ausdruck verleihen, einem bestimmten Land, einer bestimmten Art und Weise, die Menschen anzusprechen.

Wir waren also eine Schule, in der es, aus meiner Sicht, was die Begabungen angeht, ebenso viele arabische wie französische Namen gab. Gabriel Audisio hat es bereits besser formuliert als ich, aber ich wiederhole es noch einmal mit aller mir zur Verfügung stehenden Kraft. Ein Land, das Männer wie Roy[130], Roblès[131] und Audisio auf der einen Seite und Mammeri[132], Feraoun[133] und eine gewisse Zahl anderer auf der anderen hervorgebracht hat, ein Land, das diesen Schriftstellern ermöglicht hat, sich zur gleichen Zeit in derselben Sprache und in Freiheit auszudrücken, was für ein Land … Denn, seien wir ehrlich, es waren letztlich nicht die Institutionen, die das ermöglicht haben, es war schlicht die Arbeit, die wir gemacht haben, alle gemeinsam, vor allem die Art und Weise, wie wir gegenseitig miteinander umgegangen sind. Nun, diese Schule ist aus meiner Sicht ein gutes Vorbild für das, was das Algerien von morgen sein könnte. Das ist es, worauf ich am meisten stolz bin.

Die Ehrungen, die gelegentlich auf unsere Häupter niederregnen, haben eine gewisse Ähnlichkeit mit Gewittern, das heißt, man gerät irgendwie hinein und versucht schlicht, sich in das Unvermeidliche zu fügen, was auch eine Art ist, ihm auszuweichen. Diese Ehrungen sind für mein Empfinden nicht besonders wichtig. Und da ich zu Algeriern spreche, wird Sie das nicht überraschen. Wichtig sind uns viel einfachere Tugenden, Tugenden wie Treue, Beharrlichkeit und Standhaftigkeit. Diese Tugenden haben wir innerhalb jener Gruppe nordafrikanischer Schriftsteller geübt, und wenn es einmal so weit ist – was hoffentlich so spät wie möglich sein wird –, eine Bilanz meines Lebens und Wirkens ziehen zu müssen, dann, so glaube ich, wird diese gemeinschaftliche Arbeit, diese Schöpfung einer nordafrikanischen Literatur, die wir zu mehreren und in vollständiger Brüderlichkeit vollbracht haben, zu meinen positiven Hinterlassenschaften zählen.

Und ich muss sagen, es ist eher diese nordafrikanische Literatur, als deren Vertreter ich mich hier unter ihnen fühle, als die internationale Literatur. Und ich bitte Sie schlicht darum, auch wenn Algerien nicht immer mit den von mir vertretenen Auffassungen einverstanden war und auch wenn ich meine, mich daran erinnern zu können, dass einige der Sätze, die Colonel Furnari gerade vorgelesen hat und die ich heute noch unterschreiben würde, mit weniger Wohlwollen aufgenommen wurden, als sie in Anbetracht ihres Inhalts eigentlich verdient hätten … Aber wie dem auch sei, wie auch immer man sie aufnimmt oder was man von meinen Ansichten halten mag oder von meinen Fehlern – denn ich habe welche gemacht und werde auch weiterhin welche machen –, ich wünsche mir nichts weiter, als dass Sie mich bei L'Algérienne umstandslos als einen loyalen Vertreter jenes Algerien bei sich aufnehmen, das wir versucht haben, mit unseren literarischen Werken vorwegzunehmen.

ANMERKUNGEN

1 Gabriel Audisio (1900–1978), französisch-algerischer Schriftsteller und Dichter, der in seiner literarischen Arbeit dem Reichtum und der Vielfalt der mediterranen Identität Ausdruck gab.

2 André Mandouze (1916–2006), antikolonialistisch engagierter katholischer Historiker.

3 Emmanuel Mounier (1905–1950), katholischer Philosoph, Gründer der Zeitschrift *Esprit.*

4 Maurice Schumann (1911–1998), christdemokratischer Intellektueller, später mehrfach Minister unter Georges Pompidou.

5 In der deutschen Übersetzung ist das Spiel mit dem Namen der Vereinigung *Amitié française* und seiner wörtlichen Bedeutung (französische Freundschaft) naturgemäß nur unvollkommen wiederzugeben.

6 Nach seiner Ankunft in Paris Anfang 1940 arbeitete Camus kurzfristig als Redaktionssekretär bei der Tageszeitung *Paris-Soir.* Er verließ die Zeitung nach dem Waffenstillstand vom Juni 1940 und dem folgenden Exodus aus Paris, ohne dort einen einzigen Artikel veröffentlicht zu haben. Die Tageszeitung *Combat*, deren Chefredakteur Camus 1944 wurde, verstand sich als Gegenentwurf zur französischen Vorkriegspresse, die Camus als sensationslüstern und opportunistisch ansah und für die er *Paris-Soir* als Beispiel heranzog.

7 Pseudonym von Jean Bruller (1902–1991). Der französische Schriftsteller und Widerstandskämpfer verfasste 1942 die emblematische Erzählung *Le silence de la mer (Das Schweigen des Meeres)* über die deutsche Besetzung Frankreichs.

8 Pseudonym von Leon Motchane (1900–1990). Der Mathematiker und spätere Gründungsdirektor des Forschungs-

instituts IHES gehörte mit Vercors zur Widerstandsgruppe um den Verlag Éditions de Minuit.

9 US-amerikanische Fotografin und Autorin (1905–1997).

10 Vom 25. März bis zum 18. August 1946 tagte der Sicherheitsrat der UNO in New York. Etwa zwanzig Sitzungen fanden im Hunter College (ab 1968 Lehman College) in der Bronx statt.

11 Die beiden letzten Absätze sind angefügt nach der englischen Übersetzung des Textes, die im Juli 1946 in *Vogue* erschien.

12 Camus und Maurice Merleau-Ponty hatten sich überworfen, nachdem im Oktober 1946 der erste Teil von Merleau-Pontys dreiteiligen Essays *Le Yogi et le Prolétaire* in *Les Temps modernes* erschienen war. Camus warf Merleau-Ponty vor, sich mit seiner ironischen Erwiderung auf Arthur Koestlers Essaysammlung *Der Yogi und der Kommissar* (1945, frz. *Le Yogi et le Commissaire*, Paris: Charlot 1946) einer Rechtfertigung der Moskauer Prozesse angenähert zu haben. Koestler und Camus verband eine gegenseitige Wertschätzung, die durch gemeinsame Überzeugungen verstärkt wurde: 1957 veröffentlichten sie gemeinsam den Band *Réflexions sur la peine capitale (Betrachtungen über die Todesstrafe).* – Eine deutsche Übersetzung von Camus' Beitrag zu dem Band findet sich in Albert Camus, *Fragen der Zeit*, übers. v. Guido G. Meister, Reinbek: Rowohlt 1960.

13 Während der Besatzungszeit gründete Marcel Barbu (1907–1984), der in Valence eine Fabrik für Uhrgehäuse betrieb, eine Arbeiter-Gemeinschaft und übertrug die Eigentumsrechte an seinem Unternehmen an die Beschäftigten. Über den gemeinsamen Besitz der Produktionsmittel und die Vergemeinschaftung der Einkünfte hinaus versuchte die Barbu-Gemeinschaft das Ideal eines Zusammenlebens zu verwirklichen, das die Familie und alle materiellen, moralischen, kulturellen und geistigen Aspekte des Lebens umfasste. Nach dem Krieg wurde Barbu zum Deputierten des Départements Drôme gewählt und legte in der Nationalversammlung mehrere Gesetzentwürfe zur Errichtung von

Arbeitergenossenschaften vor, für die er jedoch keine Unterstützung fand. Häufigem Spott von Seiten anderer Abgeordneter ausgesetzt, legte er im Juni 1946 sein Mandat nieder.

14 Jean Amrouche gründete im Februar 1944 in Algier mit Unterstützung von André Gide die Zeitschrift *L'Arche.* In ihrer dreizehnten Ausgabe erschien Camus' Essay *Le Minotaure ou la Halte d'Oran* (dt. *Der Minotaurus*, in: *Hochzeit des Lichts*, übers. v. Peter Gan u. Monique Lang, Arche: Hamburg–Zürich 2010).

15 Der in Algier ansässige Verlag Éditions Charlot, benannt nach seinem Gründer Edmond Charlot, veröffentlichte die ersten Werke von Albert Camus, darunter *L'Envers et l'Endroit (Licht und Schatten)* und die Essaysammlung *Noces (Hochzeit des Lichts).*

16 Zitat aus T. E. Lawrence, *The Seven Pillars of Wisdom* (1926, dt. *Die sieben Säulen der Weisheit*).

17 1944–1945 entbrannte über die Frage des Umgangs mit jenen Franzosen, die während der Besatzung mit den Deutschen kollaboriert hatten, eine lebhafte Polemik zwischen François Mauriac (1885–1970) und Albert Camus. Während Mauriac im *Figaro* seine Bedenken gegen die Tendenz zu einer «Volksjustiz» äußerte, argumentierte Camus in *Combat*, um eine Wiedergutmachung herbeizuführen, sollte mit der kompromittierten Führungsschicht «ohne Hass, aber unnachsichtig» verfahren werden.

18 Der Philosoph, Dramatiker und Theaterkritiker Gabriel Marcel (1889–1973) hatte Jean-Paul Sartres Stück *Morts sans sépulture (Tote ohne Begräbnis)* mit der Begründung kritisiert, die dort dargestellte Folter verletze das Schamgefühl des Publikums. Marcel forderte ein Verbot des Stücks in Paris, nachdem es bei einer Aufführung in Kopenhagen zu Zwischenfällen gekommen war (*Les Nouvelles littéraires*, 10. November 1946).

19 In dem Artikel *Sauver les corps (Die Leiber retten)*, der in der Serie *Ni victimes, ni bourreaux (Weder Opfer noch Henker)* in *Combat* (19.–30. November 1946) erschienen war.

20 Mouvement républicaine populaire. Französische christdemokratisch-zentristisch orientierte Partei, die in der unmittelbaren Nachkriegszeit einflussreich war, jedoch in den 1950er Jahren zunehmend an Bedeutung verlor.

21 Das Viertel um die Pariser Kirche Saint-Sulpice galt lange als Hochburg eines reaktionären und bigotten Katholizismus.

22 Georges Duhamel (1884–1966), französischer Romancier und Dramatiker, der seit den 1930er Jahren den Status einer moralisch-literarischen Institution hatte, den Camus jedoch eben deshalb mit spöttischer Distanz betrachtete.

23 Wochenzeitung des Rassemblement du peuple de France (RPF, Sammlungsbewegung des französischen Volkes), der Partei de Gaulles. Chefredakteur von *Le Rassemblement* war Albert Ollivier (1915–1964), ein ehemaliger Kollege von Camus bei *Combat.*

24 Die von Albert Béguin, Albert Camus, René Char, Guido Meister und Jean Vagne gegründete Monatszeitschrift *Empédocle* erschien von April 1949 bis Juli / August 1950.

25 Charles Peguy (1873–1914), französischer Schriftsteller und Polemiker, fiel 1914 in einer der ersten Schlachten des Ersten Weltkriegs.

26 Vgl. *Die Krise des Menschen*, III: «Die Franzosen der Résistance, die ich kannte und die in den Zügen, in denen sie ihre Flugblätter transportierten, Montaigne lasen, bewiesen, dass man – zumindest bei uns – die Skeptiker schätzen und zugleich einen Begriff von Ehre haben konnte.»

27 1949 veröffentlichte Camus postum Simone Weils Schrift *L'Enracinement (Die Verwurzelung)* in der von ihm herausgegebenen Reihe *Espoir* bei Gallimard. Er reformuliert hier verkürzt den folgenden Satz: «Dass dieses Dogma [der Fortschritt] so gut den Tatsachen zu entsprechen scheint, liegt im Übrigen nur daran, dass der historische Geist darin besteht, den Mördern aufs Wort zu glauben.»

28 Herbert R. Lottman führt diese Anekdote in seiner Camus-Biographie (1978, dt. *Camus. Eine Biographie*, Hamburg: Hoffmann und Campe 1986, S. 388) an: «[In einem Re-

staurant] hatten deutsche Offiziere zugehört, wie sich junge Franzosen an einem anderen Tisch über Philosophie unterhielten. Einer der jungen Franzosen hatte gesagt, dass keine Idee es wert wäre, dafür zu sterben. Die Deutschen riefen ihn an ihren Tisch, und einer von ihnen setzte ihm eine Pistole an die Stirn und forderte ihn auf, das eben Gesagte noch einmal zu wiederholen, und er wiederholte den Satz. Der Offizier gratulierte ihm: ‹Ich glaube, ich habe damit bewiesen, dass Sie im Irrtum sind. Sie haben gerade gezeigt, dass es bestimmte Ideen gibt, für die es sich lohnt zu sterben.›»

29 Arthur Schopenhauer, *Aphorismen zur Lebensweisheit IV*, Von Dem, was Einer vorstellt (*Parerga und Paralipomena I*, 1851).

30 Montaigne, *Essais III*, 11, *Des boiteux (Von den Hinkenden).*

31 «Poets are the unacknowledged legislators of the world.» Percy Bysshe Shelley, *A Defense of Poetry* (1821).

32 Philippe Pétain, «le maréchal Pétain» (1856–1951) war 1940–1944 der «Staatschef» des mit den Deutschen kollaborierenden südfranzösischen État français.

33 Serrano Súñer (1901–2001) war Innenminister der Franco-Regierung von 1938 bis 1940 und anschließend von 1940 bis 1942 Außenminister. Als hochrangiger Vertreter des Franco-Regimes organisierte er das Treffen zwischen Hitler und Franco, das am 23. Oktober 1940 in der französischen Grenzstadt Hendaye stattfand.

34 Die Hochebene von Glières im Bornes-Massiv in den französischen Voralpen war eine Hochburg der Résistance. Bei einem Großangriff der Wehrmacht Ende März 1944 wurden hier mehr als einhundert Widerstandskämpfer getötet.

35 Jacinto Benavente y Martínez (1866–1954), spanischer Schriftsteller, der mehr als hundertfünfzig Theaterstücke verfasste und 1922 den Literaturnobelpreis erhielt.

36 Die von dem Dramatiker und Karikaturisten Henry Monnier (1799–1877) geschaffene Figur des Monsieur Prudhomme verkörperte den konformistischen und seine geistigen Fähigkeiten grotesk überschätzenden Kleinbürger des 19. Jahrhunderts.

37 Die 1911 gegründete, anarchosyndikalistisch ausgerichtete CNT (Confederación Nacional del Trabajo) war Anfang des 20. Jahrhunderts die bedeutendste Gewerkschaft Spaniens.

38 Die katholisch-franquistische Zeitung *Redención (Erlösung)*, die von 1939–1978 erschien, war speziell zur «Umerziehung» der republikanischen Gefangenen in den spanischen Gefängnissen ins Leben gerufen worden.

39 Zu Miguel de Unamuno vgl. die Einleitung zu *Spanien und der Donquijotismus.*

40 Pedro Rocamora (1911–1993) war zu dieser Zeit Generaldirektor der Propagandaabteilung im Untersekretariat für Volkserziehung, das dem Bildungsministerium der franquistischen Regierung unterstellt war.

41 «Wahrheit diesseits, Irrtum jenseits der Pyrenäen.»: «Vérité en deçà des Pyrénées, erreur au-delà» (Blaise Pascal, *Pensées*).

42 Der Arbeiter und Journalist José Peirats Valls (1908–1989) war Sekretär der CNT und Redakteur der anarchosyndikalistischen Zeitung *Solidaridad Obrera.* Nach dem Sieg Francos ging er ins Exil und veröffentlichte Anfang der 1950er Jahre ein Standardwerk über den spanischen Anarchosyndikalismus, *La CNT en la revolución española.*

43 Im März 1951 weitet sich in Barcelona ein Boykott der Straßenbahnen aus Protest gegen eine Fahrpreiserhöhung zum Generalstreik aus, der die Stadt zwei Wochen lang lahmlegt.

44 Artikelserie von Jean Créach in *Le Monde* im Juli 1951 unter dem Titel *Éléments du problème espagnol.*

45 Vgl. Anm. 43.

46 «Il y a de bons mariages, mais il n'y en a point de délicieux.» (La Rochefoucauld, *Réflexions ou Sentences et Maximes morales*, 113).

47 Zu Miguel de Unamuno vgl. die Einleitung zu *Spanien und der Donquijotismus.*

48 Der von Franco gestiftete «Große imperiale Orden der roten Pfeile» war bis zu seinem Tod 1975 die höchste vom spanischen Staat vergebene Auszeichnung.

49 Beim Theaterfestival von Angers brachte Camus 1953 eine

Fassung von Pedro Calderón de la Barcas *La devoción de la cruz (Die Andacht zum Kreuz)* auf die Bühne. 1957 inszenierte er dort *El caballero de Olmedo (Der Ritter von Olmedo)* von Lope de Vega.

50 Der liberalkonservative französische Politiker Antoine Pinay (1891–1994), der in den 1950er Jahren verschiedene Ministerämter innehatte, spielte bei der französisch-spanischen Wiederannäherung eine bedeutende Rolle und setzte sich für die Zusammenarbeit zwischen beiden Ländern ein.

51 Anspielung auf den Dichter und Dramatiker Frederico García Lorca (1898–1936), der im Spanischen Bürgerkrieg von franquistischen Truppen erschossen wurde.

52 Im Oktober 1935 fielen italienische Truppen in Äthiopien ein und hielten es bis 1941 besetzt.

53 Titel von Blatt 39 des 82 Radierungen umfassenden Zyklus *Desastres de la guerra (Die Schrecken des Krieges)* von Francisco de Goya (1746–1828).

54 Camus spielt hier auf den Arbeiteraufstand von Petrograd an, der die russische Februarrevolution von 1917 auslöste.

55 Vgl. die Einleitung zu *Spanien und die Kultur.*

56 Der tschechische Historiker, Journalist und Schriftsteller Záviš Kalandra gehörte in den 1920er Jahren der tschechischen kommunistischen Partei an, aus der er 1936 wegen «Trotzkismus» ausgeschlossen wurde. Unter demselben Vorwurf wurde er 1949 verhaftet und 1950 in einem Schauprozess zum Tode verurteilt. Trotz Gnadengesuchen aus der ganzen Welt wurde er am 27. Juni 1953 in Prag gehängt.

57 Der Hauptmann der Roten Armee Wiktor Krawtschenko (1905–1966) arbeitete während des Zweiten Weltkriegs bei der sowjetischen Handelskammer in Washington, D.C. 1944 bat er in den USA um politisches Asyl. 1946 rechnete er in seinem Buch *I Chose Freedom (Ich wählte die Freiheit. Das private und politische Leben eines Sowjetbeamten)* mit dem stalinistischen Regime ab.

58 Sozialistische Einheitspartei Deutschlands.

59 Das Ehepaar Ethel und Julius Rosenberg wurde 1951 wegen

Spionage für die Sowjetunion in den USA zum Tode verurteilt und am 19. Juni 1953 hingerichtet. Ihre Verurteilung und Hinrichtung, die als fragwürdig und politisch motiviert angesehen wurden, lösten weltweite Proteste aus.

60 Am 1. Juni 1953 löste ein Streik in den Pilsener Škoda-Werken eine große Protestbewegung in mehreren Städten in der Tschechoslowakei aus. Die Unterdrückung der Erhebung durch Polizei und Armee forderte zwar keine Todesopfer, es wurden jedoch mehr als zweitausend Menschen verhaftet.

61 Der in Westberlin wohnhafte Arbeiter Willi Göttling (geb. 1918), der beschuldigt wurde, einer der «Rädelsführer» des Aufstands gewesen zu sein, wurde von einem sowjetischen Kriegsgericht zum Tode verurteilt und am 18. Juni 1953 hingerichtet.

62 Der Streik der Arbeiter auf den Baustellen der Ostberliner Stalinallee (ab 1961: Karl-Marx-Allee) stand am Beginn des Aufstands.

63 Griechischer Pädagoge und Philosoph (1900–1982).

64 Für die Echtheit dieses häufig Voltaire zugeschriebenen Zitats gibt es keinen Beleg.

65 José Ortega y Gasset (1883–1955), spanischer Philosoph, Soziologe und Essayist.

66 Griechischer Rechtsphilosoph, Schriftsteller und Politiker (1899–1987). Von 1975 bis 1980 war Tsatsos griechischer Staatspräsident.

67 Griechischer Romancier und Dramatiker (1906–1966).

68 Griechischer Jurist (1903–1998). Schwerpunkt seiner theoretischen Arbeit waren die Bürger- und Menschenrechte.

69 Der 1954 veröffentlichte Roman *Les Mandarins (Die Mandarins von Paris)* von Simone de Beauvoir wurde im selben Jahr mit dem Prix Goncourt ausgezeichnet.

70 Der Roman *Histoire d'O*, den Dominique Aury (eigentl. Anne Cécile Desclos) 1954 unter dem Pseudonym Pauline Réage veröffentlichte, gilt als Klassiker der erotischen Literatur des 20. Jahrhunderts.

71 *Les Aventures de la dialectique*, Paris 1955. Zum Verhältnis von Camus und Maurice Merleau-Ponty vgl. Anm. 12.

72 Camus bewunderte Melville als eines der «größten Genies des Abendlandes» (*Herman Melville*, in: *Les Écrivains célèbres*, hg. v. Raymond Queneau, 1952).

73 Nikos Kazantzakis (1883–1957), griechischer Schriftsteller, Philosoph, Dramatiker und Dichter. Bekannt sind insbesondere seine Romane *Alexis Sorbas* (1954, dt. v. Alexander Steinmetz, Hamburg: Rowohlt, 1955) und *Die letzte Versuchung* (1951, dt. v. Werner Krebs, Berlin: Herbig, 1952).

74 Margarita Liberaki (1919–2001), griechische Schriftstellerin und Dramatikerin. Zwei ihrer Romane, *L'autre Alexandre (Der andere Alexander)* und *Trois étés* (*Drei Sommer*, keine deutschen Übersetzungen) wurden 1950 und 1953 vom Pariser Verlag Gallimard veröffentlicht.

75 Albert Camus betrachtete Jacques Copeau (1879–1949), den Gründer des Theatre du Vieux-Colombier, als einen seiner Lehrmeister. 1937 inszeniert Camus in Algier *Die Brüder Karamasow* in einer Bühnenfassung von Copeau. Zum zehnten Todestag Copeaus verfasst er für eine Broschüre mit dem Titel *Cahier Jacques Copeau* (Oktober / November 1959) den Beitrag *Copeau, seul maître.*

76 Jacques Copeau: *Un essai de renovation dramatique (Versuch zu einer Erneuerung des Theaters), La Nouvelle Revue française*, 1. September 1913.

77 Antonin Artaud (1896–1948), französischer Schauspieler und Autor, Theoretiker eines «Theaters der Grausamkeit». Seine Essaysammlung *Le Théâtre et son double* erschien 1938.

78 Der Brite Gordon Craig (1872–1966), Schauspieler, Regisseur und Bühnenbildner, zählt zu den großen Theatertheoretikern des 20. Jahrhunderts.

79 Adolphe Appia (1862–1928), Schweizer Bühnenbildner und Regisseur, gilt als einer der Pioniere des modernen Theaters.

80 Im März 1937 hatte Camus in Algier mit dem Théâtre du travail eine eigene Bühnenfassung von Aischylos' *Der gefesselte Prometheus* aufgeführt.

81 So Nietzsche sinngemäß in *Die Geburt der Tragödie* (1872).

82 «My desolation does begin to make a better life» (Shakespeare, *Antonius und Cleopatra*, V,2).

83 André Gides Drama *Œdipe* wurde 1932 uraufgeführt.

84 *La guerre de Troie n'aura pas lieu (Der trojanische Krieg findet nicht statt)* von Jean Giraudoux wurde am 21. November 1935 in Paris uraufgeführt.

85 Die Uraufführung von Henry de Montherlants Stück *Port-Royal* fand am 8. Dezember 1954 in Paris statt.

86 Paul Claudels *Partage de midi* (verfasst bereits 1905) wurde am 16. Dezember 1948 unter der Regie von Simonne Volterra mit Jean-Louis Barrault in der männlichen Hauptrolle im Pariser Théâtre Marigny uraufgeführt.

87 *Tête d'or* (1889), *La Ville* (1893–95).

88 *Le Maître de Santiago*, uraufgeführt am Théâtre Hébertot in Paris am 26. Januar 1948 in einem Bühnenbild von Paul Œttly.

89 Paul Claudels Nachdichtung der *Eumeniden* des Aischylos war 1920 in der *Nouvelle Revue française* erschienen.

90 Der erste Teil von Cervantes' Roman wurde 1605 in Madrid veröffentlicht, der zweite folgte 1615.

91 *Bouvard et Pécuchet*, satirischer Schelmenroman (1881) von Gustave Flaubert (1821–1880).

92 Benjamin Constant (1767–1830) entwickelt diesen Gedanken im zweiten Teil seines Essays *De l'esprit de conquête et de l'usurpation dans leurs rapports avec la civilisation euopéenne* (1814, *Vom Geist der Eroberung und der Usurpation in ihrem Verhältnis zur europäischen Zivilisation*).

93 Anspielung auf den Roman *Il seme sotto la neve* (1940, *Der Samen unter dem Schnee*) von Ignazio Silone (1900–1978).

94 Möglicherweise Anspielung auf die Rede, die Victor Hugo am 11. Oktober 1848 vor der Verfassunggebenden Versammlung hielt.

95 Das Zitat ist aus dem postum veröffentlichten Band *Die Russische Revolution. Eine kritische Würdigung* (1922) entnommen. Camus hatte es in seinen Tagebüchern (*Carnets II* 1935–1948) notiert.

96 Fjodor Dostojewski, *Die Brüder Karamasow.*

97 Ebd.

98 Trotz der Rückkehr von Mohammed V. aus dem Exil und der Unterzeichnung des Abkommens von La Celle-Saint-Cloud im November 1955, das die Entlassung Marokkos in die Unabhängigkeit vorsah, setzte sich der Aufstand im Rifgebirge fort.

99 Obwohl Tunesien mit dem Abkommen vom 3. Juni 1955 bereits die innere Autonomie zuerkannt worden war, forderte das Land weiter seine vollständige Unabhängigkeit. In dieser Periode, in der sich die Anhänger des späteren tunesischen Präsidenten Habib Bourguiba und seines Gegenspielers Salah Ben Youssef gegenüberstanden, lebte der bewaffnete Kampf der sogenannten Fellaghas gegen die französische Kolonialmacht wieder auf.

100 Józef Cyrankiewicz (1911–1989) war 1947–1952 und 1954–1970 polnischer Ministerpräsident.

101 Friedrich Nietzsche, *Die 10 Gebote des Freigeists*, Nachgelassene Fragmente Oktober–Dezember 1876.

102 In der Auberge de Peyrebeille im Departement Ardèche, im Volksmund auch «auberge rouge» oder «auberge sanglante» (rote bzw. blutige Herberge) genannt, wurden zwischen 1805 und 1830 zahlreiche Reisende von den Wirtsleuten ermordet.

103 José Ortega y Gasset, siehe Anm. 65.

104 Dmitri Schepilow (1905–1995) war von Juni 1956 bis Februar 1957 Außenminister der UdSSR.

105 Brief vom 11. Juli 1883.

106 Anfang November 1956 setzte der ungarische Schriftstellerverband über den Rundfunk einen Hilferuf an die Intellektuellen der Welt ab. Albert Camus, der in dem Appell namentlich angesprochen wurde, veröffentlichte am 10. November 1956 in der Tageszeitung *Franc-Tireur* einen Aufruf mit dem Titel «Für ein gemeinsames Vorgehen der französischen Intellektuellen bei der UNO».

107 György Marosan (1908–1992) war bis 1962 Mitglied des ungarischen Politbüros, wo er eine wichtige Rolle spielte.

108 Vgl. die Einleitung zu *Kalender der Freiheit: 17. Juni 1953.*

109 Ebd.

110 Vgl. die Einleitung zu *Posen.*

111 László Rajk (1909–1949) leitete während des Zweiten Weltkriegs den Widerstand der ungarischen Kommunisten. Bei den auf Initiative von Mátyás Rakosi veranstalteten Schauprozessen wurde er als «titoistischer Spion» zum Tode verurteilt und am 15. Oktober 1949 hingerichtet. Rajk wurde 1956 rehabilitiert.

112 Mátyás Rakosi (1892–1971) verbrachte den Zweiten Weltkrieg als Mitglied der Kommunistischen Internationale in der Sowjetunion. Nachdem er 1945 nach Ungarn zurückgekehrt war, wurde er Generalsekretär der Ungarischen Kommunistischen Partei, ein Posten, den er bis 1956 innehatte.

113 Zu Imre Nagy vgl. die Einleitung zu *Botschaft an junge Franzosen, die sich für Ungarn einsetzen.*

114 Vgl. die Einleitung zu *Für Dostojewski.*

115 Ralph Waldo Emerson (1803–1882), *Self-Reliance* (1841).

116 Henry David Thoreau (1817–1862). Emerson schreibt Thoreau dieses Zitat in seinen Tagebüchern zu (Bliss Perry, *The Heart of Emerson's Journals*, 1926).

117 1952 verfasste Camus das Vorwort für eine französische Ausgabe von Oscar Wildes *Ballad of Reading Gaol (Die Ballade vom Zuchthaus zu Reading)*, die bei den Éditions Falaize erschien.

118 Nachdem er mehrere Tage Hunger gelitten hatte, beging der englische Dichter Thomas Chatterton (1752–1770) unter dem Eindruck der Erkenntnis, dass er nicht von seiner Kunst würde leben können, Selbstmord. Sein Leben inspirierte Alfred de Vigny zu dem Drama *Chatterton* (1835).

119 Alexander Blok (1880–1921), russischer revolutionärer Dichter.

120 Boris Pasternak (1890–1960), russischer Dichter und Romancier. Nachdem 1957 sein Roman *Doktor Schiwago* in Italien erschienen war und ihm 1958 der Nobelpreis verliehen

wurde, führte das Sowjetregime eine Kampagne gegen ihn. Camus ergriff am 1. November 1958 in einem Artikel im *Figaro littéraire* öffentlich für ihn Partei: *Pasternak sera-t-il un paria? (Wird Pasternak zum Ausgestoßenen?).*

121 Wladimir Majakowski (1893–1930), russischer Dichter und Dramatiker, Pionier des russischen Futurismus.

122 Sergej Jessenin (1895–1925), russischer Dichter, der dem bäuerlichen Milieu verhaftet war und zum linken Flügel der Sozialrevolutionäre gehörte. Von 1922 bis 1924 war er mit der amerikanischen Tänzerin Isadora Duncan verheiratet.

123 Sergej Eisenstein (1898–1948), russischer Filmregisseur, zu seinen Hauptwerken zählt der Film *Panzerkreuzer Potemkin* (1925).

124 John Keats (1795–1821), Dichter der englischen Romantik.

125 André Gide, *L'évolution du théâtre*, in: *Nouveaux Prétextes* (1911).

126 Am 16. Oktober 1957 war die Zuerkennung des Literaturnobelpreises bekanntgegeben worden. Vgl. die Einleitung zur *Nobelpreis-Rede.*

127 Am 10. Mai 1957 übertrug der kolumbianische Diktator Gustavo Rojas Pinilla die Macht einer vom Militär gebildeten Übergangsregierung. Nach einer Übereinkunft zwischen der konservativen und der liberalen Partei über die Zusammensetzung der Regierung kehrte das Land 1958 zur Demokratie zurück. Vgl. die Einleitung zu *Ehrung eines verbannten Journalisten.*

128 In einem Interview mit der Tageszeitung *Franc-Tireur*, das am 18. Oktober 1957 veröffentlicht wurde.

129 Zu Gabriel Audisio vgl. Anm. 1.

130 Den in Algerien geborenen Jules Roy (1907–2000) lernte Camus 1945 in Paris kennen. 1947 verfasste er eine begeisterte Kritik von Roys Romans *La Vallée heureuse* (1946; dt. *Das glückliche Tal*, 1948) für die Zeitschrift *L'Arche.*

131 Dem aus Oran stammenden Emmanuel Roblès (1914–1995) begegnete Camus 1937. Roblès gehörte zum Ensemble des Théâtre de l'équipe, gründete mit Camus die Zeitschrift

Rivages (1938) und verfasste Artikel für die Tageszeitung *Alger Républicain.* Inzwischen als Romancier und Dramatiker hervorgetreten und Herausgeber der Reihe *Méditerranée* bei den Éditions du Seuil, zeichnete er gemeinsam mit Camus 1956 dessen *Aufruf zur Schonung der Zivilbevölkerung in Algerien.*

132 Mouloud Mammeri (1917–1989), kabylischer Schriftsteller, Dichter, Sprachwissenschaftler und Anthropologe, war einer der Pioniere der französischsprachigen algerischen Literatur. Zu seinen bekanntesten Werken gehört der Roman *La Colline oubliée* (1952; dt. *Der vergessene Hügel*, 1969)

133 Mouloud Feraoun (1913–1962), auf Französisch schreibender kabylischer Schriftsteller, Autor von *Fils du Pauvre* (1950, dt. *Der Sohn des Armen*, 1957) und *La Terre et le sang* (1953, dt. *Die Heimkehr des Amer-u-Kaci*, 1967). Feraoun und Camus lernten sich durch Vermittlung von Emmanuel Roblès kennen. Beide Männer knüpften eine Freundschaft, die durch ihre unterschiedlichen Standpunkte zum Algerienkonflikt nicht beeinträchtigt wurde. Feraoun arbeitete als Lehrer und später als Inspektor der algerischen Centres sociaux, einer Mischung aus Volkshochschulen und Kulturzentren, die in den 1950er Jahren in den Armenvierteln algerischer Städte eingerichtet wurden. Am 15. März 1962 wurde er in El-Biar in der Nähe von Algier von der OAS ermordet.

Weitere Titel

Der erste Mensch

Der Fall

Der Fremde

Der glückliche Tod

Der Mensch in der Revolte

Der Mythos des Sisyphos

Die Pest

Fragen der Zeit

Jonas oder Der Künstler bei der Arbeit

Kleine Prosa

Reisetagebücher

Sämtliche Dramen

Tagebuch

Tagebücher 1935 – 1951

Unter dem Zeichen der Freiheit

Verteidigung der Freiheit

Die Rowohlt Verlage haben sich zu einer nachhaltigen Buchproduktion verpflichtet. Gemeinsam mit unseren Partnern und Lieferanten setzen wir uns für eine klimaneutrale Buchproduktion ein, die den Erwerb von Klimazertifikaten zur Kompensation des CO_2-Ausstoßes einschließt.
www.klimaneutralerverlag.de

MIX
Papier aus verantwortungsvollen Quellen
FSC® C083411
FSC www.fsc.org